西安體育發展史

《西安体育发展史》编写组 编著

陕西新华出版传媒集团
陕西人民美術出版社

图书在版编目（CIP）数据

西安体育发展史 /《西安体育发展史》编写组编著 .— 西安 : 陕西人民美术出版社, 2021.9
ISBN 978-7-5368-3856-7

Ⅰ. ①西… Ⅱ. ①西… Ⅲ. ①体育—发展史—西安
Ⅳ. ①G812.741.1

中国版本图书馆CIP数据核字(2021)第183601号

XI'AN TIYU FAZHANSHI

西安体育发展史

《西安体育发展史》编写组　编著

出版发行	陕西新华出版传媒集团 陕西人民美術出版社
地　址	陕西省西安市雁塔区登高路1388号
邮　编	710061
印　刷	西安市建明工贸有限责任公司
开　本	889mm × 1194mm　1/16
印　张	25
字　数	500千字
版　次	2021年9月第1版
印　次	2021年9月第1次印刷
书　号	ISBN 978-7-5368-3856-7
定　价	296.00元

《西安体育发展史》编纂机构

前　言

西安，是闻名世界的历史文化名城，建城3100多年。中国古代的周、秦、汉、隋、唐等13个朝代在此建都，作为政治、经济、文化中心长达1100多年，是中华民族重要的发祥地、承载地和传播地。体育文化则是中华文化的重要组成部分，西安的体育发展史在中国体育发展史上有着特殊的意义。习近平总书记指出“体育强则中国强，国运兴则体育兴”，这就明确启示我们，开展体育运动、繁荣体育文化、建设中国特色社会主义体育事业，是实现中华民族伟大复兴的历史要求和时代召唤。在中华人民共和国第十四届运动会（又称第十四届全运会，简称十四运会）于西安市举办之际，梳理研究、编撰西安体育发展史就显得非常必要，这是对西安体育发展脉络的系统回顾，是对体育文化成就的全面展示，是西安对十四运会的重要献礼，是对中华体育精神的历史溯源，更是西安对建设体育强国做出的贡献。

一

西安体育，发轫于秦山渭水相依的关中热土，从混沌初开到礼乐诗文，为中华民族古代体育文明做出了重要贡献。100多万年前的蓝田猿人在这里繁衍生息，7000年前的半坡先民在这里建立部落，6000多年前高陵杨官寨人建造了中国迄今最早的城市。他们从事劳动，以善于跑、跳、投、射的矫健身手，催发了原始形态体育。这时是西安古代体育萌芽期。

随着中国第一个奴隶制王朝夏的建立，中国历史进入文明时代。夏商时期，秦岭渭河之间，众邦星布、人文荣兴，出现了祭祀、祓禊、瑞庆、征战、斗技、娱乐等早期体育活动。公元前1046年起，丰京、镐京依次建成。西周伯姬昌（周文王）在沣水西岸（今西安城西南）营建丰京，丰京是宗庙和园囿的所在地；姬发（周武王）在沣水东岸营建镐京，镐京为周王居住和理政的中心。“丰镐”是丰京和镐京的合称。此为西安建城之始、都城之始，是中国历史上最早称之为“京”的城市，也是中国历史上第一座规模宏大、布局整齐的城市，开创了中国城市平面布局方整、宽畅、宏伟的先河，建构了中国城市平面布局的总规制，成为后来城市总体布局的典范。丰镐地区范围很广，分为都邑区、王陵区、农业种植区、游乐渔猎区和牧放区等。随着周王朝制礼作乐、经典教化，中华民族文化核心渐行成熟，这里逐渐成为中华文明中心所在。在诸侯国朝觐、纳贡、服役的过程中，各地各类体育项目聚集于此，投壶、射箭、击剑、蹴鞠、角抵、围棋、六博、秋千、骑射等不断丰富，渐成风尚。这时是西安古代体育的成长期。

公元前221年，秦朝建都咸阳，其时城区、皇城大部及秦宗庙均在今西安市境内，秦始皇陵亦在今西安市临潼区。西汉建都长安，扩建城郭，成为全国的政治、经济和文化中心。丝绸之路开通后，长安成为东方文明的中心。王莽新朝，依旧立都于长安，更名“常安”。两汉时期，体育作为社会文化的重要组成部分，不断适应社会进步的要求，以儒家、道家思想文化为核心形成了中华民族的体育精神，吸纳丝绸之路传来的西域文化，形成了崇德、尚勇、娱乐的体育文化，呈现出军事、养生、娱乐、医疗、艺术多种体育样态，西安古代体育的成熟与繁荣促进中华体育步入成型期。

隋朝时隋文帝于长安建造新城，称大兴城。唐朝改隋大兴城为长安城，增修和扩建了城墙、城楼、兴庆宫等建筑。唐朝都城城区与今西安市区几乎重合，皇宫宫墙与今西安城墙重合。当时拥有百万人口的长安，在政治、经济、文化、教育、外交、文娱等方面空前繁荣，各阶层民众广泛参与体育活动，蹴鞠、马球、相扑、拔河、围棋、百戏等项目，气象万千。西安古代体育进入辉煌的繁荣期。

煌煌盛世以降，后梁改长安京兆府为雍州，设大安府。后唐改大安府为京兆府。宋朝改京兆府为陕西路，后改为永兴军路。金改永兴军路为京兆府路。元朝改京兆府为安西路。明朝启西安之名，西安城市格局也于此时定型。清朝依循明朝旧制，未有变化。这个时期，虽然中国政治中心东移，但西安作为国家重镇，依然雄踞西北，西安体育也并未停下前行的脚步。由于中华大家庭中多个民族在这里交汇融合，而各民族都有风格迥异的体育传统，西安体育便演绎出丰富多彩的形态和样式，如：兵器的小型化推动了武艺的发展，关中红拳太极拳、重阳导引吐纳术在民间逐渐兴起。总之，城镇经济的发展，市民阶层的不断壮大，使养生体育、节庆体育和时令体育更为普及，西安体育进入世俗生活而凝结为民风民俗，代代相传，生生不息。

二

历史的车轮进入晚清的时候，西安这座积淀着深厚中华民族优秀传统文化的城市，在洋务运动、戊戌变法、光绪新政等一波波时代浪潮中，开启了近代化历程。随着学堂教育的兴起，西安体育进入西方近代体育传入和传播时期。

辛亥革命后，陕西省政府设立西安市，近代西安城市发展由此起步，直到民国三十六年（1947）8月1日，西安市升格为国民政府行政院直辖市，为全国12个院辖市之一。这个时期，西方近代体育在西安开始由学校向社会渗透，获得了社会各界越来越多的认同。无论是体育行政管理制度、运动竞赛制度，还是体育法规建设等都取得了一定的发展。民族传统体育也得到继承和发扬，建立了国术馆。值得提及的是，在中国共产党领导的抗日根据地，红色体育运动蓬勃兴起。这时的西安，与陕甘宁边区毗邻，又设立有八路军办事处，成为国共抗战重要的中转地、连接点。西安体育见证和接受了红色体育文化的传播与影响，为中华人民共和国成立后西安社会主义体育事业的发展奠定了重要基础。

整个中国近代体育，虽然只有100多年的发展历史，并且社会积贫积弱，人民饱经动乱，但也是中国体育内涵和面貌发生巨变的快速进步阶段。这一时期，西方体育在社会巨变之中传入中国并渐行普及，中华传统体育也在不安定的环境里延续传承，红色体育在团结抗战的社会大潮中传播发育，在这三大体育文化并行发展与相互影响中，西安体育走过了近代化历程。

三

1949年5月20日，西安解放，属陕甘宁边区辖市。1950年西安改由西北军政委员会领导，后属西北行政委员会管辖，1953年3月12日改为中央直辖市，为全国12个中央直辖市之一，1954年6月19日改为省辖市。此时，西安历经三千年风雨磨砺，踏上社会主义建设的道路。

中华人民共和国成立后，西安体育获得长足发展，无论是现代体育项目，还是中华传统体育项目，在制度建设、体系形成、参与规模和运动水平各方面都发生了质的飞跃。中华人民共和国成立伊始，批判改造旧体育，建立新体育，成为当时体育界的主要任务。1952年，毛泽东“发展体育运动，增强人民体质”的题词，明确界定了新中国体育的性质、目的和任务。至此，西安体育事业迅速蓬勃开展，形成了学校体育、职工体育、农村体育、军事体育四大领域，呈现出学校体育生动活泼、群众体育波澜壮阔、竞技体育全面迸发、军事体育别具一格的生动局面。克服了“三年严重困难”的影响，排除了“文化大革命”的困扰，西安体育强国健民的目标更为明确，管理机构和规章制度更为健全，完成了社会主义体育事业的创业奠基，为社会主义体育事业的大发展、大提升打下了坚实基础。

20世纪80年代是一个具有开拓性意义的年代，中国体育全面走向世界。西安体育在适合国情的体育发展道路方面进行了不懈的努力，加强学校体育体系化建设，推进群众体育普及化深入，提升竞技体育专业化水平，探索体育产业化道路，推进体育训练科学化实践，扩展体育运动国际化空间，促进体育赛事社会化发展。1992年后，随着邓小平一系列重要谈话的发表，为我国体育的深化改革和进一步发展指明了方向和道路，西安体育走向了中国特色社会主义体育事业的崛起。北京成功申办2008年奥运会以后，中共中央、国务院颁发了《关于进一步加强和改进新时期体育工作的意见》，从这以后，西安的体育事业得到迅猛发展。西安全面实施全民健身计划、奥运争光计划，认真落实《中华人民共和国体育法》（简称《体育法》），不断深化体育体制改革，群众体育、竞技体育、学校体育、体育科研、体育产业都更趋成熟完善，竞技体育屡创佳绩，运动健儿摘金夺银，取得了显著进展和突出成就。

2012年11月，党的十八大对我国新时期体育事业发展提出了广泛开展全民健身运动、促进群众体育和竞技体育全面发展的新要求，习近平新时代中国特色社会主义体育方面的重要论述更是指明了新的发展方向。西安市以实现体育工作在全省率先发展为目标，全面推进全民健身活动深入发展，全面提高全市体育公共服务能力和竞技体育综合实力，全力打造世界体育赛事名城，在国际国内比赛中取得了优异成绩，进一步增强了体育产业竞争力，提高了体育科学管理能力。2021年，中华人民共和国第十四届运动会将在西安举办，这将成为西安体育事业的高光时刻。

新中国诞生后70多年的历程，西安体育已凝结成矢志图强、团结奋进、勇攀高峰的体育精神，蕴养成弘扬中华民族优秀传统、坚持中国特色社会主义道路的体育文化，在体育事业社会化、科学化、国际化的现代化道路上迈出了坚实的步伐。

四

回望西安体育三千多年的发展历程，其坚定如巍峨秦岭，历经朝代兴替、社会跌宕、沧桑巨变而初心不改；其坚韧似悠悠渭水，滋育万物苍生、慷慨激荡、汇河入海而勇往直前。从古代体育的发祥兴盛，到近代西方体育的引入普及，再到当代社会主义体育的筑基崛起，为国争光、民族复兴的体育理想已经融入华夏文化血液，强身健体积淀为民风，体育活动传承为民俗，成为城市文化的鲜明特色。

西安体育，在文化理念上，循规守礼、注重实用，秉承中华民族朴素唯真、崇礼尚德的人文精神，注重品德养成和技术实用，由修身养性而致以气为体的保健气功，由强身健体而致以力为用的武术功法，呈现出中华传统体育文化的典型特点。在文化样态上，多元融汇、多样并存，经过不同时期、不同地域、不同民族的体育文化融汇融合，西安体育逐渐发展成丰富多彩、形式多样的运动样态，传统体育与现代体育共存，民间体育与竞技体育同生，时尚体育与民俗体育并行。在文化品质上，内外兼修、体艺一体。对人的生命力有着整体的审美认知，呈现出智能与体能、静态与动态、内气与外力和谐运转的鲜明特点，成为人们最重要的审美体验活动之一。在文化功能上，以德为本、育人为要。既具有浓厚的崇德尚勇观念，又有强烈的励志成才追求，始终强调体育人的品德操行和素质养成，选才育人讲究先正心正行再强体练技，追求宽厚真诚、爱国为民的人格品质。在文化实践上，定时定式，文娱结合。传统体育活动多围绕传统节日和民俗活动展开，清明节的郊游、端午节的龙舟、重阳节的登山、过年的社火即如此。更突出的是与农事农时相辅相成，体育活动高峰期多在农闲期，活动形式脱胎于农业生产，表现出浓厚的“尚农”特色。现代体育活动常结合重大政治文化事件展开，成为人们社会活动、文化娱乐的重要形式和载体。随着社会经济的发展和人民生活水平的提高，人们的体育活动逐渐演化为娱乐化、趣味性的社交活动，成为大众日常生活的重要组成部分。

品读西安体育，我们能够强烈地感到其传承了中华民族文化精华，吸纳了东西国邦、南北民族文化养分，形成了农耕、游牧、山地、海洋、商贸等多样文明相互交融的独特文化风貌。西安体育历经了古代的辉煌与沉寂、近代的变革与冲突、当代的新生与崛起，一路走来持续演进，生生不息，传播广泛，影响深远，是中华民族体育文化发展的历史缩影，是中华民族体育精神传承的血脉灵魂。

我们在记述西安体育发展历史之际，对西安这座千年古都对中华民族体育文化形成、传承和传播所做出的不朽贡献充满自豪，更对西安体育在中华民族伟大复兴的进程中走向现代化再现辉煌充满信心，相信随着第十四届全国运动会的成功举办，西安一定能为建设体育强国做出更大的贡献。

目　录

第三篇 当代西安体育：开拓创新 勇攀高峰（1949—2021）

第一篇

古代西安体育：

灿烂辉煌　影响深远（前 1046—1840）

西安体育，同西安从建城之日起就是华夏都城一样，是华夏体育文化的中心。在西安这片热土上，体育思想、体育体制、体育项目、体育活动，从起源发祥、雏形初现、成长成熟到丰富发展，持续演进并广为传播，不仅是中国城市体育发展史上的典范，更是中华体育发展史的缩影。

西安地区，在旧石器时代就闪现着蓝田猿人的身影，在新石器时代的半坡、姜寨、杨官寨、客省庄就生活着智慧勇敢的原始先民，到夏商时代的部落邦国星罗棋布，西安体育在这里发祥、奠基。周文王建丰京，武王定镐京，开启了西安作为十三朝都城的辉煌历史。西周丰镐二京在今西安市西侧的沣河两岸，在此文王演八卦作《周易》，周公制礼作乐，推行分封制与宗法制，奠定了中华文明的品格，也铸就了西安体育的文化基因。

秦人继起于关中，定都咸阳，商鞅变法而军事强盛，始皇立制而海内一统，推行中央集权制与郡县制，百代效行，奠定了西安体育文武并重的特质。汉朝取秦，定都长安，北逐匈奴，东北置郡，统一西南，西域设府，基本奠定了中华疆域，又经崇尚黄老的文景之治、独尊儒术的汉武盛世，精神文明与物质文明得以空前发展，使汉民族由此名声远播。加之张骞“凿空”西域，开通丝绸之路，加速了东西方文化交流，中华文明形成了气韵恢宏的生动格局，也成就了西安体育政治与军事、体力与智力、健身与娱乐相融一体的基本形态。

时至隋唐，长安先后为隋大兴城、唐长安城，史家合称“隋唐长安城”，中华政治经济文化达到鼎盛。从“开皇盛世”经“贞观之治”达到“开元盛世”，长安成为“天可汗之都”、东亚文化圈的中心。万国来朝，边疆少数民族及外国使节、留学生、商人汇聚于此，使隋唐长安城成为当时首屈一指的国际化大都市。中华文化通过丝绸之路影响到全世界，占据7至9世纪世界文明的制高点。西安体育此时呈现出祭祀、祓禊、军事、养生、医术、游艺等类型多样、官民一体、男女平乐的繁荣景象，传播到日本、朝鲜以及东南亚诸国，灿烂辉煌、影响深远，是中华体育文化的高光亮彩时刻。

宋元明清时期，政治中心东移，长安失去了作为全国首都的地位，但一直作为西北地区政治、军事、文化重镇，体育并未停下前进的脚步。这一时期，小型个体的武术、游艺在民间应运而生，广为传播，依然为中华体育的繁荣发展做出了重要贡献。

在古代中国体育的历史发展进程中，西安体育随着城市经济社会的跌宕发展、朝代的兴衰更替，承续并丰富了中华体育的内在精神，吸纳不同国家、民族文化的优良养分，走过了广集大成的成长期、丰富多样的形成期、大放异彩的辉煌期、多方融合的发展期，形成了农耕文明、游牧文明与商贸文明相互交融的独特风貌，虽经战乱纷扰、沧桑巨变，却生生不息，持续演进，影响深远。

第一章　源远流长，西安体育的形成

（西周春秋战国秦时期）

西安城市的形成和体育的发展，从初始阶段便有着丰厚的人文基础和政治优势。这片土地，是中华民族的发祥地与中华文明的起源地之一。从旧石器时代的蓝田猿人，到新石器时代仰韶文化的半坡、姜寨聚落，从庙底沟文化的杨官寨到龙山文化太平村环壕聚落，再到商王朝的老官台都邑，先民文化遗存连绵不绝。炎黄始祖、神农后稷等在这块神圣的土地上演绎着中华民族兴起的主旋律，中华原始体育的出现为西安体育的形成奠定了基础。

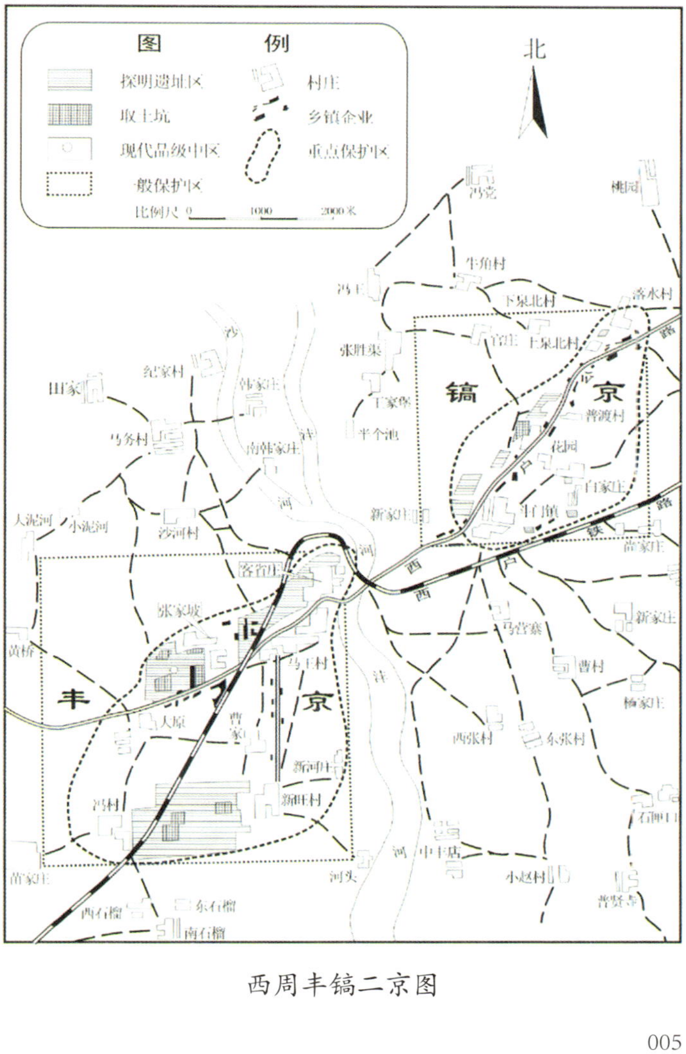

西周丰镐二京图

西安建城之初，就是周王朝的都城，成为中国政治文化中心。迁居于周原的周族，由周文王建都丰京，周武王兴建镐京，史称“宗周”。周公在此制礼作乐，规治华夏，各诸侯国纷纷朝觐、纳贡、服役，各地方文化风情、特色体育项目不断汇聚于此，使彼时的西安（丰镐）城市体育文化在先辈开创的基础上广集各个邦国之长，形成了田猎、射箭、驾车、武舞、角力、长跑、扛鼎、投壶、养生等体育种类，加之创立庠序、教育规导，体育文化迅速形成，并广泛传播。后周室中心东移，秦人继起关中，变法强军，力挫群雄，体育活动另有一番景象。

中国古代从公元前770年（周平王元年、东周始）至公元前476年，史称春秋时期，从公元前475年至公元前221年史称战国时期。春秋战国是社会急剧动荡变化的时代，也是西安体育迅速成长的阶段。

频繁的战争是春秋战国的主要特征，直到秦灭六国，才结束了五百余年的战乱局面，形成了统一的王朝。战争的需要直接促进了体育文化的发展。商鞅在秦国都城栎阳（今西安市阎良区）大力提倡练武习兵，制定奖励武勇之士的政策，选取武艺超群之士予以任用。战争的规模与作战方式的演变更直接推动了军事体育的发展。西周时期战争的规模不过数千人，到战国时，战争规模发展巨大，更多的人被要求练武习兵，这就从数量上直接促进了参加军事体育活动人次的迅猛增长。战争方式的变化直接影响武器的变化及战斗技术的演变。步兵武器向较轻较短的方向发展，车战所用的长戟大矛渐渐退出历史舞台，主要使用短戈与干盾，射术在战争中的作用越来越大。骑兵的兴起除使骑射成为军事武艺的首要技能外，更增加了短兵器如铁剑等在战斗中的作用。步卒居于战斗的主要地位之后，对士兵的跑、跳、负重、投掷等能力有了更高的要求。

西周时期，是“武士”的时代，武士为贵族下层，主要接受“六艺”教育，这种武士教育是文武结合且以武为主。武士平时统领平民，战时则执干戈以卫社稷，有时还承担禁卫军任务以守护王宫。战时战车上的甲士亦主要为武士，故弓射之学是武士必须精习的基本功。至战国时期，“士”的性质开始发生变化，贵族阶层的“士”走向没落，兴起了平民出身的“士”，其主要依靠自己的学识修养，奔走游说诸国，以求富贵功名。在社会急剧变革、战争频仍的形势下，各国统治者“礼贤下士”，网罗人才，既需要能征善战的赳赳武夫，也需要学识广博的谋略之士。“文武分途”之初，不少士人是文武兼能的，出现了聂政、荆轲等著名的侠客武士。随着文武分途的发展，产生了一批专以击剑为业的职业武士，促进了武艺技术的不断发展与提高。

秦灭六国，首次完成真正意义上的中国统一，造就中国历史上第一个大一统时期。秦都咸阳，为战国时秦的都城，秦统一全国后，咸阳也升格为秦帝国的都城，随着渭河南岸章台宫、兴乐宫、甘泉宫、阿房宫以及昭王庙、极庙等宫殿宗庙的修建，都市区域已是今西安范围，甚至还把皇家陵园与上林苑这样的郊区设施也划入都城范围。

这个时期，文化的发展和军事的强盛，使西安古代体育成长，周秦都城也成为中华体育文化发祥起源、成长发展之地。

第一节　原始体育，源于劳动历史久远

西安地区是中国原始人类的重要发祥地之一，分布有旧石器时代的蓝田猿人等遗址，新石器时代的仰韶文化与龙山文化在这里持续发展，原始体育历经悠悠岁月，在这里演进发展。

体育运动源于生活，先民在长期的生存、劳动和社会活动中，需要加强训练、竞技，使体能强大以提高生存的机会和在族群中的地位。体育活动既是个人体能的锻炼，也是原始社会狩猎生活的必然产物，由此产生了投掷、奔跑、飞索、射箭等项目，同时也是先民相互比赛、竞争斗胜为特点的对抗性和娱乐性活动，这也是原始体育的基本样态。

一、投石——田赛的萌芽

石器时代，先民的生产形式中狩猎所占比重很大。人们在长期的狩猎过程中，新的工具应运而生，比如石球的运用和弓箭的发明。这些新式工具的运用，需要娴熟的技艺和强健的体能，获得技艺、拥有体能就需要反复习练，体育运动便产生了。投掷石球或箭矛就是田赛运动的萌芽。

在半坡遗址中发掘的文物中，有不少原始体育方面的文物，这为我们研究半坡先民的体育活动提供了极其珍贵的历史资料。

石球　又称球形石，是一种狩猎用的工具。半坡遗址发掘的狩猎工具，有石矛、石箭头、石球、陶球和骨箭矛、骨鱼钩、骨叉等。其中石球240个，陶球327个。这些球体中，石球多以花岗岩磨制而成，陶球以细泥陶土烧制者居多。除大石球稍欠圆整外，其他球体都比较圆整。考古工作者告诉我们，6000多年前的半坡地区，雨量充足，气候温润，依山傍水，森林茂密，是极为理想的狩猎场所。半坡先民大量制作石球和陶球，除用来狩猎外，还将其作为教育和游戏的手段而广泛使用。

半坡遗址第二瓮棺群中，有一座女孩墓，出土石球3个，每个直径2厘米，磨制得十分精致，呈浑圆体。至于石球的玩法，因为缺乏文字资料，我们现在无法得知。据推测其应是6000多年前的半坡村落里所盛行的一种原始的体育活动器具。若是以手投掷，俨然如现在的铅球活动；若是以脚踢之，无异于今天的足球活动，学者将其称之为“西安最早的石球游戏”。

飞球索　在西安半坡博物馆第一展室，有一幅狩猎示意图，从画面上可以看到，半坡先民在

狩猎时，把两个石球或陶球用绳子系起来，置于两端，遇上猎物时，他们用手拿住绳一端的一个球，使另一端的球随绳在空中旋转，当球转到一定程度时，再对准猎物，放开手中的球，球索借助离心力的作用，以飞快的速度向猎物击去，不是缠住猎物的腿部，就是击中猎物的要害。这种狩猎工具被考古工作者称为“飞球索”，是半坡先民狩猎的手段之一。这种“飞球索”的投掷方法，是半坡先民在长期的实践中发明创造的，并代代相传。这种传授过程，既是一种生产技术教育，又是一种身体锻炼。从体育发展史的角度来看，这是6000多年前的田径项目，类似今天的链球运动项目，这也应该是田赛运动的萌芽。

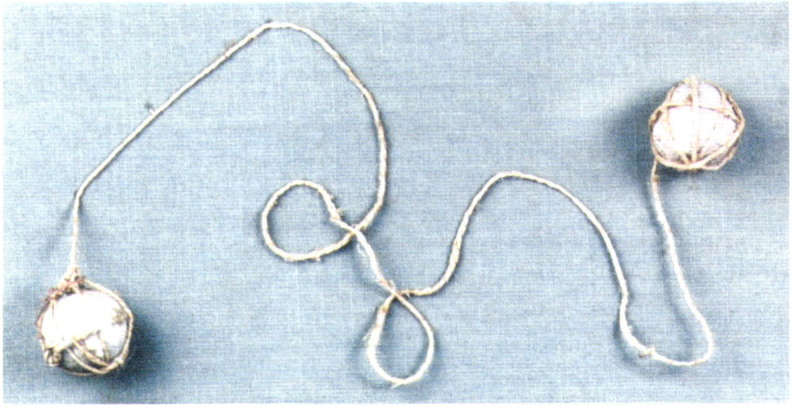

半坡先民的飞球索

二、奔跑——径赛的雏形

原始人的狩猎、捕鱼，既是生产劳动，又是体育活动。狩猎不是简单地与野兽搏斗，而是一种智力与体力的综合表现，能提高人的跑、跳、投、掷等能力。从原始人留下的岩画上可以看到迁徙、狩猎、舞蹈等场景，迁徙中的人、马、犬、车俨然有序，狩猎则更具运动特征，人们将群兽围在中间，或投石或舞棍或呐喊，舞蹈的画面整齐，节奏一致，具备一定的团队意识。

夸父逐日的神话更显示出人类追求自身力量的雄心。《山海经·海外北经》记载：“夸父与日逐走，入日。渴欲得饮，饮于河渭，河渭不足，北饮大泽，未至，道渴而死。弃其杖，化为邓林。”从理智上说，人与太阳比赛行速是不可为的，但夸父的行为显示出人们驾驭自然的强烈愿望。这个故事歌颂的很可能是一个渭河之滨的“长跑家”。

三、乐舞——艺术体操的源头

据《吕氏春秋·古乐》记载："昔陶唐氏之始，阴多，滞伏而湛积，水道壅塞，不行其原，民气郁阏而滞著，筋骨瑟缩不达，故作为舞以宣导之。"

最初，乐与舞加上歌谣是三位一体的。《礼记·乐记》曰："诗，言其志也；歌，咏其声也；舞，动其容也。三者本于心，然后乐器从之。"《毛诗序》也说："情动于中而行于言，言之不足，故嗟叹之，嗟叹之不足，故咏歌之，咏歌之不足，不知手之舞之，足之蹈之也。"原始人群聚，配以呼叫，手足配合，有全身运动之功。

《吕氏春秋·古乐》还记载："昔葛天氏之乐，三人操牛尾，投足以歌八阕：一曰《载民》，二曰《玄鸟》，三曰《遂草木》，四曰《奋五谷》，五曰《敬天常》，六曰《达帝功》，七曰《依地德》，八曰《总万物之极》。"描述的是原始部落的歌舞场面，这俨然开了现代艺术体操之先河。

第二节　百家争鸣，体育思想显露端倪

西周及春秋战国时期经时约800年，是"五经"产生的时期，也是中国社会思想文化形成的重要时期。《易经》是中国传统思想文化中自然哲学与人文实践的理论根源，被誉为"群经之首""大道之源"。周公制礼作乐，奠定了中国礼乐文明的基础。春秋时期的思想更为丰富多彩，老子于楼观台著《道德经》，论述修身、治国、用兵、养生之道，文义深奥，包含广博，被誉为"万经之王"。战国时期，百家争鸣，一批有知识、有影响的思想家，如墨家的墨子、儒家的孟子荀子、道家的庄子、法家的韩非子、兵家的尉缭子，或居于秦纵论天下，或其学生游说于秦施展才华。他们的思想学说，深刻地影响着秦地的社会发展，散见于他们学说中的养生思想、军事思想等体育理论有力地塑造了古代西安体育文化的品质，引导着西安体育文化的发展走向。

一、周易的养生思想

《周易》首卦"乾"卦所包含的"自强不息"精神与尾卦"未济"所昭示的"生生不息"思想首尾呼应，彰显了大道如环、永无止境的思想内涵。身体锻炼的过程，就是主动打破既有平衡，追求并建立更高一级新平衡的过程，是实现生命自我超越的过程。生命的自我超越，是人在以身体为本的前提下，通过积极主动的体育锻炼，进而实现身心的动态平衡以及生命的自我

完善。

《易传》从阴阳五行等角度对精、气、神、意进行研究，十分重视人的生命运动及其规律。它认为，天、地、人为“三才”，人顶天立地，为万物之灵长。人在“性命”，“性”是生命的本质，从养生上讲是先天元气，处于主宰地位；而“命”是生命的本原，从养生上讲属于生理机能。因此必须“顺性命之理”，“穷理尽性以至命”。“性”和“命”二者是不可分割的，无性则命无所适从，无命则性无所寄托。所以，我国后来的养生学多被称为“养性之学”“性命之学”“尽性至命之学”。《易传》为养生学奠定理论基础，其意义首先在此。

二、周公制礼作乐

西周的礼乐是周公创制的。“礼”指一定等级规则的国家制度与仪式，又可以指人的道德品质或者地方的风俗习惯。孔子曾评说周礼，认为商代曾经改造了夏代的文化，而周代也对商代形成的文化做了改造，形成周代独特的文化。《礼记·表记》：“周人尊礼尚施，事鬼敬神而远之，近人而忠焉，其赏罚用爵列。亲而不尊，其民之敝，利而巧，文而不惭，贼而蔽。”周人的宗教信仰、文化意识在于“事鬼敬神而远之”。说的是从西周开始，敬神退居次要地位，而对人的关注成为主要潮流。周公制礼具有浓厚的人文精神，这也是周礼的内核。周礼规定了各种各样的仪式，规定了各种等级的人所享用的待遇，当然也规定了各种敬神的礼仪，但其主要目的已经不仅仅是敬神，而是要在各种仪式中使人怀有敬畏之心并且得到教化，敬神仪式的主要目的在于更好地处理人与人之间的关系。我们知道，西方的奥林匹克运动会最初实际上是祭神的活动，而中国从西周开始，人文精神就逐渐兴盛。在这样的思想背景下，中国的体育就被明确赋予了人文意义。

许多礼的仪式中就包括奏乐，礼与乐关系密切，而乐和舞又紧密相连。舞，包含跑、跳、腾、跃、挥、蹈、伸、扭、挪、抵、喊、吼等复杂多变的肢体动作，是当时重要的体育元素。据《周礼·舞师》记载：“凡小祭祀，则不兴舞。”言外之意则是大的祭祀活动必有乐舞。这就可以看出，周公制礼作乐既赋予体育以制度层面的意义，即严格的秩序规则，又赋予体育以人文层面的意义，即深刻的教化作用。同时，也可以看到中华体育思想在这个时期就呈现出体育活动与政治、艺术相融合的综合性特点，也可以称为中华特色的体育文化。

三、老子、庄子的生命观和养生思想

老子和庄子在《周易》和《尚书》的基础上，提出了道家生命观：“重人贵生”的生命价值观，“自然无为”的生命存在观，“自然朴真”的生命本性观，“阴阳气论”的生命机制观，“形神兼养”的生命结构观。这其中所蕴含的体育养生思想，体现了尊重自然、表达自由意志、追求身体解放的精神内涵，一定程度上阐释了人的生命如何存在和存在的价值与意义。

“重人贵生”　在《道德经》第七十五章中指出“夫唯无以生为者，是贤于贵生”，认为生命比任何东西都贵重，生命才是人最高的价值。老子的重生思想为庄子所继承。庄子对人的生命价值极为重视，在《庄子·让王》中肯定了生命的地位，即“故天下大器也，而不以易生”，将生命与天下相提并论，认为生命比天下更为贵重。

“自然无为”　“无为”是道家处世的一种态度和方式。《老子》第十六章讲道：“致虚极，守静笃；万物并作，吾以观复。”《庄子·至乐》中讲道：“至乐活身，唯无为几存。”由静入道，由道观物，进而认知客体把握主体，表达了老子以“静”养生的思想。庄子认为“无为”应从精神角度出发，主张“无为”精神养生。

“自然朴真”　老子提出“天人合一”的观点，认为人生修养的最高境界是效法道的自然法则，保持人的朴真本性。在老子这里，“璞”和“真”都是指未经后天修饰的自然本性，这与道家“道性自然”是相对应的。庄子进一步提出了“返朴归真”的观点，即顺应自然的养生之法。

“阴阳气论”　《老子》第四十二章中提道：“万物负阴而抱阳。”关于阴阳之气，老子提出：遵循人不违地，地不违天，天不违道，道不违自然的养生原则，运用阴阳平衡、守柔养气的养生方法。庄子认为“道”是通过“气”生万物，更明确地论述了“气”的生命现象。

“形神兼养”　老子认为通过修养，使形体与精神和谐统一，这样才能获得长久生命力。庄子提出“形全精复”的养生观点，认为“形不劳，精不亏”是生命修养所必需。

四、墨子“尚力”的体育思想

墨子出身于劳动阶层，是一位勤于劳作、善于技巧、深于战略、长于兵器的思想家。他从社会大众的生存实际出发，在人与自然的对立统一关系中，提出了“尚力”的思想。

墨子认为：“今人固与禽兽、麋鹿、蜚鸟、贞虫异者也……赖其力者生，不赖其力者不生。”奋力可以强身，身强有助于劳动。如果没有强壮有力的身体，农夫不能耕种，农妇不能纺织，百工不能做事。墨子重视身体健康，主要通过日常劳动和在生活中锻炼。有人跟着墨子学习射箭，说明墨子精于教射。射术是墨子教育的一个重要内容。

《吕氏春秋·去宥》等文献记载，墨子的再传、三传弟子在秦国人数最多、影响最大，尤其在秦惠文王、吕不韦当政时期，他们的尚力观念，对秦国军队勇猛作风的形成有很大的促进作用。

五、韩非子“尚勇”的体育思想

韩非基于其富国强兵思想，十分重视军事武勇。他说：“上古竞于道德，中世逐于智谋，当今争于气力。”治理国家必须从这一现实情况出发。在韩非的著作中，对李悝下习射令，使“人皆疾习射，日夜不休，及与秦人战，大败之”是十分赞扬的。他又说：“郭偃之始治也，文公有官卒；管仲之始治也，桓公有武车。”只有富国强兵，才能在列国争霸中生存和发展。

六、吕不韦“贵生”的体育思想

《吕氏春秋·重己》认为：“世之人主贵人，无贤不肖，莫不欲长生久视。”即在世之人，无论是谁，都希望长寿，所以，“凡事之本，必先治身”，把治身作为一切事情之根本。在人们要求长生、治身的情况下，介绍了“贵生”之术。“贵生”之术除“节有”“去虎”以及“察明阳之官，辩万物之利”之外，特别强调一个“动”字，即宇宙万物是由精气的运动形成。《吕氏春秋·尽数》认为：“精气之集也，必有入也。集于羽鸟，与为飞扬；集于走兽，与为流行；集于珠玉，与为精朗，集与树木，与为茂长；集于圣人，与为夐明。”不论动物、植物都由精气的凝集和注入所形成，不同的物质有各自不同的特征。宇宙万物靠“精气”的运动而形成，也靠“精气”的运动而长存，没有运动就没有一切。人之所以能健康长寿，就是因为精气在人体中畅流无阻，一旦精气在人体内的运动受阻，人就会生病。这充分说明了身体活动能够增进健康、促进长寿的道理。

第三节　立规建章，体育礼制文化发端

西周的礼乐文化是对古礼制度的创新与总结。制度上，礼乐体系秩序井然；教育上，教万民亲敬贤能、让亲和安；思想上，援“德”入礼：祭祀丧葬教人慎终追远，朝聘外交与军礼田猎教人忠诚博雅、朴实刚毅，冠昏宾射与燕飨嘉礼则教人进取担当、和睦友爱，几乎所有的政治礼乐活动过程中都镶嵌着道德教化。这种由原始宗教之礼到人文理性之礼的转变，使得“亲亲”“尊尊”的德礼体系、宗法观念深入人心，影响深远。

一、设立庠序：体育教育机构形成

为了推行礼乐制度，西周开始推行学校教育。《孟子·滕文公上》：“设为庠、序、学、校

以教之。庠者，养也；校者，教也；序者，射也。夏曰校，殷曰序，周曰庠；学则三代共之，皆所以明人伦也。”记载了西周时期学校教育的起源情况，包含了教育的内容和主旨。《荀子·大略》则明确记载，“立大学，设庠序，修六礼，明十教，所以道之也。”说明西周时期有庠、序等学校，负责教育礼、乐、射、御、书、数“六艺”，表明当时体育已进入学校，承担着“明人伦”的重任。重德强能、秩序教化，成为体育活动的主题。

二、“六艺”教化：体育教育内容规范

西周的“六艺”教育虽没有更多的史料流传下来，不过孔子建立的儒家学派主要继承周礼的思想是确定无疑的。从儒家“六艺”教育中，可以窥得西周时期的体育教育，孔子的“六艺”，即礼、乐、射、御、书、数，应该是西周学校教育的基本内容。

“六艺”的射、御与乐三艺中，就有着极其丰富的体育内容，而“六艺”的具体规则也是“礼”的组成部分。比如射礼，西周时期，射箭是贵族子弟学习的重要内容。射、御也是战争所必备的技能，它们既是军事技能训练，也是一种身体体能训练。此外，“乐”的教育中有舞蹈，按照《礼记·乐记》中说的，舞蹈可以使人“耳目聪明，血气平和”，具有锻炼身体、增进健康的意义。

三、兴建园囿：体育运动场地完备

（一）荞京

从大量西周青铜器铭文来看，镐京附近存在一个荞京，从《伯姜鼎》《史懋壶》铭文来看，荞京中有湿宫。又据《周生簋》铭文，荞京中有上宫，《王盂》铭文，荞京有中寝。可见荞京中有许多宫室，应该有一个宫殿群，是一处周王休闲娱乐的行宫或者行都。

据文献记载，荞京附近有辟雍、辟池、大池。这里是举行祭祀的地方，周王常在这里狩猎，《伯唐父鼎》铭文中说，这些猎物有一部分是用来祭祀先祖的。这里也是举行射礼的地方。据《小臣静簋》铭文，这里有射宫，周王常在此地举行射箭比赛。射礼在西周体育史上，占有重要的地位。

（二）辟雍

辟雍又称为大学，是从先秦延续到明清的重要教育机构。据《汉书·郊祀志》记载：“周公相成王，王道大洽，制礼作乐，天子曰明堂辟雍，诸侯曰泮宫。”周公在成王初年就进行了辟雍的建设，足见辟雍对周室的重要。《白虎通·辟雍》也有所谓“天子立辟雍者何？所以行礼乐宣

德化也”。辟雍是一处中间为岛屿（建有主体建筑），四周以水环绕的建筑群。20世纪50年代，考古工作者曾在西安西郊发现大型礼制建筑遗址，也就是说辟雍的具体位置当在都城的南郊。

辟雍作为西周时期重要的礼制建筑和宫廷教育设施，不仅是贵族子弟学习之处，也是贵族成员集体行礼、集会、聚餐、练武、奏乐之处，并兼有礼堂、会议室、俱乐部、运动场和学校的性质，是当时贵族公共活动包括体育运动的场所。西周辟雍的教学内容以礼乐和射为主，西周是礼制社会，学习礼乐是贵族日常生活的一部分。

除此之外，周王宫内也有专门射箭的地方。《十五年趞曹鼎》铭文："唯十又五年五月既生霸壬午，恭王在周新宫。王射于射庐，史趞曹赐弓、矢、虎卢、厹、胄、干、殳。趞曹拜稽首，敢对扬天子休。用作宝鼎，用享朋友。"《师汤父鼎》铭文："唯十又二月初吉丙午，王在周新宫，在射卢。王呼宰雁赐盛弓、象弭、矢臸、彤欮。师汤父拜稽首，作联文考毛叔䵼彝。其万年孙孙子子永宝用。"二者都说周王在周新宫射卢赏赐，由此可见西周时期射箭活动之兴盛。

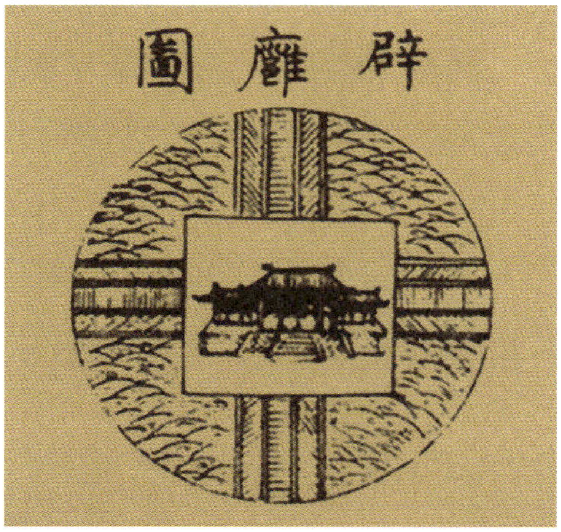

周《辟雍图》（张一兵《明堂制度研究》）

（三）三灵：灵台、灵沼、灵囿

灵台、灵沼、灵囿合称“三灵”，是西周时期周文王营建丰邑时所修建，距今已有3000多年的历史。周人在修建灵台时，引注沣水以建灵沼、灵囿，用于养鱼、养鹿等。灵台位于今西安市长安区灵沼街道办事处阿底村南约1千米处，用于游观和观测天象。

据金文记载，周王和王公贵族在灵台上的主要活动是划船、钓鱼、射箭和狩猎。周王在灵台上的活动并非纯粹的娱乐活动，以“射”为例，《礼记·射义》：“天子将祭，必先习射于泽。泽者，所以择士也。已射于泽，而后射于射宫。射中者得与于祭，不中者不得与于祭。不得与于祭者有让，削以地；得与于祭者有庆，益以地。进爵绌地是也。”天子不仅通过“射”来决定哪些人可以参与祭祀活动，还趁机选拔一些军事将领。因此，“射”实际上是一项“天下无事，则用之于礼仪，天下有事则用之于战胜”的政治、军事、娱乐兼而有之的体育活动，集中体现了“国之大事，在祀与戎”。

（四）滈池与滮池

滈池　《三辅黄图·池沼》曰：“滈池，在昆明池之北，即周之故都也。”滈池一名镐池，原是西周镐京的一大池沼，是今牛郎石像以北至斡龙岭之间的洼池。其范围北不过斡龙岭，南不过北常家庄，东西两侧不超过唐朝昆明池遗址的东西两岸，是都城的重要水源区。

滮池　滮池周时已经利用，《诗经·白华》曰："滮池北流，浸彼稻田。"《水经注·渭水》中明确说滮池在滈池西北部。现在学者多认为滮池遗址在今西安市长安区北部丰镐村与落水村之间，池周约十五里，当地群众俗称"小昆明池"。

这两处水域都是当时天子渔猎和游乐的重要场所。

第四节　形式多样，西安体育格局初成

西周时期的西安体育活动，并非单纯的强身健体、竞技比赛，而是在礼制教育、军事训练、祭祀娱乐之中综合呈现并渐次形成的，有着浓厚的以立德为核心的文明教化色彩。到了春秋战国时期，战争规模扩大，军事人力需求激增，转变为强烈的以尚武为特色的取向，因而，体育样态就呈现出政治与军事、智力与体力、教化与娱乐相互交融的文化格局。

一、礼仪体育

（一）射艺

射作为"六艺"之一，就是射箭。通过射箭培养国人品德。诸侯的射艺比赛之前，要先进行燕礼，燕礼可以使人明白君臣之义；卿、大夫、士的射艺比赛之前，要先进行乡饮酒礼，乡饮酒礼可以使人明白长幼之序。射箭手进退、周旋、归位，必须合乎礼仪，心志端正、体态正直，然后弓箭才拿得稳固，手持弓箭稳固了才谈得上射中。射艺比赛必有音乐，不同阶层须演奏不同的音乐，天子奏《驺虞》，诸侯奏《狸首》，卿大夫奏《采苹》，士奏《采蘩》。射艺可以体现天子、诸侯、卿大夫、士不同阶层的品位，这样就可立德行，成功业，也就会国泰民安。周人认为立德行者，必须通过礼乐教化来完成，而礼乐教化又是通过射箭训练进行的，所以君王很重视以射艺来选择诸侯、卿、大夫、士。射艺也是符合仁道的。射箭要求心正身正，然后才可能射而中的；发箭不中，不能怨人只能责己，这正合仁义之道。以此看来，周代礼仪德行的养成皆与射艺的礼仪有关。

（二）射礼

西周时期贵族所举行的"射礼"共有四种，即"乡射""大射""燕射""宾射"。箭靶（皮或布）上画熊、虎、豹、麋、鹿野兽的头像，竖起来作为目标，射者在射箭时还要演奏音乐

吟唱诗歌。

根据《仪礼》的《乡射礼》和《大射礼》两篇可以了解这两种礼节的具体仪式，从中可以看出射礼蕴含的体育运动色彩。

乡射礼　乡射礼具有军事教练的性质，由乡大夫和士参加，在乡学中举行。乡射礼的主要程序是三番射。第一番射，由乡学中弟子参加，着重于射的教与练，其礼节为：①请射。由主人挑选一人掌管射事，叫“司射”。②纳射器。由司射命令弟子送纳各种射器进堂。③比三耦。由司射把挑选出来的弟子六人相配成三组，每组有上射、下射各一人，称为“三耦”，即上耦、次耦、下耦。④张侯倚旌。张侯（布置箭靶），“获者”取旌倚靠在“侯”的正中。⑤迁乐。把乐器迁到堂下，以便堂上行射礼。⑥傧射。“三耦”接取弓矢，手执弓，腰带插矢三支，手指挟矢一支，前进而傧射。⑦诱射。司射作示范教学，叫作“诱射”。⑧命射。司射发布口令，正式开始射箭。⑨三耦射。由“上耦”的“上射”先射，“下射”再射，各发四矢；接着，“次耦”“下耦”依次各发四矢。⑩取矢。把“楅”（箭囊）设置中庭，将射出的矢装到“楅”中，于是第一番射完毕。上述第一番射，由乡学中弟子相配成“三耦”，由司射“诱射”，再由“三耦”依次发射，射中的只扬旌唱获而不加统计，不算胜负。显而易见，其属于教学性质。《乡射礼》说：“三耦者使弟子，司射前戒之。”第二番射，参加者除了原来由弟子配合的“三耦”外，还有主人、主宾和众宾参加，着重于射的比赛。第三番射的参加人员与步骤，和第二番射相同，同样要“释获”，具有比赛性质，但比第二番射更进一步，射箭时要用音乐节奏来行动和发射。当一切“射”的准备工作做好后，司射就升堂“请以乐于宾”，并对乐正发出命令说：“不鼓不释”，即不按鼓点发射，不能计数。“奏《驺虞》，间若一”，即奏《驺虞》乐曲，节奏要均匀。三耦、主宾、主人、大夫和众宾依次听从鼓音的指挥而发射。随后也有“取矢委楅”“数获”“饮不胜者”等环节，如同第二番射。最后，由司射命令“拾取矢”，司马命令弟子解脱“侯”，“获者”带旌退，弟子带“楅”退，司射命令“释获者”带“中”和“算”退，于是第三番毕。

大射礼　大射礼的主人是诸公卿、大夫及士参与，都城近郊的大学便是行礼的场所。

大射礼的三番射的礼节基本和乡射礼相同。所不同的是，乡射礼所射的只有一个“侯”，大射礼公、大夫、士所射则各有一个“侯”，即公射“大侯”，大夫射“参侯”，士射“干侯”，用以区别尊卑。如果射者不按规定的“侯”去射，射中也不算。如果卑者和尊者合为一耦，就可以合射一侯。对国君则特别优待，只要射到“侯”的角和绳，或者飘着触到“侯”而跌落了，都一概算中；在三个“侯”中射中任何一个，也一概算中。

大射礼的司射要负起教练的责任，这也和乡射礼相同。但是，为了帮助国君，当国君发射时，大射正要立在国君背后，观察国君发射的矢的动向而报告，射得偏下要叫“留”，射得偏上叫声“扬”，偏在左右叫声“方”。

两种礼在第三番射中奏的乐有些不同。乡射礼用鼓来节奏，大射礼所用乐器有钟、镈、磬、鼓、应鼙、朔鼙等。乡射礼奏的乐章是《驺虞》，大射礼则奏《狸首》。最显著的不同是，“请”和“告”的礼节。在乡射礼中，司射和“释获者”的“请”和“告”都是面对来宾的。大射礼的礼节则不同，司射和“释获者”的“请”和“告”都是面对国君的。

射礼在西周早期比较简单，到西周中期变得复杂起来，因此需要由专门的人员来教导相关的礼仪。

《诗经》有两首诗描述了西周举行射礼的场景。《诗经·大雅·行苇》载：“……敦弓既坚，四鍭既均，舍矢既均，序宾以贤。敦弓既句，既挟四鍭。四鍭如树，序宾不以侮。曾孙维主，酒醴维醹，酌以大斗，以祈黄耇。黄耇台背，以引以翼。寿考维祺，以介景福。”《诗经·小雅·宾之初筵》载：“宾之初筵，左右秩秩。笾豆有楚，肴核维旅。酒既和旨，饮酒孔偕。钟鼓既设，举酬逸逸。大侯既抗，弓矢斯张。射夫既同，献尔发功。发彼有的，以祈尔爵。籥舞笙鼓，乐既和奏。烝衎烈祖，以洽百礼。百礼既至，有壬有林。锡尔纯嘏，子孙其湛。其湛曰乐，各奏尔能。宾载手仇，室人入又。酌彼康爵，以奏尔时。宾之初筵，温温其恭。其未醉止，威仪反反。曰既醉止，威仪幡幡。舍其坐迁，屡舞仙仙。其未醉止，威仪抑抑。曰既醉止，威仪怭怭……”

（三）投壶

春秋战国时期在宴乐中，常举行投壶活动，特别是在士大夫中，投壶甚为流行。《礼记》有《投壶》一章，记投壶的方法礼仪。关于投壶之来源，一种较流行的说法是投壶来源于射礼，是射礼的替代活动。《礼记·投壶》记投壶的仪式与方法，其奉矢中（盛筹码器）之法，辞让之节，壶位之度，奏乐之制，胜负计算，均有极细致的规定，与射礼的形式基本一致。投壶用不去皮的“柘”或“棘”枝制成没有羽也没有簇的箭，前尖后粗。宾主每次各投四支。壶为酒器，口径约周尺二寸半。投壶地点或在堂上或在庭中，壶与投者相距约周尺五至九尺，以投中次数多寡定胜负。投壶时还有音乐伴奏，击鼓按节。此种射礼演变为投壶，反映了当时社会上不长于射的人逐渐增多。投壶游戏的盛行，也表明春秋战国时期文武分途和文士兴起的迹象。

（四）讲武——历史上最早的体育运动会

周朝就已开始举行定期运动会，每年一次，在冬季农闲时举行。当时称运动会为“讲武”

（亦称校武）。据《吕氏春秋·孟冬》云："……天子乃命将率（帅）讲武，肄射、御、角力。"这里所谓的"讲武"，用现在的话来说，就是每到冬季，君王命令京城举行大规模的综合性运动会，项目多是军事体育项目，诸如射箭、驾车、摔跤等。在运动会举行期间，周王朝明文规定要"定功戢兵，故止戈为武"（许慎《说文解字》）。这种开运动会停止打仗的做法，和古希腊运动会（现代奥林匹克运动会的前身）的"神圣休战"基本相似。举行运动会时，不仅天子参加，王公大臣也必须到场，仪式相当隆重。

"丰镐运动会"约产生于公元前11世纪，比古希腊运动会（前776）要早得多。因此可以说，它不仅是中国最早的运动会，而且是世界上最早的运动会。

二、祭祀体育

（一）六代舞

周朝初年，周王室在吸收商朝文化思想的基础上集中整理了乐舞遗产《云门》《大章》《大韶》《大夏》《大濩》，又新创制了《大武》，合称《六代舞》。《六代舞》也称《六大舞》，都是歌功颂德的乐舞。

郑玄认为，《云门》歌颂黄帝"大施天下道而行之"，《大章》歌颂尧之大德彰明于天下，《大韶》歌颂舜以文德治邦，《大夏》歌颂禹治水之功，《大濩》歌颂汤灭夏桀以拯救万民，《大武》歌颂武王伐纣灭商的伟大功绩。每一部乐舞都有明确的主题，都是表彰先王的功德。

这六套乐舞的舞蹈可分为两类。前四种属文舞，后两种属武舞。文舞时，舞蹈者手里拿着乐器"籥"（排箫）和"翟"（鸟羽）。武舞时，舞蹈者手里拿着"干"（盾）和"戚"（斧）。所谓"文"是指以文德定天下，"武"是指以武功取天下。舞者手中所执的道具籥、翟、干、戚等以及舞蹈的每一个动作，都有具体的象征意义。

《六代舞》是周朝的"雅乐"，演出仪式隆重。所奏的音律，所祭的神祇，都有定制。舞《云门》时，奏黄钟，歌大吕，祀天神；舞《大章》时，奏太簇，歌应钟，祀地祇；舞《大韶》时，奏姑洗，歌南吕，祀四望；舞《大夏》时，奏蕤缕宾，歌函钟，祭山川；舞《大濩》时，奏夷则，歌小吕，享先比；舞《大武》时，奏无射，歌夹钟，享先祖。

除了上述《六代舞》，还有《六小舞》，它们是《祓舞》《羽舞》《皇舞》《旄舞》《干舞》《人舞》。《祓舞》用来祭社稷，舞者执全羽或五彩缯而舞。《羽舞》用来祭宗庙，舞者执杂色散羽而舞。《皇舞》时舞者头上插着鸟羽，上衣也用翡翠羽毛装饰，手里还要拿着五彩的鸟羽。《旄舞》用来祀辟雍，舞者手持牦牛尾。《干舞》用来祭祀山川，舞者持盾牌。《人舞》祭祀宗庙和星辰，人们徒手而舞。《六代舞》中有五种是前代乐舞，唯有《大武》是周人的创作。《大武》是集音乐、舞蹈于一体的大型乐舞，相传是周公所作，表现武王克商的丰功伟绩，分为六节。《礼记·乐礼》中记载，孔子说到《大武》时有这样一段话："且夫《武》，始而北出，再成而灭商，三成而南，四成而南国是疆，五成而分，周公左召公右，六成复缀，以崇天子。"《诗经》中，《武》《酌》《桓》《赉》《般》就是《大武》演奏时所演唱的歌词。

（二）《大武》舞——史上最早的主题团体操表演

早在原始社会初期，先民在使用兵器战斗时就有了手持兵器的舞蹈。据《淮南子·齐俗训》："当舜之时，有苗不服，于是舜修政偃兵，执干戚而舞之。"《大武》舞是手执斧头和盾牌的舞蹈，是一种武舞。武舞是西周时期盛行于丰镐地区的一种综合性舞蹈，分为小舞、大舞两类，主要指小舞中的《旄舞》《干舞》《人舞》和大舞中的《大武》，尤以《大武》舞最为流行。

《大武》舞由周文王创立，周武王建都镐京后将这套反映列阵练兵、庆祝胜利的舞蹈改为《大武》舞，设立专门管理舞蹈的组织机构——"舞师"，经常在王宫进行表演以祭祀祖宗。《大武》舞的最初编排，是周文王受巴人（我国西南地区的少数民族）参与伐纣时的"歌舞以凌"的启发，加之当时已出现的祭祀仪式中的舞蹈创编而成。周武王在这个基础上，加入周文王的击刺之法。翻阅《诗经》，我们可以看到这样一段记载："文王时有击刺之法，武王作乐象而为舞，号其乐，曰象舞。至周公、成王之时，用而奏之于庙。"周公制礼作乐时，又改进了《大武》舞练习的方法，增添了新的内容，使其形象地再现了武王伐纣的过程，用以祭祀祖宗，经常在都城进行表演。这应是我国最早的大型团体操表演。

周朝除了在学校教育中要教习武舞之外，还要在朝廷大典中也表演《大武》舞，参加表演的有数百人，全部是戎装，手执兵器，在音乐的伴奏下变换队形。《史记·乐书》曰："夹振之而四伐。""夹振之"便是"两人执铎夹之为节"。伐便是击刺，"一击一刺为一伐"。也就是在铎声的伴奏下，进行四次击刺表演。舞分为六段：第一段誓师出兵，第二段表现灭商，第三段描写向南方进军，第四段表现平定南方边疆，第五段歌颂周公和召公的功绩，第六段五队列队肃立，表示对周武王的崇高敬意。除动作外，主要是队形的变化。舞蹈时唱的歌词，有一部分保存在《诗经·周颂》的雅乐中。

朝廷上有大型的武舞，社会中就有小型的武舞。由此可见，兵器舞在当时社会是很广泛的。《礼记·内则》说："十有三年，学乐，诵诗，舞勺，成童，舞象、学射、御。"勺是文舞，象是武舞，成童是十五岁。可见十五岁的男孩子就要学习武舞了。

（三）傩舞

傩舞是驱鬼逐疫的舞蹈，是上古时期原始宗教的产物。殷墟甲骨卜辞中已有傩祭的记载。周代称傩舞为“国傩”“大傩”，民间也叫“乡人傩”。人们表演时舞刀弄枪，做出跑、跳、蹲、打、追、抓等一系列有一定技术难度的动作。这些动作中包含对称、平衡、节律、对抗、技巧等原始性的体育因素，客观上达到了锻炼筋骨、强身健体的效果。

东汉画像石拓图《黄帝战蚩尤》

三、军事体育

（一）御艺

御是“六艺”之一，西周时出现了一些杰出的善御者。据《史记·赵世家》载，赵氏先祖是周穆王时有名的御者，曾取八匹毛色相同的马为周穆王西巡御车。春秋时著名的御者有晋大夫王良。《淮南子·览冥训》保留了一段对造父、王良高明御术的描述：“昔者王良造父之御也，上车摄辔，马为整齐而敛谐，投足调均，劳逸若一，心怡气和，体便轻毕，安劳乐进，驰骛若灭。左右若鞭，周旋若环。世皆以为巧。”说明在西周时期，驾车已经成为一项专门的技术。

1955年，中国科学院考古研究所西安研究室发掘了西安附近的西周遗址10余个，其中最完整的是车马坑，内有2车6马。南边1辆是戎车（战车），由4马所驾驭。车系木质，车厢为长方形，中间有车辕一根，马驾两旁，马头、马身上有青铜制的装饰品，车辆两端有铜包裹，相当精美。北边1辆是轺车（座车），由2马所驾，车体轻捷，马饰全用海贝，美丽异常。这两辆西周遗物距今已有3000多年的历史。根据西周时期事死如事生的观念，这些被埋葬的车马是为墓主人死后享用的。这也从侧面说明西周时期御车是非常盛行的。

西周丰京车马坑遗址

及至秦国，军强武盛，车御之能更为优秀。秦都咸阳第三号宫殿建筑遗址发现了保存相对完好的壁画长廊，东壁上的壁画保存比较完整，从南向北分间第四间为车马图，画面前后排列三组

（套），均为四马一车。这显示出秦都咸阳周边道路车马的出行状况。

1980年，秦始皇陵出土彩绘铜车马（又名秦始皇陵一号铜车马）一组两乘，铜马车有“立车”和“安车”两乘，并按照秦朝真人车马1：2的比例制作。秦始皇陵彩绘铜车马是秦朝宫廷舆服制度的真实写照，应该是秦朝皇帝的御驾。

秦都咸阳三号宫殿建筑遗址出土壁画——驷马一车

秦始皇陵出土铜车马——安车

（二）田猎

《礼记·月令》说：“天子乃教于田猎，以习五戎，班马政。”田猎是平时的军事训练，春蒐、夏苗、秋狝、冬狩，一年四季都要进行田猎。周王室规定王室、贵族和军队全体青壮年男子每年冬季农闲时必须参加类似田猎的军事训练，这就是《礼记·郊特牲》中所记载的“唯为祀田则国中之人皆行，无留家者”。

《诗经》记载了不少西安市境内的田猎活动，《诗经·秦风·驷驖》和《诗经·小雅·吉日》描述了周天子和奴隶主贵族规模宏大、排场考究的游猎盛况。从《秦风·驷驖》所描述的“公曰左之，舍拔则获”的场景来看，负责驱兽的奴隶将野兽赶拢在一起，贵族命令车夫左转后侧面放箭猎获野兽。《小雅·吉日》中记述的“悉率左右，以燕天子”，形象描绘了周宣王在镐京田猎的场面，奴隶们从左、右两边驱赶野兽，以供宣王猎杀。田猎融合了射箭、驾车两项军事技能，是“六艺”思想的重要体现。

（三）射术

西周时期的射术，到春秋战国时仍是一项非常重要的军事技能。在春秋战国出现尚贤养士的风气下，武事的需要使善射者也被尊为一贤，受到社会的重视。《国语·晋语九》记智宣子与智果对话谈及“五贤”，其中有“射御足力则贤，伎艺毕给则贤”。战国末期的荀子也指出：“人主欲得善射，射远中微者，县贵爵重赏以招致之。内不可以阿子弟，外不可以隐远人。”为使人们练武习射，以“富贵”为赏作引诱，以“罪贱”为罚作督促，极大地促进了习射活动的开展。

由春秋至战国，兵役制也有所改变。春秋以前作战，多以受过训练的甲士为主力，随着战争规模的扩大，春秋以后则需广泛征用庶民服役。为使庶民乐于习武，各国制定了不少鼓励练武习射的政策，这也促使了射箭技术得以提高与发展。

弓射　射箭在中国有着久远的历史。据考古发现，射箭在距今二万八千多年前就已经出现了。据《太平御览》三百四十七卷记载，夏朝已经有教授射箭的专职教员，同时还有习射机构“序”。夏之大学称“序”。《孟子》云：“序者，射也。”商朝沿袭了夏朝的习射制度并有所发展，亦有专人从事习射的管理工作。《礼记・王制》云：“耆老皆朝于庠，元日，习射上功。”说明当时学校习射是教育的主要内容之一。

弩射　春秋战国时还发明了弩射。古代轻弩射出的箭称作弩箭，也称弩标。弩箭箭头呈菱形，箭身比弓箭短，箭羽比弓箭窄。弩也被称作“窝弓”“十字弓”，是一种装有臂的弓，主要由弩臂、弩弓、弓弦和弩机等部分组成。弩机的机牙勾住弓弦，上有瞄准器，下有扳机，发射时须扣动扳机。虽然弩的装填时间比弓长很多，但是它比弓的射程更远，杀伤力更强，命中率更高，是古代一种大威力的远距离杀伤性武器。强弩的射程可达600米，特大型床弩的射程可达千米。弩按张弦方法的不同，可分为臂张弩、踏张弩和腰张弩等，还有能数箭齐射或连射的连弩和装有数把弩弓的床弩。

弋射　这时的射术还有弋射，主要用于狩猎鸟类。弋射是系细绳于矢尾，带绳的箭矢射中飞鸟时可以拉回，不使猎物逃脱。

丸射　又称弹丸，是一种古老的射术。《说文解字・弓部》：“弹，行丸也。”《庄子・山木》：“庄周游于雕陵之樊，睹一异鹊自南方来者……执弹而留之。”表明弹丸是多用于猎取鸟类的工具。

投石　投掷石头是杀伤敌人的手段之一，也是一项军事体育活动。《史记・白起王翦列传》载：“王翦使人问军中戏乎？对曰：‘方投石超距。’于是王翦曰：‘士卒可用矣。’”可见投石是当时一种相当普遍的军事体育活动。

（四）骑射

战国时期，骑射逐渐普及。《韩非子・十过》：“秦穆公召群臣而谋曰：‘……吾欲辅重耳而入之晋，何如？’群臣皆曰：‘善。’公因起卒，革车五百乘，畴骑二千，步卒五万，辅重耳入之于晋，立为晋君。”此外，把畴骑与革车及步卒并称，畴骑即骑兵。赵武灵王提倡“胡服骑射”，使习练骑射蔚然成风，日益普及。这之后，伴随车战在战争中的衰落，骑射的地位就显得更重要了。

1995年，陕西省咸阳市塔儿坡28057号秦墓，出土了两件战国晚期的骑马俑。这是我国目前发现的最早的骑马俑，同时出土的还有骑射图。秦始皇陵兵马俑二号坑有骑兵队伍，也反映了骑射的普及这一现实。

秦始皇陵兵马俑二号坑出土的骑兵俑

（五）剑术

《管子·地数》："葛卢之山发而出水，金从之，蚩尤受而制之，以为剑、铠、矛、戟。"据考古研究，甘肃省灵台县白草坡西周早期墓出土的短剑，长24.3厘米。可见在西周早期，剑已经出现了。汉刘熙《释名》说："剑，检也，所以防检非常也。"至春秋战国时期，剑已成为军士必备的短武器。击剑之术，亦得到迅速发展。史籍载春秋战国时期诸侯贵族多喜剑。《左传·昭公二十三年》："莒子庚舆虐而好剑，苟铸剑，必试诸人。国人患之。"由于统治者的热爱与提倡以及实际生活的需要，佩剑逐渐形成一种社会风尚。屈原的《涉江》记："带长铗之陆离兮，冠切云之崔嵬。"《墨子·节用（中）》载："古者圣人为猛禽狡兽暴人害民，于是教民以兵行，日带剑……"

在人们普遍喜爱剑的情况下，社会上产生了许多精于击剑的剑术家，他们也积累了丰富的击剑技术经验，剑术在战国时期发展到相当高的水平。由此传演，后世历代都有佩剑风尚，以为君子之风、武士之范。

（六）角抵

角抵也叫觳抵、角觗、角力，是一项古老的军事体育项目。相传远古时期有一种蚩尤戏，表演时，"其民两两三三头戴牛角两相抵"（《述异记》）。蚩尤戏逐渐发展，到西周时称为"角力"，被用以训练士兵的素质，为军中必习之艺。《吕氏春秋·孟冬》记载："孟冬之月，天子乃命将率（帅）讲武，习射御角力。"春秋战国时角抵有较大发展，成为练武与娱乐结合的项目。

《汉书·刑法志》也有记载："春秋之后，灭弱吞小，并为战国，稍增讲武之礼，以为戏乐，用相夸视。而秦更名角抵，先王之礼没于淫乐中矣。"这里的"讲武之礼"，即指春秋战国时期的军事武艺活动，也就是说在秦国并天下之时，角抵已经在军中作为练兵的内容并且开展得比较活跃了。

从记载的文字中可以看出，角抵的内容并不单一，除了"角力"，还有"角伎艺射御"、

“两两相当”，说明角抵还是一种竞技活动。“角力”是“角抵”的原始形态，秦二世时，将“角力”和“角伎艺射御”全都归属于“角抵”的范畴。

西安客省庄出土的战国角抵铜牌饰

1955年，西安客省庄第140号战国末年墓中出土了两件铜牌饰，大小相同，牌长13.8厘米，宽7.1厘米。牌上有相同的透雕图像，描绘的是在茂密的林木中的一场摔跤比赛，中间二人在摔跤。他们乘骑的骏马鞍辔齐备，被分别系在两侧的大树上。比赛双方都赤裸上身，下穿长裤，互相弯腰扭抱。左边的人用右手搂住对手的腰部，左手抓紧对手的后胯；右边的人双手分别抱住对手的腰部和右腿。双方相持不下，都想奋力摔倒对方以夺取胜利。这表明摔跤在古代西安地区已经广泛流行。

四、娱乐体育

（一）蹴鞠

蹴鞠亦作“蹴毬”“蹴踘”“蹵踘”“蹵鞠”。蹴鞠所用的“鞠”，可追溯到原始时代的石球。传说始于黄帝，初以训练武士。据樊正治的《周朝体育简史》，丰京、镐京就有这种活动，用来练武、娱乐、健身。

西安市长安区郭杜镇出土的东汉蹴鞠俑

（二）扛鼎

古代士卒重视气力。《孙膑兵法·威王问》指出：“篡卒力士者，所以绝阵取将也。”《吴子·图国》中谈到应该把“民有胆勇气力者，聚为一卒”，认为是军队取胜的要素之一。春秋战国时多以扛鼎作为练力手段和较力比赛，秦都咸阳城内也出现了一些著名的举重力士，如任鄙、乌获、孟说等人。

任鄙是战国秦武王时期著名的大力士。《史记·樗里子甘茂列传》：“秦人谚曰：‘力则任鄙，智则樗里。’”说明任鄙力士之名在秦国广为流传。

乌获也是秦武王时期的著名力士，传说他能力举千钧。《商君书·错法》载：“乌获举千钧之重，而不能以多力易人。”《韩非子》载：“故乌获轻千钧而重其身，非其重于千钧也，势不便也。”说的都是乌获有千钧之力。

孟说即孟贲，战国时著名的勇士、力士，齐卫之地人，因秦武王好力他投奔秦国，成为秦武王的宠臣。秦武王举鼎正是与孟说比试。秦武王举鼎失败死后，孟说被灭族。

史书记载表明举鼎等力量方面的活动是春秋战国时期流行的一种体育运动，著名举重力士还因君王的喜爱而获得官职。1999年，考古队对秦始皇陵百戏俑坑最北边的过洞进行试掘，出土了一个大鼎，鼎口径70厘米，通高61厘米，重212千克，号称秦陵第一大鼎。扛鼎也是后来秦朝宫廷中盛行的娱乐活动，受到秦始皇的喜爱。由秦始皇陵有专门的百戏俑坑可以推知，秦都咸阳有专业的扛鼎表演队。可以说这是历史上较早的体育专业运动队。

秦陵第一大鼎

秦始皇陵百戏俑坑出土的百戏俑

（三）棋戏

迄今所知，我国最古老的棋戏是六博和围棋，并称博弈。六博的出现比围棋略早。六博，又作陆博，是中国古代民间一种掷采行棋的博戏类游戏，因使用六根博箸所以称为六博，以吃子为胜。其中的大博，由于与象棋一样要杀掉特定棋子为获胜，是早期的兵种棋戏，因此有人认为象棋类游戏可能是从六博演变而来。《穆天子传》记载，周穆王曾跟人连续三天下六博棋，以较胜负。可见当时丰镐之地，六博畅行。

先秦称围棋为弈棋，简称弈。古籍中有围棋起源于殷周以前的说法，认为围棋起源于尧舜时期。至春秋，博弈已并行于世。《论语·阳货》载：“子曰：饱食终日，无所用心，难矣哉！不有博弈者乎？为之犹贤乎已。”孔子认为空闲时行六博、下围棋是有益的娱乐活动，比无所事事要好。可见孔子时代，博弈已成为日常游戏的一部分。

战国中期，孟子曾讲到弈棋。孟子用弈棋来比喻学习：“今夫弈之为数，小数也，不专心致志，则不得也。弈秋，通国之善弈者也。使弈秋诲二人弈，其一人专心致志，惟弈秋之为听。一人虽听之，一心以为有鸿鹄将至，思援弓缴而射之，虽与之俱学，弗若之矣……”从孟子这段话可以看出，战国时已出现“弈秋”这样的国手，可知当时弈赛之盛。在今西安市鄠邑区甘亭镇（殷商鄠国之地），有一村庄名为围棋寨，历史悠久，此地为丰镐所邻之地，可能是当时围棋繁盛之地。

综上所述，西安体育活动在远古时期已经有了原始体育的雏形，大规模兴盛是在西周，春秋战国时期更为繁盛。“六艺”中的礼、乐、射、御四艺是西周首都丰镐二京体育文化的主题，主要的运动场所为行宫莽京以及辟雍、灵台、灵沼与灵囿等地，滈池、滮池也开展一些体育活动。周文化奠定了西周以降中国古代文化的基础，长期以来，专家学者们把中国文化直接称作“礼乐文化”。礼和乐在中国文化中占有极其重要的地位，而礼和乐的制定者，就是周朝初期的政治家、思想家周公。他所制定和规范的礼乐文明以及周人所提倡的德是周文化的精髓所在，这也正是中华体育精神的精髓所在。

从史前到秦朝的体育实践活动，在具体项目上积累了许多有关身体运动与身心健康的经验，产生了各种思想认识和理论观点，主要可分为以健康长寿为目的的体育思想、以军事为目的的体育思想、以教育为目的的体育思想三大类。这对传统中华体育体系也产生了深远影响。

第一，以健康长寿为目的的体育思想。殷周时期，人们总结了人生祸福利害的经验，提出了“五福”“六极”的人生观。认为人生有五福：一曰寿，二曰富，三曰康宁，四曰攸好德，五曰考终命；人生有六极：一曰凶短折，二曰疾，三曰忧，四曰贫，五曰恶，六曰弱。健康长寿被认为是人生最大的幸福。《尚书》中的“五福”“六极”思想，在《诗经》中多处可见。《诗经》中常见的祝愿词“永锡难老”“为此春酒，以介眉寿”“如南山之寿”“万寿无疆”等就是明证。

既然健康长寿被认为是人生最大的幸福，那么，怎样才能健康长寿就成为人们研究的课题。当时已有一些人根据生活经验，通过观察自然现象来寻求规律，提出一些理论。《周易》，认为天体（宇宙）之所以能够永远存在，是由于天体不停地运行，由此产生了“天行健，君子以自强不息”的思想。随着生产力水平的提高和人们物质生活条件的逐步改善，养生开始成为人们追求的目标。养生在于运动，人们开始注重身体健康的重要性。原始社会的人们对于自身机体的护养意识已经觉醒，随着西安地区政治、经济、文化的繁荣，养生逐渐被提到重要的位置，这些理念也自然而然地融入先秦时期的西安体育文化中。

第二，以军事为目的的体育思想。军事是国家大事，必须有文有武。周王室由于发展的需要，提出了“国之大事，在祀与戎”，把军事列为国家大事。春秋战国时期，列国兼并，战争频仍，各诸侯国为了争夺霸权，控制其他国家，就在经济、政治、军事上进行改革，重视农业、军事和法制，以求富国强兵。因此，体育活动不可避免地与军事活动融为一体。

第三，以教育为目的的体育思想。西周贵族对其子弟进行的“六艺”教育，其中射是军事教育，同时又被认为是培养思想、道德、礼仪的重要手段。所以《礼记·射义》说：“故事之尽礼乐，而可数为，以立德行者莫若射，故圣王务焉。”认为射是培养思想道德礼仪最好的手段。到了春秋战国时期，周王室衰落，诸侯国日益强大，社会发生巨大的变化，“礼崩乐坏”。西周的射箭比赛重视道德品质的表现，礼节烦琐，连春秋时期齐景公都感到“选射之礼，寡人厌之矣”。可是极力想恢复周礼的孔子，主张以礼乐仁义治天下。因此，以后各代儒家提倡的射箭比赛都是为了演礼，更加突出了教育在体育活动中的作用。

第二章　文娱交融，西安体育的发展

（两汉魏晋南北朝时期）

这一时期，汉承秦制继之而起。西汉立都，命名长安，以秦都宫室群为基础建立长安城，构成西汉王朝的政治核心。同时在渭河之南还扩建了上林苑，在长安以北的咸阳原和以南的白鹿原、少陵原上修建了7座帝陵陵邑。作为京畿特别行政区，陵邑对都城长安大都市功能的实现多有裨益，被认为是都城长安的“卫星城”。两汉魏晋南北朝时期，西安多以长安为名，先后有八朝（西汉、新莽、西晋、前赵、前秦、后秦、西魏、北周）定都于此，是古都西安城市发展史上第二个重要阶段。

汉高祖施黄老之学，国富民强，及至汉武帝，儒家学说被确立为主流思想，艺术与文化蒸蒸日上，《史记》问世，造纸术普及，卫青、霍去病、李广等大将征伐，北溃匈奴，西制西域，开拓丝绸之路，发展对外贸易，促进中西文化交流，大大推动了文化的发展，长安城达到鼎盛。在这样的背景下，西安体育得到空前的发展，体育思想更为深入，体育活动更为活跃，体育项目更为丰富，与海外交往日益频繁，盛世之辉烁古耀今。作为汉朝都城的长安城，已然成为中华体育的成熟之地。

第一节　养德为根，体育思想体系形成

西安体育在两汉魏晋南北朝时期得到进一步的发展。秦朝尚勇好力，汉朝重生养义，魏晋南北朝流行玄学，佛教传入，文化繁荣，社会经济发展，儒家思想畅行，促进了这一时期以人文为基础的体育思想体系的形成。

一、儒家、道家的体育思想

两汉时期儒家的体育思想在重生、贵生的基础上，提倡“全身保性”，不贪生、不偷生，舍生取义，义无反顾。这是儒家入世思想在养生学中的体现。养生的同时重视养德、养义，认为精神德行的修养对于身体健康来说比物质享受更加重要。强调文武之道应当并重，不可偏废。教民以战，讲究平时习练，有备无患。认为人的生死是客观存在的，是自然规律，反对神仙长生不死，强调乐天知命，修身治国。

（一）董仲舒的养生益寿

董仲舒的养生益寿思想，主要体现在《春秋繁露》一书中。

“养义”是养生的核心　《春秋繁露·身之养重于义》云：“天之生人也，使人生义与利。利以养其体，义以养其心。心不得义不能乐，体不得利不能安。义者，心之养也。利者，体之养也。体莫贵于心，故养莫重于义，义之养生人大于利。”董钟舒首次明确提出个体生命诞生初始，便留下“义”与“利”的烙印，“义利”成为昭示人之生命气质特性的标记，国之义、家之义、天下之义，都成为人生而必担的责任。

养气是养生的重要方法　董仲舒的养生思想中尤其重视心性涵养。本着天人合一的指导思想，他的养气之道主要是应天地阴阳四时之气的人体血脉心性之气，也就是元气。“故仁人之所以多寿者，外无贪而内清净，心平和而不失中正，取天地之美以养其身，是其且多且治。”董仲舒的养气说一方面继承了以心为养、以仁为寿、以正和为君子的人格修养观点，同时也吸取了道家顺应自然的思想。从董仲舒的养生思想可以看出，养义是从心性伦理上符合天理，养气是为了从体性保健上遵循天道，天人合一的思想贯穿了他养生思想的始终。这种天人合一思想同养生保健联系在一起，反映了董仲舒及其同时代人对生命的认识到了生命与自然相统一的哲学高度。

（二）刘向、刘歆的先文后武、文武并重

刘向（前77—前6），主要著作有《洪范五行传论》《别录》《新序》《说苑》《列女传》等。刘向之子刘歆继承父业，辑六艺群书，列为《七略》。刘向、刘歆父子的思想，基本上继承了先秦儒家思想。

文武并重，以德为先　刘向、刘歆父子在著作中推崇西周前文武并重的思想。《说苑·君道》引用了周成王告诫伯禽的话：“夫有文无武，无以威下；有武无文，民畏不亲；文武俱行，威德乃成”“非仁义刚武无以定天下”（《说苑·谈丛》）。说明他们是主张文武并重的。要先文后武，德义在前，用兵在后。

君子行德全身　在养生保健方面，刘向、刘歆父子吸收了道家有关思想和方法，主张消除多余的爱憎，让人们“以财为草，以身为宝”“无以所好害身，无以嗜欲妨生”，强调君子养生要先养德。这种思想就是儒家伦理道德思想在体育思想上的反映。

（三）扬雄的顺乎自然、德在武先

扬雄（前53—18），主要著作有《太玄》和《法言》。他认为经大于《易经》，故作《太玄》，也称《太玄经》，体裁模仿《易经》，月术数观念把自然现象和社会现象联系在一起。

人应顺乎自然　扬雄提出人应当顺天而行。天地都是自然的客观存在，都在不停地运动，万物生长都应当合乎天地自然，人的生死是自然的规律。《法言·君子》说：“有生者必有死，有始者必有终，自然之道也。”在两汉之际，神仙方术得到统治者支持的时候，扬雄能够提出这样的观点是难能可贵的。

文武并重，反对战争　扬雄认为文武之道应当并重，不可偏废。他在《太玄·从迎至昆》中说“阴以武取，阳以文与，道可长久”，将文和武同阴阳联系在一起，说明文、武各有用处，缺一不可，坚持文武并重，事业就可以长久。

君子绝德，小人绝力　扬雄认为人生必须有智慧，要懂得人生的意义，才能保全其身。君子是以自己的德行使人尊重，而小人是以自己的勇力使人畏惧。《太玄·从更至应》说：“君子强梁以德，小人强梁以力。”

（四）王充的养气、养德

王充（27—96），东汉时期唯物主义思想家和哲学家，在中国思想史和哲学史上有着十分重要的地位。他的《论衡》中，诸如《命禄》《气寿》《命义》《率性》《骨相》《初禀》《本性》《物势》等篇直接论及人的生命、养生及年寿等方面的问题，非常值得重视。

养气自守，活满百岁　王充认为人的长寿应当以禀气渥为基础。他在《论衡·命义》中说，只有身体健康的父母，才能生育出身体健康的儿女。养气自守，就是一切要按照自然规律办事，决不可违背养生之道。

王充认为享年百岁才是人的正常寿命，不能活到百岁则非正常寿命。他又说：“若夫强弱夭寿以百为数，不至百者，气自不足也。夫禀气渥则其体强，体强则其命长；气薄则其体弱，体弱则命短，命短则多病，寿短。”在王充看来，“圣人”精通养生之道，故能活上百岁，所以要向圣人学习，精通养生之道，遵循自然规律，以百岁为年寿的目标。

服药导引，修身养德　王充告诉人们经常服食一些药物是可以健身延年的，但也不可滥服，关键是要符合自身条件。所谓“导引”就是习练导引气功，进行健身运动。他强调医生治病，既要治身体上的疾病，又要治心理上的病。人们既要锻炼身体，又要注重养德。

二、兵家、玄学的体育思想

（一）兵家

兵家一般是指军事家和军事理论家，也指研究军事的学术派别。《汉书·艺文志》中把兵家分为“以正守国，以奇用兵，先计而后战”的兵权谋家、“变化无常，以轻疾制敌”的兵形势家、“顺时而发，推刑德，随斗击”为主的兵阴阳家、“技巧者，习手足，便器械，积机关，以立攻守之胜者也”重视武艺训练和体育锻炼的兵技巧家四类。

《汉书·艺文志》中共记录兵技巧家 13 家，目录为：《鲍子兵法》10 篇，《伍子胥》10 篇，《公胜子》5 篇，《苗子》5 篇，《逢门射法》2 篇，《阴通成射法》11 篇，《李将军射法》3 篇，《魏氏射法》6 篇，《强弩将军王围射法》5 卷，《望远连弩射法具》15 篇，《护军射师王贺射书》5 篇，《蒲苴子弋法》4 篇，《剑道》38 篇，《手博》6 篇，《杂家兵法》57 篇，《蹴鞠》25 篇。

这些书已经亡佚，但通过书籍名称可知，其中八本讲射箭，一本讲剑术，一本讲徒手搏斗，一本讲蹴鞠，都是记述通过体育锻炼来增强士兵身体素质，以赢得战争。

（二）玄家

所谓魏晋玄学，是一种本性之学。它主要是深入探讨事物乃至整个宇宙的内在本性，带有理性主义色彩。从哲学上看，玄学基本上回答了两个大的问题，即宇宙的本性和人的本性以及二者之间的相互关系。就人的本性而言，玄学提出了人的自然本性的问题，即认为人的本性是自然的、与生俱有的东西，提出人的活动应当顺应人的自然本性。这一理论正好与传统的道家养生思想相合，形成了魏晋时期的“玄学养生”。魏晋玄学养生大致经历了四个发展阶段，即从“正始玄学”开始，中间经过“竹林玄学”和“西晋玄学”的发展，最后到“东晋玄学”结束。

正始玄学养生的代表王弼。王弼（226—249），著有《周易注》《周易略例》《老子注》《老子指略》《论语释疑》等著作。他的养生思想和主张，散见于这些著述之中，主要提出了“静以养生”“返璞归真”的修养理论。

西晋玄学养生的代表郭象。郭象（252—312），西晋时期的一位重要的玄学家，以注解《庄子》的形式阐发自己的哲学思想，构建自己的理论体系。他认为最好的养性就是“淡然无欲，乐足于所遇，不以侈靡为贵，而以道德为荣”。关于“命”，郭象《庄子注》：“不知其所以然而然，谓之命”“死与生，皆命也”，人只有顺从命运安排而不能改变它。关于“气”，他认为，人的形体的产生与消亡都是气化的结果，气聚而生，气散而亡。气是一种本来就有的物质，“然有聚散隐显，故有出入之名”。正因为一切都与气发生关系，因此养生当然得养气，“故纳养而命续”。

三、佛学、医家的体育思想

（一）佛学

佛教传入长安很早，秦朝既立就有使者来访，汉哀帝时月氏使者尹存来长安给弟子讲经，东汉时鄠县曾建白马西招提院，西晋初年帛远法祖在长安建立精舍，有僧俗千人前来从学。后秦姚兴弘始三年（401），鸠摩罗什应邀到终南山下逍遥园大草堂译经讲学，盛极一时。佛学思想自从传入长安，便与长安汉文化融合。

佛学思想对体育养生的发展产生了积极影响，以心灵修炼为主，以禅坐为主要形式，外静内动，促进健康长寿，对后世健康教育有很大的启发。佛学的心灵修炼即消除欲念，回归人性原本自然的状态，采取不偏激的生活方式，对发生的任何事不着于相。这也正是体育养生、竞技取胜的要旨。

（二）医家

华佗（约141—208），东汉末年医学家、养生家。《后汉书·艺文志》“医家类”载有《华佗五禽诀》、“神仙类”载有《华佗老子五禽六气诀》，原书均已佚失。从现存文献来看，最早记载华佗五禽戏的文献是南朝齐、梁时陶弘景所撰的《养性延命录》。

华佗根据人的生理和医理，在总结前人“治未病”思想和有关导引理论及实践的基础上，阐明了运动对促进身体健康、增强体质和预防疾病等方面的重要意义。华佗认为“人体运动”可使食物得到消化而转变成养分，通过血液循环带至周身供人体吸收和利用。所以“动”可以加快人体的新陈代谢过程，故而病不得生。华佗还告诫人们不要过于疲劳易伤身。“劳”是华佗养生思想的本，“不当使极耳”就是度。

华佗曾对他的学生吴普说：“古之仙者为导引之事，熊径鸱顾，引挽腰体，动诸关节，以求难老。吾有一术，名五禽之戏：一曰虎，二曰鹿，三曰熊，四曰猿，五曰鸟。亦以除疾，并利蹄足，以当导引。”华佗认为，古人飘然若仙，很讲究导引之术。实际上，在华佗总结五禽戏之前，社会上就已流传很多导引术式，如马王堆汉墓中的《导引图》、张家山汉墓中的《引书》以及《淮南子·精神训》中都曾提到的“熊径”“鸟伸”“鸟浴”“猿躩”“鸱视”“虎顾”等仿生导引名目。华佗在此基础上，经过精简提炼，创编了简便可行的五禽之戏。他所说的导引，实际上也是一种仿生功，即肢体运动，类似现代的广播体操。

据史料记载，华佗创编五禽戏后，不仅身体力行，坚持锻炼，还传授给学生吴普、樊阿等人，大力推广。因此，这套五禽戏在民间享有盛誉。华佗五禽戏的出现，推动了导引术的发展，同时对某些武术象形拳的创编提供了启示。

第二节　尚勇为本，体育竞技盛况空前

两汉时期，国家统一，经济发展，农业发达，天文、历法、数学、医学、造纸居世界先列。同时，也有强敌环伺，军事不息，尚勇之风依然浓郁。以练武养勇的体育活动在长安城经常开展，常常是观者如云，盛况空前。

一、上林苑狩猎，规模盛大

汉朝皇帝、贵族大多喜爱狩猎活动。狩猎是皇帝率领军队以娱乐的方式进行练武的方式之一。

汉武帝在长安城西扩建秦时的上林苑，作为狩猎专用场地。《西都赋》曰："西郊则有上囿禁苑……缭以周墙，四百余里。"上林苑范围广大，故址在今西安市西南。《三辅黄图·苑囿》："汉上林苑，即秦之旧苑也。《汉书》云：'武帝建元三年，开上林苑，东南至蓝田宜春、鼎湖、御宿、昆吾，旁南山而西，至长杨、五柞，北绕黄山，濒渭水而东，周袤三百里。'离宫七十所，皆容千乘万骑。"

《汉书》中的《武帝纪》《宣帝纪》《元帝纪》《成帝纪》以及《司马相如传》《东方朔传》《扬雄传》《张汤传》等，大量记载了汉武帝、元帝、成帝经常在上林苑行猎，来往于长杨宫、五柞宫之间，特别是汉武帝，每到冬季都要到长杨宫狩猎，而且喜好与兽搏斗。

狩猎是汉朝皇帝喜好的一项运动。以节俭而著称的汉文帝，对狩猎也乐此不疲，汉武帝更是"逐走兽，射飞鸟，弘游燕之囿，淫从恣之观，极驰骋之乐"。司马相如的《子虚赋》《上林赋》，扬雄的《羽猎赋》《长杨赋》，都是专为狩猎而作，枚乘的《七发》、张衡的《两京赋》、班固的《两都赋》，都有大段描写狩猎的场面。

二、射熊馆斗兽，勇气非凡

射熊馆是上林苑中的一个别馆，为专门的围猎斗兽场所。汉成帝时期在射熊馆举办了大型手搏野兽活动，《汉书·扬雄传下》曾有记述。唐朝诗人胡曾《咏史诗·射熊馆》就是说的这件

事："汉帝荒唐不解忧，大夸田猎废农收。子云徒献长杨赋，肯念高皇沐雨秋。"

王侯贵族则是到郊外的山野之中去狩猎，汉朝画像石中就有较多的狩猎图像。陕西省绥德县汉墓出土的画像石《骑射狩猎图》，图中有三骑飞奔驰逐，马上的武士或满弓发射，或搭箭欲发，而马前的兽类狼奔豕突，反映了当时的骑射场景。

陕西省绥德县汉墓出土的画像石《骑射狩猎图》

三、手搏制敌军，勇猛可嘉

手搏就是徒手搏斗，在武术中名为拳术。自从人类有了争斗和战争，首先便是徒手搏斗，以拳脚之力来战胜对方。到了汉朝，手搏技术得到发展。《汉书·李广传》记载，西汉名将李广的孙子李陵，率领五千步卒跋涉千里远征塞外，突然与匈奴的数万骑兵相遇，最后"士张空拳，冒白刃，北首争死敌"。徒手搏斗是战争中争取胜利的最后手段。徒手搏斗既需要技巧也需要力量，是一种有实用价值的战斗技能。

据《汉书·艺文志》记载，汉朝有《手搏》6篇，属于"兵技巧家类"，书中应该还有手搏技能和练习方法，可惜书已失传。

汉朝的军队有兵器武艺训练和考核，也有身体素质测验，还有徒手搏斗本领的考试。《汉书·甘延寿传》中说，甘延寿因为"善骑射"由后备兵选调为羽林军，经过体能测验，成绩优秀，被提升为羽林郎，又经"试弁，为期门，以材为爱幸"。三国时孟康《汉书注》记载："弁，手搏。"弁在汉朝史籍中也写作卞，都是指徒手搏斗技术。甘延寿凭借徒手搏斗又被提升为期门，即虎贲郎将。足见汉朝军队对徒手搏斗技术的重视。

据《汉书·东方朔传》，汉武帝好微服，外出狩猎，"入山下驰射鹿豕狐兔，手格熊罴"。《汉书·武五子传》记载，汉武帝的儿子，广陵王"胥壮大，好倡乐逸游，力扛鼎，空手搏熊彘猛兽"。据扬雄《长杨赋序》载，汉成帝刘骜别出心裁，曾举行了一场别开生面的不用兵器的狩猎活动，在长安城西南的上林苑长杨宫射熊馆内，“以网为周阹，纵禽兽其中，令胡人手搏之，自取其获”，特意放下兵器，徒手擒捕猛兽。

陕西省兴平市茂陵霍去病墓旁汉石刻《斗熊》

《汉书·金日磾传》记载了这样一件事：原是匈奴休屠王太子的金日磾，年轻时便被霍去病俘虏到长安宫中养马，汉武帝见其忠诚可靠，身手矫健，便提拔他做了警卫寝宫的卫士。一天，正值金日磾在寝宫中值班，逆臣莽何罗手执兵器，潜入寝宫，欲刺杀汉武帝。金日磾发觉后，上前擒捉，打掉了莽何罗手中兵器，“日磾捽胡，投何罗殿下”。晋人晋灼的《汉书注》：“捽胡。胡，颈也。捽其颈而投殿下也”。捽胡即卡住对方脖子将其摔倒，这是汉朝徒手搏斗中的一手绝招。徒手搏斗不仅具有战斗作用，在捕捉盗贼和防身自卫时也有实用价值。

徒手对兵器表演是中华武术中最惊险、最能吸引观众兴趣的部分，这一部分在汉朝“空手入白刃”的手搏中已经成型。

四、真剑器实斗，险中求胜

在汉朝武艺中剑对剑的击刺，俗称击剑。早在战国时期，就有通过剑术决定武艺高低区分等级的比试。到了汉朝初年，击剑比赛仍旧使用真兵器，时有误伤发生。《汉书·淮南王传》记载，淮南王太子刘迁，“学用剑，自以为人莫及”。听说郎中雷被的剑术很高明，刘迁便找他来要比试一番。雷被因为刘迁是淮南王的太子，怕在比赛中发生误伤，“一再辞让”。刘迁以为这种谦让是畏惧，坚持比试。结果，两人进行交手时，雷被不慎“误中太子”，由此牵连出一场政治大案，多人毙命。

汉朝沿用先秦的佩剑仪式，官吏大多佩剑。既然佩了剑自然就要会使用剑，就要练习剑术武艺。司马相如是个会写赋的文人，《汉书·司马相如传》却说他“少时好读书，（也）学击剑”。东方朔是个帮闲政客，用诙谐讥讽的语言评论政事，《汉书·东方朔传》也说他“十五学击剑，十六学诗书”。文人尚且如此，可知击剑练武风习颇盛。

汉朝社会也有以剑为生的武士，名为“剑客”。剑客们为了提高剑术，经常进行比赛交流，从而促进了击剑运动的兴盛。

“鸿门之会”，就是人们常说的“鸿门宴”。这件事发生在公元前207年的鸿门（今西安市临潼区新丰镇鸿门堡村）的宴会上。“项庄入为寿，谓军中无以乐，请以剑舞”。值得注意的是，项庄在宴会上舞剑，除藏有杀机外，还带有娱乐审美的性质，而且在宴会上表演舞剑，表明舞剑已成为社会风尚。综观“鸿门宴”上舞剑的情况，除项庄单人舞剑外，还有与项伯二人的双人舞剑，以及樊哙持盾剑与项庄对击的多器械舞蹈。这说明秦末汉初舞剑水平已相当高超。

汉朝击剑技术的发展也产生了一些剑术理论。据《汉书·艺文志》记载，汉朝有《剑道》38篇。王充在《论衡》中说：“剑伎之家，斗战必胜者，得曲城、越女之学也。两敌相遭，一巧一拙，其必胜者，有术之家也……故剑伎之术，有必胜之名。”曲城侯张仲，“以善击刺，学用剑，立名天下”。越女之学就是著名的“越女论剑”理论，它阐述了双方对阵的动静关系，我方要静如处子，在对方动手之前要不动声色。“外示安仪”，让对方感到我方莫测高深。发动进攻要突然，启动后就要勇猛威武，给对方心理上以震慑。“越女论剑”等击剑理论的形成表明彼时兵器击刺术已向系统化、规格化、精湛化发展。

山东省嘉祥县出土的汉画像石《斗剑图》

五、昆明池训练：首创水军

西汉都城长安西南的昆明池是汉武帝开凿的人工湖，规模很大。西汉时期，昆明池发挥着多重效用，除生产鱼鳖、模拟天象、供水首都外，还有训练水军、水上运动的体育功能。

《三辅黄图》卷四说：“汉昆明池，武帝元狩三年穿，在长安西南，周回四十里。”中国社科院考古研究所汉长安城工作队在2005年的考古结论是：“通过钻探和测量，得知昆明池遗址大体位于斗门镇、石匣口村、万村和南丰村之间，其范围东西约4.25公里、南北约5.69公里，周长约17.6公里，面积约16.6平方公里。”

汉武帝凿昆明池的原因，史书明记是为了训练水军以征伐昆明夷和南越。最早提及昆明池操练水军的是《史记·平准书》，其中记载元鼎元年（前114），“乃大修昆明池，列馆环之。治楼船高十余丈，旗帜加其上，甚壮。”杜甫在《秋兴》诗中写道：“昆明池水汉时功，武帝旌旗在眼中。”水军操练的场面壮观，规模宏大，战船众多。《西京杂记》卷六载：昆明池中有戈船、楼船各数百艘。楼船上建楼橹，戈船上建戈矛。四角垂幡旄葆麾盖，照灼涯涘。余少时犹忆见之。”戈船，即配备有可刺可钩的戟的战船。

汉武帝修治昆明池，命人建造了大批军舰，仅戈船、楼船两种船只就各有数百艘，再加上弋檀舟、撞雷舸等战艇，组成了一支威武雄壮的水师，游弋在周回四十里的辽阔水域上。今天北京颐和园的昆明湖，与长安的昆明池有着深刻的渊源。清朝乾隆建清漪园时，凿深了瓮山泊，并加以扩充，称为昆明湖，取汉武帝在长安开凿昆明池操演水战的典故而命名，每年夏天在湖上练武演操。

长安昆明池最吸引人的首先是那独一无二的广大水面，有时候平坦如镜，有时候碧波荡漾，有时候波涛冲天。辽阔的湖面除了演习水战外，水上运动的功能特别突出。湖中除战船外，另有许多游船，帝王常率歌男舞女，在池中嬉水，泛舟歌舞。《三辅黄图·庙记》曰：“池中后作豫章大船，可载万人，上起宫室，因欲游戏。”豫章大船可坐万人，上有起居的宫室，是大型的游览船只。

汉武帝修建的昆明池作为中国水军诞生地，不仅是水军的训练场，同时还是泛舟歌舞的乐园，成为西汉长安城的水上运动基地。

第三节　百戏为主，体育艺术别具特色

汉朝的角抵戏不仅对中国戏曲、体育、杂技、歌舞的发展有着巨大的影响，对西安体育的形成和发展更有着极大的促进作用，这是汉朝长安体育文化的一大特色。

一、角抵百戏丰富多彩

汉武帝时期，角抵戏得到了大发展，不仅融合了中原地区的杂技、武打及声乐、歌舞文化，还吸收了当时的西域文化。角抵戏被称为角抵百戏，就是说内容十分繁杂，有百种之多，许多节目是新创作的，还有从国外引进的、由军事练武活动演变而来。张衡在《西京赋》中所描述的角抵戏项目就有“乌获扛鼎（举重物表演）、都卢寻橦（爬竿和竿上技巧）、冲狭燕濯、胸突銛

锋（钻圈和翻筋斗表演）、跳丸剑之挥霍（抛丸、抛剑等手技）、走索上而相逢（双人走绳表演）……总会仙倡，戏豹舞罴，白虎鼓瑟，苍龙吹篪，女娥坐而长歌，声清畅而逶蛇。洪涯立而指麾，被毛羽而襳褷（化妆歌舞表演）……巨兽百寻，是为曼延。……怪兽陆梁，大雀踆踆，白象行孕，垂鼻辚囷；海鳞变而成龙……蟾蜍与龟，水人弄蛇；奇幻倏忽，易貌分形。吞刀吐火，云雾杳冥，画地成川，流渭通泾。东海黄公，赤刀粤祝，冀厌白虎，卒不能救，挟邪作蛊，于是不售。尔乃建戏车，树修旃，侲僮程材，上下翩翻，突倒投而跟絓，譬陨绝而复联。百马同辔，骋足并驰，橦末之枝，态不可弥。弯弓射乎西羌，又顾发乎鲜卑。”

张衡所描写的角抵戏项目已经算是不少了，但还只是概略言之，并没有把汉朝全部角抵戏的项目写全，诸如角抵、蹴鞠、投掷、扛鼎、顶竿、爬竿、爬绳、体操、武术、剑术、射箭、驾车、马术、斗牛、钻穿刀丛、卧剑、跳丸、走索、假面戏、魔术、斗兽、手倒立、手搏、兵器击刺、七盘舞、人鬼相斗传说、少年柔术等等。譬如被称为角抵的摔跤运动，在西汉初年，高祖刘邦曾一度下令取消。到武帝刘彻时期，因为他特别喜爱角抵，所以角抵运动不仅盛行于宫廷，在民间也相继成俗。再如斗牛，在汉朝极为盛行，也是“长安运动会”上必不可少的节目。

元人马端临在《文献通考·散乐百戏》中说：“散乐非部伍之正声，其来尚矣。其杂戏盖起于秦汉。”秦朝建国的时间甚短，不可能有什么大的创造，只是在军队中提倡了角抵，社会上有了“角抵俳优”。散乐百戏产生的时间主要是在汉朝，在西汉中期以后，正是首都长安繁荣昌盛的时代。

二、大型盛会惊艳宾客

角抵戏会演　汉武帝在长安城举行大型角抵戏会演，见于史籍记载中的有两次，都以项目丰富、表演惊艳、宾客如云而被广为传颂。

第一次是在元封三年（前108）。“春，作角抵戏，三百里内皆来观”，长安城附近三百里地以内的百姓都到京城观看，其规模宏大、场面热烈可以想见。汉武帝在京师长安邀请了许多外国来客，举行了空前盛大的宴会和赏赐典礼。宴会中，皇家“运动员”进行了扛鼎（举重）、角抵（摔跤）等项目表演，杂技艺人表演了戏车技艺，乐舞艺人表演了巴渝舞，西域的魔术师表演了壮观的“鱼龙曼衍”“海中砀极”“吞刀吐火”“自缚自解”等幻术。于是，体育、乐舞、百戏同台亮相，推陈出新，蔚为大观。这次盛大演出，是中国历史上首次举行的体育娱乐综艺活动运动会，规模之大、项目之多都是空前的，开创了中国体育史综合运动会的新纪元，展示了汉王朝经济繁荣、文化昌盛的旺盛活力。如果说公元前254年罗马首次举办角斗竞技，在欧洲文化史上占有重要的一页，那么公元前108年长安城的这次国际性体育娱乐会演，也值得大书特书，它不仅在亚洲体育史上占有光辉的一页，而且在世界文化交流史上也应有着重要的地位。

第二次是在元封六年（前105）。《汉书·武帝纪》："夏，京师民观角抵于上林平乐馆。"角抵戏对首都长安城的民众开放，受到广大民众的欢迎。平乐观亦作"平乐馆""平乐苑"，故址位于今西安市长安区西北。汉高祖时始建，武帝增修，是西汉朝廷举行大型游乐活动的场馆。张衡的《西京赋》："大驾幸乎平乐，张甲乙而袭翠被。"薛综注："平乐馆，大作乐处也。"

戏车表演　汉武帝时期还把军事驭车的技巧加以发展成为戏车表演。东汉文史学家李尤在《平乐观赋》提到了角抵戏，有几句描写戏车的话："戏车高橦，驰骋百马。连翩九仞，离合上下。或以驰骋，覆车颠倒。"也就是说角抵戏会上有戏车的表演。张衡在《西京赋》中描写汉朝长安城广场上的角抵戏表演，是把戏车放在最后压台戏的位置上来记述的："尔乃建戏车，树修旃，侲僮程材，上下翩翻。突倒投而跟絓，譬陨绝而复联。百马同辔，骋足并驰，橦末之技，态不可弥。弯弓射乎西羌，又顾发乎鲜卑……"这一大段描写占据了整个描述角抵戏文字的三分之一。这两篇汉赋说明汉朝戏车表演是汉朝角抵戏中的重要节目，其动作的高难惊险令人惊心动魄。

这些由军事训练演变为体育娱乐的表演项目，各有其发展演变的过程，也都有各自的特点。其共同之处就是都未脱离其军事训练的本质属性，只是添加了以惊险奇巧表演动作吸引观众眼球，引起人们观赏兴趣的娱乐因素。也是从汉武帝时期起，体育娱乐艺术成为联系汉与西域各族人民友谊的纽带。汉宣帝效武帝亦好百戏，并以此来厚交乌孙、匈奴，从而使体育娱乐兴盛不衰。

三、扛鼎武士力量惊人

两汉时沿袭了战国扛鼎练力的方法，史籍记载的只是部分王侯贵族扛鼎力量突出的人。据《汉书·淮南衡山济北王传》："淮南厉王长，高帝注子也……厉王有材力，力扛鼎。"《汉书·武五子传》记载汉武帝的儿子刘胥也是个大力士。其实汉朝普通人以扛鼎练力有突出表现的人才也很多，官吏中就设有"鼎官"，是力能扛鼎的武士；贵族之家豢养的宾客中有"武力鼎士"。《汉书·贾邹枚路传》载："夫全赵之时，武力鼎士袨服丛台之下者，一旦成市。"这些以力扛鼎在社会上谋生的人，可以"一旦成市"，足见其人数是很多的。

扛鼎、鼎士，只是沿用社会上通俗的称谓，实际上汉朝力量练习已有多种方法，不完全是以扛鼎来练力。

内蒙古和林格尔汉墓壁画《百戏图》(局部)

汉朝角抵戏中的“乌获扛鼎”只是套用扛鼎的名称，并非举鼎，实际上是抛接车轮、跳弄铜壶等表演，是把军事练武活动演变为娱乐表演活动，是后代顶坛、蹬缸等杂技活动的先河。隋朝在抛接车轮、跳弄铜壶的基础上又有了抛接石臼、大瓮等表演。“又为夏育扛鼎，取车轮、石臼、大瓮器等各于掌上而跳弄之。”夏育是春秋时卫国人，也能力举千斤之鼎，所以隋朝把这种力与巧的表演改称为“夏育扛鼎”，其中有抛接车轮，又有了抛接石臼、瓮器，这是在汉朝抛弄重物的技巧上更进一步的发展。

第四节　导引术兴，体育养生出现热潮

导引之术在长安可谓源远流长，内涵丰富，在汉朝有了较大的发展，影响了时人的生命观、运动观，对西安武术的形成和发展起到极大的促进作用。

一、导引术养生，追求延年益寿

中国古代的导引术究竟起源于何时还是一个难解之谜。春秋战国时期，导引之术已经较为广泛，而且已经有了较完整的功法和专门研究导引的专业人士。汉朝初年，受秦始皇信仰方士觅不死仙药的影响，社会上兴起一股求神成仙觅不死之药的风气。有人认为导引术也可以达到成仙的境界，一些贵族便修习导引，以期达到不死成仙的愿望。留侯张良是汉朝创立的功勋之臣，他在汉朝建立之后便急流勇退，隐居在微山湖畔，“学导引，辟谷轻身”，想以导引术的方法达到肉体飞升成仙的目的。

桓谭《新论》记载，汉初大兴求神仙觅不死仙药之风。有一个盲乐师窦公，自称是魏文侯时的人，来到京师长安向汉文帝奉献《乐书》。汉文帝问他吃了什么仙药使他长命不死，窦公说：“臣导引，无所服饵。”可见除练习导引术外他并没有吃什么仙药，也就是说导引术具有强身健体、益寿延年的功效。

据《后汉书·方术传》，汉朝名医华佗则明确认为：“人体欲得劳动，但不当使极耳。动摇

则谷气得消，血脉流通，病不得生，譬如户枢终不朽也。是以古之仙者为导引之事，熊径鸱顾引挽腰体，动诸关节，以求难老。”重申了生命在于运动的理论。由此可知，汉朝导引术的发展已经理论化和科学化了。

汉朝导引术得到发展繁荣，都城长安曾经掀起一股修习热潮。魏晋人嵇康写了一篇养生专著《养生论》，提出了养生的两个条件，即保形和养神。“形恃神以立，神须形以存”，形与神互依互存，人如果要保存生命、健康长寿就必须“修性以保神，安心以全身，爱憎不栖于情，忧喜不留于意，泊然无感而体气和平；又呼吸吐纳，服食养身，使形神相亲，表里俱济也”。

汉朝已经确立了生命可以由自己掌握的生命观和运动观。只要内心平和，无欲无贪，精神快乐，身体适当运动，呼吸吐纳，自然可以强身健体，益寿延年。这是汉朝养生保健最大的进步。

二、导引术疗疾，消除老病沉疴

《黄帝内经》是中国最早的一部医书，始于春秋战国，到了汉朝著作才完成，其基本内容是反映汉朝人的养生思想。这部医书把导引术当作医疗手段：“余受九针于夫子，而私览于诸方，或有导引、行气、乔摩、灸、熨、刺、爇、饮药之一者，可独守耶，将尽行之乎！”在汉朝九种医疗手段中导引术占了三条。它认为有些疾病不能只靠一种方法来治疗，必须用其他方法来辅助。“病名曰息积，此不妨于食，不可灸刺，积为导引服药，药不能独治也。”息积这种病只服药是治不好的，必须以导引作为辅助治疗。身体由于疲劳所造成的损伤则可以热敷、导引六治疗，“形苦志乐，病生于筋，治之以熨引”。由于生活安逸所带来的关节不良等疾病，则必须以导引术来治疗：“中央者，其地平以湿，天地所以生万物也众，其民食杂而不劳，故其病多痿厥寒热，其治宜导引、按乔。”

导引术疗疾在1973年长沙马王堆汉墓出土的帛画《导引图》中也有所反映。《导引图》中共有44个人物图像，有男有女，有老有少，其服饰，有戴巾帻的，有着短袍的，也有绾发穿连裳的长衣，更有几个赤裸上身的人，表明参加锻炼的人群是较为广泛的。与《导引图》同帛的有《去谷食气文》，说明锻炼导引术加上食气可以轻举成仙。在《导引图》动作旁边都有题图文字，表明该动作锻炼的功效。其中带有“引”字的共有九图，这个“引”字即《黄帝内经》中“治之以熨引”的引，也就是经过动作导引术可以治疗的病症。图中有“引烦”，即治疗胸闷；“引聋”即治疗耳闭不听；“引膝痛”，即治疗膝关节肿痛；“引胠积”，即治疗息积病、腹部胀满；“引瘪厥”，即治疗头痛身热；“引聩”，即治疗目暗不明；“引戾中”，即治疗温病，也就是伤寒病；“引痛明”，即治疗眼睛疼痛。这九种疾病都可以通过导引术练习予以消除。由此可见，汉朝的导引术可以治疗疾病，不仅记载在医书中，在今天出土的汉朝文物中也可以证明。

长沙马王堆汉墓出土的帛画《导引图》（复原图）

三、导引术健身，催发仿生武术

导引术是以活动肢体“导气令和，引体令柔”，而达到“亦以除疾，并利蹄足”的健身目的，这就使得导引术具有武术体育的一些特征。

华佗所创编的“五禽戏”总结了汉朝导引术的功效，既可以健身，又可以疗疾，成为两千多年来人们喜爱的健身体操，此种操练已接近于拳术。陶弘景《养性延命录》中记载了“五禽戏”动作的说明，并附有图像。

《养性延命录》中的“五禽戏”

古代的“天人合一”思想不仅是要人的生活与天道相合，还要人仔细观察自然，向自然学习，“熊径鸟伸”导引动作也是人从生物活动中学来的。《淮南子·精神训》中说：“是故真人之所游，若吹呴呼吸，吐故纳新，熊径鸟伸、凫浴猿玃、鸱视虎顾，是养形之人也。”

方士所锻炼的是“六禽戏”和华佗所编练的“五禽戏”都是观察自然生物的活动，通过吸取它们的生存之道，模仿它们的动作，来强壮自己的身体。

“六禽戏”“五禽戏”的创制有两重意义。一是“知龟鹤之遐寿，效其导引以增年”，即从长寿动物的身上学习益寿延年的经验；二是学习各具特性的动物活动姿势，能吸引练习者的兴趣，如鸟伸两翅，熊向上攀引。武术套路中的象形拳便是模仿各种动物形象而创制的，如虎拳、鹤拳、猴拳、螳螂拳、鸭拳、鸡拳、鸳鸯拳等，所谓“鹰熊竞志，取法为拳”，各取其特点编制成为套路。在套路中也有模仿动物特点的单个动作，如黑虎掏心、乌龙出洞、白鹤亮翅、金鸡独立、凤凰三点头等。这些仿生活动的套路及单个动作都是由汉朝导引术的仿生学派衍生出来的。由“五禽戏”演变而来的八段锦、易筋经，后来成为人们强身健体的手段。这也是中华武术的基本要义。

第五节　娱乐为趣，体育游艺情致盎然

两汉时期，社会经济繁荣，“丝路”开通，商贸发达，崇文尚武，百戏娱艺大盛，都城长安的体育活动日趋浓厚。

一、投壶

汉陶投壶

据《后汉书·祭遵传》：“对酒设乐，必雅歌投壶”，投壶成为尊崇儒士、附庸风雅的重要表现形式。帝王、贵族和士大夫都乐于此道。汉长安城内的社交活动中，投壶是比较常见的场景。邯郸淳的《投壶赋》记载了汉魏时投壶游戏的大略：壶“厥高二尺，盘腹修颈，饰以金银，文以雕镂”，是一种专用的肚大颈长的壶。箭用柘木或棘等富有弹性的木质原料做成，长二尺四寸，呈锥管状，粗端叫“本”，细端叫“末”。投距“距筵七尺，杰焉植驻”，壶口朝上，放在距投者七尺远的地方。投壶一般由二人以上进行比赛，故设有判定胜负计筹的“司射”，充当裁判与记分。据《艺经》载：“投壶法十二筹，以象十二月之数。”投壶时除类似“雅歌”外，常以“击鼓为节”。

郭舍人（生卒、居里不详），西汉长安城著名投壶能手。郭舍人擅长投壶，曾对投壶用具

进行改进，并创造了“骁箭”法（其法亦称“骄箭”，指投壶时投中后，箭从壶中反弹出来，投壶者接住而再投中的），常在宫廷中表演，屡获汉武帝厚赏。据《西京杂记》载：“武帝时，郭舍人善投壶，以竹为矢，不用棘也。古之投壶，取中而不求还，故实小豆，恶其矢跃而出也，郭舍人则激矢令还，一矢百余返，谓之为骁，言如博之竖棋于辈中为骁杰也。每为武帝投壶，辄赠金帛。”

二、弹棋

弹棋是汉魏间流行于长安宫廷与士大夫中的一种游戏。据《西京杂记》载：“成帝好蹴踘，群臣以蹴踘为劳体，非至尊所宜。帝曰：‘朕好之，可择似而不劳者奏之’。家君（指刘向）作弹棋以献，帝大悦。”汉成帝（32—前7）时，人们仿照蹴鞠而创弹棋以解决“劳体”的问题。因此可以说，汉长安城就是弹棋的发明之地。

据《弹棋经·序》记载，当时弹棋仅流行于宫中，民间鲜有所见，后因新莽末年，赤眉起义的冲击，“西京倾覆，此艺因人所传，故散落人间”。

弹棋所用棋局，据魏文帝《弹棋赋》描绘：“局则荆山妙璞发藻扬晖，丰腹高隆，庳根四颓，平如砥砺，滑若柔荑。”采用华美的璞玉精工做成，局呈正方形，局中心高隆，四周平如砥砺，整个棋局“雕华呈丽”“金碧齐精”，光彩映人。弹棋所用棋子采用木质做成。魏文帝云：“棋则玄木北干，素树西枝，洪纤若一，修短无差。”夏侯惇《弹棋赋》将其谓之“轻棋”。

汉魏弹棋的玩法在《弹棋经》中记述得较为具体：“弹棋二人对局，黑白各六枚，先列棋相当，下呼上击之”。汉朝弹棋用黑白棋各6枚，曹魏时各增至8枚，至唐朝时又各增至12枚，其具体玩法也略有差异。

三、围棋

围棋至迟在春秋时便有可靠的文字记载。西汉初年，据《西京杂记》卷三载：“戚夫人待高帝……八月四日，出雕房北户，竹下围棋，胜者终年有福，负者终年疾病，取丝缕就北辰星求长命乃免。”戚夫人当是历史上有文字记载的第一位女棋手。《西京杂记》卷二记载，杜陵杜夫子“精其理者（围棋之理），足以大裨圣教。”说明围棋在西汉长安城开始发展起来，而且杜陵成为发展的中心。

汉魏围棋子用木质做成，黑白各一百五十枚，棋局为十七道，至唐时方为十九道。《新论》载：“俗有围棋，或言是兵法之类。上者张置疏远，多得道而为胜；中者务相遮绝，要以争便求利；下者守边趋作罫，自生于小地，犹薛公之言黥布反也。”其中，提到了三种不同状况的棋势，以及分别采取“多得道”“争便求利”“守边趋作罫”，以求活的措施，足见围棋的基本规则已大体完备。

四、百戏中的体育活动

百戏中的体育运动表演内容很多，主要是展示各种技能技巧。参加表演者主要是专职艺人，有的是来自民间的倡优，有的是来自四夷的伎儿，有的则是外国进献的奴隶。他们一般都接受了严格的训练，有着高超的技艺。他们的表演以险、难、奇称著于世。汉朝百戏中运动项目主要有以下几种。

（一）寻橦

又叫缘橦，或称都卢寻橦。寻橦是两汉百戏中最常见的节目，有额上顶竿、头顶竿、戏车高橦等缘竿表演。据《西京赋》描述：“建戏车，树修旃，侲僮程材，上下翩翻。突倒投而跟絓，譬陨绝而复联。百马同辔，骋足并驰。橦末之伎，态不可弥。”在若干辆奔驰的车上设竿，若干侲僮缘竿而上，各逞其能，常常是百戏中的压轴戏。

（二）叠案

又叫“掷案技”，是指表演者在木案或凳子上倒立。倒立的木案，一个或数个相叠。倒立的形式多种多样，有的在地上，有的在案上，有的在鼓上，有的在行进戏车的高台上，还有的一手持物单手倒立。西汉时百戏节目里有“安息五案”，到东汉时，最多的达十二层。

（三）冲狭

据《西京赋》“冲狭燕濯”，薛综注云：“卷簟席，以矛插其中，伎儿以身投，从中过。”类似现在钻刀圈之类的表演。

（四）燕濯

《文选·西京赋》薛综注云：“燕濯，以盘水置前，坐其后，踊身张手跳前，以足偶节，逾水，复却坐，如燕之浴也。”这是一种跪势的鱼跃前滚翻表演，实际上是对“膝行”单兵动作按表演艺术进行的改造。

（五）弄丸飞剑

又叫跳丸。《文选·西京赋》记载：“跳丸剑之挥霍。”抛丸或跳剑，类似今日之杂耍。表演者连续抛接若干丸球和短剑，也有丸、剑同时抛耍的。《庄子·徐无鬼》有“市南宜僚弄丸”的记载。《列子·说符》也载：“宋有兰子者……弄七剑迭而跃之，五剑常在空中。”

（六）七盘舞

又名盘鼓舞，表演者在类似盘状的七面鼓上舞蹈。他们要在仅容一足的盘鼓上做下腰、翻身等高难度动作。在完成这些动作的同时，还要通过舞者的腾踏纵跃，发出有节奏的鼓声。与其说是舞蹈，不如说是一种艺术化的体操。

第六节　节令为时，体育活动已然成俗

节令习俗活动中的内容不是与驱邪防病有关，就是与祈求长寿、欢娱身心相联系，这些活动采取了节日祭礼的形式。通过节日、节令习俗开展体育活动，是我国古代体育重要的一种组织形式。两汉时期流行于都城长安的节日、节令习俗中的主要体育活动如下。

一、踏青

清明郊外踏青是我国节令民俗活动的重要内容，此俗源于远古农事祭祀的迎春习俗。《礼记·月令》规定："立春之日，天子亲帅三公、九卿、诸侯、大夫以至，以迎春于东郊。"在春和景明的季节里，帝王、贵族们常借迎春之仪游览春色。汉武帝太初二年（前103），"三月行幸河东，祠后土，令天下大酺五日"（《汉书·武帝纪》）。之后汉明帝、章帝、和帝、安帝、灵帝、献帝都常于春季出游。郡县官吏也常以劝农为"春行"。对于春秋郊祭，《盐铁论·散不足》说："今富者祈名岳，望山川，椎牛击鼓，戏倡舞像；中者南居当路，水上云台，屠羊杀狗，鼓瑟吹笙；贫者鸡豕五芳，卫保散蜡，倾盖社场。"足见汉朝春游风俗之盛。

二、祓禊

祓禊本指在河滨或有水的地方洗濯，后发展为一种民俗，并被赋予各式各样的意义，其内容也因此增多而衍生为一项多种形式的节令活动。汉朝有三月上巳日祓禊之礼。《后汉书·礼仪志上》记载："是月（三月）上巳，官民皆絜于东流水上，曰洗濯祓，除去宿垢，疢为大絜。"

西汉时祓禊之俗，不仅长安城宫廷内有，在民间也很流行。周处《风土记》载，三月三日，"妇人忌讳，不复止家，皆适东流水上就通远地，祈祓自洁濯也"。

三、登高

重阳，指农历九月九日。《易经》以九为阳数，九月九日，两阳相重，故得"重阳"之名，

又称“重九”。重阳佩茱萸，饮菊花酒。西汉初年，这一风俗就流行于宫中。据《西京杂记》卷三记载，汉高祖刘邦的宠妃戚夫人的侍女贾佩兰回忆，当时宫中，每临九月九日，“佩茱萸，食蓬饵，饮菊花酒，令人长寿。菊花舒时，并采茎叶，杂黍米酿之，至来年九月九日始熟，就饮焉，故谓之菊花酒”。因此，采菊当是重九的重要活动之一，这项活动也为大众所接受，并形成习俗流传至今。

四、武打戏

汉朝早已有以兵器击刺表演故事的武打戏。张衡在《西京赋》中描述长安城的角抵戏表演中就有：“东海黄公，赤刀粤祝，冀厌白虎，卒不能救，挟邪作蛊，于是不售。”

《西京杂记》记载：“秦汉之际，东海黄公，少时为术，能御蛇虎，佩赤金刀，以绛缯束发，立兴云雾，坐成山河。及衰老，气力羸惫，饮酒过度，不能复行其术。秦末有白虎见于东海，黄公以赤刀往厌之，术既不行，乃为虎所杀。”可见《东海黄公》故事早在汉朝初年就在民间广为流传了。讲述了年轻时候的黄公身强力壮且有法术，能够降伏蛇虎。后来年老体弱，因过度饮酒而致身体衰退。黄公却不自量力，还要去制服老虎，结果反为老虎所害。据戏剧史专家考证，《东海黄公》武打戏是中国最早的戏剧表演。

《东海黄公》是汉朝的武打戏，是中国戏剧史上最早表演的剧目。毫无疑问，这种表演艺术是由兵器击刺的娱乐活动发展而来的，而兵器击刺娱乐与武打戏是一对孪生子，只是兵器击刺娱乐要比武打戏早一些。过去认为中国直到元朝，才有了说唱的戏剧，其产生要比古希腊的戏剧晚几百年。实际上，中华武术和武打戏都是中国独有的传统戏剧，也都是在汉朝长安城奠定了坚实的基础。

《东海黄公》武打戏由于有张衡、葛洪的记录和汉画像石的表现而得以流传，我们才得以了解汉朝已经有了武打戏。事实上，汉朝武打戏不止一出《东海黄公》。在汉画像石的图画中，还有《荆轲刺秦王》《二桃杀三士》《豫让刺赵襄子》《鸿门宴》等剧目。

武打戏不仅是对上古乐舞、傩舞的传承和发展，也是对西安唐朝梨园的出现、秦腔艺术的萌芽，具有重大的文化意义。

两汉时期是中华体育的成熟发展期，长安城作为汉朝的首都，成为中华体育的中心。两汉时期不仅在长安完善了中华体育的项目结构，而且出现了诸多亮点，奏响了中华体育的最强音。

第一，两汉时期建立了中华体育的基本体系，各种体育项目开始出现并走向成熟。比如角抵戏的项目不断创新并增加，被称为角抵百戏，表明汉朝角抵戏在当时的政治文化背景下有了极大的发展，许多项目有新创造的，有从国外引进的，也有由军事练武活动演变而来的。

第二，西汉长安城创立了不少新兴体育项目。《东海黄公》就是汉朝在长安创始的武打戏。汉朝武打戏的发展，说明当时兵器击刺已经达到相当高的水平，这才有可能产生兵器击刺表演娱乐，也才有可能创作出以兵器击刺形式表演有故事情节的武打戏。中华武术在形成之后，不断丰富和扩展其文化内涵，产生了多种形式，其发展的独有特色，也在汉朝长安城奠定了基础。

第三，西汉上林苑是中国最早的专业体育运动场，它不仅是汉朝皇帝狩猎的专用区域，还是皇家泛舟歌舞的乐园。昆明池是中国水军诞生之地，也是西汉长安城的水上运动基地。同时，汉武帝在上林苑训练骑兵，造就了中国历史上有名的期门军与羽林军，从而使上林苑成为中国军事体育的圣地。

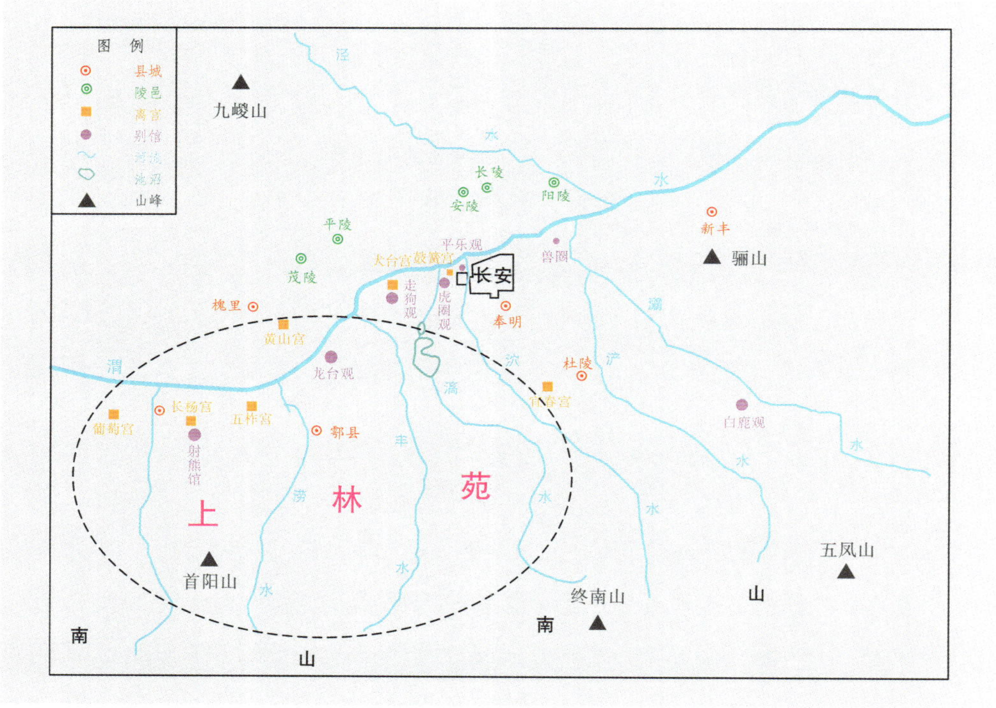

西汉长安城郊体育场地布局图

第三章　开放包容，西安体育的繁荣

（隋唐五代十国时期）

隋文帝开皇三年（583），建立了规模宏大的新城，命名为大兴城。京兆郡治大兴城，辖关中中部和东部的渭河以南地区，共有长安、大兴等22个县。唐朝统一全国后，定都大兴城，改名长安城。京兆府辖有关中中部地区，计有长安、万年等23个县。

隋唐时期的长安，经济繁荣，社会安定，商业发达，物资丰富，为体育兴旺繁盛创造了良好的条件。各国使臣、客商、僧侣、留学生等纷至沓来，东市西市店肆林立，丝绸、瓷器、茶叶等商品种类繁多，市容布局整齐、规模宏大，"胡化"之风盛极一时，体育歌舞争奇斗艳。同时，佛教文化在唐长安也极为兴盛，六大祖庭、十大佛寺散布南郊，千百僧俗打坐修炼，成为唐朝体育活动的一大特色。长安不仅是全国政治、经济、文化中心，而且是闻名世界的第一大都市，也是东西方体育文化的交流中心。

当时，长安体育大发展、大繁荣，呈现出内容不断丰富、参与人众空前广泛的特点。蹴鞠、角抵、击剑、狩猎、骑射、围棋、舞蹈等体育活动方兴未艾，马球、步打球、元宵观灯、拔河、踏青、秋千、竞渡、登高等体育活动颇为盛行。这个时期，西安体育迎来高光亮彩，理论丰富、制度确立、项目繁多、设施普遍、流派林立，不仅活跃着唐皇李世民、李隆基，重臣尉迟敬德，名伎公孙大娘等体育大家，而且官民共欢、男女同乐，一时热潮迭起、竞放异彩，一派盛世风华，以至影响到东瀛、西欧并波及南亚北漠，世界瞩目。

第一节　修身治国，体育思想境界升华

隋唐时期，社会文化极具开放性，有着向民众靠近、重现实世界的特征。文化体系中，包括文学、宗教与哲学、史学、艺术、天文历法、地理、数学、医学、百工技艺等方面，都颇为发达。唐朝的国都、亚洲的文化中心——长安城为各国所向往。这样一个庞大而完整的文化体系在当时世界上也绝无仅有。日本、朝鲜、越南这些与中国或一衣带水，或山川相连的国家，更是不断地把唐文化引进自己的国度。体育文化方面同样成就很大，体育思想在养心养生的基础上强调修身治国，追求文治武功，主题境界高远升华。

一、韩愈的静以养心、修身治国

韩愈（768—824），唐朝著名思想家、文学家，著有《论语注》《论语笔解》《顺宗实录》等，其中传世文章大部分收录于《韩昌黎文集》。

乐天知命，静以养心　韩愈认为人性是先天就定的，圣人也是由天定的，一切都是由天命决定的。所以他采取了乐天知命的合乎天意、合乎圣人之道的养生之道。劝导人们要顺乎天命，合乎天意，这样再遇到事情就会心安理得。珍重自爱，慎重饮食，以静养心，这是身养性、强身体之道。

修身治国　韩愈主张修身养心，不同于佛、道两家寻求出世或长生久寿，而是为了齐家、治国、平天下。他引用《大学》中的话："传曰：'古之欲明明德于天下者，先治其国；欲治其国者，先齐其家；欲齐其家者，先修其身；欲修其身者，先正其心；欲正其心者，先诚其意。'然则古之所谓正心而诚意者，将以有为也。"这旦所说的正心诚意包括了德育、智育的内容，同时也包括了体育的内容，修身就是静心养气，强身健体。只有这样才能够达到治国平天下的目的。

文武兼备　韩愈会对文武兼备的人大加赞赏。他赞扬能文能武的薛公达"为文有气力"，为武技艺超群。他赞扬为文官的柳公绰在讨伐吴元济的军事行动中立了战功。唐朝文武已经分途，柳公绰文武兼备，既有文韬又有武略，在国家需要的时刻能够挺身而出，这是非常可贵的，也符合儒家的伦理道德标准。

二、李翱的人性静止、文治武功

李翱（772—841），著有《复性书》《李文公集》，其中《复性书》三篇是中国思想史上的

名篇。

文治武功，文武并重　李翱认为文可以治国，武可以定祸乱。在对待文和武的态度上，他主张文武并重。在国家的管理上，李翱也主张文武并重，他给皇帝的建议中就有文武两个方面的内容。在强调文德治国的同时，他主张厚边兵以息番戎之患。这种文武并重的思想，对体育活动的开展和发展军事体育项目是非常有益的。

养生与体育娱乐　李翱主张养生有道。养生的目的是为了更好地发挥在道义上的作用，为了使人生成仁、成义。李翱曾著《五木经》一卷。“五木”是古代类似于“六博”的一种掷采行棋的博戏。由于“五木”是一种竞技性的游戏，所以深受人们的喜欢，有的人将此用于赌博。李翱著此书，说明他了解和熟悉此项游戏活动，并且对此项游戏活动的规律有所认识和把握。所著《五木经》对宣传和推广此项活动起到了一定的积极作用。

三、司马承祯的主静纳气养生观

隋唐时期，道教与体育有关的思想是强调形、气、神三要素，认为三者缺一不可，它们共同起着作用。在形、气、神三者中，形与神都是由气形成的，气是形和神的根基。养生要合于天道，就是要合于人的本性，而将违反天道、人性的东西称之为人欲。天道与人道精气互通，人能够得到天道的精气而且能够自保，就能够长生久寿。所以在道教中，呼吸行气、纳气、保气是很重要的养生方法。

司马承祯（647—735），21岁入道教，师从嵩山道士潘师正，受传符箓和辟谷、导引、服饵等道术。著有《道体论》《修真养气诀》《修真秘旨》等著作。初唐至盛唐时期，司马承祯被武后、睿宗、玄宗多次召见，玄宗并从他亲受法箓。在气功养生方法上，司马承祯主张动静兼练，即进行入静、存想、吐纳、导引、按摩、服食等多种综合方法的养生习练。在各种方法的比较中，司马承祯尤其在静功和吐纳方面造诣很深。

静功之道　司马承祯在静功方面的成就主要反映在《天隐子养生术》和《坐忘论》两部著作中。《天隐子养生术》主张循序渐进，不强调所谓顿悟。具体的行功次序分为五个步骤：“一曰斋戒，二曰安处，三曰存想，四曰坐忘，五曰神解”。这五个步骤一环扣一环，是逐渐深进的五个层次。他说：“了一则渐次至二，了二则渐次至三，了三则渐次至四，了四则渐次至五。”以上五个步骤，既有各自的要求和目的，又是一个渐进的统一体，而这就是典型的静气功练习方法。

坐忘修炼之法　司马承祯在《坐忘论》中对练功时诱导入静的方法和入静的状态进行了详细

分析，具有独到的见解。“坐忘”一词源出《庄子·大宗师》，司马承祯在书中做了进一步的发挥，他说：“夫坐忘者，何所不忘哉？内不觉其一身，外不知乎宇宙，与道冥一，万虑皆遗。”这里对入静的深度提出了很高的要求，要求身体的感知和意念活动一切静息。他在《坐忘论》中讲了七个问题，一般应视为内丹修炼从易到难的步骤。其一敬信，其二断缘，其三收心，其四简事，其五真观，其六泰定，其七得道。司马承祯最后写了“坐忘枢翼”，也就是坐忘修炼的关键和要害。他说若有心归至道，深生信慕，先受三戒，依戒修行，在终如始，乃得真道。其三戒者：一曰简缘，即前面讲的简事、断缘，使身不劳于外务，心不驰于外情，身心俱健。二曰无欲，即清心寡欲，无欲则刚。三曰静心勤行，是说只言不行或行不勤行、不能慎终如始也不行。此三戒而无懈退者，则无心求道而道自来。练功修道不仅可以提高人的思想境界，同时可以达到养生保健、延年益寿的目的。因此，司马承祯说：“人怀道，形骸以之永固。”指明了修道与养生的关系。

纳气、保气之法　司马承祯广泛吸收了《黄帝内经》以来的中医理论，如脏腑、经络、气血等学说，从而促进了气功养生的发展。在他撰写的《服气精义论》与《修真精义杂论》等著作中，阐述了纳气、保气的方法。强调要讲究延年益寿之道，就要从气的炼养着手。具体方法是先服药，使体脏安稳，然后是练功。练功选择春秋季节中每月初三至初八的日子起始。先以坐式“澄心定思”，叩齿、导引。然后，改为西向卧式，具体姿势与《诸病源候论》所载卧式静功基本一致。摆正姿势后徐吐气，调和呼吸。“然后想之东方初曜之气共日光、合丹于流晖，引此景而来至于面前，乃以鼻微引吸而咽之，咽之三，乃入肺，小开唇徐徐吐气”，反复数次，“以觉肺开大满为度”。停咽气，吸后屏气，同时存想肺中之气，沿上肢达手心；从胃过两肾，沿下肢至脚心。要“觉皮肉间习习如虫行为度”。反复数次，直至“手足温和调畅。以后，闭气时，直接引气入大肠、小肠中，鸣转通流脐下为度。接着屈膝握固、闭气鼓腹，同时做其体向四肢扩散的存想。然后舒脚，做全身的按摩、五趾背屈运动。最后是放手纵体，忘心遗形，待气息、关节调平止。这些方法是入静、存想、吐纳、导引、按摩的综合运用。方法细密、节奏完整、动作舒缓、简单易行。关键环节是对气的吐纳，一定要心静气畅，合乎自然。

这一时期，儒、道、佛、医各流派思想文化名家，对于生命的探究都非常深入并各有侧重。隋朝太医巢元方的《诸病源候论》、唐朝医学家孙思邈的《千金要方》等对于体育活动的发展起着重要作用并流传深远。各流派名家的思想主张，在当时的长安城传播很广，也进一步促进了体育的繁荣和深入发展。

第二节　建立机构，体育制度推进发展

隋唐时期实行“府兵制”，武则天在科举制度中创设武举，对军事体育的发展起到了积极的促进作用。由于政府的提倡，民间（僧俗）军事体育也得到发展。受少数民族文化影响，文人习武也出现了一个繁荣期。同时随着医学的发展，以医学为基础的导引之术也逐渐得到推广。

一、府兵制促进武艺发展

隋初实行“府兵制”。唐继隋制，实行了兵农合一的“府兵制”。规定男子成丁（二十岁）入伍，六十岁免役退伍。由折冲（武官名）教习武艺，教习不精要定罪，甚至连地方军政长官刺史都要受罚。这种有组织、有指导的练兵，对军事武艺的发展无疑是有利的。

府兵制下，折冲的教习内容，文献中没有详尽的介绍。从唐朝京城诸军特别是“飞骑”的训练要求和武举考试科目看，主要还是骑马、射箭、使用兵器等武艺，以及负重、翘关等力量性的训练。其他活动以蹴鞠在军中较为普遍。唐玄宗于天宝六载（747）诏定击鞠为军中练武项目后，击鞠亦成为“军中常戏”。府兵制将为数众多的民众组织起来进行军事训练，培养其军事能力，特别是格斗技术，也促使长安城中的武艺得以普遍发展，甚至为后来陕西红拳的兴起创造了条件。

二、武举制提升武士地位

武则天于长安二年（702）创设武举制，打开了习武者不经过战阵而进入仕途的大门，对军事体育的发展起到了有力的推动作用。

《新唐书・选举志》载，武举设“长垜马射、步射、平射、筒射，又有马枪、翘关、负重，身材之选。翘关长丈七尺，径三寸半，凡十举后，手持关距，出处无过一尺。负重者，负米五斛（每斛五斗）行二十步，皆为中第。亦以乡欢酒礼送兵部”。《唐六典》对武举中各项运动的场地、器械规格、考核方法和规则等都有更详尽的说明。至于身材之选，《文献通考・武举》说：“唐武选，兵部主之，课试之法如举人之制，取其躯干雄伟，应对详明，有骁勇才艺及可为统帅者。若文吏求为武选，取长六尺以上籍年四十以下，强勇可以统人者。武夫求为文选，取书判精明，有理人之才而无殿犯者。”从文献来看，唐朝武举不仅考武艺和力气，对仪表文采也有一定要求。从文吏求武选、武夫求文选的规定看，说明了武举制使武人的社会地位和文化水平都有了

很大提高。这种武举制度对军事体育的发展起到了积极作用。

武举制对体育的影响主要包括三点：其一，人们通过武术入仕，有利于促进武术发展，激发了广大民众主动习练武术的积极性。其二，大兴习武健身之风，有助于增强武术水平的提升。其三，对于提高武术人员的理论修养具有重要意义。

三、太医署推广导引养生

隋朝在太常寺下设立太医署，乃为朝廷官员提供医疗服务的机构，同时也兼任医学教育机构的职能。据《隋书·百官志》，太医署人员组成包括四类，一是行政管理人员，如太医令、太医、医监、医正；二是医疗人员，如医师、按摩师、药园师等；三是教学人员，如医博士、助教、按摩博士、咒禁博士、主药等；四是在太医署接受医学教育的学生，分别称为医学生、按摩生及药园生等。这也是世界文明史上最早见于记载的规模宏大的官办医学教育机构。

唐朝基本承袭了隋制，仍由太医署兼管教育，隶属太常寺。《新唐书·百官志》中记载太医署的人员构成也是由行政、医疗与教学三部分组成。

太医署专职负责医学教育，形成了覆盖全国的医学管理体系与医学教育体系，其中医学生的学习内容、学制、考试等制度基本完善，医学人才选拔已经纳入科举制度。随着人们对生命和疾病认识程度加深，导引术的医疗价值愈发受到从政府到民间的普遍重视，医道并重蔚然成风，医家们纷纷投入导引术的探索之中，著书立说，其贡献最杰出者应数隋朝的巢元方和唐朝的孙思邈。

巢元方（550—630）　隋朝名医，对“补养宣导”之法甚为推崇，身为太医令的他于隋大业六年（610）奉诏主持编撰了被后世奉为七经之一的《诸病源候论》。该书集两晋南北朝以来众医家治病养生之大成，是我国第一部病因病机症候学专著，同时也是我国第一部导引治病养生专著，对后世影响颇为深远。书中将各种疾病分为 67 门、载症候 1739 论，论述了各种疾病的病因和症候，部分疾病后附有诊断、预后、预防的方法以及治疗措施。在该书所载的治疗措施当中，通篇未涉及方药，而补养宣导的“养生方导引法”却占了极大比重。这些养生导引法分别被用于 110 种疾病的治疗，范围涵盖了内科、外科、妇产科、五官科、皮肤科等，内容丰富，极具特色。

孙思邈（541—682）　唐朝名医孙思邈被尊为“药王”，亦为导引养生祛病的集大成者。在其著作《千金要方》《千金翼方》和《摄养枕中方》中汇集了甚为丰富的中医导引内容，不但有对前人成果的继承，更有基于自身实践经验的发展和创新。

孙氏整理记载了前人运用自我摩运、意气炼养以及肢体活动的导引方法，并根据自己的实践经验加以丰富和完善。前者有“黄帝内视法”“老子按摩法”及异域传入的“天竺按摩法”等，后者有“迎气法”“调气法”“胎息法”等，肢体活动有“禹步”等。陶弘景《养性延命录》里记载了纳一吐六的长息法，孙思邈则在其基础上对操作方法、治疗要点做了更为具体的阐述，将其发展为“十二调气法”，载于《备急千金要方・养性・调气法第五》。另外，孙思邈特别强调对精神和形体的摄养要“适度”，导引养生应综合全面、动静功兼有。

在隋唐时期，以巢元方、孙思邈为代表的医家们在实践中不断努力和探索，最终促成了中华导引术与中医学的接轨，完成了导引养生与医学理论的融合。

第三节　盛世风华，体育运动生机勃勃

一、球类运动盛极一时

进入隋唐时期，各种球类运动时称“球戏”，重要的球戏有蹴鞠、击鞠。蹴鞠运动历史最悠久，而又以击鞠为盛。

（一）蹴鞠形式多样

唐朝的蹴鞠较之于汉朝，已有重大革新。唐朝徐坚在《初学记》里写道：“今蹴鞠曰戏球。古用毛纠结为之，今用皮，以胞为里，嘘气闭而蹴之。”这里所说的“蹴鞠”，是用动物的皮制成，里面充满空气，踢起来轻而有弹性，比汉朝“以事为之，实之以物”的实心球要好用多了。唐朝的蹴鞠外表是用八片皮子制成。“八片尖皮砌作球，火中燀了水中揉。一包闲气如常在，惹踢招拳卒未休。”（《中山诗话》）。球门是在场端“植两修竹，络网于上门以度球”，比赛方式是“球工分左右朋，以角胜负”（《文献通考》卷一四七《乐考・散乐百戏》）。

唐朝鞠复制样品：八片，周长 69 厘米，重量 440 克，内充气，近似现代足球

唐朝仲无颜在《气球赋》里写道：“苟投足之有便，知入门而无必。时也广场春霁，寒食景妍。交争竞逐，驰突喧阗。”这里所说的“入门”，是指踢球已有了球门，而不用汉朝“穿域跃鞠”的办法了。“交争竞逐”，是说踢球时分为两队比赛，球场两端各设一个球门，近似现代的足球比赛。

唐宋时期蹴鞠门示意图

唐朝足球踢法多样，除两队角逐以分胜负的比赛形式外，还有各种形式的竞赛或表演，包括打鞠、趯鞠、筑球、白打等形式。

打鞠　就是单人踢球表演，亦称“一人场”。打鞠时不限人数，凡入场者，以花样较多、球不落地为上。这种踢法不属于比赛范围，踢球高明者，肩背胸腹，皆可替足接球，每球必环绕身上，久时不坠。

趯鞠　趯即踢，蹴鞠法之一，与打鞠不同之处在于此法，专以踢高为上，据说踢法可高及半塔。这种踢法在中唐之后流行于军中，属军事体育活动。

筑球　以牛尿脬充气为球，来蹴鞠。这是民间青少年的踢法，以久接不坠地为乐，而失足落地者为败。

白打　是指二人对踢，赛时两两对踢，接不住的一方为负。这种踢法简单易行，对场地、设施没有要求，长安宫女比较喜欢。诗人王建的《宫词》中曾描绘道：“寒食内人长白打，库中先散与金钱。”白打胜者有彩。诗人韦庄在《长安清明》诗中称：“内官初赐清明火，上相闲分白打钱。”

当时还有三人轮流踢的称“转花枝”，四人轮流踢的叫“流星赶月”，八人踢的称“八仙过海”，等等。以上这些踢法以娱乐性为主，所以多为文人关注。

（二）马球风靡一时

唐朝时称马球运动为击鞠，是由官府提倡、皇帝和贵族都喜爱的一项体育娱乐活动。因而运动条件非常优渥，有优质场地、优良骏马、精致球杖，又与军事训练、军阶升迁相结合，自然风靡一时。放眼当时世界，还没有哪一个国家能有唐朝长安城的马球运动这样兴盛。彼时长安马球，可谓拥有多个世界之最：运动最为广泛、服装最早专业、规则最早形成、场地最为众多、技艺最为高超。

马球运动兴起　有关马球的起源有几种说法。一说是从波斯或者吐蕃传入的，一说是传承汉朝蹴鞠演化而生的。唐豪在《中国古代的马球运动》一书中提出：“以足球为军事体育的两汉，在竞赛足球结束时，球场上后走的或守卫的战士，他们骑在马上用手中的兵器拨弄尚未收拾起来的球，作短时间的游戏，这可能就是击鞠的萌芽。”根据唐朝张守节在《史记正义》中说：“按，《蹴鞠》书有《域说篇》，即今之打球（马球）也。”从唐宋时期的马球场和汉朝的足球场形制建设上看，双方都设有球门。从竞赛的方法看，都是身体接触直接对抗，以踢球或打球入对方的球门为赢。从性质上看，也都是属于军事训练范畴。由此看来，唐朝的马球是由汉朝的足球演变而来是有道理的。如此说来，长安也是马球运动的诞生地。

马球运动令皇室乐此不疲。唐帝国建立以后，轻骑兵机动性大，是军队中的重要兵种，唐太宗李世民就是使用“骁骑”“精骑”“轻骑”战胜了强敌，而训练骑兵部队最好的手段便是打马球。李世民下令在军队中开展马球运动，于是军中马球运动便迅速兴起。唐皇室是北朝武将的后裔，生活习俗就是以骑射狩猎为乐，在一般人眼里，马球运动是很危险的练武途径，但对李氏皇室家族而言却是最喜爱的娱乐项目。到唐中宗时，马球运动已然成了娱乐活动。

唐中宗李显时，民间的马球娱乐活动已经开展得很红火了。《全唐诗》收录的《幸梨园亭观打球应制》，描述了当时大臣崔湜、蔡孚、沈佺期、武平一等打马球的情景。景龙三年（709），吐蕃使团到长安城迎接下嫁的金城公主，并带来了一支强悍的马球队。他们与唐朝贵族马球队进行了一场友谊比赛，结果，十人的吐蕃马球队败在了由四个唐朝贵族公子组成的马球队队员的球杖之下。

唐中宗后，喜爱打马球的皇帝便是唐玄宗李隆基了。天宝六载（747），已经60多岁在骊山温泉打球，以至于写《温汤御毬赋》的阎宽在文章中十分诚恳地劝说道：“凭览则至乐，躬亲则非便。”宋人李公麟曾绘《明皇击鞠图》，诗人晁说之在画上题诗曰：“阊阖千门万户开，三郎沉醉打球回。九龄已老韩休死，无复明朝谏疏来。”

唐穆宗在马球场上受到惊吓患了中风，以致次年去世，成为历史上第一个因为打马球而死的皇帝。唐穆宗的儿子唐敬宗是唐朝第二个因为打马球而致死的皇帝。敬宗当上皇帝第二年，接受了郓州进贡来的专业骑驴打球将石定宽等四人，任职内园供奉，四天后便在皇宫中召集教坊的伎人和内园供奉在宫中进行角抵戏表演和驴鞠比赛，“至一更二鼓方罢”。因为夜间场地太暗，造成许多人“断臂碎首”，激起马球供奉的愤怒，当年十二月，敬宗被马球将苏佐明、石定宽杀死在皇宫中。

其后，唐文宗、唐武宗、唐宣宗、唐僖宗都痴迷打马球。唐僖宗自称可以应试马球科举当状元，还以打马球的输赢，来作为任命节度使的依据，开创了以体育竞赛输赢任命高官的先例。

唐章怀太子李贤墓道出土了壁画《打马球图》，表明章怀太子也是喜欢马球娱乐的。唐朝亲

章怀太子墓出土的壁画《打马球图》(局部)

王、外戚和大臣喜爱马球娱乐，是唐朝形成马球热潮的重要原因。

精英汇聚长安　长安城马球高手云集，左右神策军驻地就成为最早开展马球运动的场所。皇帝喜爱马球娱乐，神策军球场就成为皇帝经常观看马球比赛的地方。神策军重视马球竞赛，精研马球技术。有一个不成文的规定，军将的升迁以打马球技艺高低来决定。周宝与神策军另一打球高手高骈都是凭借马球技艺高超被提升为节度使，成为位居一方的封疆大吏。

唐朝文人也喜好并擅长打马球。其时，长安城新进士科举及第以后有三大盛会：慈恩塔题名、曲江游乐宴会、月阁下打球。唐末五代人王定保在《唐摭言》中记载了一件事：唐僖宗乾符四年（877），一些文士在月登阁打球，突然有几个神策军的打球军将前来捣乱，新科进士刘覃站出来与他们较量。史书载：“（刘）覃驰骤击拂，风驱电驰，彼皆愕然，俄策得球子，向空礫之，莫知所之。数辈惭沮，俯仰而去。”“向空礫之”，即远打射门，因为打球的力量太大，球子穿门而过，不知飞到哪里去了，这使得神策军军将目瞪口呆、自惭形秽，可见文人中也有打马球的高手。

城中球场众多　唐朝马球场规格要求很高，据《温汤御毬赋》载：“广场惟新，扫除克净；平望若砥，下看犹镜。微露滴而必闻，纤尘飞而不映。”马球场长千步、宽二百步，要修整得像镜面一样，没有杂质，没有凹凸，标准还是很高的。

唐长安城中，马球场比比皆是。皇宫中有麟德殿球场，长安禁苑中有球场亭、虎圈等建筑24所。大明宫的东内苑有球场亭子殿，还有龙首池球场。左右神策军驻地均在禁苑，分列大明宫东西两侧，也都有球场。1956年冬，考古工作者在大明宫含元殿遗址南部殿基之下发现一块石志，上刻“含光殿

唐大明宫含光殿石志拓片（中国社会科学院考古研究所等编《唐大明宫遗址考古发现与研究》）

及毬场等，大唐大和辛亥岁乙未月建”。

靠近大明宫的十六王宅也有球场，《资治通鉴·宣宗纪》：“上敦睦兄弟，作雍和殿于十六宅，数临幸，置酒作乐，击球尽欢。”十六王宅在长安城东北角。

唐朝王室贵戚及官僚的家中大多建有马球场地。驸马都尉杨慎交家在靖恭坊，武崇训家在金城坊，两人家中都建有豪华的马球场。唐玄宗时大臣姜皎家在光福坊，中书令李晟家在永崇坊，户部尚书王源中家在太平坊，他们都建有马球场。除了军队、皇宫、亲王、贵戚、大臣私人住宅的马球场地之外，长安城的公共场所，如曲江的月登阁、安福门外大街（西蕃人是在安福门外大街的马球场打马球的）、长安城外的郊野、骊山温泉，都有可以供人打马球的场地。这时的长安城，可谓球场众多，也可以看出长安马球运动的兴盛程度。

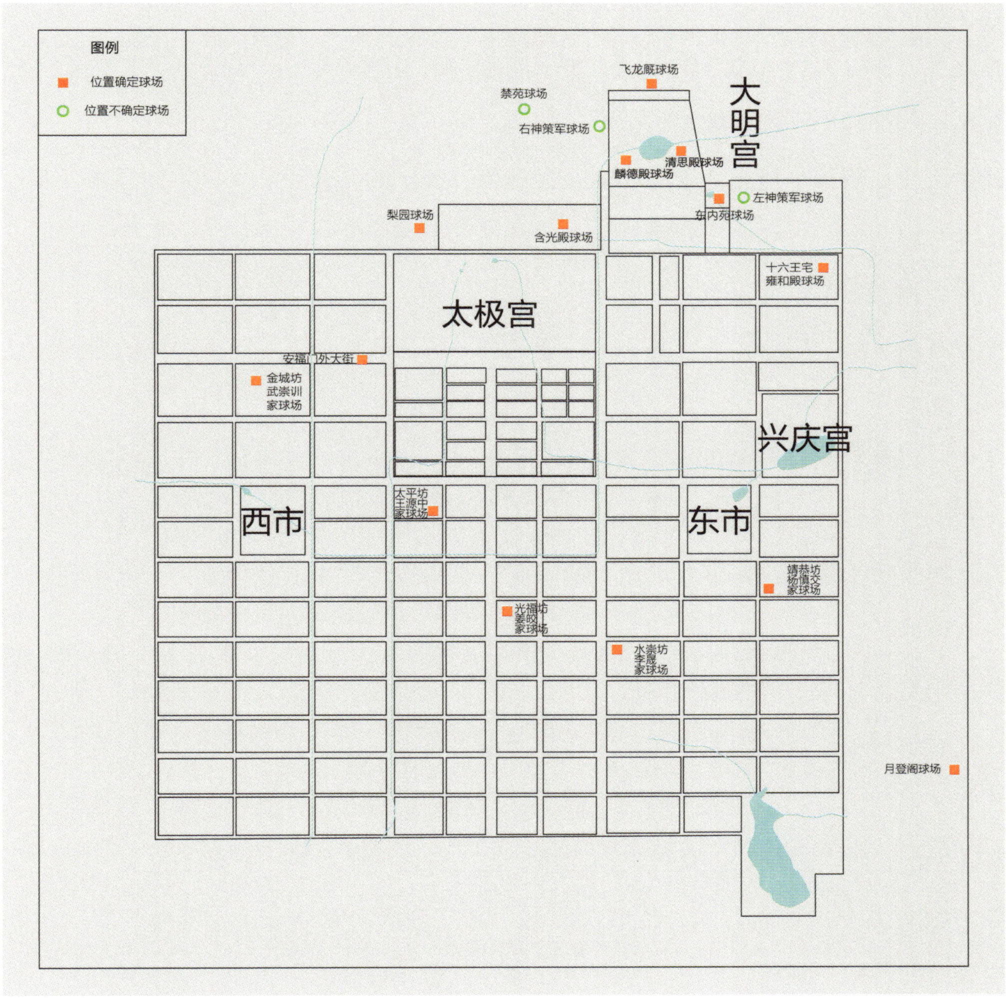

唐长安城的马球场地布局示意图

二、武术技艺全面发展

武艺是指人们运用拳脚肢体或器械进行攻防格斗的技艺。唐朝长安，武艺仍以实战需要为主要目的，兼有健身、娱乐功能，分为徒手和器械两类，已形成一些攻防格斗的基本动作以及比较简单实用的动作组合。当时，尚勇崇武的社会氛围使武艺以多种形式演绎开来，多姿多彩。

（一）拳搏

拳搏就是徒手散打搏斗。《角力记》中有段记载，说唐武宗时，有一位民间拳师同禁军力士管万敌徒手比武，拳师一掌击中管万敌内脏，竟将其打成重伤。

讲到徒手武艺，不可不提唐朝重臣尉迟敬德空手夺矟（长矛）的绝技。据《旧唐书·尉迟敬德列传》载：敬德是秦王李世民手下的一员骁将。他每次单骑驰入刀枪如林的敌阵中，都能巧妙地避开敌人刺来的马矟，而且还能夺过马矟回手刺中敌人。是时，秦王之弟齐王李元吉也善使马矟，听说此事，不以为然，要求试一试。秦王同意，但为防备万一，要二人卸掉矟刃（矛头），以矟柄相刺。敬德却毫不介意地说：“纵使加刃，终不能伤。请勿除之，敬德矟谨当却刃。”于是二人开始比武。敬德手持光秃秃的矟柄左挡右架，齐王的马矟果然无法刺中敬德。双方停下手来，秦王好奇地问道：“夺矟、避矟，何者难易？”敬德回答：“夺矟难。”于是秦王又命敬德试夺齐王的马矟。这时，齐王重新抖擞精神，跃马挺矟，直向赤手空拳的敬德刺去。只见敬德骑在马上左躲右闪，沉着应战，一会儿功夫，竟连续三次巧妙地夺下了齐王手中的马矟。

（二）剑术

西汉中叶以后，剑逐渐退出实战并向防身、健身、娱乐等方面发展。因为唐朝推崇武功，所以剑术再获重视。当时，剑术除在军事战斗中广泛使用外，还衍生出艺术和健身两个发展方向。不少文人从健身目的出发，写下自己习剑的感受。李白自称“十五好剑术”，杜甫感叹“检书烧烛短，看剑引杯长。”

《酉阳杂俎》记载了有关击剑的故事，为我们探究晚唐剑术提供了一个窗口。故事的主人公是长安太守黎干与擅长剑术的老丈。黎干在长安街头见到一位与众不同的老丈，在好奇心的驱使下，他到老丈家拜访。老丈为黎干表演了剑术，“拥剑长短七口，舞于中庭。迭跃挥霍，锪光电激，或横若裂帛，旋若规尺”。剑术之高已臻出神入化之境，令黎干敬佩不已。

唐朝将领裴旻不只精通刀术，还擅长剑术。其“剑舞”获“七星错落缠蛟龙”（苏涣诗）之誉，与李白的诗歌、张旭的草书，号称“三绝”。据《独异志》记载，唐玄宗开元中，裴旻居母丧，请著名画家吴道子绘几幅神鬼壁画以资冥助。吴道子答道：如果裴将军能表演一次非凡的剑术，也许可激发他的灵感，以至沟通幽冥，获得神冥。裴旻闻之，于是脱下丧服，持剑在手，"走马如飞，左旋右抽"，最后"掷剑入云，高数十丈，若电光下射，旻引手执鞘承之，剑透室而入。观者数千人，无不惊慄"。裴旻精妙绝伦的剑舞，其实就是一种剑术表演，可能已形成一定的套路，可骑马表演，亦可徒步表演。其时，剑术除个人表演外，也有集体表演的。据《文献通考》记载，唐太宗就曾"选军中勇士，教以剑舞，皆能掷剑凌空，绕身，承接妙捷如神。……及亲征太原，巡城耀武，必以剑舞前导"。

（三）狩猎

在西汉狩猎风尚的影响下，唐朝皇帝也十分喜好狩猎。据《新唐书》记载，唐高祖李渊在位期间共参加狩猎活动数十次，有时一年内就要狩猎两三次。唐朝狩猎活动延续了汉朝以来礼制、军训和娱乐兼顾的传统，朝廷每年冬季的第二个月都会在长安举行狩猎之礼，参加者包括王公大臣和将帅士卒。士兵按照仪式驱兽三次，皇帝带领王公大臣开始狩猎。狩猎结束后根据等级进行猎物分配，质量最好的猎物供给宗庙，次一等者招待四方宾客，最下等者分给长安城防四郊驻军。由于唐朝盛行狩猎，所以诗歌中留下了不少有关狩猎的内容。唐太宗李世民的《出猎》和《冬猎》两首诗，将打猎的季节、工具和过程描写得十分生动。王维曾这样描写细柳营狩猎的场景："风劲角弓鸣，将军猎渭城。草枯鹰眼疾，雪尽马蹄轻。忽过新丰市，还归细柳营。回看射雕处，千里暮云平。"

除文献资料外，1971 年 7 月至 1972 年 2 月陕西历史博物馆和乾县文教局唐墓发掘组在章怀太子墓墓道东侧发现的壁画《狩猎出行图》也可为唐朝狩猎活动提供有益的参考。《狩猎出行图》中有 40 多名骑手、5 头骆驼，生动再现了唐初皇家狩猎时的场景。

唐章怀太子墓出土的壁画《狩猎出行图》（局部）

（四）射箭

唐朝武艺除使用长、短兵器外，也非常注重射箭。

唐人对制弓的材料十分讲究。《资治通鉴·唐纪》记载，贞观元年（627），唐太宗对太子少师萧瑀说过这样一段话："朕少好弓矢，得良弓十数，自谓无以加，近以示弓工，乃曰'皆非良材'，朕问其故。工曰：'木心不直，则脉理皆邪，弓虽劲而发矢不直。'朕始悟向者辨之未精也。”

据《唐六典》记载，唐朝的弓分为长弓、角弓、稍弓、格弓四种。长弓用于步兵，角弓用于骑兵，其他供狩猎及禁军使用。箭也分为竹箭、木箭、兵箭及弩箭四种。前两种供射猎用，后两种用于军事，分别以弓、弩发射。唐人射箭的基本姿势主要分为步射与马射两种。

步射就是脚踏实地的射箭。它又分跽坐式和站立式，尤以跽坐式最为流行，从而形成唐朝步射的风格。唐人王琚《射经》曰：“凡射，必中席而座，一膝正当垛，一膝横顺席。”步射技术的要领，主要在于思想集中，上体正直，手持弓箭平稳牢固。

练习步射用的目标，主要有箭靶和草人。远距离射箭靶在当时又称作“长垛”，即“画帛为五规，置之于垛，去之百有五步，列坐引射，名曰长垛。”长垛的评分标准是，凡“入中院为上，入次院为次上，入外院为次”。射草人的评判标准又略有不同，规定射草人“中者为上，虽中而不法者为次上，虽法而不中者为次。”显然，唐朝步射，长垛侧重于训练和考查射手的力量及远距离命中率，而射草人侧重强调射手姿势的正确性及动作的熟练程度。

马射即骑射，也称驰射，就是骑在马上射箭。马射训练及课试通常是射鹿形箭靶，即“穿土为埒，其长与垛均，缀皮为两鹿，历置其上。驰马射之，名曰马射”。

（五）投壶

唐朝投壶多使用带耳的壶具。日本奈良正仓院尚保存有中国隋唐时期的壶具，铜质镀金，壶颈较短，壶身还刻有山水、花鸟、人物等图案，相当华丽。

唐朝投壶，继承并发展了前代的技巧。难度较高的骁投法，唐人称之为“骁壶”，似已成为常见的基本技巧。《旧唐书·音乐志》云：“投壶者谓壶中跃矢为骁壶。”也就是将箭投入空壶，使之迅速反弹回来，投壶者接箭再投，连续不停。唐张鷟的《朝野佥载》卷六记载，当时有一位著名的投壶能手名叫薛赍惑，其骁投犹如“龙跃隼飞，矫无遗箭”。更令人叫绝的是，他还能“置壶于背后，却反矢以投之，百发百中”。

（六）木射

木射，亦称“十五柱球戏”，为中国古代球类游戏之一。以木柱为“候”，木球为“矢”。游戏时取15个木柱，其中10个用红色书写仁、义、礼、智、信、温、良、恭、俭、让，另5个用黑色书写傲、慢、佞、贪、滥。红黑字柱相间并排，竖于场地一端。游戏者站在另一端，持木球从地面依次滚射木柱，击倒红字柱者胜，击倒黑字柱者负。木射始于唐朝，有人认为木射是现今保龄球的雏形。唐人陆秉著有《木射图》一卷，对此活动作了介绍。

（七）较力

较力，同角力，常用扛鼎、翘关、掇石、开弓、舞刀等方法进行，是比试力量的项目。这种表现力量的表演，不仅盛行于民间，而且在长安宫城里也屡见不鲜。也有人把这种大力士较力叫“硬气功”。

唐朝较力之风颇为盛行。武周长安二年（702），颁布了我国最早的武举制度。不少人为了通过应试获得一官半职，严格按武举考核标准进行练习，天长日久，全国出现了不少力举千斤、威震四海的人物，长安城也成了大力士汇聚的地方。

博通，唐长安城著名的大力士。唐人韩琬在《御史台记》里曾记录了他不少较力的故事。有一次，长安城著名大力士魏弘哲、宋令文、冯师本三人，要和博通比力。博通提的条件是，他躺在床上，枕一个枕头，让他们三人合力拉枕头，若枕头略有移动，他甘愿认输。只见魏弘哲等三人抓住枕头，使尽全身力气，猛地一拉，只听“喀嚓”一声，床腿尽折，枕头纹丝未动。围观者“簇主人垣墙，屋宇尽坏”，因而名动京师。博通力大，不只此技，还能一人双手各举一床，床上摆满饭菜，斟满美酒，在台阶上下自由行走，面不改色，床上酒菜竟“略无倾泻”。

唐德宗时期，长安城有个大力士，名叫汪节。据《歙州图经》记载，汪节从小好武艺，力气很大。汪节上京应试，路经渭河东桥时，见桥头有一石狮，重约千斤，便对围观者说谁能搬动这只石狮。众人面面相觑，认为是狂徒戏言。汪节听后，双手抓起石狮用力一扔，石狮被抛出一丈多远，只听一声巨响，渭河桥震得摇晃起来，众人大骇。汪节却稳当当地站在原处未动。有十几个好事青年，一齐走到石狮跟前，也想试试，可费尽气力，石狮纹丝未动。青年只好认输，遂请汪节把石狮放回原处，汪节应请复位如故。自渭河桥掷石狮以后，汪节名震京师，不久被推荐到宫城当了禁军，以至提拔为神策军将军。由于汪节力大，技艺超群，因而常在殿前给德宗表演较力。表演时，汪节俯身于地，由众人抬一石碾压在背上，石碾上竖起两丈长的方木，方木上置一床，床上坐一龟兹乐人，进行各种乐曲演奏，直至曲终，汪节仍然气不喘、色不变。

三、艺术体育绚烂多姿

在隋唐时期，体育活动非常普及，并与表演艺术融为一体，具有竞技性、观赏性，更具参与性、娱乐性，因而长安百姓乐此不疲，遂使艺术体育发展很快，而且丰富多彩，留下一个个珍贵而精彩的故事。

（一）角抵

角抵活动，由来已久，由两汉流传至隋唐，已由当年的练武演化为娱乐活动。

隋朝青瓷相扑俑

隋文帝重视角抵，其时有西番人善相扑，无人能胜过他。隋文帝深感不满地说："大隋国无有健者？"后来精通角抵的和尚法通受诏来与西番人较量。西番人力不能敌，法通大败之。

唐朝角抵已从汉朝"角抵戏"中分化出来，成为一个独立的体育项目。据《角力记·述旨》记载，在崇尚豪侠勇武的唐朝，社会大众已不满足于重在戏剧性表演的角抵戏，转而注重"宜勇气、量巧智""决胜负、骋迩捷""使观之者远怯懦，成壮夫"的角抵。唐朝角抵又称角力、相扑，司马光在《资治通鉴》中称之为"手搏"。

唐朝角抵被列为宫廷观赏、娱乐的一个主要项目。玄宗时，每赐宴均设角抵表演。宪宗时，角抵与马球并列为最受欢迎的节目。穆宗每三天要观赏一次角抵表演。敬宗时，角抵比赛极其激烈，"戏酣，有碎首折臂者，至一更二更方罢"。

唐朝皇室贵族欣赏的正规角抵，通常是放在群戏之后，作为压轴戏表演的。角抵壮士赤裸身体，仅下身系一条宽大的腰带和兜挡，头上戴着幞头。他们在雷鸣般的鼓声中出场，相对站立，先做一些举手抬腿之类的准备活动，然后开始交手，相互扭抱，"前冲后敌""左攫右拿""相搏而角胜负"。

唐朝时，朝廷还成立了专门的"摔跤队"，取名"相扑朋"。这种专业队伍的设立，极大地推动了民间角抵的发展，出现了专门教授角抵之术的老师。在民间，出现了搭设在街头广场的角抵擂台，更让人称奇的是唐朝妇女也有登台打擂的角抵高手。直至北宋时期，司马光因妇女当众赤身相搏不雅，禁止了女子角抵。北宋时期，调露子就著有《角力记》。

调露子在《角力记》中记录了一桩有关角抵的趣闻，说唐朝有个无名氏，在墙上画了一幅黑、白两个大汉的角抵图，并附上一首打油诗《题墙上画相扑者》："愚（黑）汉勾却白汉项，白人捉却愚（黑）人骰；如人莫辨输赢者，直待墙隤始一交。"这首幽默的打油诗，活灵活现地勾画出唐朝相扑者的运动形象。相扑后来传至日本，成为其重要的运动项目。

（二）乐舞

唐朝开放包容、兼收并蓄的文化政策，为中外文化的交流创造了有利条件，促进了舞蹈艺术的蓬勃发展，形成了以胡旋舞、剑器舞和字舞为代表的特色舞蹈。

胡旋舞　又名踏球舞，是传自西域的一种女子舞蹈，在唐开元、天宝年间大行其道。唐玄宗时，西域诸国常常进献“胡旋女”，胡旋舞随之传入长安。《新唐书·礼乐志》记载：“胡旋舞，舞者立球上，旋转如风。”《乐府杂录·舞工》生动描绘了胡旋舞的绝妙舞姿：“舞有骨鹿舞、胡旋舞，俱于一小圆毯子上舞，纵横腾踏，两足终不离于毯子上，其妙如此。”唐人王邕在《内人踏球赋》中展现了宫女在球上舞蹈的情景：“球上有嫔，球以行于道，嫔以立于身。出红楼而色妙，对白日而颜新……球体兮似珠，人颜兮如玉。下则雷风之宛转，上则神仙之结束……球不离足，足不离球。”《封氏闻见记·打球》称胡旋舞为“蹋球之戏”“今乐人又有蹋球之戏，作彩画木球，高一二尺，伎女登蹋，球宛转而行，萦回去来，无不如意”。

唐三彩胡旋舞纹凤首壶

剑器舞　也是一种来自西域的舞蹈，属剑舞的一种。舞者手持双剑，和着乐声节奏翩然起舞。开元年间，精于剑器舞者首推公孙大娘。著名书法家张旭看过公孙大娘的剑器舞后，颇受启发，草书技艺大进，一时传为佳话。

唐三彩陶叠置伎俑

字舞　盛行于武则天时期，是一种多人参演的大型团体舞。《乐府杂录》记载：“字舞者，以舞人亚身于地，布成字也。”武则天尤其喜欢字舞，曾组织过两次规模空前的大型表演。第一次是由140人参演的字舞，名曰“圣寿乐”。演员们合力摆出“圣超千古，道泰百王，皇帝万岁，宝祚弥昌”16个大字。第二次是由900人参演的字舞，可惜没有留下有关舞蹈内容的文献记载。唐代宗李豫也很痴迷字舞，曾令演员们在宫廷摆出“太平万岁”4个大字。王建在《宫词》一诗中追忆了这段往事：“罗衫叶叶绣重重，金凤银鹅各一丛。每遍舞时分两向，太平万岁字当中。”

（三）百戏

唐朝长安城自高祖武德年间开始在宫中设教坊三处，即内教坊、右教坊（设置在光宅坊）和左教坊（设置在延政坊），专供朝廷乐舞、杂技班子使用。唐玄宗时最为兴盛。

走索　唐朝走索的难度较汉朝增大，极具表演性。上至皇室贵族，下至市民百姓，均以观赏走索为乐。据《封氏闻见记》记载，长安走索艺人表演时从绳端蹑足而上，在绳上行走自如，中间相遇，侧身而过，互不妨碍。有些艺人还可在绳上踩高跷，甚至在丝绳上表演三四层叠罗汉，底层艺人翻身抛出上层艺人，他们均能在绳索上站稳，无一跌落。至于走索的单人表演，更是千姿百态，“往来倏忽之间，望若飞仙”。开元天宝年间，唐玄宗在兴庆宫观赏走索表演后，卫士胡嘉隐写《绳技赋》，言辞宏畅。玄宗读后大悦，擢其为金吾卫仓曹参军。

戴竿　天宝十载（751）九月，唐玄宗在兴庆宫勤政务本楼前举行了一次盛大集会，当时称为赐民大酺（招待百姓参加的宴会），庆贺长安城柑橘树结了橘子。宴会上，除表演乐舞百戏外，还表演了戴竿。唐人郑处诲撰写的《明皇杂录》记载：“明皇（玄宗）御勤政楼大张乐，罗列百伎。时教坊有王大娘者，善戴百尺竿。竿上施木山，状瀛洲方丈。令小儿持绛节出入于其间，歌舞不辍。”

王大娘，唐玄宗时期宫廷教坊著名艺人，精通剑术，气力过人。她头顶一根一丈八尺长的竹竿，竿上置一木山，让一小孩持深红色符节在木山上边歌边舞，王大娘在音乐伴奏下也翩翩起舞，在场观众无不拍手叫绝。当时有个年仅10岁的秘书省正字官员，名叫刘晏。在王大娘表演戴竿时，玄宗见王大娘表演惊人，一时高兴，命刘晏当场赋诗助兴。刘晏略加思索，赋《咏王大娘戴竿》诗一首。诗中写道：“楼前百戏竞争新，惟有长竿妙入神。说道绮罗偏有力，犹自嫌轻更著人。”玄宗、贵妃和大臣们听后，夸诗绝妙。

（四）拔河

拔河，古称“牵钩”。隋唐时，民间称拔河为“拔河戏”。拔河时，人们常使用长四五十丈的大麻绳，两头还拴着几百条小麻绳，人们将小麻绳挂在胸前，分两队拉好。大麻绳中间挂红旗一面为界，比赛开始后，双方擂鼓呼号，最后以旗子被牵动逾界一方为输，史载“钩初发动，皆有鼓节，群噪歌谣，振惊远近”，热闹非凡。这种活动也逐渐传入宫廷，张说的《奉和圣制观拔河俗戏应制》云：“今岁好拖钩，横街敞御楼。长绳系日住，贯索挽河流。斗力频催鼓，争都更上筹。春来百种戏，天意在宜秋。”

景龙三年（709），唐中宗与近臣至玄武门观看宫女拔河之戏，还曾于清明日，命侍臣在梨园球场为拔河之戏。当时，七宰相与二驸马为东队，三宰相与五将军为西队，东队人多取胜，西队认为不公道，请求重定，结果依然维持原判。

盛唐时期，玄宗就曾多次组织大型的拔河比赛。参赛选手每次达千余人，气势磅礴，惊天动地。当时，有一位名叫薛胜的河东进士，写了一篇著名的《拔河赋》，详尽地描绘了这一壮观场面："皇帝大夸胡人以八方平泰，百戏繁会，令壮士千人，分为二队。名拔河于内，实耀武于外。"规模之大，以至于"喧呼动地"，使番客庶士们"莫不震骇"。

唐玄宗曾解释拔河："俗传此戏必致年丰"，并为拔河赋诗："壮徒恒贾勇，拔拒抵长河……预期年岁稔，先此乐时和。"可见拔河在隋唐民间是很盛行的。统治者之所以将其引入宫廷娱乐，亦有从民俗、顺民心以求长治久安之意。这项活动流传至今，依然被广大民众所喜爱。

唐《拔河图》（选自《古长安体育史话》）

四、围棋活动引人入胜

唐朝文人多爱好围棋。《酉阳杂俎》的作者段成式，酷爱钻研围棋。据说当时"徐峰善棋，段成式欲尽穷其术"。于是徐峰半开玩笑地对他说："子若以墨狻猊与我，当使子过我十倍。"

围棋引人入胜，以致"有时适敌手，当局到深更"。有一次唐宣宗斟酌杭州刺史的人选，候选官员中有一位名叫李远的人，也是个围棋迷。据赵令畤的《侯鲭录》记载，当考虑到李远时，就连宣宗这样酷爱体育运动的天子，也情不自禁地产生了一个疑虑："（李）远诗曰：'青山不厌千杯酒，白日惟消一局棋。'如此，安能治民也？"于是弃而不用。

顾师言是唐会昌、大中年间翰林院棋待诏。《忘忧清乐集》中载有其与棋待诏阎景实争夺"盖金花碗”对局，称晚唐第一高手。唐苏鹗的《杜阳杂编》及南宋王应麟的《玉海》等均载，大中年间日本国王子来朝，顾奉唐宣宗之命，与棋对局，至33着还未决胜负。顾“惧辱君命，而汗手凝思，方敢落指，则谓之镇神头，乃是解两征势也”，使对方瞠目缩臂，中盘服输。这是中日古代围棋交流中有影响的传说。此事亦见于《旧唐书·宣宗本纪》，但未记细节，弈棋时间为大中二年（848）三月间。

《新唐书·李泌传》记载，开元中，神童李泌（后任德宗朝宰相）有一次被皇帝召见。是时，玄宗正同燕国公张说观弈，遂令张说以围棋命题，当场考查一下李泌的才能。于是，张说出“方、圆、动、静”四字，让李泌吟诗四句。李泌犹豫了一下，答道：“愿闻其略。”张说率先吟道：“方若棋局，圆若棋子，动若棋生，静若棋死。”话音刚落，李泌的诗句便脱口而出：“方若行义，圆若用智，动若骋材，静若得意。”这八句诗，形象地反映出唐朝君臣弈棋时的意境情趣，并且巧妙地道出了弈棋同道德修养在唐人眼中的微妙联系。

新疆吐鲁番阿斯塔那出土的唐绢画《仕女弈棋图》（局部）

《酉阳杂俎》记载，唐朝著名天文学家僧一行，原先似乎不会下棋。有一次，他在燕国公张说家中观看国手王积薪的一局围棋后，居然立即能够同王积薪对弈起来。

新罗国朴球，来到大唐长安以后，当上大唐的棋待诏。朴球东渡回国，把大唐留学时学到的棋艺不断创新，在本国大力推广，促进了新罗国围棋的普及和围棋水平的提高。

第四节　敦厚开明，女子体育风采卓然

我国古代女子体育，萌芽于母系氏族社会后期。进入父系氏族社会后，随着父权制的出现和确立，人类历史上开始有了男尊女卑的现象。但是，到了隋唐时期尤其是唐朝，女性的社会地位有所提高，在女子体育等各方面，都出现了我国历史上少有的繁荣景象。这一时期在女子中开展的体育项目，大致有蹴鞠、马球、步打球、射箭等项目。

一、蹴鞠

唐朝的女子也参与蹴鞠活动，主要是活动量较小的“白打场户”（简称白打）。诗人王建写过一首《宫词》：“宿妆残粉未明天，总立昭阳花树边。寒食内人长白打，库中先散与金钱。”描写了寒食节期间，宫女参加“献球”活动的情况。

唐朝女子蹴鞠除在后宫开展外，在民间也时有所见。唐人康骈著的《剧谈录》就记述了一位女子不平凡的球艺。“（王）超他日曾过胜业坊北街。时春雨初霁，有三鬟女子可年十七八，衣装褴褛，穿木屐，于道侧槐树下。值军中少年蹴鞠，接而送之，直高数丈。于是观者渐众，超独异焉。”

二、马球

在马球成风的唐朝社会，不少女子和男子一样也爱好挥杖击球的运动。据《文物》1959年第8期中的《长安县南里王村唐韦洞墓发掘记》载，1958年陕西省长安县唐韦洞墓出土的唐朝击球俑，其中有不少是女俑。在故宫博物院收藏的一面唐铜镜（1975年于江苏邗江出土）上，刻有四个妇女打马球的形象。这些文物都可以看作是唐朝女子打马球的例证。

西安市长安区唐韦洞墓出土的彩绘女子打马球俑

三、步打球

唐朝在盛行打马球的同时，又有一种骑驴打球的驴鞠。因为驴的性情温驯，奔跑速度较慢，不易发生坠落事件，所以大多女子骑驴打球。《新唐书·敬宗本纪》记载：“宝历二年，六月甲子，观驴鞠、角抵于三殿。”皇帝观看的就是女子骑驴打球。

唐朝长安城有骑马打球、骑驴打球，还有一种不骑马、不骑驴的徒步执棒打球，俗称为步打球。王建其中一首《宫词》：“殿前铺设两边楼，寒食宫人步打球。一半走来争跪拜，上棚先谢得头筹。”每年寒食节，唐朝宫廷都会举行“献球”活动，其中就有一项由宫女们参加的步打球比赛。比赛分两队，先胜第一球的一方将得到奖励，并向皇帝跪拜谢恩，然后继续比赛。

皇宫内园中还有专业的步打球供奉。据调露子所著的《角力记》记载，有个叫蒙万赢的相扑艺人，儿时便被选进内苑受训，曾受过蹴鞠、步打球的训练，最后成为相扑高手。由此可知，步打球始于长安城，也曾在皇宫中流行过。

步打球是从马球派生的游戏，但是，在游戏方法上却与马球有很大的不同。中国古籍中关于步打球方法的记载不多，朝鲜有一部《朴通事谚解》的书，是朝鲜人学习汉语的书，其中记述了中国步打球的方法。步打球在器材制作上就与马球有所不同，马球杖的前端是月牙形，可以在马上带球前进，步打球棒前端的形状却如同鹰嘴，因为步打球不需要带球，而场地更为宽大，前端木质加厚形如鹰嘴，可以把球打得更高、更远。步打球的场地也与马球的场地有所不同，马球场地是在一片宽阔平坦的场地上建立两个球门，步打球则是在崎岖不平的宽大场地上设置三个球窝，三个球窝的地基各不相同。步打球比赛也与马球比赛有很大的区别。马球比赛是直接对抗打球入对方的球门，步打球则是间接比赛打球入窝。步打球打入三种不同的球窝，三个球窝要建在三种不同的地方，打球入窝要用“腾起、斜飞、轮转”三种不同的方法。比赛胜负是以入窝计分，总计三个窝的得分来分出输赢。

四、射箭

唐朝时就有不少记述女子射箭的诗文，反映了唐朝女子射箭的情景。杜甫在他的《哀江山》诗中追忆当年唐玄宗和杨贵妃在南苑游猎的盛况，其中就有描写宫嫔射箭的句子：“辇前才人（宫中女官名）带弓箭，白马嚼啮黄金勒。翻身向天仰射云，一箭正坠双飞翼。”王建有一首《宫词》中也有“射生宫女宿红妆，把得新弓各自张”的句子。

除了上述内容外，在一些诗文和出土文物中，还有反映唐朝女子进行体育活动的情况。如刘禹锡的《同乐天和微之春深二十首》描写了女子荡秋千的情景：“何处深春好，春深幼女家。双鬟梳顶髻，两面绣裙花。妆坏频临镜，身轻不占车。秋千争次第，牵拽彩绳斜。”《新唐书·中宗本纪》记：“景龙三年二月己丑，（中宗）及皇后幸玄武门，观宫女拔河，为宫市以嬉。”反映了唐朝的女子拔河运动。新疆吐鲁番阿斯塔那唐墓出土的仕女围棋绢画，证明唐朝的女子围棋活动。

第五节 广泛普及，节令体育蔚然成风

唐朝文化生活内容丰富，百姓参与程度极高。因当时节日众多，所以两汉时流传下来的民间习俗在这一时期得到发扬光大。重大节日时令之际，普天同庆、与民同乐成为风尚，经济的发达，物质的丰富，为体育竞技斗胜增添了观赏性和娱乐性。

一、元宵节观灯

每年正月十五，唐朝民众为庆贺元宵佳节，不仅要点燃自家彩灯，还要在街心路口设置“火树”“山棚”之类的大型彩灯。《朝野佥载》记载，先天二年（713）正月十五日夜，唐玄宗在长安福安门外竖立的大灯“高二十丈，衣以锦绮，饰以金玉，燃五万盏灯，簇之如花树”。

唐朝通过按坊居住原则，形成了长安城统一有序的城市空间格局，以邻保制和宵禁制加强对长安城内各坊居民的管理和控制。唐朝门禁管理甚严，坊内居民在坊门关闭后如有急事需要外出，须由该坊保长出具纸质路引凭证，否则就会被执行巡夜任务的金吾卫士兵抓获，因违反宵禁而受到惩处。《唐律疏议》规定，“越官府廨垣及坊市垣篱者，杖七十，侵坏者亦如之”。但是，唐朝规定元宵节期间暂时取消宵禁，民众可利用正月十四、十五、十六三天上街观灯，纵情欢乐。长年深居简出的宫女，也会在这三天获准出宫夜游。《旧唐书·中宗本纪》记载，景龙四年（710）正月十五，唐中宗李显“与皇后微行观灯”。观灯期间，最有特色、最引人注目的文体活动莫过于“灯下踏歌”。所谓“踏歌”即以足踏地为节奏，连手而歌，这是文娱与体育相结合的一种娱乐方式。《朝野佥载》记载，先天二年元宵节，长安一千多名妇女“于灯轮下踏歌之日夜”。诗人王諲在《十五夜观灯》中留下了“妓杂歌偏胜，场移舞更新”的佳句。苏味道在《正月十五夜》中所描绘的“游伎皆秾李，行歌尽落梅”场景，生动反映了长安元宵节踏歌的盛况。

二、清明节踏青

清明之日，时值春回大地，草木皆绿，自然界到处呈现出一派勃勃生机，正是郊游踏青的大好时光。在唐朝长安，踏青是上自帝王将相，下至黎民百姓普遍参与的一项活动。《开元天宝遗事》卷下记载：“长安春时，盛于游赏，园林树木无闲地。”

据《唐诗纪事》卷九记载，皇帝每年都会带宰相及翰林院直学士春游梨园，到渭水边游览祭

祀，夏天游葡萄园，秋天登慈恩寺塔，饮菊花酒，冬幸新丰，历白鹿观，上骊山。

朝廷也鼓励群臣出游。唐朝官吏十日休息一天，称为“旬休”（那时十日为一旬）或“旬假”，或“休日”。官吏旬休时喜欢郊游、赏花，力求生活得自在、舒服，尽情享受人世间的生活乐趣。他们“侈于游宴”“侈于服食”，成为风靡一时的社会风尚。当时社会风气开放，文人、士大夫、达官显贵以聚饮为乐。每年的清明、三月上巳、九月重阳三大节日郊游，更是长安城中的盛事。

据《丽情集》记载，天宝十三载（754）清明节，唐玄宗敕宫娥出东门，恣游踏青。顾非熊的《长安清明言怀》诗云：“明时帝里遇清明，还逐游人出禁城。九陌芳菲莺自啭，万家车马雨初晴。”

曲江池是长安城中最重要的公共游览风景区，南边有紫云楼、芙蓉园，西边有慈恩寺、杏园，碧水荡漾，烟水明媚，花卉环绕，宫殿连绵，楼阁起伏，绿荫环绕。曲江池的建筑极多，诗人卢纶在《曲江春望》中说：“菖蒲翻叶柳交枝，暗上莲舟鸟不知。更到无花最深处，玉楼金殿影参差。”曲江池的景色更使长安民众流连忘返，如王棨的《曲江池赋》所说：“只如二月初晨，沿堤草新。莺啭而残风袅雾，鱼跃而圆波荡春。是何玉勒金策，雕轩绣轮；合合沓沓，殷殷辚辚。翠亘千家之幄，香凝数里之尘。公子王孙，不羡兰亭之会；蛾眉蝉鬓，遥疑洛浦之人。是日也，天子降銮舆，停彩仗，呈丸剑之杂伎，间咸韶之妙唱。帝泽旁流，皇风曲畅。”

正因为这里是全城居民共同选择的游览去处，一年四季游人不绝，尤其是二月一日的中和节、三月三日的上巳节、九月九日的重阳节，曲江池边车水马龙，人挤人，车碰车，岸上到处是彩绸搭起的棚帐，满眼尽是锦绣丝绸、珍奇万物。

三、端午节竞渡

大明宫内有鱼藻池，是唐时皇家在此观看竞渡的地方。鱼藻池在贞元十二年（796）引灞河之水开凿而成，建成时深一丈。贞元十三年（797），唐德宗又下诏“更淘四尺”，在原来的基础上又挖深了四尺。到唐穆宗时，发神策六军两千人浚之。

据两《唐书》记载，唐朝有唐德宗等五位皇帝曾到鱼藻池及九曲山池中观看划船竞渡比赛。如德宗在此池“张水戏彩舰”，还在“池底张锦引水被之，令其光艳透见也”。元和十五年（820）九月辛丑，唐穆宗“观竞渡、角抵于鱼藻宫，用乐”。唐敬宗时，也多次到此观看竞渡为戏。

唐朝竞渡多在农历五月五日端午节举行。人们挑选一片水面作赛场，起点用几面红旗作标志，终点竖立一根长竿，上端缠挂彩色锦缎，以红色为主色调，鲜艳夺目，称作“锦标”或“彩标”。竞渡船一般是用独木制成，“务为轻驶，前建龙头，后竖龙尾，船之两旁刻为龙鳞而彩绘之，谓之龙舟”。参赛龙舟赛前停在起点待命。擂鼓三下，起点红旗迅速向两边移开，竞渡开始。画舸犹如蛟龙出水，破浪前进。迅楫齐驰，櫂歌乱响，管弦齐奏，鼓声喧天，观众欢呼如雷。最后，首先到达终点夺得锦标的龙舟获胜。

泛舟，指划船活动。长安虽地处北方，但泛舟竞渡却自汉朝就有。昆明池、曲江池、兴庆池（又名龙池）、太液池（又名蓬莱，在大明宫内）和鱼藻池，都是唐朝宫廷泛舟竞渡的场所。唐敬宗对泛舟竞渡很感兴趣，宝历元年（825）七月，敬宗命大臣王播造竞渡用船20艘，供其观赏使用。浐河，唐朝长安城八水之一，附近有一个广运潭，唐玄宗时期，这里曾有泛舟活动。

观竞渡图（清）

四、寒食节秋千

唐朝秋千首先流行于宫女中，大概因高墙之内生活无聊，而秋千这种简易又飘荡的游戏正能慰藉她们寂寞的心灵。上自大家闺秀，下及乡中少妇，无不争相竞习。杜甫的诗句“万里秋千习俗同”正反映了民间“秋千戏”的盛行。荡秋千的黄金季节在春天，其时春暖花开，树绿草青，人们喜爱户外活动，而秋千与蹴鞠是少年男女最垂青的运动项目。王维有诗曰：“蹴鞠屡过飞鸟上，秋千竞出垂杨里。”

隋唐时期，清明节尤为盛行这项活动。据《开元天宝遗事》卷下记载，天宝年间，每到寒食清明，宫中都要竖起秋千架，宫女们登上秋千，上下凌空，彩衣绣裙，迎着春风起舞，宛若仙女，自天而降。唐玄宗看得高兴，呼之为“半仙之戏”，“都中士民因而呼之”，遂使这项活动传遍南北。每到春天，“风烟放荡花披猖，秋千女儿飞短墙”，京都长安更是“紫陌乱嘶红叱拨，绿扬高映画秋千”。

韦庄在《长安清明》中这样描写清明荡秋千：“满街杨柳绿似烟，画出清明三月天。好似隔帘红杏里，女郎撩乱送秋千。”

荡秋千，需要的是足够的勇气和熟练的技巧。王建的《秋千词》写道：“长长丝绳紫复碧，袅袅横枝高百尺。少年儿女重秋千，盘巾结带分两边。身轻裙薄易生力，双手向空如鸟翼。下来立定重系衣，复畏斜风高不得。旁人送上那足贵，终赌鸣珰斗自起。回回若与高树齐，头上宝钗从堕地。眼前争胜难为休，足踏平地看始愁。”这些少女荡起秋千，高达百尺，可与树齐，手如鸟翼，虽宝钗堕地，也不怜惜，自起自荡，乐在其中，直荡到明月高悬，“夜半无灯还不寐，秋千悬在月明中”，足见唐朝长安荡秋千的盛景。

五、重阳节登高

勃兴于汉朝的重阳节登高之俗，进入唐朝更为流行。每逢重阳节，秋高气爽，金桂飘香，唐朝王公大臣、文人雅士，携带佳酿，结伴登高乐游原。乐游原地处长安城东升平坊与新昌坊一带，因为地势高，成为城区内游览的好去处。武则天的女儿太平公主在乐游原上造亭阁，使乐游原的游赏内容大大增加。唐玄宗时这里先后赐给宁王、申王、岐王、薛王做住所，经过经营后，风景大为改观，逐渐成为长安居民清明郊游、重阳节登高游赏的首选之地。白居易有《登乐游园望》一诗，杜甫也有《乐游园歌》，《文苑英华》在选杜甫诗时特别说：“汉神爵中起乐游苑，在万年县南，亦名乐游原。唐长安中，太平公主置亭原上。每正月晦日、三月三日、九月九日，士女毕集。”可见乐游原确是长安城内居民们集中郊游登高处。

值得一提的是李商隐的《乐游原》诗：“向晚意不适，驱车登古原。夕阳无限好，只是近黄昏。”登上古原，触景萦怀，古今之情，人天之思，所怅万千，令人回味不绝。唐乐游原故地在今西安城东南郊铁炉庙村一带。

唐朝因国力强盛、文化开放而在中国历史上独树一帜，享有盛誉。唐朝长安体育文化绚丽多姿、博大精深，堪称中华民族体育文化的精粹。这一时期长安体育具有城市体育的圈层性和多元化特征，尤其随着丝绸之路商业活动的繁盛，中国传统城市中市民体育文化逐步成为城市体育的主导力量，体育活动开始成为普通市民的一种基本生活方式。

第六节　对外开放，国际交流相融相长

唐都长安成为7到9世纪世界文明的制高点，也成为世界各国文化交流的中心，在各国交往中发挥了重要作用。唐朝，长安体育一方面创承、发扬光大了中华体育文化，一方面吸纳了外来体育文化。同时，长安体育之风传播到朝鲜、日本、印度、蒙古、越南、巴基斯坦及欧洲各国，产生了深远的国际影响。

一、异域风采迤逦长安

大唐王朝颇具开放精神，兼容并包，吸收外来文化，长安城内“胡风”盛行。

乐舞　史书记载唐朝长安宫廷及城内流行的乐舞，部分来自少数民族，部分从外国引进。《新唐书·礼乐志》说，唐朝乐舞中，“东夷乐有高丽、百济；北狄有鲜卑、吐谷浑、厥稽；南蛮有扶南、天竺、南诏、骠国；西戎有高昌、龟兹、疏勒、康国、安国，凡十四国之乐”。《唐六典》中记载：“凡大宴会则设十部之伎于庭，以备华夷。一曰宴乐伎，二曰清乐伎，三曰西凉伎，四曰天竺伎，五曰高丽伎，六曰龟兹伎，七曰安国伎，八曰疏勒伎，九曰高昌伎，十曰康国伎。”这些都表明唐朝宫廷乐舞中的许多内容吸收自周边国家和地区。

当时长安城中流行各种风格的乐舞，健舞曲有来自里海的《阿辽》、拜占庭的《拂森》、石国的《柘枝》、康国的《胡旋》和印度的《达摩支》；软舞曲有《兰陵王》《春莺啭》和《苏和香》；大曲有来自西亚的《苏莫遮》《拨头》等假面舞。

甘肃敦煌莫高窟第217窟唐壁画《武艺对练图》（局部）

中亚祆教文化背景的《泼寒胡戏》本是粟特人为纪念波斯萨珊王朝库路斯救助百姓旱灾的舞蹈，传入陇右时与甘青羌族文化融合，转化为西北民族戴羊皮帽、反穿羊皮袄的民间娱乐“浑脱舞”；传至长安时，则成为大唐都城的大众狂欢节目，特别流行。

中亚国家传来的节奏明快、刚健优美的胡舞，包括胡旋、胡腾、泼寒等，在长安宫廷宴会和民间节日庆典上常演不衰。据载胡旋舞出于康国，“工人皂丝布头巾……绯丝布袍……舞急转如风，俗称“胡旋”。白居易的诗作《胡旋女》、西安东郊苏思勖墓出土的唐朝乐舞壁画，具体描绘了当时胡旋舞的形象。《文献通考·乐考·夷部乐》还记载了粟特泼水歌舞《泼寒胡戏》的场景：“乞寒，本西国外蕃康国之乐……其乐大抵以十一月，裸露形体，浇灌衢路，鼓舞跳跃索寒也。”

诗人元稹所见的“九剑跳踯霜雪浮，狮子摇光毛彩竖，胡腾醉舞筋骨柔”的西凉伎，也以“角抵百戏”的汉体育文化形态回归长安，著名的公孙大娘《剑器舞》，同样也从河西地区回到了长安“舞剑”的文化体系。

养生　在养生体育方面，唐都长安主要吸收了天竺（今印度）的按摩法与瑜伽术。著名医学养生家、药王孙思邈在其著名的医学养生专著《千金方》中辑入的“天竺婆罗门十八势”，就是唐时由印度佛僧传入中国的。这个养生练体方法，对人们用医疗体操治病保体十分有效，一直流传至今。孙思邈还在《千金要方》卷二十七《养性》篇中，详细介绍了他所辑录、整理的天竺国按摩法。

《新唐书・艺文志》著录的僧莺《调气方》一卷和僧之深《集方》三十卷，其中有天竺国传入的内容。唐朝统治者崇佛，又信长生术，致使唐朝与天竺方士在养生术方面有所往来。《旧唐书・西戎列传・天竺国》记载：“（中天竺国）方士那罗迩娑婆寐，自言寿二百岁，云有长生之术。太宗深加礼敬，馆之于金飙门内，造延年之药”“高宗时，卢伽逸多者，东天竺乌荼人，亦以术进，拜怀化大将军”。

技巧　唐朝与南亚诸国进行过技巧一类的交流。《新唐书・礼乐志》记载：“（唐）睿宗时，婆罗门国（即天竺）献人，倒行以足舞，仰植舌刀，俯身就锋，历脸下，复植于背，笋簴者立腹上，终曲而不伤。又伏伸其手，二人摄之，周旋自转。”这些表演惊心动魄，当属柔术、硬气功兼具的技巧类运动，是古代中印体育文化交流的生动写照。

《旧唐书・列传第一百四十七》记载，贞观时，林邑献驯象。大历中，真腊也送来驯象。驯象当属于动物表演一类的杂技活动。

二、长安体育传播欧亚

日本　中国与日本为一衣带水的邻邦，早在汉朝，日本就开始向中国学习，到盛唐达到高潮。在200多年的唐朝历史上，日本派遣唐使达13次，唐朝也派赴日使节6次，可谓交流频繁。日本遣唐使团规模很大，有一次人数竟有500多人，有使臣、留学生、僧人、医生、工匠、翻译、文武人才。其主要任务是到都城长安交换国书、留学等，旨在学习中国先进的文化技艺，体育文化的交流自在其中。

遣唐使来到长安，就住在今天西安西大街的大学习巷。他们在中国虚心学习，把中国的射礼移植到日本，也时常在长安表演射箭技术。据《新唐书・东夷列传・日本》记载，唐高宗永徽年间，日本射手曾随遣唐使团来中国，“使者与虾蛦人偕朝。虾蛦亦居海岛中。其使者须长四尺许，珥箭于首，令人戴瓠立数十步，射无不中。”反映了表演者高超的射艺。

日本奈良朝留唐学生吉备真备回国时，将中国的“弦缠漆角弓一张，马上饮水漆角弓一张，露面漆四节角弓一张，射甲箭二十支，平射箭十枚等”带回日本。这是中日体育器物交流的重要见证。

唐朝的击鞠、蹴鞠、围棋、投壶、双陆、乐舞、百戏等体育项目都是当时宫廷招待外宾的重要项目，均是宫廷中训练有素、技艺高超的专门班子表演的，因此深受欢迎。其后众多体育项目也就自然地被各国使节们学习，引入各国，传入日本的体育项目最多。

唐都长安的击鞠约在公元8世纪初期东传日本。日本人高吉三郎在《日本的游戏》中说：“日本神龟四年（727，唐开元十五年），日本王子曾和一些臣僚在春日郊游时行打球之乐”。打球即击鞠，是唐人对击鞠的别称。日本王子们“打球之乐”，可看作是唐朝击鞠输入日本的一个例证。

在日本王子们“打球之乐”后的95年，即公元822年（唐长庆三年，日本弘仁十三年）正月，日本嵯峨天皇（809—823年在位）在京城丰乐殿宴请以王文矩为首的渤海国使团之前，观看了渤海国球队与日本国球队进行的马球对抗赛。比赛结束后，日本天皇嵯峨和东宫学士滋野分别写了《早春观打球》和《奉和早春观打球》的汉诗。嵯峨的《早春观打球》写道：“芳春烟景早朝晴，使客乘时出前庭。回杖飞空疑初月，奔球转地似流星。左承右碍当门竞，群踏飞行虬雷声。大呼伐鼓催筹急；观音犹嫌都易成。”滋野的《奉和早春观打球》写道：“蕃臣入觐逢初暖，初暖芳时戏打球。绣户争开鸡鹊馆，纱窗不避凤凰楼。如钩月度宾阶侧，似点星晴彩骑头。武事从斯强弱见，输家妒在数千筹。”

上述两首汉诗，反映了参赛者的球技、赛场的盛况、观众的热情，以及对马球运动的肯定，同时，也反映了唐朝打球与以打球为题材的诗篇对日本的影响，比赛场上的球和球杖的形制，以鼓助威、以筹计分的方法，以及以球比“星”、以杖比“月”的修辞手法，都与唐朝完全相同。这都足以证明日本马球和渤海国马球都是由唐朝传入。

蹴鞠也是从唐朝传入日本的。日本古代足球专著《游庭秘抄》引《口传集》记载：“蹴鞠者，起自沧海万里之异域（指中国），遍于赤县九陌之皇城（指日本）。”日本另一古代足球专著《蹴鞠九十九条》明确指出：“鞠始于大唐。”日本古籍《日本书记》描写皇极天皇二年（644）正月，著名的大中兄皇子（即后来的天智天皇）在法兴寺蹴鞠时，因用力过猛，竟然将鞋子和皮球一同踢了出去。

步打球也是这个时期传到日本的。其步打球的形象，被织在两条当时编织的花毡上。这两条花毡现保存于日本古都奈良东大寺佛殿西北的正仓院中。花毡各长2.36米，宽1.24米，中央各织一儿童，儿童周围织有花朵。一条花毡上的儿童，左手拿着曲棍做接球状。据日本考古学家考证，花毡是唐朝制品。这是中日体育文化交流的又一历史见证。

围棋，在隋朝已传入日本，深受日本人民欢迎。唐都长安高超的围棋技艺，吸引了许多慕名而来的学者。日本留学僧怀正法师随第7次遣唐使团来中国，并终老唐土。他在中国居住30年，精通围棋，深受唐玄宗赏识。日本另一著名留学僧吉备真备随第8次遣唐使入唐，在长安留学19年，学习勤奋，涉猎广博，回国后，在日本积极传播围棋技艺，对日本棋坛产生了一定的影响。

双陆，是一种室内游戏，奈良时代已经从中国传入日本，在贵族中流行。游戏时二人对坐，以骰子在竹筒内摇荡后倒出，再根据骰子的点数，走动双陆盘（类似于棋盘）上的“驹石”，先走入对方阵内者为胜。这种游戏后来因常被用于赌博，而被持统天皇下令禁止。

投壶，隋唐时期，配上音乐的投壶（主要为骁壶）被采用为宫廷礼乐，曰骁壶乐，或投壶乐。这种游戏，因公元607、608年日本两次遣小野妹子一行来华学礼，以及后来遣唐使节、留学生、学问僧频繁来唐而传入日本。这一情况，可由现在日本正仓院所存隋唐时期的古壶、古矢而得到印证。据《日本的游戏》一书记载，投壶游戏东渡后，仅壶的种类在日本就有38种以上。

唐朝的乐舞《假面》（即《兰陵王》）、《拔头》、《苏中郎》等传入日本后久传而不衰。直到现在，日本还能演出舞蹈《兰陵王》。这三个舞蹈所戴的木刻面具，在日本全被保存了下来。

还有相扑，虽然有争议，但就形式而言，极可能是由长安传入日本的。

新罗等国　朝鲜半岛在隋唐时存在着新罗、高（句）丽、百济三个政权，后来新罗在唐王朝的帮助下完成了半岛的统一。新罗与唐朝往来频繁，先后向唐遣派使节达 21 次之多，新罗来唐都长安的留学生为数众多。在这些频繁的交流中，两国的体育交流也与日俱增。唐初，著名的“高丽乐”就传入中国，其后唐朝先进的体育项目围棋、投壶、蹴鞠被当时新罗的使者、留学生等传入朝鲜。

唐朝围棋盛行，并成为一种重要的外交手段。《新唐书・东夷列传・新罗》记载：“（新罗王兴光，开元）二十五年（737）死，帝（玄宗）尤悼之，赠太子太保，命邢俦以鸿胪少卿吊祭……又以国人善棋，诏率府兵曹参军杨季鹰为副，国高弈皆出其下，于是厚遗使者金宝。”玄宗知道对方深谙棋道，故派出围棋高手前往，进行切磋。

新罗人朴球精通围棋，曾任唐宫廷棋待诏。他回国时，诗人张乔曾赋《送棋待诏朴球归新罗》诗相送。唐朝还有一位叫雍陶的人，也写过一首《送友人罢举归海东》，送别新罗棋友。这两首诗既反映了诗人朋友的高超棋艺，又反映了他们之间的珍贵友谊，是中朝两国体育文化交流的历史见证。

蹴鞠在朝鲜很受民众喜爱，同时也作为军队中的体育项目而备受重视。当时在东北地区的小国渤海，也把唐朝的马球运动传入新罗。这些古代体育项目延续至今，成为中朝两国人民友谊的象征。

在唐朝，中国在射艺方面与朝鲜进行了相互学习与交流。《新唐书·东夷列传·新罗》中说："新罗，弁韩苗裔也。八月望日，大宴赉官吏，射。"这是我国与朝鲜进行射箭技艺交流的珍贵记录。

击球运动不仅在西部边疆十分活跃，而且在东北地区的渤海（粟末靺鞨建立的唐朝地方政权）也很盛行。在今黑龙江东南部的渤海上京龙泉府遗址，曾出土唐朝骨制小球，成为渤海击球活动的一件物证。另据日本古籍《经国集》记载，渤海出访日本的使团，也曾组织球队同日本宫廷球队进行过击球比赛。击球运动在渤海境内影响之深，直到公元926年渤海灭于契丹之后，其遗民尚在东京一带继续开展这一运动。

南亚及欧洲　唐朝部分乐舞与步打球等也传到南亚及欧洲地区。唐太宗时，《秦王破阵舞》是当时最负盛名的乐舞。玄奘去天竺时，曾向天竺王尸罗逸多介绍这个乐舞。

在唐都长安创立的步打球是现代曲棍球的前身，唐朝以来传入越南、巴基斯坦、伊朗等国，而且在民间流传甚广，历代相传经久不衰。

步打球与击鞠（马球）运动在唐时传入蒙古，后又经蒙古传到俄国，一直延续到现代。

唐朝饶有趣味的十五柱球，经东罗马帝国的使者传入欧洲。11世纪，在德国改为九柱球或者七柱球，后又改进为十柱球，逐步发展成为欧洲人民喜爱的地板球戏，延续到现代。

隋唐长安城的对外体育文化交流特别发达，对各国的体育运动具有深远的影响，尤其是促进形成了东亚文化圈的体育传统。这是唐朝长安体育发达兴旺的重要标志，也是中华民族在对外文化体育交往中值得骄傲的重要篇章。

唐朝是中国的盛世时代，长安体育活动丰富多彩，广为流传的项目达20余种，除了继承和发展了传统的蹴鞠、角抵、导引、弈棋、竞渡、拔河、秋千和各种兵器武艺外，又兴起了击鞠（即马球）、驴鞠、十五柱球、步打球和众多的女子体育项目。其中唐朝的击鞠和女子体育最富有特色，是我国古代体育史上绽开的绚丽花朵。

隋唐长安体育突破了社会等级、民族间的森严壁垒，形成了华夏与异邦、边疆与内地、民间与宫廷的文化互动，具有鲜活的生命力和创造力，以长安城市为中心的多元体育文化交流结出了丰硕的成果。隋唐时期参加体育活动的人员特别广泛，从宫廷到军队，从政府到民间，从帝王到百姓，从名流到庶民，人人热衷体育活动，反映体育活动的诗文也为数极多。

武则天开创的武举制，对长安体育有重大推动作用。历代帝王热爱体育，专门建立了一些体育运动队，网罗了大批运动高手。主要有“棋待诏”“相扑朋”“打球军将”“球工”（即“打球供奉”）“马伎”“射生马队”等。他们经常奉命在御前进行体育表演赛，或者陪伴皇帝下棋、打球、围猎。这种专业运动团体形式，实际上也成为我国古代体育实践的一种基本模式。

隋唐长安城的中外体育交往频繁，留下了国际体育交流的佳话。中华传统的体育项目，如蹴鞠、击鞠、围棋等先后传向国外。体育作为唐朝对外文化交流的重要载体，对当时周边各国产生了重要影响。来自外域的体育项目如乐舞、杂技等，也先后落地长安，促进了长安体育文化的繁荣。可以说，这是中外体育文化交流史上最华丽的篇章之一，在中国体育史上的地位无可替代。

丝绸之路起点，长安体育文化的繁荣，一方面在于多国体育文化的相互交流，另一方面他们既具有表演性、娱乐性、趣味性的基本特征，又具有开放性、创造性、多样性和广泛性的文化特征。唐朝长安体育，正是在丝绸之路的多元文化互融的背景下自由地发展与传播，才可能以其空前的广度、深度和力度，将中国古代体育推向辉煌。

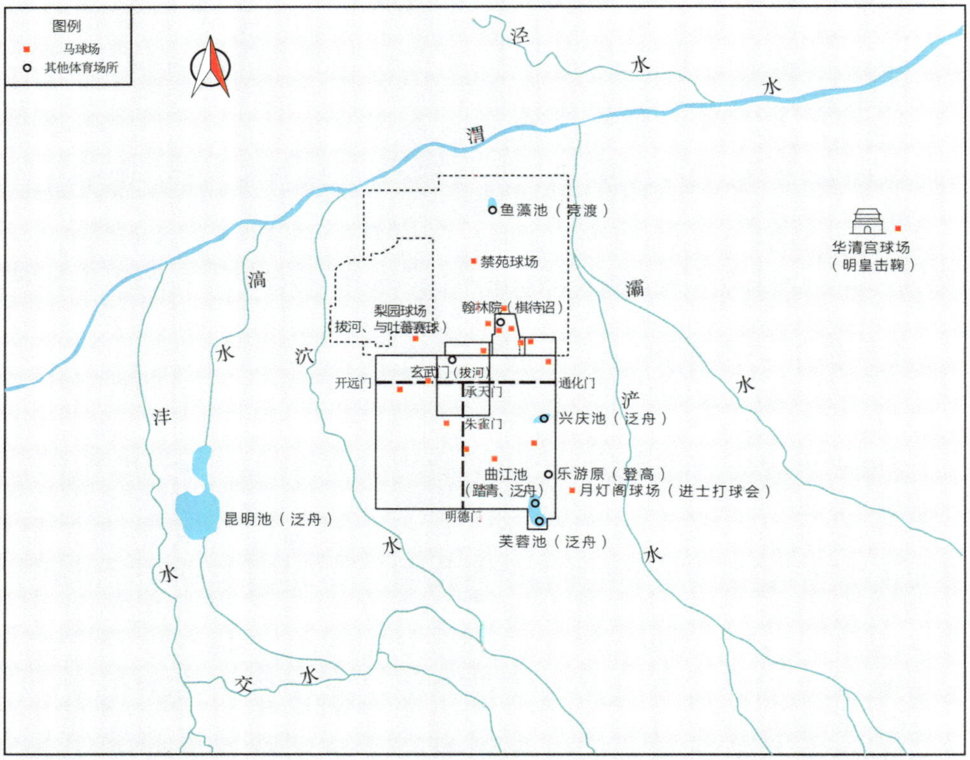

唐长安体育场地分布图

第四章　多元交汇，西安体育的转型

（辽金宋元明清时期）

宋朝时，西安被称为京兆府，城区延续唐末韩建缩小以后的长安城，即唐朝的皇城。京兆府辖有关中中部和秦岭以南部分地区，计有长安、樊川等11县。元朝时，西安称为奉元路，规模如前，只在其东北修建了“壮丽视皇居”的安西王宫。奉元路辖有关中中东部地区，领有5州及长安、咸宁等11县。明初改奉元路为西安府，并于洪武年间扩大了西安城的范围，修建了钟、鼓楼，奠定了今天西安城的规模。明西安府辖有关中中东部以及秦岭以南部分地区，领6州、31县。清朝西安府基本延续明朝，只在城内为驻防八旗军设置了满城与汉城。

此时，中国经济重心和政治中心逐渐向东、向南转移，西安失去了作为全国首都的地位，经济发展水平较东南地区城市也逐渐落后，但并非停滞不前，一直是中央政权控制西北西南地区的军事重镇，是西北地区政治、军事与文化中心，也是各王朝核心城市之一。虽然期间西安的政治形势、军事状况并不稳定，但城市亦有新的发展，城市建设日益完备，商业贸易繁荣发达，西北首府地位十分稳固。在思想领域，以关西夫子张载“气一元论”的哲学思想和“四为”的人生追求为核心的关学兴起，影响深远；鄠县王喆（即王重阳）融合儒、释、道三教之理，创建的道教全真派，培养了马钰、丘处机等一批高徒，从而使全真教成为宋以后中国社会道教南北两大宗派之一。这些都影响了西安体育的前行步伐，使西安体育呈现出多样化、大众化、民俗化的格局。其时，骑马、射箭等尚武之风依然盛行不衰，民间自发自创的游戏活动包括妇女儿童游戏十分活跃，尤其是红拳与太极拳的兴起，并逐渐传播到全国各地，产生了巨大影响，为中华民族体育发展做出了不可磨灭的历史贡献，并为近现代西安体育的发展奠定了基础。

第一节　规律探究，体育思想哲理化

唐末以来藩镇割据，战争频仍，社会无序，名教礼法破坏严重，所以重振伦理纲常，再建政治秩序成了第一要务。儒学作为统治阶级的主导思想，在这个时期也发生了极大的变化和发展，宋明理学渐成主流，其思想体系分为四派，即气学（张载为代表）、数学（邵雍为代表）、理学（程朱为代表）、心学（陆王为代表），在体育思想上都着眼于对生命规律的精研深究，尤其是在养身、健体等方面。西安体育经历了政权的更替消长、民族的传承融合、思潮的起伏跌宕，体育思想受到理学思想的渗透，体育实践也悄然随着政策、体制、经济的变化，向个体化、小型化、娱乐化、时令化发展。

一、张载重武勇、善运动的体育思想

重军事武勇　张载重视田猎军事活动及平日教育百姓勇武之事，以备战时之需。他提出：“平时使之知所守，识所向，习登降，时缮完，贼至则授甲付兵，人各谨备，老幼供饷，妇女守室。如是，则民心素安，技艺素讲，寇不能恐，吏不能侵，无仓卒之变，无颠乱之忧，民力不足，然后济之以兵。”张载还非常重视兵器的坚利，武术、体力的练习。他认为，战争的胜利必须要有精良的武器和超群的武艺。他说：“城池之实，欲其牢不可破；甲盾之实，欲其坚不可攻；……讲训之实，欲其技无不精；兵矢之实，欲其中无不彀。”

体育教育　由于受儒家学术思想的影响，张载提出了智、仁、勇、天下之达的教育思想，充分表达了推崇德、智、体全面发展的教育思想。他说：“君子之射，以中为胜，不以贯革为胜，侯以布，鹄以革，其不贯革而坠于地者，中鹄为可知矣，此为力不同科之一也。”他强调德育的中心位置，同时尊重礼乐教化、体育教育的地位。

生命延续在于“动”　张载认识到客观世界是物质性的，他说：“太和所谓道，中涵浮沉、升降、动静相感之性，是生絪缊相荡、胜负屈伸之始”“气，块然太虚，升降飞扬，未尝止息，此虚实动静之机，阴阳刚柔之始”。可以看出张载不仅强调客观世界是物质的，同时还指明人体与客观世界相互转换也是一种运动。物质是分阴阳的，物质内部存在矛盾是物质运动的根本动因。他还认为大自然在运动中化生万物，万物则在运动中复归自然。所以，人的生命延续也在于运动本身。

二、朱熹身心健康的体育思想

“气”“理”构成生命体　朱熹认为，天道流行，化生万物，人的生命属于万物的一类，所以也是天道的产物。他说：“天以阴阳五行化生万物，气以成形，而理亦赋焉。”人的生命是由“气”“理”二者结合而成的，气构成人的形体，理构成人非形体的部分。他又说：“人之所以生，理与气合而已。”就气而言，气聚而成身形，气散而身无；就理而言，有理则生，无理则死。如果就理气关系而言，在气之聚形成生命时，理便在其中了；无理则气难以成形，无气则理亦无所依托。

道德之心的健康　朱熹认为：“理在人心，是之谓性。性如心之田地，充此中虚，莫非是理而已。心是神明之舍，为一身之主宰。性便是许多道理，得之于天而具于心者。”在他看来，人的道德之心的健康是其身心健康的基本点，只要通过养身、养意的种种手段，就能达到使其合于大道的理想状态。朱熹的养气论与中医的气血养身理论极为相似。朱熹在论述养气的同时，提出气心兼养，有所侧重，养心为主，养气为补。养气是为了养心，是为了培补心元；反之，养心也有益于养气，使养气效果更好。由此看来，只有人身心健康，才谈得上其他方面的健康。朱熹尤其注重养道德之心。他认为，养道德之心是人得以健康的根本点，只有保持道心中正，守之主一，危者才安。

三、王阳明非生养德的体育思想

军事体育思想　王阳明25岁学习兵法，多次参加军事活动，重视军事武艺的训练。他强调，兵不在多而在精，要武艺高强，技艺过人。他说：“五兵之用，弓矢为先，南方之技，骑射所短，最宜习演，以修长技。”他利用南方的地理和气候特点提倡练习骑射，弥补武艺的不足，精练士卒，因能分队，量才分等。这些训练方法是有科学道理的。

体育教育　王阳明以“心”学为理论依据，提出在教育和活动中要适合受教育者的生理、心理特点因材施教，尤其对待少年儿童要注意这一点。他说：“大抵童子之情，乐嬉游而惮拘检，如草木之始萌芽，舒畅之则条达，摧挠之则衰萎。今教童子必使其趋向鼓舞，心中喜悦，则其进自不能已。”他强调对待学生的教育要德、智、体、美全面发展，通过活动肢体对学生进行教育，这对儿童的身心健康是显而易见的。

王阳明继承了儒家的体育教育思想，强调射箭可以观德。他认为：“君子之学于射，以存其心也。”可以看出，他仔细分析了人在射箭时的心理状态，寓德育教化于体育之中，这是很有借鉴意义的。

养生养德合一　王阳明受儒家和佛、道思想的影响，他主张养生和养德是一回事。他认为，心不仅具有生理、心理上的意义，同时还具有伦理道德上的意义。他把心与天理、性、仁融合在一起称为“良知”。封建伦理道德是人心固有的良知，所以人人都要有“致良知”于心。这就反映了养生过程中养身与养德并重，尤其要注重养德的思想。

四、王夫之生命在于运动的体育思想

气本论体育思想　王夫之明确提出“太虚即气”“太虚一实”的观点。他认为，宇宙天地之间除了“弥沦无涯”“希微不形”的物质性的“气”之外，“更无他物，也无间隙”。这里强调物质第一性，宇宙万物的生成变化，只是气的聚散结果。因此，王夫之力图对物质性的“气”做出更高的哲学概括。客观世界的变化，只是物质形态的一种有形与无形之间的转化。“静者静动，方非不动也”“天地之化，人物之生，皆具阴阳二气”。这样，人也是在阴阳二气中产生的，也具有阴阳二气，而人本身也就必然在运动中生存。

生命在于运动　王夫之认为：“天之生物，其化不一。”意思是说，生命是在不断地运动中产生的，天地化生万物也不是一次完成的，需要经过多次的运动变化。人的生命无论是先天还是后天都要受到自然环境的影响，生理心理都是如此。生命本质是运动的，如果停止了运动，那生命也就不存在了。这就是王夫之从哲学的高度对体育运动的认识。

五、顾炎武对武学体育思想的考证

顾炎武对武学的利弊得失进行了认真的考察，认为西周以前设立的学校都是教育学生全面发展、文武兼备的。战国时期，战乱不断，大兴武艺技击之术以互相残杀，因此武术成为一种祸端，难登大雅之堂。战国之后，文武分家成为历史发展的必然，武术受到文人雅士的歧视，为了选拔和培养武技人才，建武学，立武举，教以精史、兵法策略。这样不仅可以发现人才，培养人才，造就出武艺高强的战士，还可以培养出文武兼备的将才。

宋元明清时期逐步形成以儒家伦理为中心的思想，这对西安体育思想的发展起着重要的作用。其中，清静淡泊、顺乎自然的性格及注重个人修身养性的内敛态度，通过控制呼吸、肢体动作等锻炼方法，达到延年益寿、自卫自强、除疾祛病，夯实了理论依据，同时也为近现代西安体育、传统体育与西方体育并行格局的形成奠定了基础。

第二节 机制变化，体育活动小型化

北宋是结束五代十国乱局而建立起来的统一政权，赵匡胤以武力“黄袍加身”，他深知武夫弄政、军人掌权对社会安定的危害，所以执行“偃武修文”“崇文重儒”的政策。于是，整个社会对宋学的推崇要远甚于对武备的重视，逐步倾向于重文轻武，尤其在主流社会舆论中已少有唐朝“崇侠尚武”之风，尚武精神在精英阶层中普遍失落。西安处在宋朝政权与西夏政权对峙焦点，此后受金、元政权统治，军事体制多变，自卫练武成风，使体育的发展呈现民间化、多样化的特点，加之统治者为维护政权稳定，大型民间团体体育活动受到限制，体育的形式呈现出小型化、节令化的特点。

一、军事教育的发展

宋朝上承五代十国，下启元朝。两宋时期，与辽、金、西夏少数民族长期对峙，民族矛盾十分尖锐，战争频仍。为了巩固王朝的需要，宋朝的军队实行“募兵制”，通过选募、武举考试选拔武艺人才。军事训练采用统一方法，并制定统一的考核标准，以期规范化、系统化、长效化，也使民间武艺得到提高和发展。

（一）募兵制与教法格

宋朝实行自愿性的募兵制，并且将灾年招募流民、饥民当兵作为一项传统的国策，有社会福利性质，起到了稳定政权的作用。

教法格是宋朝军事训练的操典，官方的武术教材《教法格并图像》《在京校试诸军技艺格》中确立了官方武术考核标准。

（二）武举与武学

宋太祖时，朝廷就确立了以“文官”治国的方针，不设武举，但由于北方少数民族长期对中原构成军事威胁，宋仁宗天圣七年（1029）诏置武举，并颁布了第一个武举条例。自第二年起，武举并随进士诸科开设。传至英宗赵曙，确立三岁一贡举制度，武举与文举一样为三级考试制度，即解试、省试和殿试。除此之外，还有一比试。比试是解试之前的资格试，有时又称为“引试”。比试在京师由兵部委官主持，在边远地带则由帅司主持，其课业分为武艺与程文两项。武举是科举制的重要组成部分，宋朝武举在唐朝的基础上又有了进一步的发展。各类武术团体和作场、使拳、使械的市井武术也在宋代完善起来，出现了十八般武艺的记述。武术门派也出现了，最初是以拳、械特点称之，如拳法十一家、棍法三十一家、剑法六家等。

宋朝建立了比较完善的为武举而开设的学校——武学，并且编制了专用的教材《武经七书》，使得武举人才的培养得到较为坚实的保证。南宋孝宗于淳熙六年（1179）颁布了《补官差注格法》，大幅提高了武举们的待遇和社会地位，对于武举们积极从军起到了一定的作用。此外还对士兵的训练实行严格的考核制度。当时负责士兵训练的是教头，教头只有训练的责任，没有统领军队的权力，因而他们把精力用在研习武艺方面，提高了自身的武艺水平，为训练士兵打好了基础。教法格的出现对士兵的训练起到了强有力的指导作用，使军队训练日趋规范化、科学化，从而推动了军事体育及武艺的发展。

（三）冷兵器与火器

这一时期兵器种类大增，形制复杂，各种兵器武艺向多样化发展。北宋庆历四年（1044）刊印的《武经总要》，全面记载了北宋初年制造和使用的兵器，有长杆刀枪各七种，短柄刀剑三种，专用枪九种，兵器和工具合一的五种，斧和叉各一种，鞭锏等特种兵器十二种，防护装甲四种，护体甲四种，马甲一种，弓有四种，剑七种，弩六种，弓箭装置五种，复合床子弩八种。人们常以十八般兵器来形容中国古代兵器之多，实际上仅宋朝记载的就远不止十八种。

同冷兵器的蓬勃发展相同，古代火器也于北宋初年应用于战争。据《宋史·兵制》等史书记载，兵部令使冯继升、神卫水军队长唐福、冀州团练使石普等人，先后向朝廷进献了火球、火炮、火药箭等燃烧性武器。《武经总要》中记载了这些火器的制造和使用方法，并且提供了火球、毒药、烟球三个配方。同时，军士的体能技能训练也发生了变化。

二、体育社团的兴起

宋朝时期商品经济得到了迅速的发展，城市生活大为改观，长安城中涌现出各种全新的休闲和消费娱乐方式，其中就包括愈加丰富多彩的体育活动。宋朝对于城市生活的限制也不断减少，这也使得城市生活愈发丰富多彩。在宋朝之前，城市一般实行宵禁，商业区与市民居住区分离。宋朝以后，西安城中出现了早市和夜市，市民居住区与商业区开始融合。经金、元、明、清直至今日，西安城中商贸街道和市民居住格局基本延续。商铺背后就是居民院落，不再有明显的区隔，市民可以更加方便地参与城市的娱乐生活。

史书中记载的勾栏、瓦舍，就是宋朝时专供市民在闲暇时间进行休闲娱乐的场所。勾栏、瓦舍不仅规模巨大，往往可以容纳几百到数千人，而且其中还提供有戏曲、踏球、蹴踘、筋斗、杂耍等各种体育休闲活动。同时，宋朝社会也产生了各种社团，既有军事练兵性质的，也有体育娱乐性质的。在汴京，“踏弩社”是专供射箭爱好者参加的组织，“英略社”是专供武术爱好者参加的组织，“圆社”则是专供蹴鞠爱好者参加的组织。当时西安城人口规模也比较大，这样的场所、活动及社团组织应当也相当多，只是史料不足而已。

三、政府法令的限制

宋朝立国之后，对军事武艺进行了限制。金章宗明昌四年（1193）三月，“制定民习角觝、枪棒罪”，这是金首次通过法律途径对角抵、枪棒进行限制。元朝继承了这一法令并有所发展。这些政策，导致了大型军事武术活动衰退并逐渐消失，武术向着个体化、小型化发展。

四、社会风尚的变化

宋朝社会重文轻武，致使汉唐时期的“崇侠尚武”精神逐渐式微，体育活动中对抗性、击斗性演绎为表演性、娱乐性，影响了体育运动的发展走向。

南唐开创了妇女缠足的先例，使得中国妇女因遭受肢体的摧残而再不能自由自在地进行体育活动，女性开始淡出体育场所，只是在清明时节参与踏青、秋千之类的娱乐活动，这是中国古代体育文化中的一大悲剧。

第三节　骑射延承，军事体育官制化

北方少数民族精于骑射，骑射不但是其基本的生活技能，也是他们武举科考、练兵与娱乐的活动内容。宋、元、明、清的西安地区地处西北，在政权多次更替中，少数民族的马背狩猎作战习俗影响颇深，尚武风气浓厚，在教格法的规制下，骑射、弓法演习和全国一样一直沿袭，呈现出标准化、制式化的发展特征。

一、骑射成为武举科目

宋承唐制，沿用科举选才。从宋太祖赵匡胤到宋理宗赵昀，其间的300年中，武举科考因受到宋代社会政治、经济等因素的影响，几经兴废，经历了跌宕起伏的盛衰过程，但总体而言，武举对骑射的要求客观上保持了西安地区骑射之风的绵延不绝。宋仁宗执政初期曾设立武学，“亲试武举十二人，先阅其骑射而试之，以策为去留，弓马为高下”。可以看出宋仁宗对武举考试的重视，其中以骑射作为武举的重要内容，各地方的武举士子自然加强对弓马的训练。但这些举措，并不能改变武学逐渐没落的趋势，宋朝社会重文轻武风气日趋严重，甚至出现“武臣试换文姿”的怪现象，不少武官不习弓马。在这种社会风气的冲击下，武举几遭废弃。尽管如此，作为西北地区的军事重镇，与辽金交战的桥头堡，西安地区的骑射之风勉强维系。

“庚申之役”（1140）后，宋金双方以秦岭为界，南北分治，西安地区受金朝的统辖，在社会风气上也受到金朝的影响，骑射之风一时复兴。《大金国志·田猎》提到“金国酷喜田猎”，金入主关中之后，在西安地区继续保持了其草原狩猎中的骑射文化，不过这种骑射活动是建立在金朝在关中地区实行扩地养军和猛安谋克（金代女真族的军事和社会组织单位）屯田基础之上的。

元初，西安称安西路，为安西王驻守之地，是元朝在西北的重要军事与政治中心。城东北侧修建有辉煌壮丽的安西王宫，宫殿“壮丽视皇居”，其遗址在今西安城东北3千米处，当地群众称“达王殿”，又称“斡儿垛”。“斡儿垛”即“宫殿”或“行宫”之义。每到冬季，秦岭北麓，渭河两岸，宽阔平坦，正好适合射猎。或有官方组织大型骑射进行打猎比赛，作为训练士兵的必修课；或有达官显贵，作为显示身份的精神炫耀；间有市井平民、乡间散勇自由结社，进行娱乐活动。

二、骑射列入学校教学

明清时期的骑射不但盛行，而且成为定制。明初洪武年间，朱元璋大建学校，把射、御列为主要教学内容。《辟雍纪事》卷一载：“（明太祖）诏国子生及郡县学生皆习射，后遂有射圃之设。”《明史·兵志》也载：“骑卒必善驰射、枪、刀；步兵必善弓、弩、枪。”朝廷把骑射列为科举考试的主要科目，文武皆考。《皇明诏制》载：“太祖洪武三年八月，京师及各行省开乡试。中试者后十日复以五事试之，曰骑射书算律。骑观其驰驱便捷，射观其中之数寡，书观其笔画端楷，算观其乘除明白，律观其讲解详审见行律令。”

明朝的武举制，自吴元年（1367）始，正值朱元璋进行统一战争，为广征英勇善骑射的天下武将人才设置。在沿袭前朝的基础上，其制度更加严密完备。考试程序分为科试、乡试、会试、殿试四级考试。科试一般在府城或省直属州县治所进行，取一二等武艺人才参加乡试。乡试每三年一次，在北京、南京及各省城举行；南京由兵部主持，其他布政司由巡按、御史主持；考期在九月，中试者称“武举人”。会试也是每三年举行一次，考场在京师；考试最初由兵部主持，后改由翰林院主持；考期在乡试的次年三月；应试者为各地武举人，中试者称“武进士”。武进士可参加殿试（也叫廷试），由皇上亲自策问，兵部尚书等协助。最后，按殿试成绩分级授予应试者相应的武职。

由于弓矢具有“命中射远”的特殊作用，所以弓射与弩射也是明朝研究和培养射箭人才的重要内容。李呈芬的《射经》是一部射法集大成之作，分总论、射器、辨的、明彀、正志、身法、弓法、足法、眼法、审因、指机、马射、神奇、考公十四章。戚继光的《纪效新书・射法篇》把射箭过程、要求及要点讲得详细而透彻。

明洪武年间修筑的西安城墙，是一个庞大而系统的古代军事防御工程，设置有专供射箭的设备设施。城墙上外沿设有垛口，为射箭之用。东、西、南、北四座城门，分别建有正楼、箭楼、闸楼三重城门，中间的箭楼，在正面和两侧皆设有方形窗口，专供射箭用。直到清朝，西安城内的满城，依然有旗人练习射箭。

三、骑射渐变地方护卫

宋元明清时期，西安的重大节庆活动中，都有骑射比赛，如元宵节、端午节等。西安城外有射圃，郊县的集市庙会上也有射场，规模大小不等。到近代以后，西方的洋枪洋炮进入中国，射箭逐渐从军事领域退出，变成地方安全保卫的一种形式和手段。

传说在清朝中后期，西安城西郊有一人称“晁举人”的著名乡绅，出身武将世家，咸丰年间武举，兼通文义，正五品。因精于射箭，负责当地城防，又因守城除匪患有功受到朝廷褒奖。相传晁举人射箭百发百中。冬闲时，他便带弟子们去野外练箭，以兔子和飞鸟的“灵活不定”，训练弟子们奔跑、追击和快速反应的能力，最终目的是提高射箭水平。由于常年练箭，晁举人的手指和双臂比一般人长得多，双手及膝。晁举人所在村寨及其周围十里八乡从未遭遇“匪事”，百姓四季平安，晁举人威名远扬，连土匪都敬畏他！遗憾的是，晁举人当年办义学带徒弟时所编的“射法”“功法”等教案，却没有保存下来。晁举人去世后，当地县衙为他专设灵棚祭奠。因时值农历十月，就形成了最初的庙会形式，此后经年沿袭，成为一年一度的“十月会”，至今不衰。一个地方因一个人而兴盛一种民俗，可知他当年的影响有多大！从这个故事中，我们也可管窥那个时代体育文化散发出的顽强的生命力，尤其是骑射活动的感召力。

四、习武园和荐福寺

明清两朝，西北地区的武举乡试考场均设在西安城西北角的习武园，即西教场。民国《咸宁长安两县续志・衙署考》记：“习武园即演武场，巡抚循例大阅之所，在万寿宫西北。历科武闱乡试校士亦在此。科举停，遂专为校阅地。”可见，西安作为西北地区文化教育中心的地位仍然很稳固。从遗存的大量碑文可知，还有来自甘肃、青海、宁夏、迪化（今新疆乌鲁木齐）等地的考生，因为这些地区“有督无抚，有镇无提，乡会试附于陕西”。

习武园旁边是明清时期西安城北部的一个演武场，俗称北教场。现东起红埠街，西至马神庙巷（今劳武巷）南口，拐向东北处有一条南北向的半截巷子，也叫教场巷。《陕西省西安市地名志》载：“清初沿明朝教场建有抚标教场，得名教场门。向北折小巷，称教场巷。”此街名源于这里为明朝的演武教场，明末李自成在西安建立大顺政权后，曾在此检阅过军队。清初将明朝教场改建成抚标教场。抚标是清朝巡抚所直辖的军队，教场即操练和检阅军队的场地。清朝因西安城墙内南边冰窖巷有西安总兵所辖绿营兵操练和检阅的场所“镇标教场”，与府城西北的“抚标教场”分处城南、城北，所以它们分别被称为南教场、北教场。

小雁塔（荐福寺塔）

西安的大雁塔（慈恩寺）和小雁塔（荐福寺）是明清时期著名的金榜题名地。在陕西贡院三年一次的考试后，考官、地方学政以及文武两科的中榜者都要分别前往城南的大雁塔和小雁塔下刻碑题名，形成“文题大雁塔，武题小雁塔”的传统。

第四节　拳术崛起，民间武术个体化

宋元明清时期，西安传承汉唐武术之风，在政权多变、政策限制的氛围中，武艺发展逐渐小型化，引发武术的崛起。西安地区的武术家们创立了红拳，并迅速传播到全国各地，并与起源于西安鄠县的道教全真派导引吐纳术相融通，催生了太极拳的问世。就此，集实战、表演和健身于一体的中华武术，成为中华传统体育家庭的重要一员。

一、关中红拳的兴起

关中红拳源远流长，其形成与长安形成的尚武之风、历史传承的武艺拳术有关，正式兴盛于宋初的关中之地，其后流行传播到全国各地。

据说陕西红拳师承世代相传，红拳最早起源可追溯到周、秦。西周丰镐盛行武舞和角力，秦时三辅（今陕西关中一带）盛行手搏、击剑，长安附近尤甚，并以对练套路娱乐提高技艺（见

《中国武术史》）。《史记·张仪传》记载："秦人秦声，舞秦舞击缶弹筝，击髆拊髀"，说的是秦王打胜仗后开庆功宴，武士"击髆拊髀"以示庆贺。这与现在红拳演练套路中"放炮""十大响"表现形式相同，与民间流传的红拳谚语"击皮为鼓"也如出一辙。"击髆拊髀"体现了秦人的粗犷豪放，既练了"拍打之功"，又练了"撑斩之法"，红拳以"撑斩为母"，撑斩是红拳拳法的精髓。

西汉时，实行"强干弱枝"政策，强迫各地豪侠巨贾迁徙到长安周边的陵邑。这些豪侠子弟爱好武艺，盛行尚武之风，丰富了红拳内容。至今陕西兴平、咸阳一带还是红拳盛行之地，陕西人称"拳窝子"。唐朝，武则天设立武举制度，选举军将人才，并用考试的办法授予考中者一定的称号，这大大促进了武术的发展。其时，红拳拳法称谓"唐手""角抵"。

红拳套路的形成应在唐末宋初，宋朝把拳术套路称为"使拳"，把棍术套路称为"使棒"，陕西方言称"耍拳""耍棍"，由于关中拳在当时特别红火，后被称为红拳。由陈抟吸收长安武术之精华，在华山开宗明派。两宋之际出了一位著名的红拳大师，把红拳发扬光大，他就是人称"陕西大侠铁臂膀"的周侗。周侗（也作周同，1040—1119），字光祖，华州潼关人，是名将岳飞的武术师父。

明朝戚继光把红拳的技法作为训练士兵的必修科目。《纪效新书》卷十四《拳经捷要篇》记载："古今拳家，宋太祖有三十二势长拳。"注解称"三十二势长拳"又称"红拳"。

《少林拳法》载："宋末觉远上人访李叟、白玉峰于陕西宝鸡、兰州，习练大小红拳。后白玉峰随觉远入少林寺传授大小红拳、棍术、擒拿等。"这里是说，少林拳乃从关中传入。随着历史的变迁，少林拳与陕西红拳呈现出截然不同的风格，少林拳以刚猛为主，陕西红拳是柔里带刚，也称为软拳。

二、重阳导引吐纳术的传播

西安西侧的鄠邑区祖庵镇是全真教的祖庭所在。金代末年，王重阳创立了全真道教，其早年修道和遗蜕之所的祖庵重阳宫，成为"天下祖庭""全真圣地"。王重阳主张儒、释、道三教合一，以"三教圆通，识心见性，独全其真"为宗旨，其教故名为全真。重阳宫至今留有"重阳子"（即王重阳）书写的《无梦令》碑。此碑镌于金章宗承安五年（1200），是一通专写气功的碑碣，王重阳在碑文中写道："大道长生门户，几个惺惺觉悟，铅汞紧收藏，方始澄神绝虑。心慕、心慕，便趋蓬莱仙路。"碑文浅显易懂，劝诫人们收精藏神，静心养气，以之为增进健康、延年益寿的正道的门户。《秘语碑》碑文为："莫将禅酒恋浮嚣，每向口中作口腰。龙虎动时抛雪浪，水声澄处碧尘消。自从有悟途中色，述意蹂跄不计聊。有朝九转神丹就，同奔蓬莱去一遭。蛟龙炼在火烽亭，猛虎擒来囚水晶。强意莫言胡论道，乱说纵横与事情。铅是汞药，汞是铅精。识铅识汞，性住命停。九转成，入南京，得知友，赴蓬瀛。”这就是道教全真派气功的修炼秘语。至今，重阳导引吐纳术仍然是修炼气功的法门之一，在鄠邑区还多有习练者。

三、太极拳的产生

近代太极拳兴起以来，其起源多有考证，结论不一。传统的说法是由元末明初儒者、道士张三丰所创立，后随其云游所至，流传至山西、河南、河北等地。

清人编修《明史》中有张三丰的详细记载：“张三丰，辽东懿州人，名全一，一名君宝，三丰其号也。以其不饰边幅，又号张邋遢……后居宝鸡之金台观。”据西安太极拳传人所述，张三丰作为全真派的重要人物，在重阳宫学习全真派教义并习得重阳导引吐纳术的内功气法，而后结合关中红拳创立了太极拳。由此说来，西安地区也是太极拳的发祥地。

黄宗羲所撰的《王征南墓志铭》曰：“少林以拳勇名天下，然主于搏人，人亦得以乘之。有所谓内家者，以静制动，犯者应手即仆，故别少林为外家。盖起于宋之张三丰，三丰为武当丹士，徽宗召之，道梗不得进。夜梦玄帝授之拳法，厥明以单丁杀贼百余。三丰之术，百年之后，流传于陕西，而王宗为最著。”张三丰擅长内家拳，或为后世所名的太极拳。这种意见或有待再考，但如墓志铭所说：“三丰之术，百年之后，流传于陕西，而王宗为最著。”说明这个时期，西安地区内外兼修、刚柔相济的太极拳术已经广泛流行。

四、拳术运动活跃

元朝禁止民间私藏兵器和练习武艺。凡汉人手持铁尺、手挝及有刃之杖都须交给官府，违者必死。因此，一般百姓人家皆不敢收藏任何兵器。《元史·刑法志四》记：“诸弃本逐末，习用角抵之戏、学攻刺之术者，师、弟子并杖七十七。”又《元典章·刑部》第三十九条中明确“禁止习学棒枪条”，说：“奸氏不事本业，游手逐末，甚者习学相扑，或弄枪棒。”这个政策对于器械武术有很大的破坏作用，对于徒手练习的拳术来说，却留有一定的发展空间。西安地处西北，又有尚武遗风，因而明清以来的武术活动遍布城乡，非常活跃。

关中红拳在明清时期传遍全国各地，在西安也得到大的发展。戚继光《纪效新书》中的《拳经捷要篇》对红拳的徒手打法记载颇详：“鬼蹴脚抢人先着，补前扫转上红拳”“踢膝滚蹚上面急，回步颠短红拳”“雀地龙下盘腿法，前揭起后进红拳”可知红拳占据拳术的主流地位。

王圻在《续文献通考》一书中也记载了当时的拳种，如赵家拳、南拳、北拳、关西拳等，关西拳之名是民间对红拳的称呼，所载其惯用拳势为“雀地龙”“裙拦”等，前者就与《纪效新书》的拳法相同。

明清两代，红拳名家众多，以李自成、孙守法、梁化凤、殷化行、李麟、段永福等为代表。

李自成（1606—1645），字鸿基，陕西米脂人。幼年酷嗜红拳，拜陕北罗拳师习练红拳。商洛作为李自成转败为胜的起点，至今还流传着许多关于他练武的故事，流传着他的一些武术套路，比如双股剑、黑虎拳一二路、红拳、乾坤剑一二路、五十五刀、花枪、盘龙棍、黑虎单双鞭等10个闯王武术拳械套路和基本功技法。

孙守法（？—1647），字绳武，陕西临潼人，幼习红拳，原为明末曹文诏部下，任游击，明亡后曾联合李自成余部贺珍等发动关中抗清起义。孙守法骁勇善战，善用铁鞭，故史书上有“铁鞭孙守法”之号。

梁化凤（1621—1671），陕西长安人，幼习红拳，善拳勇，嗜拳技。史载：“顺治十六年五月，郑成功大举入长江，六月破镇江，七月至江宁城下，二十三日清将梁化凤破郑成功，擒杀大将甘辉等十四人，十月郑成功还至厦门。梁化凤因救驾有功官封太子太保衔。”曾被康熙皇帝称为“韦驮”。今西安市碑林区有条街道名为梁家牌楼，这条道路西口立有康熙敕建的梁化凤功德牌楼。

殷化行（1643—1710），是清康熙年间的名将，在平定三藩之乱和征讨噶尔丹战争中立有殊勋。他自幼习红拳，好读兵书。康熙四年（1665）中武举，康熙三十六年（1697）康熙西巡，为表彰殷化行在昭莫多战役中的出色表现，特授予其参赞之职。

李麟，清乾隆年间人，祖居延安，后迁至“红拳之乡”咸阳马泉镇程家堡，成为红拳名师，屡立战功，被乾隆封赏赐匾。

段永福（？—1842），清朝将领，陕西长安人，幼习红拳，膂力出众。道光初，随杨芳平乱，功任千总、守备、参将、广西提督、浙江提督。

据史书记载，清朝乾隆年间常子敬、嘉庆年间张景文、道光年间张真等，皆是红拳名家。到了道光、咸丰年间，陕西红拳不断汲取其他拳种的实战招式，逐渐进入鼎盛时期。在众多练拳练武人当中，三原鹞子高三（高占魁）、临潼黑虎邢三（邢福科）及潼关饿虎苏三、通背李四等远近闻名，被誉为“关中四杰”。四人皆精于红拳，并在原红拳的基础上，吸收南北多家拳法之长，形成系统的红拳体系。

王圻在《续文献通考》卷一六六《兵考·总论军器》提到陕西关中“沙家十八下倒手干

子”，即沙家枪法，说明陕西明朝时已有武术流派，有枪法体系，也有习武活动。据《明会要》卷五九记：“立民兵万户府，简民间武勇之人，编成队伍，以时操练，有事用以征战，无事复还为民。”同时允许边民自备器械，团结保卫边防。这一措施，促使民间习武之风复兴，并形成带有地方特色的武术形式。这一时期，民间还有武艺社团的出现，武艺与表演结合，加快了武术套路的发展和流派的形成。

清朝的武术内容更加丰富，套路日臻完备，史书可查的有60余种。据徐珂的《清稗类钞·技勇类》记，拳术有大红拳、小红拳、太祖拳、少林拳、通背拳、二郎拳、梅花拳等20余种，此外还有太极、八极、八卦、形意、秘踪、功力等内家拳法；刀术有大刀、单刀、少林双刀、连环刀等十多种；另有空手进刀、单刀进枪、双拐进三节棍等对练术。

从城市到乡村，民间的武术活动形形色色，丰富多彩。既有每逢节庆、庙会表演的各种武会，也有以武功结伙谋生的保镖行会；既有专业传授武术的各门大师，习武强身御敌抗暴的武林高手，也有觅求武术养生的达官显贵。各种各样的“走会”（民间武会）如雨后春笋般出现，其武术表演极具娱乐性和趣味性。表演者一边走，一边跌、翻、滚、打、左右奔突，表演着各式武术动作，拳、刀、棍、剑、枪等应有尽有。

第五节　世风变迁，传统体育娱乐化

汉唐长安风靡一时的大型球类运动，如蹴鞠、马球、捶丸、木球、水球、杆球等，经时代变迁，至宋元时，往日那种阳刚勇猛、生龙活虎的气韵和景象已然不再，史料记载较多的蹴鞠、马球和捶丸也渐行式微。一方面是因为金、元政权对民间体育的限制，将其草原文化带入，崇尚骑射、摔跤等运动；另一方面，由于连年战乱，社会深受重创，汉唐时期就盛行于长安城的蹴鞠、马球一类的大型体育活动走向衰败，逐渐转变成长安街市的娱乐活动。

一、蹴鞠运动进入戏园

元朝的戏曲艺术发展迅速繁荣，蹴鞠这一活动正是在这个时期“委身”于戏园茶楼。女人是戏曲中的重要角色，女蹴鞠艺人是元朝社会一个特殊的阶层，她们的出现拓展了蹴鞠娱乐的社会意义。由此可知，蹴鞠不再是节日的活动内容，也不再是宫廷宴会上的雅兴表演。

朱元璋称帝之后，曾下令严禁军中将领、士卒蹴鞠娱乐，怕玩物丧志影响操练和作战士气，并规定在皇宫内外宴会上也不得进行蹴鞠表演。明朝官员顾起元所著的《客座赘语》中记：“洪武二十二年三月二十五日，奉圣旨：在京但有军官军人学唱的割了舌头，下棋、打双陆的断手，蹴圆的卸脚……”说明蹴鞠活动退出了历史舞台，最终演化为民间的踢毽子活动。

二、捶丸运动温婉一现

捶丸由唐朝的“步打球”演变而来。步打球类似现在的曲棍球，打法与打马球相似但不骑马，捶丸与现在的高尔夫球相似。捶丸活动曾大盛于宋、金、元三代。元世宗至元十九年（1282），宁志斋写成《丸经》一书，共32章，约12000字，详细叙述了捶丸的方法、场地设备及器材使用规格。《丸经》在元朝已正式出版，现存《丸经》是明刻版，说明捶丸在当时社会上非常流行。

据《丸经·集序》记，捶丸一般多选在凹凸不平的户外场地进行，在场地上按一定要求和距离挖一些稍比丸球大一些的洞穴，在洞穴旁插上小彩旗作为标记，并在正对球穴的地方画上击球点——“基”，以提高击球者的命中率。“基”的大小为一尺见方，球基和球穴的距离因人设置，有五六十步的，也有百八十步的，最远不超过一百步，最近不少于一丈。

捶丸所用之杖，俗称“棒”，有“撺棒”“杓棒”“朴棒”“单手”等多种，按不同场地、不同人群选用。丸球一般选用赘木制成，即树身上长成的绞瘤部分（俗称“树结”或“肿疙瘩”），以此制作的丸球结实耐击，用的时间较长。比赛时，按参加人数多寡分：几十人参加的叫“大会”，七八人参加的叫“中会”，五六人参加的叫“小会”，三四人参加的叫“一朋”，最少两人参加的叫“单对”。每人击三棒，三棒均击中者赢一“筹”，对方付筹。最后以赢“筹”数多者为胜，有大筹（20个），中筹（15个），小筹（10个）几个等级。比赛中对作弊或不道德的行为也有惩罚措施，以保证比赛的公平与公正。

由于捶丸活动不像蹴鞠、马球那样运动剧烈，规模大，对场地要求高，所以上至皇帝百官、文臣雅士，下至绅士乡勇、三教九流，无人不喜爱。山西省洪洞县广胜寺水神庙有一幅保存完整的《元代捶丸图》壁画：上面云气升腾，树石间的平地上，两个男子身穿朱色长袍，右手各握一短柄球杆，左边一人俯身做击球姿势，右边一人侧蹲注视前方的洞穴。这幅画面让人心生疑窦，这是在打高尔夫球吗？在北京“申奥”期间，国际奥委会主席萨马兰奇看见这幅壁画时，惊讶而诙谐地说：“原来中国人在元代就开始打‘高尔夫球’了。”

到了明朝，捶丸活动呈现衰势，已不像前几代那样盛行。明人周履靖为重刊《丸经》作跋时写道：“予壮游都邑间，好事者多尚捶丸。”说明这一时期，捶丸只是作为宫廷皇族高雅的体育娱乐活动之一。到了清朝，捶丸活动就只剩下妇女儿童中简单的游戏了，或在乡间郊野还有遗存。

三、跳跃活动城郊普遍

关于西安地区的“跳跃”活动，目前还没有见到明确的史料记载，但传说晚清时期，在城北郊区，有一种“跳草垛”（俗称“跳捆捆”）的活动，类似今天田径比赛中的“跨栏跑”。跑道上的横栏不是用木头或金属材料制成的，而是就地取材，用玉米秆儿（或高粱秆儿）扎成一搂粗的“捆捆”，然后按一定高度垒起来，奔跑者从上面跃过。跑道也很简陋，一般在收获后的庄稼地里，稍加平整即成，或选在较平坦的乡间小路上。这类活动一般是有组织的，多用于地方城防、乡间民团壮丁的训练。

另外，还有一种“蹦绳”活动，和今天田径比赛中的跳高项目差不多，但无固定场地，人数也不定，三五成群，一般都是青年男性参与，比较随意，是一种娱乐性活动。多现于村间地头，时间多为劳动间隙、节庆期间，人们找两棵树，将一根绳子系于其间，高度可随时调整，参赛者从绳一侧跃过。这两项活动一直延续到20世纪中期，“文化大革命”时期的民兵训练中也出现过。

第六节　杂耍兴盛，节庆体育民俗化

中国古代的杂技，民间称“杂戏”“杂耍”，陕西人也称“耍把戏”，是一项非常受欢迎，极具趣味性、竞技性和大众性的传统体育娱乐活动，也是中华民族传统体育文化的重要组成部分。在全国各地传统的节庆庙会期间、民间娱乐及乡俗活动中多有表演，其内容丰富多彩，不胜枚举。

一、元朝的“马术”“科戏”

“马术”活动独树一帜。在长安，每到冬季，郊外的射猎活动非常频繁，有官方组织的竞赛，也有民间自由结社的娱乐竞技活动。后世各代包括现代，马戏团的“马术”表演中均有一些惊险刺激、高难度的动作，如马背上的“叠罗汉”“翻跟头”，还有马在疾驰中表演者突然倒吊于奔马一侧，用嘴巴叼起放在地面上的花朵。

元杂剧中的“科戏”，是这一时期戏剧表演的主要形式，其中的“唱”“云”“科”是它的艺术表演手段。三者之中的“科”，就包括了一些舞蹈和武功。这种武功被称为戏曲武功，吸收了许多舞蹈元素，如在音乐伴奏下进行的各类器械舞、剑舞、对打、翻跟头、扑旗、踏跷等活动。

二、明清时期的杂戏表演

明清时期，体育娱乐蓬勃复兴。宫廷中有杂戏表演，这在明《宪宗行乐图》中有所体现，民间的杂戏也同时兴盛起来，多载于相关典籍中。

（一）节庆活动八仙过海

中国的传统节日，名目繁多，其中最有影响力、最具民族特色的节日当数春节。从旧年的除夕到新年的正月里，城乡到处洋溢着一片喜气洋洋、热闹而祥和的景象。元宵节期间的“社火”活动尤为突出，令人眼花缭乱，将春节的隆重渲染到极致。杂耍就是其中重要的内容之一。

“舞龙”“舞狮”　舞龙和舞狮，是古代中国重要节庆活动中必不可少的表演节目，明清时期甚为活跃。

西安地区的元宵节活动非常热闹。每年来自城乡的各路“龙灯”有几百条，在东、西、南、北四个城门外的队伍蜿蜒几千米，从正月十四陆续进城表演直到正月十六结束。耍龙灯的队伍占满了四条大街，从早舞到晚。其间，锣鼓喧天，唢呐齐鸣，烟花爆竹一路燃放，条条巨龙上下左右，翻腾其中，口吐火焰，摇头摆尾，真有“龙王闹海”“腾云驾雾”之势，蔚为壮观。最有名的是西安北郊的“金龙舞春”，舞龙有两条，舞者多达上百人，都是精壮小伙子。除了指挥者手中的绣球、龙眼、龙舌、龙爪以外，其余从龙头到龙尾以及舞者的装扮皆是一袭金黄。

元宵节时，无论是繁华的市区，还是平日清静的小镇，都有“舞狮”表演。那些到处活跃的“自乐班”，成员皆是有“舞技”之人。西安市雁塔区丈八沟乡的茶张村，自明清时期就以“舞狮”（当地人称“耍狮子”）而著名。他们的狮子还能上高梯、翻高台、口吐火球、腹生幼狮等，其中最令人捧腹的是“群狮”表演，有“狮爷”“狮婆”“狮父”“狮母”和“幼狮”，合起来是一家，分开则可以对垒。动作夸张滑稽，表情丰富多样。

“高跷”“芯子”竞天地　高跷，在我国民间又叫“脚把”“柳木腿”等，人们戏称“高人一等”，是表演者在双腿上绑着数尺长的木跷来回舞动。这项活动早在春秋时期就有记载，宋代以后广泛流行于民间各地，每逢佳节庆典，必有城乡艺人献艺，常与舞龙、舞狮、跑旱船、耍芯子、扭秧歌等一起出现在社火活动中。

西安城区正月十五的社火通宵达旦。观看狮子、龙灯、高跷、芯子、秧歌、旱船、走马、大头和尚戏柳翠等传统民间活动的人们在鼓乐声中如潮水般拥向街头。车水马龙的社火队伍中，西安东关的“芯子”很抢眼，有车芯子、桌芯子、背芯子、驴芯子、平台芯子、高跷芯子等。芯子杆有专用的，也有多用的。一般将男女幼童固定在芯子杆上，扮演各种古戏人物等，内容与“踩高跷”基本相同。最有意思的是背芯子扭秧歌，上面演员的表演动作决定于下面背芯子的人，前后左右、转圈、跳跃，踩着锣鼓点有节奏地行进。上面的人舞得多姿多彩、轻巧自如，下面背芯子的人却是满头大汗，一刻也不敢懈怠。背芯子的人不但要训练有素，扭得有规矩，还要有强壮的身体。当然，高跷芯子就更难了，要同时兼顾上下，时刻保持平衡，还要扭出各种各样优美的姿态。社火表演各显神通，亦非易事。还有南院门广场，从正月十五到二月二，其间高跷社火群体表演，到处一片繁荣景象。《西安府志》记载：“正月二十三日少年作百戏状沿街而行，曰摆社福”，热闹非凡。

（二）乡俗庙会争奇斗巧

民间的杂耍，不仅风行于西安主城区，而且在许多集市庙会上也很盛行，包括一些戏园的演出中就有“武戏”，而在乡间民俗活动中，常常能看见卖艺耍把戏的。

戏楼、庙会的杂技表演　西安的农历四月十四到十六，是八仙庵的吕祖庙会，规模及热闹程度皆不亚于西安西大街四月初八的都城隍庙会．其间有拉洋片的、唱扁担戏的、耍猴的、耍把戏的等等，杂耍表演形式丰富，热闹非凡，把山门前的香火场占得满满的。

乡间村野的“杂耍”　在西安周围的农村，有好多乡规民俗及其活动，节庆农闲或是大户人家有了红白喜事，都要请城里的戏班或乡间的“自乐班”助兴表演。多彩多姿的乡俗杂耍和娱乐，为传统的民间体育活动注入了活力。

三、坊间村头的儿童体育

宋元时期，因社会主流的趋向，民间传统体育活动日渐衰落，但西安的儿童体育游戏此时悄然兴起，至明清时已相当活跃。民间盛行的儿童体育游戏有踢毽子、踢方格、鞭陀螺、打柭柭、跳绳、摸瞎鱼、捉迷藏、骑竹马、荡秋千、放风筝、玩风车等，形形色色，名目繁多，举不胜举。

（一）踢毽子和踢方格

踢毽子　关中儿童踢的毽子，一般是把一枚铜钱或铁钱包缝于两层布之间做底座，然后将鸡翎管一端劈开成四瓣用线固定在底座中央，然后在鸡翎管中插满公鸡尾部的羽毛。这样的毽子踢起来，轻盈娇态，像燕子一样，在空中飞翔，孩子们既活动了筋骨，也愉悦了心情。孩子们一边踢着，一边喊着、笑着，场面非常欢快。

关中孩童中也有一种“踢”的游戏非常流行，叫“踢方格”，男女孩童都喜欢。玩法是在地上划出若干个方格，游戏者站在最下面一个方格外，一只脚抬起（在方格中不能落地），单脚跳着将一小块瓦片（有时用小沙包）逐一踢过方格，最后进“屋顶”，每个方格只能踢一次，这叫“前半局”；再用同样的方法反身踢出方格，完成“后半局”。前半局有失误者被淘汰，后半局有失误者记半局，前后无失误者赢一局，最后以赢局多寡定胜负。游戏时可以单人踢，也可双人或多人踢；多人游戏时，若有一人失误或犯规，该半局记零分，该组下场，由另一组上场。比赛规则是三局两胜，其间如果出现2∶0的情景，则比赛结束。

在球类活动日趋衰落的明清时期，这些游戏无疑丰富了社会生活，也活跃了儿童的文体生活。

（二）鞭陀螺和打桉桉

鞭陀螺和打桉桉都是春天孩子们玩的游戏，在关中一带的孩童中很流行。

民间有首歌谣：“杨柳活，杨柳多，小孩小女闲不过，丝线结鞭鞭陀螺；鞭陀螺，陀螺起；陀螺起，鞭不已。”陀螺有很多种，木制的、竹制的、陶制的、砖块磨制的等等，以鞭抽之，便在地上旋转不停。关中孩童所玩的陀螺，多为木制和砖块磨制，鞭陀螺又叫“打猴儿”。饭后余暇，街头院落，小伙伴三五个，随便找一块平地，呼呼啦啦鞭（陀螺）起来，好不快活！

打桉桉类似鞭陀螺。“桉”形如枣核，二寸长，木制，关中孩子叫“梭子猴儿”或“打棒”。置地而棒之，一击令起，随一击令远，以近为负。

（三）跳绳和怼鸡

跳绳古时称“跳百索”，是明清时期儿童喜爱的一种体育游戏。《宛署杂记》中记载：“儿以一绳长丈许，两儿对牵，飞摆不定，令难凝视，似乎百索，其实一也。群儿乘其动时，轮跳其上，以能过者为胜。否则为索所绊，听掌绳者绳击为罚。”也有单人单跳的，即双手各执绳一端抡过自己头顶跳，也可双臂交叉或左右抡绳跳“花绳”。这项活动不以场地、人数、季节为限，至今在全国各地盛行不衰。

怼鸡，是关中男童常玩的一种游戏。一般是两两相对，游戏者各自抱起一只脚，另一只脚在地上做单脚跳，同时两人各自用抱起的那只膝盖互怼，倒地或双脚同时着地者为败。有时怼得双方人仰马翻，围观者一片哄笑，场面很是热闹。

（四）放风筝和玩风车

风筝古时叫“纸鸢”“风鸢”，缚竹为骨，以纸糊之，可做成仙鹤、孔雀、飞虎、蜻蜓、雄鹰等许多飞禽走兽之形。儿童将其放之空中，最能醒目。宋李石撰《续博物志》说：“引丝而上，令儿张口望视，以泄内热。”有益于儿童身体健康。明清时期，放风筝在儿童中已非常流行。

与放风筝类似，也是借助风力，但又别于风筝的一种儿童游戏是玩风车。此道具较简单，无需多少成本，人人都会做。《日下旧闻考》中记："风车则剖秫稽二寸，错互贴方纸，其两端纸各红绿，中孔，以细竹横安秫竿上，迎风张而疾趋，则转如轮，红绿浑浑如晕，曰风车。"实际上，此项活动兴起可能比史料记载更早，在关中大地上至今盛行不衰。

（五）捉迷藏和摸瞎鱼

捉迷藏，是一种非常普遍的儿童游戏，从古到今儿童都喜欢，人人都会玩，人人都玩过。捉迷藏的方式主要有两种：一种是把一个孩子双眼用布蒙起来，其余孩子在他身边跑来跑去，让他过来捉；另一种是一个或几个孩子，藏在一处预先选定的地方，让另一个或几个孩子找。这个游戏可以增长孩子们的智慧，也很有趣。

摸瞎鱼，类似捉迷藏，是明朝常见的儿童游戏。一群儿童拉绳围一圆圈，内有二童。一童以帕蒙住自己双眼，如瞎状。另一童手持木鱼，时而敲一下，易地复敲一下，误导"瞎儿"循声而摸。如果碰巧抓住持木鱼者，夺鱼为胜，持木鱼者则被赶出圈外。然后，二人互换角色，再重复一遍游戏。整个过程紧张、令人心悬，又充满童趣。由于"瞎儿"蒙头乱撞，不时令围观的孩童笑得前仰后合，热闹至极。其实在关中地区，现在还有这种游戏，小学生课间经常玩。玩法都一样，只是名字改叫"瞎子逮猫"。游戏中，嬉童不敲木鱼，改学猫叫，"瞎儿"循着猫叫声去追，经常扑空，现场充满了童趣和欢乐。

（六）荡秋千和骑竹马

《陕西通志》引《临潼县志》载："清明前二日为寒食，作秋千戏"，又《高陵县志》云："清明日，缚秋千，妇女童子游戏罢业，曰作业能令目盲。"可见明清时期关中地区的秋千游戏与岁时民俗紧密结合。

关于骑竹马，在敦煌晚唐壁画上有一幅孩童骑竹马的游戏画面。从古到今，这个游戏几乎每一个男孩子都玩过。随便一条竹竿或一根棍子都可当"马"骑。一般玩耍者多见于六七岁男童，太小了跑不动，大一点儿又觉骑竹马游戏太幼稚。骑竹马和一起玩过泥巴的"发小"，也被称为"竹马之好"或"竹马之友"。

（七）老鹰抓小鸡

老鹰抓小鸡，俗称"黄鹞吃鸡"或"黄鼠狼吃鸡"，是一种益智娱乐的少年儿童群体游戏，在户外或有一定空间的室内皆可进行。这种游戏，对提高少年儿童的灵敏性和协调能力、培养团队合作意识有积极的促进作用。游戏中，一人当"老鹰"，一人当"母鸡"，其余的当"小鸡"。"小鸡们"依次牵衣排在"母鸡"身后成一队，"老鹰"站在"母鸡"对面，呈抓"小鸡"势。游戏开始时，"老鹰"叫着、转着圈，极力想抓住"母鸡"身后的"小鸡"，"小鸡们”惊恐万状，躲在“鸡妈妈”身后，随之左右，躲避“老鹰”抓捕，“母鸡”则极力保护身后的“小鸡”。游戏结果，胜利往往属于“老鹰”，因为“母鸡”除了可以防守，毫无进攻的可能，但游戏规则是，“老鹰”不可侵犯“母鸡”。

在西安一带，孩童也常玩“老鹰抓小鸡”的游戏，不过这个游戏叫“狼吃羊”。每次都由一个大男孩当“老狼”，其余的按个儿高低前后扯着排成“羊羔队”，最前面的男孩是“头羊”。游戏中，排在后边的小个儿跑不动，经常掉队或摔倒被“老狼”“吃掉”，这时其余的“羊羔们”就一哄而上把“老狼”痛打一顿，游戏便在一片嘻嘻哈哈、打打闹闹中结束。

除了上述各种体育活动、娱乐游戏外，还有好多儿童喜爱的体育游戏形式，如男孩喜欢的滚铁环、摔跤、打纸炮、打弹弓等，女孩喜欢的打沙包、跳皮筋儿、翻绞绳等，都各有歌诀。

宋元明清时期，中国的政治、经济、文化中心逐步向东转移，西安失去了作为全国首都的地位。但此时期的西安作为中华民族大融合时期的西北重镇，历史地位仍然特别重要。

第一，在宋代西安处于宋、夏、辽对峙的前线，在元朝西安则有安西王府的设置，在明朝西安是秦王所驻，在清朝有八旗驻防，故骑马、射箭、尚武之风依然盛行，军事骑射传统体育得以传承。

第二，由于汉唐武术体育的兴盛，至宋元明清时西安的拳术得到大力发展，宋代兴起的关中红拳、张三丰创立的太极拳在元明清逐渐传播至全国各地，充实了中华武术体系。

第三，宋元明清时的西安地区传统体育门类齐全，民间自发自创的体育游戏活动包括妇女儿童游戏十分活跃，城市、乡村的体育运动都得到了普遍发展，尤其是节令体育活动成为社会娱乐健身的常态，其体育文化具有多样化、大众化、民俗化的特点，呈现出中国体育的基本特征。

第二篇

近代西安体育：

革旧立新　奋起图强（1840—1949）

近代西安体育，是指1840年至1949年这一时期西安的体育发展历史。这一时期，中国社会从封建王朝逐步沦为半殖民地半封建社会而又展现出新民主主义的曙光，各种思潮骤起、各方势力对决，战乱频仍、波谲云诡。在抵御西方列强侵略的同时又要向西方先进文化学习，在保证民族独立的同时又要借鉴其他民族先进的文化，西安体育在多重矛盾纠葛与冲突中，脱胎换骨，浴火重生，步入了近代化进程。

西安作为西北的内陆城市，在时代大潮影响下，身处社会重大变革的剧烈震荡之中，经过维新变法、军阀混战、政权更迭，内抗旱荒，外御敌酋，历尽磨难，执着前行，两种体育形态交错并行：一种是西方传入的近代体育，被称为“洋”体育；另一种是本土沿袭的传统体育，被称为“土”体育。清政府先后在西安设立多所官办学堂，西方体育通过学校体育教学走向社会大众。民国时期推行新学制，西安地区学校开始普遍设置体育课。体育课在学校中的广泛开展，带动了民众体育、乡村体育等“洋”体育的发展。社会形势的多变，也促进了传统武术体育、少数民族体育的发展。抗日战争期间，陕甘宁边区与西安比邻，八路军在西安设立办事处，中国共产党在革命战争中创建的新民主主义红色体育逐渐传播到西安，为西安体育增添了一抹光彩。这个时期，不同性质、类型、层级的体育赛事在西安相继举行，有力地推进了西安体育文化的近代化发展，对西安的政治、经济、文化等方面和民众生活的近代化，都产生了深刻的影响。西安体育的近代化，正是在这个过程中完成了深刻蜕变，破茧成蝶。

第一章　引入西学，近代体育萌芽初生

（1840—1911）

鸦片战争后，清政府被迫开放通商口岸，沿海港口城市较早开始向近代城市转型。作为西北内陆城市的西安，虽为中国西部的军事重镇和陕西地区的行政中心，但因地理位置的限制，相对于较为开放的沿海城市，还保持着更广泛的传统习俗。在体育领域，鸦片战争后很长一段时间，西安体育活动仍以传统为主。晚清时期，在变革图强的思潮影响下，新式学堂应运而生，以体操、田径、球类为主要内容的西方体育开始传入西安。西安的近代体育开始迅速萌发，一个全新的体育格局出现了。

第一节　近代体育思想及制度初步形成

鸦片战争的失败，使中国人意识到中西方之间的巨大差距，为了救亡图存，思想敏锐的仁人志士纷纷向西方寻求真理，提倡新学的思潮渐行渐浓，改造旧书院、兴办新学堂蔚然成风，而新学之新则在增设理工史地体育课程，近代体育文化由此传播推广。这些兴办新学、强化体育的新思想，对清末西安体育发展产生了极大的影响，奠定了思想基础。

一、学习西学，体育思想逐渐形成

魏源“师夷长技以制夷”的新思想　魏源在其编撰的《海国图志》中明确指出，夷之长技有：战舰，火器，养兵、练兵之法。养兵、练兵之法就是西方体育的重要内容之一——军事体育（兵式体操）。这是中国体育史上第一次提出向西方体育学习的文字记载。但是，魏源思想的先进性并未被当时的国人和统治阶级认识到，第一次鸦片战争后，清政府并没走向“师夷长技”，而是白白浪费了十几年宝贵的光阴，直到第二次鸦片战争后，洋务派才做出实质性的努力。

张之洞“中体西用”体育思想　中法战争和中日甲午战争之后，中华民族亡国灭种的危机进一步加剧。洋务运动代表人物张之洞，认为传统经世思想已不可能挽救中国的时局，唯有在向西方人及其科技学习的西学中力求致用，才可能达到富国强兵。1902年（光绪二十八年）11月，张之洞在给朝廷的一份奏折中提出：通过对日本现行教育体系的考察得知，德育、智育、体育是三项教育核心内容，这三项先后有序、体用兼赅，其中德育为体，智育、体育是用。在张之洞等人主持修订的《奏定学堂章程》中，规定学堂教育中的体操科包括两项基本科目，第一是普通体操，第二是兵式体操。普通体操即源自瑞典、德国的体操基本动作，辅以轻质器械操练。兵式体操也源自瑞典和德国，包括枪箭式、中小队教练、野外操练、兵法等。在张之洞等洋务派代表人物的积极推动下，体育从军事操练的范畴进入并深入教育领域，迅速发展成教育体系中不可或缺的重要组成部分。体育在军队、教育以及社会上的广泛普及，使其作为强身健体、救国救民、富国强民的重要条件，引起了极大的社会反响，甚至还成为一种近代文化思潮。

维新派改良主义体育思想　甲午战争的失败，标志着洋务运动的破产。维新派登上历史舞台，希望以变法为手段，在中国进行政治体制改革。

康有为在《大同书》中《小学院》一章中说：“以人方幼童，尤重养身，少年身体强健则长亦强健，少年脑气舒展则大益舒展”“体操场、游步场无不广大适宜，秋千、跳木、沿竿无不具备……”在《中学院》一章中，提出修建“体育场、游步园、操舟渚”。在《大学院》一章中也强调“大学亦重体操，以行血气而强筋骸”。康有为还在长兴里自办学堂，并规定“枪”（兵操）、“体操”及“游历”为教学内容。

梁启超在甲午战争之后所发表的教育论著中，主张教导儿童“习体操”。在《饮冰室全集》中更是明确指出：“德育、智育、体育三者，为教育上缺一不可之物。”

严复翻译了赫胥黎的《天演论》，并在书中提出德、智、体并重的观点，“鼓民力、开民智、新民德”，将西方体育由军队和学堂推向全社会，作为改造国民素质的重要手段。他是首先在我国传播西方资本主义德、智、体三育并重教育的维新主义者。严复认为改良中国的社会，自强图存，保种保国，主要应从三个方面着手：“今日要政，统于三端，一曰鼓民力，二曰开民智，三曰新民德”。就是要使国家三强：“血气体力之强、聪明智虑之强、德行仁义之强”。三大要政中的“鼓民力”，就是要使人民有强健的身体，有“血气体力之强”。他认为要具有强健的身体，一方面要通过体育和其他劳动练体力，一方面要讲卫生。严复根据进化论原理，阐明了运动强身的道理，他在《原强》（修订稿）中写道：身体“逸则弱，劳则强”；“劳心劳力之事，均非体气强健者不为功。”

资产阶级改良派是中国最早接受近代教育与体育思想的人物，他们提倡近代体育，实际上是对封建教育和封建武举制的否定。他们宣传近代体育的一个重要成果，是在社会上一定范围内形成了“耻文弱”的风气。

这个时期，在西安的有识之士、鸿儒博生中，也激荡着求存图变、革新改良的思潮。陕西的维新思想家、今文经学家、近代教育家刘古愚等教育家们，在19世纪70年代开始改革陕西的书院教育，将著名思想家、教育家冯从吾先生讲学的关中书院改为陕西师范学堂，将兴于明朝的宏道书院、味经书院、崇实书院合并为宏道工业学堂，西学之风、体育教育一时兴起。

二、实施新政，体育制度初现端倪

1901年（光绪二十七年）1月29日，清政府颁布了“新政上论”。教育近代化改革，是清末新政时期的一项重要内容。废除科举制度，使近代教育在形式上得以确立。同年9月，清政府谕令各省，所有书院于省城均改设大学堂。新式学堂的数量迅速增加，体育课也在新式学堂中普遍开设。

1904年（光绪三十年），清政府颁布《奏定学堂章程》，其中对各学堂设“体操”一科均有明文规定。如蒙养院教以游戏；小学堂教以普通体操与有益之运动，以兵式操为主，每周3学时；中学堂教以普通体操与有益之运动，加兵学大意，以兵操为主，每周 2 学时；高等学堂教以普通体操、兵学与有益之运动，以兵操为主，每周 3 学时。

三、推进发展，体育管理初成建制

1904年（光绪三十年），清政府始设学部（相当于教育部）。嗣后，于1906年（光绪三十二年），在全国各省、县相继设立“提学使司”和“劝学所”，其中设有负责体育事务的官员，社会体育则多由基督教青年会等单位操办。同年，陕西提学使司成立，掌一省教育行政，稽核学校规程，征考艺文、师范等，辖总务、专门、普通、实业、图书、会计六科，置提学使一人（提学使为余子厚），科长六人，以及司事、书记等，从而使陕西政府部门有了兼管体育的组织。从此，西安有了管理体育的政府部门。

第二节　学校体育的萌芽初现

清政府颁布的《奏定学堂章程》中，规定体操（时称兵式体操）为学堂必修课，体育开始进入教学课程。这一时期是西安近代体育的萌芽时期，也是学校体育的萌芽时期。这一时期的学校体育课程设置与内容、课外活动、体育师资与场地等方面初具近代体育的样态。

一、西学渐入，学堂体育迅速萌发

清末新政时期，清政府开始在全国兴办新式学堂，西安的新式学堂如雨后春笋般成立了。陕西巡抚魏光焘于1898年（光绪二十四年）向清政府备案建立游艺学塾，标志着西安具有近代教育学堂的建设开始兴起。从1898年（光绪二十四年）到1911年（宣统三年），西安建有大学堂1个，中学堂6个，高级小学10个，初级小学348个；一部分学堂由传统书院改建，另一部分为新建而成。这些学堂，皆以“抗外患、济时艰”为教育宗旨，以“中学为体、西学为用”为办学方针，教育方式采取班级授课制，课程内容包括西方自然科学与军事、工业、农业和商业等专科应用知识，德育则要求“尊重经训，以端其趋；博览子史，以观其变”，体育以德式体操为主要内容。这个时期，西方近代体育在西安蓬勃兴起了。

这时的学堂，主要为军事学堂、普通学堂、教会学校三类。各类学堂均按照《奏定学堂章程》开设体操科。

（一）军事学堂

1. 陕西武备学堂、抚标随营武备学堂、陕西陆军小学堂

陕西武备学堂　1898年（光绪二十四年）6月，陕西巡抚魏光焘，在西安西关大营盘以北修建校舍，仿照北洋武备学堂在陕西建立第一所近代军事学校——陕西武备学堂。该校的建立标志着近代兵式体操传入西安。是年夏，该校选拔学生70人，借贡院（今西安东举院巷附近）开学上课。翌年春，学堂迁入西关新校舍。魏光焘委派督粮道丁士彬为该学堂总办，聘湖北武备学堂毕业生、补用游击廖化龙等为教习（教员）。陕西武备学堂学制为三年，课程分自然学科和军事学科两大类。自然学科主要有天文、地理、格致（物理）、测绘、算学、外文等；军事学科主要有兵法、操法、军器、战史、营垒和枪炮射击、各种阵法等。 该学堂共举办了两期，培养学院150余名，著名毕业生有井岳秀、刘五、马子健、彭世安、冯华堂。

抚标随营武备学堂　1898年（光绪二十四年）9月，魏光焘又奏请获准，仿照直隶武毅军有关

章程，在抚标教场开设抚标随营武备学堂，分期调训、轮训绿营各部初级官佐。

1902年（光绪二十八年），新任陕西巡抚升允将地处西安西关的陕西武备学堂并入随营武备学堂。不久，又去掉“随营”二字，令该学堂迁至西关旧址上课。1904年（光绪三十年）夏，当局挑选学术兼优的高年级学生张凤翙、白毓庚、张益谦、魏国钧等，以陆军部名义保送日本学习军事。这是西安暨陕西派出的第一批官费留学生。次年夏，张凤翙、白毓庚等少数学员率先秘密加入中国同盟会。

陕西陆军小学堂　1906年（光绪三十二年），奉清陆军部命令，陕西武备学堂更名陕西陆军小学堂，张藻等先后担任该校总办。翌年秋，该学堂又选送钱鼎、张钫等30人入保定陆军军官速成学堂学习。入校后，钱鼎、张钫等10余人先后秘密加入中国同盟会。

1912年6月，该小学堂更名为陕西省陆军小学校。其后，又改称陕西陆军测量学校。20世纪20年代初期停办。

2. 第二陆军中学堂

1904年（光绪三十年），清政府决定在北京、西安、武昌、南京各创办一所陆军中学堂，为新编陆军各镇、协培养初级军官。于是，陕西当局以西安原抚标教场为校址筹办第二陆军中学堂（按，北京命名称为第二陆军中学堂，时人习称陕西陆军中学堂），负责招收培训陕西、甘肃、新疆、四川等地陆军小学堂的优秀毕业生，学制两年。1908年（光绪三十四年）初，该学堂开学，第一期有学员340人，分习步、马、炮、工（程）、辎（重）等专业。

（二）普通学堂

游艺学塾　1894年（光绪二十年）由萧开秦在西安崇化书院旧址（今西安高级中学旧址）创办游艺学塾，后合并于陕西中学堂。

陕西中学堂　1898年（光绪二十四年）年7月，陕西中学堂在西安北院门西安府试院内建立，是陕西省第一所正式中等学堂。开办一年多，因慈禧逃至西安，校舍改作他用，学堂停办。

陕西大学堂（亦称关中大学堂，西北大学前身）　1902年（光绪二十八年）1月，陕西大学堂在游艺学塾的旧址（今西安高级中学旧址）基础上设立，成为西安市也是陕西省首所近代高等学校。1906年（光绪三十二年）改建为陕西高等学堂。教习由清朝进士举人、国外留学生和国内大学生担任，还有少数外籍教师，影响较大的有郜力子、狄楼海、李仲特、宋元凯等，日籍教师有足立直六、铃木直等，开设课程包括讲经、英语、算术和体操。

陕西师范学堂　1903年（光绪二十九年），陕西师范学堂由关中书院改建而成，1912年改为陕西省第一师范学校，学习科目亦有体操科。其中很多学生成为辛亥革命的中坚力量，著名的有寇遐、王烈和杨瑞亭。

陕西实业学堂　1904年（光绪三十年），在西安西关南火巷成立。

陕西农业学堂　1908年（光绪三十四年），在西安西关成立，后与陕西实业学堂并入西北大学（今西北大学校址）。

陕西存古学堂　1909年（宣统元年），在西安贡院旧址成立。

陕西法政学堂　1910年（宣统二年），在西安老关庙什字万寿宫成立。

清末西安小学堂学生上体操课

（三）教会学堂

在这一期间，外国传教士先后有五个教派差会进入西安传教。一是1885年（光绪十一年）至1887年（光绪十三年），英国浸礼会传教士莫安仁、敦崇礼、邵涤源等先后从山西太原入陕，经三原县来到西安东关长乐坊东新巷内设立差会，建立了第一座基督新教教堂，开始传教。浸礼会在西安基督教界是历史较长、影响较深的一个教派。1903年（光绪二十九年），在西安长乐路南东新巷教会礼堂南侧建立了尊德学堂（后改为尊德女子初级中学，1941年秋设高中部，又更名为私立尊德女子中学），同年，在西安东关建立乐道学校（小学），1906年（光绪三十二年）在东关建立崇真中学，在南新街建崇德小学，东新巷建崇真小学。民国期间还建了若干学校。二是1892年（光绪十八年），美国的北欧教派组织的内地会。瑞典籍牧师傅仁颂等，从上海来西安成立“协同会”，在西关正街建教堂传教，在西门里骆驻巷口设差会总机构，并办神学，在南关围墙巷建使童学堂。三是1894年（光绪二十年），瑞典一个教派组成瑞华会，从山西派传教士符励恺到陕西大荔设教堂传教。四是1915年，美国基督复临安息日会来到西安，在西关南火巷建址，后在北草滩建陕西三育学校。五是美国安立甘会来西安成立中华圣公会陕西传道区，在西安城内北大街临西华门购地皮、院落四十余亩，建造景风堂及会所房屋并筹办学校，发展西安郊区各分堂。近代基督教进入西安传教，兴办现代教育、开设体操科并开展体育活动的历史，也是一部中西体育文化碰撞、交流、融合和沟通的历史，其中既有文化开裂的创伤，也有促进近代体育发展的收获。

二、体育教学，课程制度初步建立

《奏定学堂章程》对各级学校的体育课程设置做了规定，并对课程内容、目的进行了说明。其《学务纲要》中规定了体操科的内容，有普通体操和兵式体操，标志着近代体育教学制度初步建立。西安各学校普遍实施，形成了基本规范。

陕西大学堂的教学内容和课程设置，贯彻“中学为体，西学为用”的宗旨；开设体操科，每周二、四、六为体操时间。1907年（光绪三十三年），举办优级师范学科，开设体操科，具体课程内容包括柔软体操、器械体操和兵式体操。

1905年（光绪三十一年）前后，体育教学在陕西陆军中学堂、陕西高等学堂也相继展开。

1906年（光绪三十二年），西安学界在“废科举、兴学堂”运动影响下，按照主管教育的学部相关要求开设体操科。柳巷初级小学堂、陕西高等学堂、尊德学堂、陕西师范学堂等学校，除向学生传授兵式体操、田径、篮球等项目外，还辅以赛跑、跳高、跳远、单杠、双杠、棍棒操和普通体操。

1898年（光绪二十四年）至1909年（宣统元年），陕西中学堂、陕西武备学堂等课程中设有体操科。其内容都是简单的“立定”“稍息”“托枪”“开步走”之类。在教学方法方面，陕西中小学体育教学方法无统一要求。教育部颁布新学制后，高等小学、中等学校尤重军事操练。

三、课外活动，体育运动逐渐展开

在新式学校中，起初只有陕西师范学堂、陕西实业学堂、陕西陆军中学堂、陕西中学堂等学校设立早操，学生在课外自发开展一些体育活动。1907年（光绪三十三年）后，形成了学生每天进行20分钟以体操为主的早操制度。陕西高等学堂规定早操活动内容以体操为主，课后进行球类、田径活动。

清末新政时期，西安驻军内部也广泛采用西方兵操训练。1902年（光绪二十八年），西安开始举行以习练洋操为主的春、秋两季会操。1904年（光绪三十年）2月26日至27日在西安举行春季会操，项目有步伐、打靶等，参赛者为常备新军、马步、炮队、抚标、城守巡各军。赛后优胜者获奖，不合格者继续练习。

这一时期，西安近代学校体育和军事体育都得到了一定的发展，但尚未成为民众体育的主要内容，并且学校体育只设体育课而无体育制度，竞技体育和各类体育比赛尚未开展。

陕西第一师范附校第七次运动会童子军徒手操表演

四、延聘名师，体育师资相对加强

随着学校体育的快速发展，体育师资严重匮乏成为制约西安体育教学发展的难题，往往多个学堂同聘一人，陕西高等学堂和陕西师范学堂就同时聘用董明铭任教。学校甚至还要远涉外地聘请教师，其中庞建堂、董雨麓就是为西安体育发展做出突出贡献的著名教师。

庞建堂，山东人。1905年（光绪三十一年）毕业于武昌武备学堂，适逢其山东同乡曹鸿勋调任陕西巡抚，庞建堂便跟着到陕西任职，受聘陕西陆军中学堂体操教习，军事体操开始进入西安学校教育。庞建堂在陕西陆军中学堂任教三年，他擅长军事体操、器械体操，如单杠、双杠、平台、木马等，教练得法，深受学生们的爱戴。辛亥革命时，他积极响应，带领部分新军保卫军装局和守卫藩库。后随张伯英参加东路战役，战役结束后，驻守潼关，并在水北门训练体操兵。1916年，他的学生陈树藩驻兵汉中，庞建堂在北教场训练士兵。陕西靖国军成立后，于右任为司令，胡景翼为总指挥，屯兵陕西三原，庞建堂为其训练士兵，成绩显著。

教师示范双杠

1909年（宣统元年），陕西提学使余子厚筹办女子师范学堂，特聘湖南省桑植县武术家董雨麓来校执教体操科。董雨麓的到来，使西安的体育教学水平得到很大的提升，教学条件也有较大的改善。同年，他在陕西高等学堂修建了西安首座开展体育锻炼与竞技比赛的风雨操场（时称“七间大厅”，地址在今陕西日报社内），也是西安第一位在专业操场进行教学活动的体育教师，他和“七间大厅”共同成为西安体育教育史上的里程碑。董雨麓开始担任体操教习时，面对学生年龄大、基础差、场地简陋的实际困难，他苦心钻研、反复修改教习内容，教学方法采用先讲解，后示范，最后单个教练和集体演练，灵活多样，效果很好。在课程内容上设置有兵式体操、哑铃、单杠、双杠、棍棒、摔跤、刺杀、足球、赛跑、跳跃和游泳等，同时，加强学生课外活动，要求学生每天清晨做早操，下午课余踢足球、做游戏。民国时期，临时政府将学堂改为学校，课程设置有了新规定。董雨麓根据新的要求，将体育课内容做了较大修改，并增加了水上运动项目，并在大南门外的护城河（今南门外西侧护城河拓宽处）设计修建了竞漕场，练习水上划船。1912年后，他每年都举办学校运动会，项目先后计有100米、220米、440米、1英里赛跑和跳高、跳远比赛，兵列体操、哑铃、棍棒团体表演赛等。1913年，在南门外竞漕场举办了一场竞漕赛，选手们身着短衣、短裤，分乘数只小船进行划船竞速比赛。董雨麓组织的这些竞赛活动产生了很大影响，促进了学校体育活动的发展，同时还引起社会广泛关注。1917年，他担任私立成德中学（原北大街长安县模范小学校址）校长，十分重视体操科，并亲自兼任体操教员，经常和学生一起活动、指导学生练习。

学校教师集体做体操

随着西安新学校的增多，仍面临体育教师缺乏的窘况，董雨麓为解决师资问题，于1921年9月联络同人创办体、音、美专科，开创了西安学校体育人才培养的先河。同年，李景耀（后任陕西省教育厅体育督学）在董雨麓等人支持协助下，创办西安大莲花池私立体育学校，为西安培养本土学校体育人才奠定了坚实基础。

1923年，北洋政府教育部将学校体操科改名为体育课。董雨麓任陕西省第一中学（今西安市二十五中校址）校长。他不但关心本校的体育，也关心其他学校的体育活动。每天早晨他轮流给私立成德中学、陕西省第一中学、陕西省第三中学（今西安市四十一中校址）教授早操，起早贪黑，从不间断。董先生这种献身体育事业的精神，受到各校师生的赞扬，也得到各界人士的好评。可惜不久后军阀混战、时局动荡，他不得不离开西安。董雨麓在西安的十多年中，致力于学校体育事业的发展，贡献极大。

第三节　竞技体育项目的传入

随着新学兴起，各种西方近代体育项目也随之不断进入西安，西安体育走上了全面发展的道路。

一、田径项目

1898年（光绪二十四年），田径运动传入西安，在陕西巡抚魏光焘倡议下，陕西武备学堂率先开展此项运动，课程中设置跑步、跳跃等田径项目，成为田径传入西安的重要标志。陕西大学堂、陆军中学堂、女子师范学堂等也相继开展，尤其是董雨麓在陕西大学堂任教期间，教授跑步、跳跃、投掷等田径项目。此后，西安一些学堂普遍开展田径教学。

二、兵式体操

1902年（光绪二十八年），兵式体操被引入西安。英国浸礼会传教士邵伯清在西安创办乐道学堂，正式开设体育课程，主要项目为体操。同年，陕西学政呈请光绪皇帝批准，西安学校在春、秋两季练习体操。1904年（光绪三十年），清政府仿照日本学制颁布《奏定学堂章程》，规定体操为各类学校必修科目，体操逐渐在西安各学堂兴起。

1909年（宣统元年），董雨麓在陕西高等学堂教授兵式体操、哑铃、单杠、双杠等项目，要求所有学生训练时必须穿着操衣，将长辫子盘在头顶以适应体操运动要求。此后，日本教习和福音教徒也先后来到西安教授体操，使体操运动在西安得到普及和推广。

省立一师实小田径赛运动员合影

三、足球项目

1907年（光绪三十三年），陕西师范学堂聘请的日本教习在校内首倡足球运动，成为现代足球传入西安的标志。同年，陕西师范学堂、陕西高等学堂和宏道高等大学堂（位于陕西三原）各选8名学生前往日本学习，学员景育徵、茹卓亭等人回到西安后大力倡导足球，使该项运动在西安得以推广。此项运动开始在部分小学开展，主要有西安敬业小学、同志小学、洒金桥小学、长安县小学等。当时由于足球购买不易，橡皮球成为代用品。之后，各中学开展足球运动，私立成德中学、圣公会中学、民立中学、陕西省第一中学与陕西省第三中学均有实力较强的足球队，常进行校际比赛。

四、篮球项目

1905年（光绪三十一年），北美青年会派遣来华的美国人莱会理将篮球运动传入中国。1917年，西安市中华全国基督教青年会的美国传教士聂萝九、北平高等师范学校（今北京师范大学）毕业生李景耀和在北平、天津、上海的大学生所组织的“陕西同乡会”相继将篮球运动传入西安。1919年，私立成德中学首先在课外活动中增加篮球项目。

五、排球项目

1905年（光绪三十一年），排球运动传入中国。1912年，西安部分学校开始推行排球运动，时称“队球”。

六、乒乓球项目

1904年（光绪三十年），乒乓球运动传入中国。民国初年，西安开始出现乒乓球运动。

第四节　传统体育的继承和发展

传统体育是中华各民族流传下来的体育活动。尽管鸦片战争后，近代体育项目开始传入西安，学校和军队开始实施与西方体育相关的“洋操”，但是落地生根、发芽开花还是比较缓慢，为西安固有的传统体育的发展留下了较大空间，使西安传统体育得以较好地传承与延续。西安广大城乡民众仍以传统武术体育活动为主，军队中也流传着传统武术活动，同时，在少数民族体育活动中武术也是重要组成部分。广大人民群众喜闻乐见的是传统民间体育，项目有射箭、击剑、围棋、象棋、拔河、秋千、举石、掰腕子、抽鞭子、赶老牛、打弹弓、击木、打石头、打毛蛋、踢毽子、跳绳、跳皮筋、持子儿、地棋、打尜、放风筝、游水等。除上述各种传统项目外，西安传统民间体育游戏还有斗鸡、捉迷藏、跑风车、打水枪、骑竹马、踏青、登高、爬山等多种形式，而且形成了耍社火、耍狮子、跑旱船、踩高跷、扭秧歌等融体育和舞蹈于一体的民俗性体育活动。这些体育项目以“健身自娱”为目的，具有因地制宜、简便易行的特点，场地可大可小，人数可多可少，时间可长可短，器具简单易制，由群众自发组织开展。

一、民间武术习练成风

清朝禁止民间习武，因而武术多与民间团体和社会教派相结合，在民间秘传。清初以回、汉为主体的西安武术活动普遍开展，民间武术表演风行，摆场子、打拳比比皆是，互相“撵拳”（比赛），并形成了“开场的线锤压阵刀、外场的搭手跑拳、内场的排手排棍”的乡俗和制度。各种不同的武术流派及理论也渐渐完备，主要有红拳、心意六合拳、太极拳、白猿通背拳等。

（一）陕西红拳流传甚广

陕西红拳，是关中本土产生的主要拳种，西安是陕西红拳传承、发展的中心，也是陕西红拳传承人聚集的中心。

红拳拳法承袭宋元，盛行于明清，集内家外家拳之长，套路繁多，技法全面。它以撑补撑斩为其母，勾挂缠粘为其能，化身闪绽为其妙，钻身贴靠、腿法凌厉、刁打巧击为其法，享誉武林。红拳传域甚广，有豫红、陇红、川红、滇红等，在关中最为普及。清朝时，以“大小红拳、关西拳”（见《清稗类钞》）享誉武林，且红拳宗师辈出，代有名家。乾隆年间有千阳宋朝佐、凤翔师宝龙和耀州郭崇志，道光咸丰年间关中并出“三三四”（即三原鹞子高三、临潼黑虎邢三、潼关饿虎苏三、耀县通背李四）。故宫博物院藏《军机处录副奏折・农民运动》也记载：清代，山东河北交界地区传习红拳者颇多。

红拳宗师高占魁，陕西三原人，高家拳创始人。砺盘功精，手、背、腿独步一时，有飞腿之誉，人称鹞子高三。关中红拳，多属高氏传授。高占魁的武功，经十多年磨砺，已经到了炉火纯青的阶段，无论身法、打法、器械、轻功等都是绝妙非凡。他不断总结自己的经验，在少林拳和红拳的基础上，博采众长，创立了以江南的身法、山东的打法、河南的跑法、陕西的刁法为核心的“撑补为母，化身为奇，勾挂为能，刁打为法”的陕西“高家拳”。高占魁晚年授徒传艺，整理红拳，使其在招数套路、拳功技能各方面系统化。他将红拳广为传播，西至甘肃平凉，南到秦巴川楚，北出榆关，东到晋中，对红拳技艺发展贡献颇大。

红拳宗师邢福科，西安市阎良区武屯镇（1987年，武屯镇由西安市临潼区划归阎良区）人。人称黑虎邢三，是红拳邢派的创始人，关中红拳四杰之一。邢福科自幼习武，得红拳真传，精研九拳和八卦步法，擅撑斩云靠母子棍法，练就一身软硬功夫，尤以铁砂掌著称。他与潼关红拳高手饿虎苏三、三原的鹞子高三义结金兰，常在一起切磋武艺。他从咸阳渭城九莲寺武僧刘禅处，学得十二连环通背拳和“疯魔三棍”。其秘传二十四母子双头棍法，乃驰名武林的西棍四大名棍之一。他还西走凤翔访教红拳神手师宝龙，以武会友，以“五花神棍”换艺，“师宝龙拳法”和“八卦步法”才得以流传今世。邢福科略通文墨，吸收各家之长，将平、子、醉拳三者精华合为一体，创立红拳邢派，留下了手写拳谱。后收徒传授予泾阳李邦彦，李传予咸阳马庄张汉鼎，张传予咸阳渭城湾李万福，李传予天津来西安的杨宝生。杨宝生为中国体育科学学会武术学会委员、西安市武术协会副主席、西安体育学院副教授，国家武术七段，撰写有《秦汉兵技史略》《红拳探讨》《红拳宗师高占魁》等论著。

（二）心意六合拳颇受欢迎

清末由河南鲁山人买壮图（回族）的徒弟安大庆、宫显廷（均系回族，长安县人）二人将心意六合拳传入陕西，从此心意六合拳也成为陕西地方回族群众较多习练的武术流派。另外，还有护身拳（亦名护符拳）、十路弹腿等拳种。

心意六合拳的代表人物铁彦彪（1854—1951），人们尊称其铁教师。铁彦彪祖居西安北郊六村堡，是有名的铁锁家传人。他从小喜爱武术，先后师从安大庆、孙杰、安八、刘大方等名师，取众家之长，勤学苦练，内外兼修，终功成名就。他擅长少林拳械、陕西十大盘、心意六合拳、心意大刀、心意三十六联刀、双锏、大枪、硬功和气功十三太保等。铁彦彪从武80余年，武德开明高尚，为人仗义疏财。他继承和创编了拳、械和对练套路100多套，广交陕西各族热爱武术的志士。他从不保守，更无门户之见，为中华武术的发展做出了较大贡献。对许多慕名而来的徒弟，他不但耐心细致地教技术，还管吃住等。为了促进回、汉民族之间的团结和彼此间武艺的提高，每逢回族的尔德节、古尔邦节，汉族的春节、元宵节、中秋节，他都要组织西安市一些回、汉族武术教师和武术爱好者在清真大寺、大雁塔、北大街体育场（今人民剧院处）、革命公园南院（今西安市体育场）等地进行武术表演。铁彦彪还在西安市郊区及渭南、临潼、咸阳、三原、兴平、鄠县（今鄠邑区）等地教了不少徒弟，培养了一批优秀武术人才，如穆志杰、赵云旗、马忠清、马德良、马保良等。其中，穆志杰成就最高。

（三）回族武术品种多样

除汉族外，西安地区还生活有回族、满族、蒙古族、壮族等44个少数民族。各少数民族同汉族人民一起，创造了西安文化，其中也包括体育文化，且以回族武术影响最大。回族武术，善骑射、精狩猎，枪法、刀法精妙，也擅长拳术，形成了富有回族特色的武术套路。主要习练长短兵器、击刺、格斗、摔跤、骑射、抡大刀、举重、硬气功等， 尤以回民七势（亦称回民七式、回民齐势）、弹腿、查拳等，在回族群众中广为流传。

二、中国象棋普遍开展

西安开展中国象棋活动，历史悠久，非常普及。回民马玉刚曾于清光绪年间在西安麻家什字设立象棋擂台，击败省内外众多攻擂名手，与北京傻贝子、广州李荣、温州陈笙、镇江巴天斗，同为晚清中国象棋强手。继马玉刚之后崛起的棋坛双星，是薛景山和白云峰。稍晚于薛、白二人的是棋坛四大金刚——赵鹏程、王新民、秘洞和尚、尹和亭。雄踞金刚首座的赵鹏程（小名栓柱）曾在易俗社剧场门口卖瓜子谋生。

三、传统游戏广为流传

举石　西安城乡盛行举石运动，包括耍石锁、举石担、撂碌碡（石磙）等。这种举石活动，要求石块离开地面一尺，是受古代武举扛鼎的影响传承下来的。清代武举考试中，也有按重量举石，分为三个型号：一号重300斤，二号为250斤，三号是200斤。按练习方法不同，耍石锁可分为提、拉、举、抛、接五种动作：提是一手一个或两个石锁向上提，反复进行；拉是人站在高处，预先下蹲，每只手各提一只石锁，然后用力伸腰拉起，反复进行；举是一只手握一石锁，或两只手各握一石锁，放在肩上推举，反复进行；抛、接是抓起石锁向上抛，待落地前接住，或两人互相抛接，反复进行。揭碌碡多在庄稼收获以后，年轻人聚集在打谷场上比赛，谁将碌碡横着揭起竖立的次数最多为获胜。这是一项简单易行的力量型传统体育项目，在农村深受青年人喜爱。

击木　这是一项历史悠久的民间传统体育游戏，俗称“打台”，在西安农村地区较为流行。先在平坦处画两条线，分别为底线、端线，两条线之间的距离一般在10米左右。玩要者各持一根木棒，大小不限，站在底线处将木棒往端线处投掷，待木棒落地后，以最接近端线者为主攻方，其他人为被攻方，随后比赛正式开始。以两人比赛为例，被攻方持木棒站在底线处向端线处抛木棒，待木棒落地后，主攻方用自己的木棒设法将对方的木棒击过底线。若一次击过底线，这场比赛就算结束，两人重新站在底线处决定谁是主攻方。若一次不能击过底线，被攻方可以用自己的木棒击主攻方木棒过底线，直至一方木棒被击过底线，即本场比赛结束。击木游戏运动量较大，玩要者以青壮年为主，儿童玩要时通常采用小木棒、小场地的方式。

打毛蛋　此项活动历史悠久，为民国时期深受西安地区青少年喜爱的一项体育活动。毛蛋多以棉花、羊毛做芯，用线缠成圆球形状，似垒球大小。打毛蛋多在庭院或广场等开阔地带进行，分为拍毛蛋、绕腿打毛蛋、转身打毛蛋三种玩法。比赛结束后，失败的一方要给胜利的一方“上毛”。所谓“上毛”，指失败一方和胜利一方各出一人，失败方将毛蛋抛起后由胜利方用脚踢，踢起后失败方用手去接。若成功接住毛蛋，则上毛结束。如果接不住毛蛋，胜利方继续上毛。打毛蛋既可采取一对一、二对二的形式，也可根据技术优劣进行一对二、一对三比赛。

跳绳　分为跳长绳、跳短绳两种。跳短绳一人摇，可单人跳、双人跳、多人跳。摇绳方式有前摇、后摇、前交叉、后交叉，跳法分单足跳、双足跳、两足交换跳、计时跳、跳绳跑等。跳长绳为二人摇，也可一人摇，另一端系于木桩之上，多为集体跳。摇绳分为正摇、反摇、双摇绳、多摇绳，两根绳还可组成十字交叉同时摇绳等。跳法可分为跑过、跳过和连跳，在连跳时可做出小兔跳、青蛙跳、前后翻滚、蹲跳、集体八字形等技巧性动作。

地棋　又称“走子”，可视为一种“土围棋”，玩法较多。因在地面上画格比赛，所以得名“地棋”，广泛流行于西安农村地区。棋子简单易备，一般用不同颜色或形状的物品代替，多以纸屑、石块、树叶、草棍等代替棋子。走子种类较多，既通俗易懂，又富有变化，趣味性强，老少皆宜，深受群众喜爱。在西安地区，地棋可分为走牛窝、媳妇跳井、赶场、围和尚、狼吃娃、丢四顶、成方等多种玩法。

掰腕子　活动方法有两种：一种为两人面对面站立，伸左手或右手相握，听到信号同时小臂内旋，用力将对方手臂下压，以先压下者为胜。另一种则为两人隔桌面对站立，伸左手或右手相握，肘关节支撑桌面，听到信号同时小臂内旋，用力将对方手臂下压，以先压对方手臂至触碰桌面者为胜。

抽鞭子　鞭子一般分两种，一种是短鞭杆长鞭鞘，一种是长鞭杆长鞭鞘。短鞭杆长鞭鞘的鞭子，杆长约1米，直径2.5～3厘米，白蜡木或枸子木制成，鞭鞘长约3米，用麻或棉线拧成，从鞭鞘末端1米处逐渐变细。活动方法是使鞭子发响和抽准。发响方法是手持鞭子在头顶平抡几周，然后猛力反向回抽，使鞭鞘在空中发出响声，声音最响者为胜。抽准方法是将鞭子抡起抽打一定目标，以抽中者为胜。长鞭杆长鞭鞘的鞭子，杆长2米左右，根部直径2厘米左右，鞘长2米以上，用细牛筋编制而成。活动方法以抽、打、响为主，比赛时多以打准次数决定胜负。

赶老牛　俗称鬼转子或打木猴，是一项深受儿童喜爱的游戏活动。老牛的学名为“陀螺”，多为木质圆锥体，上大下小，重量和大小没有严格规定。赶老牛的竿子为半臂长的木棍，上系一根绳子。玩耍时先用鞭子绳将老牛缠住，一手扶老牛于地上，一手用力抽鞭子，让老牛在地上转动，然后再用鞭子不断抽打，令其不停旋转。赶老牛可以进行比赛，一是看谁能在最小的范围内转动，二是看谁的老牛旋转的时间最长。

打弹弓　弹弓的制作方法是以一根带杈的树枝或多股铁丝拧成弓架，再用有弹性的橡筋拴在弹弓架上。弹丸一般选用小石子、瓦块或土块，比赛时或以远取胜，或以准取胜。

拔河　拔河作为我国民间传统体育活动，在部队、机关、工厂、学校开展体育活动时很流行。人数相等的两队各持长绳一端，绳子中间系一标记，场地两端各画一条河界。双方人员听到裁判发令后同时用力往回拉拽绳子，先将标记拉过河界者为胜。

打石头　选取两块重约 1 千克的圆形石块，一块放于一边当标靶，距标靶30米处画一条起跳线。参加者手执圆石，向标靶连跳三步，在最后一步落地时投石击标，打中得分，打不中由后面的参加者继续进行。还有一种方式，在离标靶10～20米处用将圆石放在脚背上或两脚夹住圆石的方法投掷。这是一项集投掷、跳跃于一体的传统民间体育活动，深受广大青少年喜爱。此外，打石头活动还分化出打砖、打瓦等类型，活动方法基本一致。

社火　以社为单位“击器而歌，围火而舞”，故称社火。在陕西，社火是抬芯子、踩高跷、跑竹马、跑旱船、耍狮子、舞龙灯等集体游艺活动的通称，是一种靠扮演、造型、技巧取胜的体育艺术。演员扮演成历史人物和现代人物，做出各种高难度的动作，形成故事组合，具有高屋建瓴、惊险出奇的艺术感染力。这种表演与秦腔艺术紧密地结合在一起，来源于古老的黄土地，有着悠久的历史和独特魅力。

每年春节，各乡各村由群众自发组织，抬芯子、跑竹马、踩高跷、耍狮子，走村串户，十分热闹。这种喜庆活动，关中称“耍社火”。社火分大耍和小耍，小耍即只出柳木腿和平台子。社火中的精华，是高难艺术“芯子”，即在一个专用的桌子上，固定一根形状各异的拇指粗的钢筋，约两米高，用色纸在上面做出各种造型，如棉花、果树、纺车、龙、虎等世间百物，然后按其内容把男女孩童（年龄一般为四五岁）装扮成戏剧人物，站立于顶端，少则一人，多则十余人。或并立，或叠置，或横卧，或倒立。有的双臂摆动似行走，有的似荡秋千，高悬在10米高空，场面惊、险、巧、奇。

社火中的高跷往往成群结队而行。艺高胆大的艺人，走起路来故意歪歪扭扭，显得摇摇欲倒，让人捏一把汗；有的行走间忽然劈一个双叉，坐在地上撒娇，当别人去扶时，身子一纵，突然又跳起来，立刻引来观众的喝彩。

耍社火颇具古风，竖起几十面三角形狼牙边的大旗，上书各个乡村之名；敲上威风锣鼓，锣鼓手少则数十，多则上百人。打锣鼓有一定的套数，分老曲、新曲、紧三火等。老曲雄壮浑厚，新曲悠长明朗。旌旗猎猎，铳炮轰隆。若在街上和其他村的社火队相逢时，讲究礼让。先到者闪到一边，后来者先走，这明是礼让，暗则是挑战和较量，鼓声一时大振，都想以气势压倒对方。各家的社火扮演人物，使出浑身解数，以动作、语言、花样等吸引观众。虽然带有竞赛性质，却从不评名次，好坏标准自在群众心里。

跑旱船　由女子扮驾船姑娘，男子扮引船艄公，载歌载舞，紧密配合，表演各种戏剧性的情节。

这个时期，西安城市处在特殊的动荡之中，清皇室躲避战祸而驻跸西安，说明这时的西安社会环境相对稳定，但政治思潮的冲突激变却非常明显，光绪新政也是在这里应运而生。新式学堂正是因为这样的社会背景而被迅疾引入，所谓西方近代体育的各种项目以“洋”名头、新时尚的光环，使西安体育出现新的生命力。同时，经久流传的民间传统体育项目在民间依然呈现出强烈的生命力，这种“土”体育俨然还具有深厚的生存土壤。这种“土”“洋”相互并存，此消彼长的格局，应是这一时期西安体育的显著特点。

第二章　革旧立新，近代体育基本形成

（1912—1949）

民国时期，西安战乱频起，社会动荡，民生凋敝，人口锐减。在教育变革、体育发展的过程中，受到了多种因素的制约。一是城区格局的局限。自明清以来，城市的军事功能逐步强化，经济、文化和市政等方面未能得到相应发展。西安城的大部分城区人口集中在东西大街、东关城门一带，西安城的东北部是一座城中之城——满城，不准汉人随意进出，与城内其他部分基本隔绝，严重束缚着西安的发展。1912年，陕西都督府下令拆除满城西、南两面城墙，使西安城重新连为一体，为近代西安城市建设提供发展空间，为西安体育发展创造了有利条件。二是战争频发的干扰。从辛亥革命到1926年，西安在北洋军阀的统治下，城市发展较为缓慢。军阀混战也使西安深受其害，其中以1926年军阀刘镇华的“围城”最为严重，这场灾难使西安城内死亡5万人以上，几乎占当时城区人口的一半。三是城市经济的制约。1927年，陕西省政府决定设立西安市，这是西安首次设市。1928年，西安市政府正式成立，驻五味什字，仅限明城墙内及四面城关，四周皆属长安县辖区，是典型的“县中市”。1930年，国民政府颁布《市组织法》，提高了设市标准，西安市由于人口不足20万，未达到规定的标准，被撤销市治建制，辖区复归长安县。这一时期，西安各项近代化事业发展明显落后于沿海城市。时人感慨：“西安古称帝王之都，昔年文物之盛，为全国冠。然时移世易，自吾国海禁开放以来，沿海各埠工商各业之组织，焕然一新，其蓬勃气象，与时俱增。独西安地处西北，交通阻隔，凡百经营，都属简陋，即偶有一二近代规模之组织，亦因环境不良，运输阻滞，或以经营不利致遭失败，或以资本脆弱难于维持……若与东南各省新兴工业相较，更觉瞠乎其后。”1932年，西安被定为“陪都”，西安城市有了较快发展。到1945年，人口上升到60万左右。这是由于西安地处抗战后方，局势相对较为稳定，同时作为“陪都”也获得了国民政府政策的倾斜，加上东部沿海地区工商业和学校内迁、陇海铁路延伸到西安等因素，使得西安迅速成为大型近代化城市。随着城市化程度提高，经济文化渐次繁荣，社会生活相对平稳安定，西安的体育运动也随之发展起来了。

西安体育，一方面在接纳吸收西方近代体育文化和传承发扬本土体育文化中成长，一方面在轰轰烈烈的革命浪潮中接受洗礼，推波助澜，发挥着重要的作用。1911年10月10日，武昌起义，22日西安也爆发了由同盟会领导的反清革命，新军、会党、刀客踊跃参与，拉开了北方各省起义的序幕。从辛亥革命、护法运动、护国运动、五四运动、五卅运动、九一八事变、西安事变、七七事变直至中华人民共和国成立，在投身新文化运动，驱逐北洋军阀陈树藩、刘镇华，呼吁抗日救亡，拥护张杨兵谏，奔赴抗日前线等一次次革命的关键时刻，西安各种体育组织都积极参与，表现出强烈的关注国运民生的武德精神，敢于奋起抗争的侠义豪情。西安体育文化就在这些血与火的考验中发展壮大。

第一节　民主主义体育思想的传播

辛亥革命爆发，极大地推动了中华民族思想解放，并以巨大的震撼力和影响力推动了中国社会变革。新文化运动的深入发展和马克思主义在中国的传播，对中国体育思想领域产生了深刻的影响，一些进步民主人士开始运用近代科学观研究体育，进而倡导新体育。1919年前后开展的新文化运动，是中国近代史上的思想启蒙运动。新文化运动的领导人认为，此前学习西方的实践和努力之所以收效甚微，根源在于国民的素质较低，必须打破封建主义旧文化对国民的束缚，用西方资产阶级民主主义新文化改造国民性，才能使中国人甩掉“东亚病夫”的帽子。辛亥革命前后，为了“强种救国”，孙中山、黄兴、秋瑾等人皆倡导过军国民主义教育思想。中华民国第一任教育总长蔡元培，正式提出了军国民教育。1912年，教育部训令全国各学校注重军国民教育，要求办学人员“引导学生于体操正科外，为种种有益之运动，专门以上学校，体操不列正科，尤宜组织运动部，随时练习，以免偏用脑力。每年春秋两季，应酌开学校运动会，互相淬砺，以惰弱为耻，以勇健为荣，庶学生体躯日强，智德因以增进。处兹外患交迫，非大多数国民具尚武精神，决不足以争存而图强也”。这一时期，有识之士对体育的解读和认识更加接近于近代体育的本质，即体育不仅具有强兵、强种的工具性，还是人的一种需要，对人的全面发展也具有重要的作用。球类、田径等生动活泼的体育项目开始取代操课类，竞技体育、体育表演、休闲体育开始大量传入并被人们接受。各类体育比赛、体育组织、体育专门学校开始出现，体育由此进入一个更高层次的发展阶段。

一、体育教育思想

第一次世界大战以后，在世界范围内，由于教育理论的发展和一些新的教育学说流行，各国体育都有不同程度的改进。总的趋势是：以培养“军国民”或“优良士兵”为目标的生硬枯燥的体操体系渐次衰落，而康健身心的生动活泼的田径、球类等户外运动、游戏则成为体育的中心内容。此种变化在中国也很快出现。当时正在兴起的五四运动，加速了学校体育更新的步伐。1919年10月，第五次全国教育联合会的决议案中指出：“近鉴世界大势，军国民主义已不合新教育之潮流，故对学校体育自应加以改进。”此后，一些学校纷纷自行废止兵操。1922年至1923年，北洋政府教育部在公布新学制（又称“壬戌学制”，系仿照美国学制而制定）及其《课程纲要草案》时，正式将学校“体操科”改为“体育科（课）”。规定体育科内容以田径、球类等运动、游戏为主，并一律剔除了兵操。这是中国近代体育史的一大进步。20世纪20年代以后，学校体育课与课外活动的内容渐趋统一，竞赛性运动在中等以上学校普遍开展起来。许多学校都成立了运动部和各种运动代表队，学校与学校之间经常进行比赛。

二、自然体育思想

新文化运动期间，美国教育哲学家杜威来华讲学，提出“进步”与“民主”的主张，这恰恰符合了当时中国社会对民主的迫切需求。美国自然主义体育思想随着杜威的实用主义教育学传入中国，其倡导者们提出“体育即生活”的口号。自然体育思想在中国的传播，对近代体育特别是学校体育产生了重大影响。它为中国带来了较系统的体育理论，强调从人的生理、心理、社会和个人需要的角度看待体育。由于自然体育思想强调人的本性，重视人生的意义，因而成为五四时期批判军国民体育，否定兵操的理论依据之一。自然体育观重视体育对人全面教育的作用，因而提高了体育的地位，促进了人们对体育教育规律、教学方法的研究。它的消极方面在于过分强调个性的自由发展，从而削弱了教师的主导作用，一度助长了“放羊式”教学，同时过分强调体育的娱乐性与兴趣性，忽视了体育增强体质的主要任务。

三、体育思潮骤起

新文化运动与五四运动在对中国思想文化界形成冲击的同时，也动摇了近代中国人旧有的体育观念，促进了近代体育事业的发展。当时，一批国学大家纷纷著述立论，以新的思想、新的作为表达自己对新体育的认识和看法，对当时及后来国人的体育观与体育行为产生了重要的影响。

（一）蔡元培与体育教育

近代教育家蔡元培的体育教育思想内容非常丰富，是完备人格教育的重要组成部分。蔡元培先生的体育教育思想先是受军国民主义思潮的影响，后受英美实用主义教育学的感召，并糅合中国传统体育观，终于自成一格，是中国近代教育思想流变的一个缩影。蔡先生构建其体育教育思想时，最可贵之处在于他能博采众长、兼收并蓄，在求同存异、科学为本的文化交融中实现和发展自己的教育理念，为后世树立了教育大家的风范。他强调体育在全面发展教育中，具有基础和前提的作用；强调体育的普及，反对选手体育；提倡积极鼓励和大力支持妇女参加体育活动。蔡元培的体育观已不是以前简单的号召国人救亡图存，而是注重到个体的身心和谐、全面发展，其体育理念符合中庸和谐的传统精神。因此，蔡元培的体育观就是把德育、智育、体育联系起来，形成密不可分的统一整体，目的是培养健全的人格。

（二）胡适“重在参与”的体育精神

胡适先生自幼身体虚弱矮小，似与体育无缘。因此他在留学时，对美国公众给予体育项目如美式足球等的热情支持曾大惑不解，甚至把竞技场的激烈场面视为古罗马角斗、斗兽之遗风，颇不以为然。但是，在看过几场比赛后，胡先生也被感染，甚至忘我地投入助威呐喊者的行列。他对自己的这种转变写道：“运动会是一种教育，是一种训练，不是一种游戏。不但是体育，还是德育；不单是体格上的训练，又是道德上的训练。”

1928年，胡适为中国公学运动会写了一首情绪激昂的歌词：“健儿们，大家上前！只一人第一，要个个争先。胜固然可喜，败也要欣然……健儿们，大家上前！胜要光荣的胜，败也要光荣的败。健儿们，大家齐来！”看到这首歌词，我们就理解了胡适先生所主张的体育精神：“体育比赛，重在参与，无论胜负，欣然面对，光明磊落，学会做人。”

（三）张伯苓的体育梦想

我国著名教育家、南开大学创始人张伯苓先生认为，要“造就完全人格，三育（指德育、智育、体育）并进而不偏废”，但“德智体三育之中，我中国人所最缺者为体育”。为实施自己的主张，他让木匠制作哑铃。练跳高没有竿、架，就用椅子架一个毛帚；没有木马，就让学生屈身撑膝代之。张先生的执着，终于让现代体育教学第一次叩开了中国塾馆朱漆剥落的大门。也正是在他的启蒙和影响下，1908年秋，南开学生举行了一个别开生面的演讲会。就是在这次会上，中国学生提出了三个奥运“梦想”：中国何时才能派一位胜利选手参加奥运？中国何时才能派一支胜利队伍参加奥运？中国何时才能举办奥运，邀请世界各国选手到北平参加比赛？

从1908年到2008年，整整100年，中国人的奥运梦想终于实现！今天，我们仿佛依然能听到张伯苓先生那果决又令人惕厉的声音：“我觉得不懂体育的，不应该当校长！”

（四）毛泽东《体育之研究》

毛泽东很早就开始研究体育和卫生问题。在湖南第一师范学校读书期间，毛泽东深受杨昌济先生的影响，从未放松身体锻炼和意志磨炼。他经常以冷水浴、日光浴、风浴、雨浴、游泳、登山、露宿、长途旅行、做体操、练拳等方式，坚持不懈地锻炼，取得了强健身体的良好效果，也大大增强了毛泽东研究和实践体育的信心。他开始把体育看成是实现个人抱负，即实现‘自我”的重要途径。毛泽东曾对同学贺果说：“还应该懂得运动的目的，是为了增强体质，以便有充沛的精力搞好学习，担负起改造社会的重任。”从这段话中不难看出，毛泽东从一开始就赋予体育以“改造社会的重任”。从1916年12月9日毛泽东写给其朋友黎锦熙先生（后为中国科学院第一学部委员）的一封信中所谈内容已看出毛泽东体育思想的雏形。毛泽东在信中写道：“今乃有进者：古称三达德，智仁与勇并举。今之教育者以为可配德、智、体之三言，诚以德智所寄，不外于身……闻之至弱之人可以进于至强，东西大体育家若孙棠，若加纳，皆以至弱之身而得至强之敌。弟始闻体魄精神不能并完，且官骸肌络及而定，不复再可改易，今乃知其不然，身心可以并完也，而官骸亦无时不可改易也。”这里毛泽东提出了“德智体应全面发展”“体弱可以变强”“身心可以并完”的辩证唯物主义思想。

1917年4月，年轻的毛泽东在《新青年》杂志上以“二十八画生”（“毛泽东”三字以繁体字书写为二十八画）署名，发表了《体育之研究》。这篇文章，用辩证和唯物的观点全面论述了体育的目的、意义、科学价值和作用以及锻炼方法、注意事项等。《体育之研究》是中国近代较早的一篇重要的体育科学论文，也是毛泽东一生当中发表的第一篇铅印文章。这篇文章是集中反映早期毛泽东体育思想的力作，是毛泽东体育思想形成的标志。

这些体育思想的传播，影响到民国时期西安体育的发展。中国近现代著名政治家、教育家、书法家于右任先生就曾书“运动乃生命之本”，以号召民众参与体育运动。这个时期的西安体育无论从学校体育、竞技体育还是民间体育竞赛等方面都初具现代体育的样态。

第二节 民国时期社会体育的推广

近代以来，西方体育开始传入中国，并逐渐普及与发展。中国体育在西方体育和中国传统体育的相互交流融合中，曲折地完成了体育的近代化转型，体现在政治制度上，就是法规条例的健全、管理机构的建立、各个阶层的重视和积极参与。

一、体育实施条例出台

1927年12月，国民政府大学院（1929年改为教育部）召集一些体育名流，在南京成立“全国体育指导委员会”。该会拟定了《各省体育会组织条例》《省会及通商大埠城市公共体育场办法》等条令，作为整顿和管理社会体育组织的依据，对不符合规定者，予以取缔和制裁。1928年5月，国民政府大学院召开“第一次全国教育会议”，又通过了对高中及以上学生实施军事训练的决议。另外，通过了有关体育学校和体育教师资格的决议案。

二、《国民体育法》颁布

为了规范和指引体育活动，1929年4月16日国民政府颁布了《国民体育法》。为了进一步实施《国民体育法》，国民政府为该法制定了一系列配套实施方案。其立法指导思想即三民主义，其创新思想则兼顾了中国国情，强调立法贵在创新。立法院院长胡汉民认为“保护弱者的思想”便是立法的创新之处。陈肇英委员制定的《国民体育法》第三条，“实施体育之方法，不论男女，应视其年龄及个人身体之强弱，酌量办理等”，在今天的法律中仍然具有借鉴的价值 。

《国民体育法》是体育专门法，共13条。该法规定“民国青年男女，有受体育之义务，父母或监护人应该督促之”。实施体育之方法，由训练总监部会同教育部定之。各自治之村、乡镇、市，必须设公共体育场。高中或者与高中相当及以上的学校 ，均须以体育为必修科。发展体育科研，各县市、镇、乡、村所组织之体育会，应该受该地方政府监督。体育委员须有合格证书，服务三年以上确有成绩者，训练总监予以相当奖励。各级学校，除体育课及早操外，应实施强迫课外运动，每日40分钟至1小时，其办法由教育部订之。提倡民众运动，规定充实“九九”体育节体育活动内容，并利用地方风俗节日，提倡运动比赛等。这套民国体育法规具有下面几个特点：重视立法权威，法律条文从定性到定量，保障妇孺的体育权利，体制比较完善，等等。《国民体育法》也存在以下缺点：第一，没有提到残疾人的体育权利；第二，没有提到体育纠纷解决机制；第三，没有提到法律责任等。

1941年9月9日，国民政府又颁布了《修正国民体育法》。这对于中国体育近代化发展具有重大意义。

三、体育法实施

国民政府为了进一步实施体育法，制定了《国民体育设施方案》《国民体育实施方针》等配套法规。在《国民体育设施方案》中提到在行政执法系统里设立体育督学。国民政府于1933年开始特设体育督学一职，由郝更生担任督学，并拟定省市教育行政机关体育行政视察要点、中等学校体育视导要点及体育场视导要点，作为督导考核的依据。

在此形势下，当时的西安政府较重视体育发展。私立成德中学举行第一次全校运动会，比赛项目达40余种，观众千余人。时任陕西督军的冯玉祥派张允荣、任佑民携带20个银圆赠品到会祝贺，并致贺词。贺词曰："运动之本旨在强健身体，我国为文弱之邦，欧美各国称吾人为东亚病夫，十人九病，于求学上，于做事业上，皆无健全之精神。语云健全之道德注在健全之身体。外人既以病夫称吾人，吾人宜如何羞愧，奋勉将此二字取消。"

冯玉祥驻陕期间，较为重视体育事业，使西安近代体育得到较快的发展。早在1912年冯玉祥担任营长时，他就在自己的部队中成立器械体操班，要求人人参加体操锻炼。冯玉祥的西北军是近代史上一支军纪严明、能征善战的劲旅，其中西北军大刀队以武术为专长，抗日战争时期与日军作战时威名远扬，成为中华民族以武术为手段进行抗暴御侮的光辉典范。

为在民众中推广体育项目，养成锻炼习惯。1933年3月陕西省教育厅设立体育委员会，直接管辖西安全市体育工作，1942年6月后由西安体育协进会协助陕西省教育厅体育委员会组织开展全省及全市体育工作。这一时期，西安举办了3次全国运动会和多次地区、省市运动会，并参加了国际奥林匹克运动会。西安体育协进会成立后，充分发挥体育在抗战中的积极作用，经常在周末、节假日举办各种友谊赛、锦标赛、邀请赛和表演。这一时期体育运动之风大盛，社会舆论颇有好评。在比赛过程中，常有日寇飞机空袭，解除警报后，比赛照常进行。此类新闻经记者报道后，对鼓舞民心、激励士气起到一定作用。

抗日战争爆发后，中国出现了三种体育样式：国统区的战时体育、沦陷区的殖民体育、陕甘宁边区的红色体育。在西安，主要是战时体育和红色体育。国统区的战时体育，则如教育部颁布的《中等学校体育实施方案》强调抗日战争时期体育应格外注意"国家观念及民族意识之激发""后方服务及国防基本技能之教学""团体组织及野外生活之训练""坚忍、勤劳、忠勇、牺牲等公私品德之培养"。

四、政府组织机构建立

（一）陕西省教育厅体育委员会

1932年9月，国民政府教育部颁布《教育部体育委员会规程》。翌年3月17日，陕西省教育厅体育委员会正式成立，主任宏瑞智，委员安保衍、安竹筠、白润生、郭振邦、白树堂、郭紫俊、杨超雄，并在同年3～9月连续举行六次会议。1933年《陕西省教育厅体育委员会组织规程》（共11条）公布实施。1942年5月，陕西省教育厅体育委员会奉教育部令改建为国民体育委员会，推举7人为常委。1944年1月21日，陕西省国民体育委员会正式成立，至1949年5月，该组织随着国民党陕西省政府瓦解而消亡。

（二）陕西省立第一民众教育馆

1931年，陕西省立第一民众教育馆建立，设五部一会，其中教育部设图书、体育、讲演、游戏四股。

（三）陕西省三青团支部

1939年4月16日，陕西省三民主义青年团（简称三青团）支部在西安成立。嗣后，宝鸡、商县（今商洛市商州区）、渭南、三原等地相继设立了分团部。该组织设有体育组，负责开展团员的体育活动。1940年年初，陕西省三青团支部在西安设立青年服务社，下设俱乐部。

五、体育团体出现

民国初年，现代竞技体育相继传入西安并兴起，体育团体开始建立。率先成立的是民间拳社，最早是1923年成立的回族精一健身会（今回族精一武馆），以开展气功、武术、摔跤为主。

20世纪30至40年代初，全民族抗日情绪高涨，文化体育活动增多，体育团体随之纷纷成立，主要有秦华体育会（1931年前后成立）、陕西省国术馆（1934年成立）、西安黑白体育会、西京业余国术研究会、豫陕国术研究会（1939年成立）、太极拳推手研究会、陕西省国术救国联合会、陕西省国术团体抗日救国援绥大刀队、西北联大体育会、陇海铁路体育会等。1942年2月西安体育协会成立，是全市最有权威性的体育组织。

（一）西安体育协进会

西安体育协进会（简称西安体协），全名为中华全国体育协进会陕西省分会（此时西安行政规格和隶属在变动之中，九一八事变后，国民政府行政院决定西安作为陪都，更名为西京市。1932年5月3日，国民政府成立西京筹备委员会，1933年1月7日，国民政府中央政治会议决议西京市应设为直隶于行政院之市。1942年1月，成立西安市政处，直隶于省政府，辖省会城关区。因而西安体育协进会实质是省级体育组织），成立于1942年6月28日。主任凌勉之，董事共18人，常务董事周介春、王捷三、王季高、陈固亭、章兆直、杨尔瑛、李景耀、马露德、何集中、史国华、张博文、杨爱梅、皮以书、袁瑛。干事共17人，名誉总干事范士奎，副总干事李景耀。设总务、宣传、推动、编审四个组。名誉顾问王陆一、熊斌、胡宗南、谷正鼎。会址设在私人住宅。

1943年3月，西安体协扩大组织，推选李景耀为总干事，史国华为副总干事，增聘马少佑、于世康、司徒桐为干事，吴玉和为专任干事，刘冠杰为秘书。是年5月，西安体协移至北大街青年团西京分团办公。1944年4月，西安体协召开董事会，进行人事更换。会议公推文朝籍、王友直、杨俱英、陈固亭、张博文为常务董事，文朝籍为董事长，李景耀为总干事，何集中、史国华为副总干事。下设总务、裁判、竞赛、宣传四个组。会址先后设在青年团、陕西省国术馆，后迁往革命公园公共体育场办公。嗣后，西安体协因人事更替，成员曾多次调整，直至1949年5月西安解放为止。

在这七年里，西安体协团结全省体育界同人和社会热心体育人士，积极倡导体育，举办各种类型的体育竞赛活动，对陕西近代体育的发展起到一定的积极作用。其中影响较大的体育活动有中（西安体协）韩（朝鲜青年队）垒球友谊赛（1942年6月），平（平利县）朝（朝邑县）救灾篮球赛（1942年8月），赈济豫灾体育表演会（1943年4月），以及农民节体育表演会和国术、马术等项目的表演。

（二）陕西省国术馆

国术，亦称武术。为了更好的传承和弘扬武术，1934年6月成立了陕西省国术馆，地址在西安市北大街（今人民剧院对面），下设教务、训练、局勤等机构。馆长杨瑞轩（富平人，系国民军第二军胡景翼旧部），教练两人：姚德元（长安人）、杨杰（富平人，号称“神腿”）。国术馆成立后，以推广红拳、炮捶、花拳、九拳等地方拳械为主，免费开班训练。在抗日战争时期，国术因能提升民众身体素质和作战能力，进而充实抗战力量，得以快速发展。

1937年1月，陕西省国术界各团体发起组织的陕西国术界救国联合会在国术馆大礼堂成立，由陕西省国术馆吕凤鸣、舒守信等发起组织陕西省国术团体抗日救国援绥大刀队，参加民众两万人，大刀队数百名队员表演了国术。

1940年，陕西省政府公布《陕西省国术组织大纲》，共11条。其中第二条规定：“本省国术馆以提倡国术，增进民众健康，充实抗战力量为宗旨。”第六条规定：“县国术馆之职务如下：（一）关于依法考选国术人才事项；（二）关于国术教练表演事项；（三）关于国术研究及推广事项；（四）关于其他有关国术事项。”1945年，华北各省国术名手在陕西开会，成立国术研究社。1940年前后，聘邀拳师张桐、郑汝平等教授太极、形意、八卦诸拳，馆内又附设太极拳研究社，推广太极拳及太极推手。曾组织国术队、大刀队等表演，募捐抗日。1945年后，由于战乱，机构瘫痪，活动基本停止。

（三）回族精一健身会

民国时期，西安有各种形式的拳社。在西北回民中颇有影响的拳师“铁教师”（铁彦彪）、马青云等倡导与组织下，于1923年成立了回族精一健身会，为陕西最早的武术组织之一。嗣后，又组织了回民青年武术表演团并多次参加义赛，为慰问前方抗日将士、募捐做了大量工作，培养出了穆志杰等大量的武术拳师，为民族团结和武术发展做出了巨大贡献。

（四）西安体育运动裁判会

1942年西安体协成立时有十几个球队，但裁判员十分缺乏。为了培养裁判员并规范裁判员的行为，在西安成立了西安体育运动裁判会，对裁判工作提出具体要求，明文规定竞赛规则，促进了比赛秩序的规范，同时对提高裁判水平和扩大规模都起到了重要作用。主任范士奎，委员有史国华、刘世明、马路德、韩建初、李影。

（五）体育学术团体

西安体育学术团体建立于1919年，即陕西省第一师范学校成立的健身会。随后，一些地区性的专项学术团体相继成立，主要以研究国术（武术）为主。其中较有影响的如豫陕国术研究会、西京业余国术研究会、西京国术研究社、华北旅陕国术研究社等。

第三节　学校体育逐步展开

中华民国成立后，西安的各式学堂一律改称学校。由于军阀长期混战，教育发展比较迟缓落后。但西安广大进步师生热情关注革命思潮，五四运动时期，赴京请愿的学生代表屈武“血溅总统府”；反“围城”斗争中，踊跃聆听西安地区中共党团组织创始人魏野畴、刘含初、雷晋笙等亲自讲授社会科学概论和中国革命问题等课程。1927年年初，西安地区农民运动讲习所、农民冬学和农民夜校也相继兴起，在于右任、杨明轩的倡导下，组织起一场颇有声势的“强迫教育运动”。1936年，西安事变前夕，西安各校学生1万余人集会游行，呼吁抗日救国，促成了张杨兵谏；省立西安第二中学教师张寒晖谱写的一曲《松花江上》，更加唤起热血男儿同仇敌忾，为救亡图存而奋斗。

自1931年始，爱国将领杨虎城及进步人士邵力子相继主陕，他们重视教育，经费有加。1934年陇海铁路通车西安，商业、金融业一度呈现繁荣局面，教育也形成壮大之势。1935年，西安城内计有公立和私立小学25所，在校学生6967人；公立和私立中学9所，在校学生3094人，较以前均有较大发展。抗日战争爆发后，西安成为后方重要基地之一，同时又是进步和爱国青年奔赴延安的桥梁地带，加之北平、天津等地的高等和中等学校相继迁入，公立和私立中小学及高等院校一时剧增，教育展现出兴盛景象。解放战争时期，国民党忙于内战和巧取豪夺，物价飞涨，教育事业举步维艰，面临停滞之势。

清末民初，近代军国民主义教育思潮在中国影响较大。这一思潮，一方面体现在高度重视体育对强国强种的重要作用；一方面体现在把“尚武”作为学校教育的宗旨之一，把兵式体操和军事训练作为学校体育的主要内容。1911年的《请定军国民教育主义案》中提出，学校要注重兵式体操，“中等以上学堂，一律打靶，并讲授武学；各种学堂，体操科一律列为主课”。中华民国成立后，国民政府也高度重视军国民教育，以至于当时学校体育课的内容几乎完全被兵式体操和军事训练所代替。此外，在军国民主义思潮的影响下，中国传统武术因其契合强国强种需要也普遍为国人重视。当时陕西各类学校体育课内容，几乎被兵式体操和军事训练所替代。《新陕西》刊载《提倡本省体育之意见》一文指出，陕西各校注重军事操练，但对“田径赛及球类，则未加注重”。军国民主义教育者除了推崇西方兵式体操外，还主张对民族传统体育进行挖掘与整理。该思潮对陕西传统体育也有较大影响。西安私立成德中学校长就曾经请柔术家杨子明到校传授柔术。洒金桥国民学校学生每天下午练习柔术。西安学校体育在民国初期有了长足发展，为中华人民共和国成立后学校体育的课程设置、教学内容方法、课外体育活动、体育竞赛、体育师资和场地建设等方面积累了宝贵的经验。军国民主义教育思潮因其对体育认识的局限性，在新文化运动后受人诟病而逐渐销声匿迹。

一、体育课程初设规范

民国时期，西安市开办了多所幼儿园，配有浪船、木马、跷跷板、滑梯等体育设施供幼儿嬉戏。中小学校普遍在体操科基础上开设兵操课和体操课。高等小学以上尤重军事操练，习步法、变换队形及器械操、哑铃练习等。对于田径、球类未加重视。由于“兵式体操”内容枯燥、单调，不适合青少年的特点，教练多为“兵弁”（军队中低级武官），遭到学生和社会的强烈反对，1918年后在陕西逐渐淘汰。1921年西安各学校改变以兵操课和体操科为主要内容的体育教学，将垒球、小皮球引入小学体育教学，为中学体育教学增加篮球、足球两项内容。

1923年施行新学制，教育部将学校体操科正式改名为体育课，各校多采用教育部颁布的新学制，这是“体育”概念首次走进学校体育教学的重要标志。体育课每周授课2~3课时不等，然而多数学校未重视体育，大都不安排体育课，学生不知体育为何物。至1932年，教育部规定体育为必修课。之后，陕西高小、初小均设公民训练、体育等科。1934年陕西省教育厅视察省城各中等学校之后，省立西安高级中学，省立西安第一、第二中学，私立女子平民职业学校、尊德女子初级中学、玫瑰女子学校、西安第一实验小学及汉中、安康、凤翔、延安等地的一些学校均开设体育课。陕西省教育厅规定每周授课时间为：小学5课时，初中3课时，高中2课时。但各校执行不一，有的形同虚设。全省无统一教材，教科书由教员选定。尊德女子初级中学各年级分别使用商务印书馆出版的《体育教本》第一、二、三册。各校教学内容多注重田径、球类、国术（武术）运动，并有单杠、木马等活动。中等师范学校体育课第一、二学年每周授课3课时，第三学年2课时。教材内容大致与中学相同，以韵律活动、球类运动、竞技运动为主。有的学校制定教学进度表和教案，按性别及能力分别教学。同时，省立西安第二中学等6所中学、省立第二实验小学等12所小学进行童子军训练。

西安女子师范学校运动员合影

1941年4月，陕西省教育厅颁发《陕西省小学体育实施补充办法》。翌年，沿用教育部颁发的小学、初中、高中《体育课程标准》《中等学校体育实施方案》，选择其中适用教材进行教学。体育为正课，每周2课时，中学以田径、球类、国术、体操为主，增加了跳栏跑、撑竿跳高、掷铁饼、掷标枪等；小学设有柔软操、步伐、韵律、游戏、跳高、跳远、赛跑等。但由于师资缺乏，场地器材设备简陋，各校执行相异。1942年，田径正式列入西安中小学体育课教学内容。除中小学外，西安一些大学也将体育课程作为重要教学内容之一。1937年，国立西北农林专科学校（今西北农林科技大学）在教学计划中规定体育为必修课。第一、二、三学期每周授课2小时，军事训练1~2学时，教学内容以球类、田径、器械体操为主。

二、教学方法与考核初步形成

民国初年，西安中小学体育教学方法没有统一要求，大多由具有一定体育专长之人或其他任课教师组织学生自行开展简单的体育锻炼。新学制颁布后，西安各高等小学和中等学校开始军事操练，却因不适合青少年身体条件而遭到学生和社会强烈反对。1920年，鄠县拟定该县各校学生体育成绩考察办法，在探索体育教学方面迈出了重要一步。1921年，西安各学校逐步放弃“教者发令，学者强应，身顺而心违”的灌输式、命令式授课方法，开始倡导师生互动的参与式、开放式教学。1931年以后，西安一些中小学开始进行教学尝试，根据体育教师专长和学生兴趣决定体育教学内容。也就是说，体育教师擅长什么运动项目，就向学生传授该项运动的技巧；学生喜欢什么体育运动，教师就应教授这项运动。在此基础上，省立西安第一中学、第二中学根据自身实际制定体育教学计划，实行统一教学和个别辅导相结合的教学方法。在体育课时间的分配上，一般为准备活动5~8分钟，主要活动30~40分钟，结束3分钟。虽然大部分西安中小学的教学规划要求学生上课时不得迟到早退，但由于普遍对体育教学工作重视不够，体育课列入“小四门”，导致体育教师社会地位较低，遭人歧视的现象大量存在。在经费拮据、器材缺乏的局面下，小学完全根据学生爱好自发组织游戏或开展简单的跑、跳等田径类活动，大部分中学的体育课为“放羊式”，过于强调按学生兴趣开展教学，丧失了体育教学的完整性。一些组建校园体育队的学校则热衷于开展“选手”训练，围绕特定项目进行强化训练。

1915年，高陵县初等、高等小学始设体育课，普遍推行团体体操、基本体操。1925年后，小学设体育课，高等小学设修身（包括公民训练）课。1936年7月，执行教育部《修正小学规程》规定，高等小学设国育课。1938年，汉城乡吴高墙村晚清秀才吴裕如在担任龙首乡学务委员时提倡教学改革，率先在三官庙小学增设体育课，这是体育教学进入乡村学校之始。1942年后，县立中学除每周设两节体育课外，加设童子军训练课。体育课内容增添竞技运动项目，除径赛项目外，田赛有跳高、跳远、掷铁饼、推铅球等；球类有篮球、垒球、排球、康乐球等；竞技体操有单杠、双杠、跳马等。童子军训练主要有操练、列队、野营、担架、瞭望等。1945年，执行国民政府《体育标准训令》。1946年，县立中学、泾野学园除设体育课外，每周开设一节国术练习课。

1930年前后，西安各校自定中等学校体育测验项目与考核标准，缺乏统一的中等学校体育考核项目、评分标准，因大多数学校不重视体育，所以成绩考核形同虚设。1934年后，西安部分学校为督促学生开展体育锻炼，规定体育为必修课，体育成绩不及格者勒令休学。当时，体育成绩的评定以90分以上为甲等，75分以上为乙等，60分以上为丙等，不满60分为丁等。省立西安第二中学规定，学业和体育成绩在75分以上、操行在80分以上者可获奖学金，并将体育成绩告知家长。1941年，陕西省教育厅颁布《陕西省小学体育实施补充办法》，在测验项目、按月分组测验考核、毕业考试等方面重新规定体育考核标准，要求体育成绩不合格者不得毕业。中等学校体育测验项目与考核标准，由各校自订。全省统一的中等学校体育考核项目、评分标准仍未见到。

三、课外活动相继开展

1919年12月9日，西安师范学校组成健身会，每天早晨学生到校先赴操场练习平台、木马、杠架等数十分钟。西安私立成德中学、洒金桥国民学校等高度重视学生体育锻炼，重视学生的课余活动，在校内外各建一所运动场，校内供学生练习柔术，校外永丰仓空隙处供学生练习足球。每日清晨组织集体早操，或练习平台、木马、杠架三种器械，或进行徒手操、呼吸法训练。早操结束后，学生之间盛行赤身按摩法、冷水浴等活动，以资锻炼个人意志和提高抵抗力。午休之后，学校安排专人督促学生开展足球、篮球、网球、体操、柔道、剑术等体育活动。当时，西安各小学的课外活动以游戏为主，中学课外体育活动则开展篮球、排球、足球、垒球等球类运动。

1932年，西安规模较大的中小学、师范学校按照国民政府教育部颁布的《国民体育实施方案》相关规定，每日清晨组织学生进行20分钟早操，下午开展50分钟课外活动。由于缺乏专业体育教师指导，早操期间的活动内容相对单一，导致一部分学生锻炼积极性不高，部分学校出现缺席早操的人数比逃课人数还多的怪现象。由于操场简陋狭小，无法满足大量学生进行早操锻炼的需要，一些学校每天仅安排若干班级出操，锻炼者只有十几人。在此期间，部分学校通过认真组织、精心安排课外活动，为广大学生获得足够的体育锻炼时间提供了有力保证。西安私立成德中学将全校学生分为52队，每队10人，在平均分配运动项目、活动场地和练习时间的基础上，依照运动类别、项目组织学生逐日轮流开展训练。要求每名学生在田径运动中至少选择一项，依照相关规定制定锻炼标准和运动限度，由各级任课教员监督分组练习。西安尊德女子初级中学

《操场规则》规定，广大学生必须闻铃即上操场，上下操时不得迟到早退，不得无故不上课，不得任意行动和离座、谈笑，服从教员指挥、约束，爱惜体育器械，整队、散队时均应向教员致敬。

1936年，国立西北农林专科学校制订了课外活动暂行办法，共11条。其中，选习运动种类及项目有：甲，国术少林拳、太极拳；乙，球类：篮球、足球、排球、网球；丙，田赛八项；丁，径赛八项；戊，器械。规定每人任选两项，每周按时出场练习， 活动时一律着运动服。规定每学期举行考试一次，其成绩占体育总成绩的30%。学校有体育竞赛规划，每月竞赛一项。对春、秋两季校运动会及游泳、越野赛优胜者，分别给予金色、银色、红铜色、古铜色奖章。1937年、1938年学校举办了第三届和第四届全校运动会。第三届全校运动会有队形操练、团体操、徒手操表演，田径、球类比赛。该校附属小学表演“建国救国操”，变换队形，或纵或横，时圆时方，变化巧妙。第四届全校运动会参加选手达600余人，会场情景甚为热闹，儿童戏表演“抗战御侮”深得观众喜爱。

抗日战争时期，因时局影响，加之经费困难，各学校很少开展课外活动。1941年，《陕西省小学体育实施补充办法》规定：小学课外运动宜有充足时间，由体育教员与级任教员全体在场；高年级可做团体活动或比赛，中低年级多做韵律活动或游戏表演；每学期必举行体育表演大会一次、儿童健康检查一次等。

四、学校运动会时有举办

民国初年，近代体育传入西安后，促进了学校体育教学的开展，学校体育竞赛随之兴起。西安各中小学纷纷组织召开本校运动会，进行兵式体操、哑铃、团体操和跑、跳等田径项目比赛。学校运动会不但为广大师生引入近代西方竞技体育理念，而且助推田径、篮球、体操等运动项目的蓬勃发展，扩大了社会影响和群众基础。

1920年，陕西青年会在长安南乡子午廒各校组织蹋球大会，率先兴起校际竞赛之风。比赛时八方学生云集，各校亦以取得优秀名次为荣。1923年，西安各学校相继举办以田径为主要比赛项目的运动会，深受广大师生欢迎。同年，第三届陕西省立各校联合运动会在西安举行，三原中学、渭北中学、渭北师范学校、大荔第二师范学校和西安市内一些中学踊跃参赛。这场盛况空前的全省校际运动会，吸引西安各界群众蜂拥而至，观众达到数万人之多。遗憾的是，运动会因学潮影响，运动成绩不佳。同年，西安学生王金礼参加上海青年会组织的六项运动纪录通讯赛，总分位列第三。此后，陕西省教育厅还举办过几次西安市中小学运动会，长安、鄠县等地相继举办全县中小学运动会，比赛项目以田径为主。1927年，一些学校开始组织体育代表队，私立成德中学有篮球、排球、足球三个校代表队。1933年后，西安中小学体育竞赛活动频繁，具有一定规模的学校皆重视田径、球类运动，注重狠抓校园代表队训练，经常派队参加省、市组织的各级各类比赛。

西安高级中学二五级甲班篮球队　摄于民国二十五年(1936)

1927年，随着篮球运动在西安各中小学的普及和推广，一些学校不定期举行的校际篮球赛吸引了大批喜爱篮球运动的师生踊跃参赛。1934年6月，西安高级中学高峰篮球队与中山中学飞鹰篮球队进行校际友谊赛，高峰队以23：10获胜。同年10月，陕西省教育厅在西安市举办冬季各

陕西省立西安师范学校暨附属小学三十六年（1947）春季运动会开幕典礼留影

校篮球赛，陕西省立西安师范学校男、女队均获冠军。1940年12月，东大街基督教青年会举行了一场盛况空前的冬季篮球赛，共有13支校园球队参加，观众有数万人之多。除篮球外，排球和足球也在西安各中小学广大师生中间流行，私立成德中学曾同时组建了篮球、排球、足球三支代表队，多次参加校际比赛并取得优异成绩。1945年前后，西安各中小学不但多次举办以乡、保学区为基础的小型运动会，而且还组织了几次以田径、篮球为主要项目的校际体育竞赛，促进了校际比赛在西安广大城乡的开展和普及。

这个时期，西安的高等学校体育比赛主要是在学校进行，也积极参加全省运动会。1937年，国立西北农林专科学校已举办过三届校运动会，其中第三届春季运动会的比赛项目就有田径赛、团体游戏、刺枪、劈刀、负重竞走、担架救护、国术、拔河、球类等。此外，高等院校参与社会各界的体育比赛也相当频繁。如1943年7月，国立西北师范学院体育系参加纪念西安体协成立一周年体育比赛；1944年9月，国立西北农学院篮球队来西京进行访问赛；1945年1月，西北大学组织青年篮球队、垒球队与直税、盟友队比赛等。

西北大学 1940 年体育竞赛纪念章

五、体育师资和场地逐渐充实

随着近代体育的兴起和学校体育的发展，西安一些中小学相继修建供学生开展体育锻炼和项目训练的场地。1922年，私立成德中学修建了一座南北长210米、东西宽110米的操场，可满足该校学生早操和课外活动需要。此后，一些学校在原有操场基础上逐步修建篮球场、排球场和网球场，添置了单杠、双杠、肋木、杠架、篮球架、排球网等运动器械和配套设施。1932年，国民政府教育部颁布的《国民体育实施方案》明确规定，应以每名学生至少占地100平方尺为标准修建操场。遗憾的是西安没有一所学校达到这一标准。1936年，西安学校中共有篮球场10个、排球场9个、足球场1个、田径场1个、网球场1个。校方为加强体育场地管理和合理安排学生锻炼，专门制订了严格的操场规则，要求全体师生必须遵守。相对于西安城内中小学体育场所和配套设施的相对完备，所属各县的大多数学校操场皆破败不堪，因质量低劣而无法开展正常体育训练的情况普遍存在。在教学条件更为恶劣的广大农村，几乎所有的中小学校都不得不借用麦场、打谷场或田野开展体育教学。1941年，《陕西省小学体育实施补充办法》规定，体育设备应按儿童人数逐步作有计划之增添，以期达到（教育）部颁（发）《小学体育实施方案及小学体育改进要点》

之标准，并施以简单器械之设备，如低双杠、压板、滑台、吊环、吊绳、斜绳、吊杠、横梯、秋千、靶桩等器械，以引起儿童兴趣。因受战争影响，西安大多数学校未能达到这一要求。

民国时期，西安中小学体育教师极为匮乏，少数学校聘请军队中的低级武职充任，大多数学校则由其他教师兼任。1921年，李景耀（后任陕西省教育厅体育督学）从北京高等师范体育专修科毕业后回到西安，创办西安市莲花池私立体育学校。据当时的《陕西日报》报道，各地学生赴校报名者络绎不绝。西安市莲花池私立体育学校的创立，为西安培养本土学校体育人才奠定了坚实基础。

在立足自身培养的同时，陕西省教育厅还多次选送西安籍学生前往外地进行体育专业深造，为西安各中小学培训了一定数量的体育师资。1933年6月，陕西省教育厅按照国民政府教育部下发的《暑期体育补习班规程》相关规定，选送西安籍学生庞紫石、梁伯河、郭恒彦、安竹君4人前往南京参加体育补习班。1936年7月，上海女子体育示范学校函请陕西省教育厅选送公费体育专业学生前去进修。陕西省教育厅发布了旨在培养全省女子体育专业学生的公告，共有报名者18人，考试合格10人，岳素卿（长安人，西安女子师范学校毕业）、高明智（长安人，三原女子中学毕业）、曾福印（长安人，西安女子师范学校肄业）、聂桂粉（长安人，私立培华女子职业学校毕业）4人位列其中，学成归来后在西安担任体育教师。1937年6月，陕西省教育厅按照国民政府教育部要求，选送西安女子师范学校教师庞紫石、省立西安师范学校教师李纪梁等6人赴北平参加全国师范学校体育教员训练班。1941年陕西省教育厅出台的《陕西省小学体育实施补充办

西安高级中学篮球队于校篮球场合影

法》规定："小学及城镇中心学校，均应聘请体育专科教员1人。"1944年，陕西省教育厅为培养全省体育师资力量，特令鄠县师范学校开设体育师资训练班。该班采用的教材是北京体育专科学校课本，由庞紫石、史国华、屈保升等体育骨干承担体育概论、体育竞赛、裁判、田径、篮球、足球等专业课教学。鄠县30名具有高中、师范文化程度和10余名初中毕业学生参加第一期训练，虽然面临经费极少、设备简陋等诸多困难，但参训学生后来大多成为西安体育教师骨干。

当时著名的教师有来自山东的李一青。李一青，原名李因笃，又名李纪良。1910年11月4日出生于山东省莱芜县东照邻庄的一个农民家庭，未满6岁接受启蒙教育，10岁离家寄宿读高小，开始独立生活。自幼身体结实，爱好体育，好学上进。13岁代表泰安省立第三中学参加华北地区运动会，成为该校的"风云人物"。1931年入济南民众教育学院体训班专习体育，同年参加山东省运动会并获得网球比赛单打冠军，不久赴杭州参加全国运动会。1934年夏，李一青在上海东亚体育专科学校（第29届插班）专攻体育。

1935年8月，经艾子高先生介绍，李一青担任西安市第二中学体育教师，后被省立西安师范学校聘为该校体育主任。在西安地下党的安排下，先后在泾干中学、兴国中学、三原中学、富平立诚中学、陕西师范专科学校、陕西医学专科学校任教，长期从事体育教学工作，积累了丰富的教学经验。1944年到富平立诚中学任教，担任该校体育主任。1947年3月，李一青被陕西师范专科学校校长郝耀东聘为体育副教授。1949年7月出任西安市第一中学校长，继续体育教学工作。

中华人民共和国成立后，李一青担任西北地区、陕西省和西安市的体育领导工作。1953年出任西北体委办公室主任，统管西北体育工作，积极组织西北体育运动，迎接全国各种比赛，创办了西北体育训练班，筹建了西北人民体育场。1954年在西北体育训练班的基础上，创建了西北体育学院（今西安体育学院），先后任学院副院长、院长、书记等职。他把全部精力投入到工作中，逐步使学院成为专业的体育高等院校。1984年，李一青被国家体委授予新中国体育开拓者荣誉奖章。他先后兼任西安市体委副主任，西安市体育总会主席、名誉主席，陕西省体育总会副主席，陕西省体育科学学会副理事长，西北体育总会分会副主任，中华全国体育总会委员，先后当选为西安市人大代表、陕西省人大代表、陕西省人大常委会委员和陕西省政协委员。

六、高校体育教育得到发展

民国时期，西安高等院校的体育得到一定发展，例如一些大学设立了体育委员会。但也存在体育师资缺乏，体育场地紧缺和设备简陋的问题。如西北大学没有正规的田径场，仅有几个简易的篮球场、排球场，1个网球场及单杠3副、双杠8副，栏架10个，简易跳高架1副，足球场1个和布垫8块。

抗日战争爆发后，京津及华北相继沦陷，许多高等院校西迁。北平大学、北平师范大学、北洋工学院先后迁往西安，与西北大学合力组建国立西安临时大学。1938年，国立西安临时大学改称国立西北联合大学，迁往陕西城固。在此期间，国立西北联合大学成立体育委员会，在各学院分设体育负责人，文理学院是王耀东，法商学院是刘博森，教育学院是袁敦礼，医学院是陈静安，他们主要负责本院的体育活动。当时的教育学院体育系学生有48人。

在西安高校体育发展过程中，有四位著名的体育事业活动家、学者、运动员发挥了很大作用，即袁敦礼、郭俊卿、王耀东和郭洁。

袁敦礼（1895—1968），字志仁，河北徐水人，著名体育教育家，是中国体育科教事业的领航人。袁敦礼学生时代就喜欢体育，擅长中跑和篮球。1917年毕业于北京高等师范学校英语科，留校任体育教师兼翻译。1919年被聘为体育专修科主任，1923年赴美国留学，曾获得芝加哥大学生理学学士、哥伦比亚大学师范学院体育系教育学硕士，还获得霍普金斯大学公共卫生学证书。1927年，袁敦礼回国，先后被聘为北平师范大学教务长、体育系主任，浙江大学体育系教授、主任。1936年，以中国体育考察团正指导身份赴欧洲各国考察。抗日战争期间任国立西北联合大学和西北师范学院体育系主任，多次组织华北运动会、北平运动会、陕南运动会、兰州运动会等。1945年赴美讲学，被聘为美国国务院客座教授。1946年后，任北平师范大学校长。中华人民共和国成立后，对建立西安体育学院、建设西北体育场、组织举办大型体育运动会和培养西安体育人才等体育教育事业的发展，尤其对师范教育、体育教育、体育理论、公共卫生教育和电化教育都做出了卓越的贡献。

郭俊卿，又名郭师典，1907年1月1日出生于河北濮阳（今属河南）一个破落的地主家庭。先后就读于家乡私塾、高小和河北省大名第十一中学。1930年考入北平师范大学体育系，师从著名教育家马约翰、袁敦礼、董守义。留美归来的体育系主任袁敦礼采用美式体育教材，重视培养学生的体育道德，重视体育理论教育，对学生要求极其严格。郭俊卿刻苦学习，严格训练，经过4年系统的体育本科专业教育，以优异成绩获得首届体育教育学士学位。1936年8月，郭俊卿受聘为北平师范大学体育系讲师。七七事变爆发，平津沦陷后，平津地区的大学被迫南迁。郭俊卿随北平师范大学迁至西安，他组织护送师生，转送图书、资料、仪器设备。北平师范大学与西迁的北平大学、北洋工学院组成国立西安临时大学，1938年迁入陕南与几所院校组成国立西北联合大学，郭俊卿在该校任教。当时，因教育经费紧张，体育器材极其缺乏，郭俊卿亲自带领师生动手制作体育器材，如高低杠、单双杠、篮球、排球、垒球棒等。还建议将武术列为大学体育必修课。抗日战争胜利后，西迁大学相继回到平津复校，西北师范学院成立之后迁到兰州，郭俊卿任该校教授兼体育系主任。1948年年初，他参加中共地下组织，利用体育广交朋友，利用国民党上层人物进行策反，为党的统一战线做了大量工作。1954年9月，中央决定在西北师范学院体育系的基础上，组建西北体育学院（今西安体育学院），郭俊卿率领7名教师和体育系62名学生从兰州赴西安，他任西北体育学院第一副教务长、体育理论教研室主任，从事教学、教务领导工作，负责教学、科研、师资培训，在学院的系科建设、教学、研究制度化方面做出卓有成效的贡献。

郭俊卿从事体育工作60余年，把自己毕生精力都献给了祖国的体育事业，先后被授予国家体育运动荣誉勋章、新中国体育开拓者荣誉奖章，曾先后兼任中华全国体育总会委员，中华全国体育总会陕西省分会常委、副主席，中华全国体育总会西安市分会副主席，陕西省政协委员等职务。1991年10月23日，郭俊卿在西安病逝。

王耀东，原名王荣春，1900年9月27日生于黑龙江省嫩江县，祖籍山东历城。其父曾任清军管带（营长），后解甲归田，但家中陈列有各种各样的刀矛剑戟以及洋枪。王耀东从小受其影响，对体育运动产生了浓厚兴趣，为后来从事体育事业奠定了基础。1914年，王耀东考入黑龙江省男子第一中学，受体育教师傅铁忠、武术教师陈子正的教导，其体操、武术成绩优秀，除此之外他还刻苦练习橄榄球、足球、网球、撑竿跳及长跑等项目。他立志从事体育事业，以实现其“体育报国”的宏愿。

1921年北京高等师范学校赴远东运动会篮球代表。右二为王耀东先生

1918年11月，王耀东考入北京高等师范学校，当时校长为陈宝泉，提倡“为人师表”“德智体兼优”的教育。学校较为重视体育教育，师资力量雄厚，由袁敦礼任体育专修科主任。体操课和教学有曾绍舆教授，田径和球类有王石卿教授，解剖学、游戏和体育原理有美国人福特教授。王耀东在这里受到了很好的体育教育。1919年4月北京市春季运动会召开，王耀东获得5英里和1英里赛跑冠军。随后在第七届华北运动会上，他又获得了5英里和1英里冠军。因成绩优异，王耀东入选国家田径队并参加了1919年5月在菲律宾首都马尼拉举行的第四届远东运动会。

后来王耀东的兴趣转向篮球，1919年下半年正式成为北京高师篮球代表队队员。凭借从小练拳的功底，他身形灵活，加之悟性高和勤学苦练，投篮命中率非常高，很快成为篮球队的主投手，被人们称赞为“百发百中的神投手”。王耀东逐渐成为高师篮球队的主力队员，后入选国家队。1921年5月31日在上海第五届远东运动会篮球赛上，中国队对抗前四届冠军菲律宾队，双方打得异常激烈，在关键时刻王耀东发挥“神投手”威力，连续两次投篮命中，奠定胜局，中国队以30：27战胜了菲律宾队。

1922年，王耀东毕业留校任教，一直积极从事体育教学和训练工作。七七事变爆发，北平沦陷后，王耀东与北平师范大学体育系师生们于7月10日从北平出发，经过3个月的时间，10月下旬到达西安，开始在西安进行体育教学。他在国立西安临时大学体育系任教，主要负责体育系女生的田径课程。后因西安受到日军轰炸，学校迁到陕南，遂更名为国立西北联合大学。1939年，国立西北联合大学解散，又成立西北大学，王耀东为体育卫生组主任。面对当时艰苦的条件，王耀东因地制宜、因陋就简，积极组织号召广大师生进行体育活动。他经常组织垒球比赛，没有器材，就带领大家自制比赛器材，以木棍当球棒，用皮革废料和棉纱线团缝制成垒球，大小不限、场地不限，给面对艰苦抗战生活的师生增添了许多乐趣。

抗日战争胜利后，许多学校迁回原籍，北平师范大学迁回北平。1946年暑假，西北大学迁回西安，这时学校的教学条件得到较大改善，体育课程设置更加丰富，体育教材更加完善，新建了许多体育设施。王耀东在做好体育教学工作的同时，积极参加社会体育活动，组织指导了1941年的陕南运动会、1946年第五届陕西省运动会以及各种球类比赛。1947年3月，王耀东返回母校，后因北平解放战争炮声隆隆，局势不稳，加上西安的好友热情相邀，王耀东于1947年10月下旬返回西安，任教于西北大学。

1953年，王耀东又被任命为西安市体委副主任，任命状由政务院总理周恩来亲笔签发。新中国高度重视体育运动，决定举办全国最高规格的体育盛会——全运会。王耀东是著名的体育活动家和教育家，每次皆作为特邀代表出席，还参与了第五、六届大会主席团的工作。1979年3月，他当选为中华全国体育总会副主席。王耀东毕生从事体育运动，为中国学校体育和社会体育事业付出了艰辛的努力，做出了重要贡献。他先后获得过全国优秀老体育工作者、陕西省体育先进工作者、全国健康老人、西北大学“终身教授”和“建校元老”等荣誉称号。

郭洁，1912年1月16日出生于大连。2008年担任北京奥运会火炬传递手。曾任西安体育学院教授。1936年，他代表中国出征在德国柏林举行的第十一届奥运会，身穿541号比赛服参加铁饼项目，被称为“奥运活化石”。郭洁出生在一个动乱的年代，颠沛流离的生活造就了他一副结实的身板。在参加第十一届柏林奥运会之前的国内选手选拔赛铁饼比赛中，郭洁在天津的原河北省体育场（今天津北站体育场）举行的“世运田径训练班与天津万国选手表演赛”上，掷出了41.07米的成绩，打破了当时的全国纪录。因此，郭洁幸运地成为代表中国参加柏林第十一届奥运会的69名运动员中的一员，当年他25岁。

郭洁 1936 年参加柏林奥运会留影

“为中国人出人头地是每个运动员都想做的事情，在去德国的路上大家都攒足了劲儿。”郭洁经历了世运会（当时对奥运会的称呼）的选拔赛，在兴奋之余更希望在奥运赛场上为中华民族争光。郭洁和其他运动员一起赶到南京报到，乘坐火车到上海准备出发。正式出发是在1936年6月26日，运动员乘坐的是最低级的船舱。海上风浪非常大，浪头最高时有好几米，有时候站都站不稳。运动员们为了保持良好的竞技状态，一直坚持在甲板上出早操或者做辅助性训练。就这样，船一直在海上颠簸了27天才到达意大利威尼斯，短暂休息1天后，运动员们又乘坐国际列车辗转到达柏林。柏林奥运会于1936年8月1日举行，而中国代表团到达柏林的时候已经是7月底了，只有不到一周的时间做短暂调整。因27天的海上颠簸让很多人体能严重受损，这种状况下参加奥运比赛，结果可想而知。郭洁曾在日后表示说，那次奥运经历“最多两个小时”“各国一共有48名运动员参加铁饼及格赛，中国有冷培根、陈宝球和我参赛，我们都没有超过44米的及格线，没能进入复赛”。为人谦逊的郭洁曾告诉记者，自己是一个平常人，并没有那么传奇，只是在当年代表中国参加了一次奥运会。“当时受经费限制，每个运动员只发了一件西装上衣，蓝色西装左胸口上绣着五环标志，上面是英文‘CHINA’，下面是‘中华’两个字。我一米八的身高，穿上这衣服非常精神。”

比赛结束回国之后，郭洁受当时的国民政府要求南下南京。20世纪40年代，郭洁留学日本4

年，主攻农业科技，打算学成之后能在国内有用武之地。归国后，郭洁曾在北京农学院做教师。1952年，他来到西安，先在粮食系统担任秘书工作，后因在省行业运动会中获得铁饼和铅球第一名，被正在筹备中的西北体育学院抽调。他说："这是柏林奥运会之后，我的第二次人生转机，从此我就完全进入体育领域。"1987年，郭洁在西安体育学院田径专业的教授任上退休，多年的体育教育工作，使他桃李满天下，为我国体育事业做出了巨大贡献。

第四节　竞技项目跌宕前行

随着中西文化交流的加深，竞技体育理念在中学体育教学过程中逐步传播。篮球、足球、排球、体操、田径、垒球、自行车、乒乓球等现代竞技体育开始由校园走向社会，不但培养了大批爱好者，而且组建了众多运动队，开展了广泛的竞技比赛，有力地推动了各项竞技运动在西安的发展。民国时期在西安先后举办了第三届全国运动会预选赛、第十七届与第十八届华北运动会预选赛、第七届全国运动会选拔赛，西安各项运动技术水平普遍高于陕西各地。代表陕西参加全国或大区各项体育比赛的选手，基本来自西安。名次较好的是第七届全国运动会田赛上，蒋耀成获铅球掷远第六名。

一、体操运动

民国初年，西安大部分中小学开始练习体操，主要包括徒手操、器械操、单杠、双杠、平台、木马、吊环、跳箱等内容。每逢重要庆祝活动和运动会，校方都会挑选擅长体操的学生进行公开表演。

20世纪30年代，西安的公共体育场一般都有单杠、平台、木马等体操器械，为广大体操爱好者开展训练提供了便利。1943年6月，在西安举行的中华全国体育协进会陕西分会成立一周年纪念活动中，国立西北师范学院体育系学生表演了技巧、双杠、吊环、木马、双杠上"叠罗汉"、吊环上前后水平反身倒立、脱手空翻等体操动作，成为民国时期西安最有影响的体操表演。

这一时期，体操虽在西安中小学广泛开展，但普遍存在运动项目少、动作简单的缺点，练习内容以徒手操、基本体操与手持彩带、彩环等轻器械为主，女子体操以丹麦、瑞典等国团体操为主要内容，其他项目几乎没有开展。民国时期的西安体操主要是表演项目，没有进行正规比赛。

陕西省立一师实小团体操教师及运动员

此外，西安开展技巧运动始于20世纪30年代初，最初在学校体育课中进行，主要内容是叠罗汉和垫上运动。1942年11月开始，西安体育协进会为慰问抗日将士举行体育募捐赛，李克仁、王汉超表演了技巧运动，这在当时尚属初见。

二、田径运动

民国时期，在国内外田径运动蓬勃发展的背景下，西安田径运动在学校体育教学的基础上加速传播。这一时期，陕西高等学堂举办的综合性运动会设置了100米、200米、440米、1英里赛跑和跳高、跳远等田径项目。随后，田径比赛传至西安城乡学校，比赛的次数、规模、项目也开始扩大和增多。

1923年，西安一些学校举办的运动会均设置田径项目，并增加了长跑、撑杆跳高、铁饼等比赛项目，校际田径比赛也日益增多。同年5月2日，省立各学校第三届联合运动会在西安习武园举行，三原中学、渭北中学、渭北师范学校、大荔第二师范学校等省城外学校应邀参加比赛，吸引近万名观众前来观赛。5月26日，陕西青年会在西安组织田径测验赛，选拔王金礼等10名运动员参加上海青年会主办的全国六项运动纪录通讯赛。西安运动员王金礼六项总分位列第三名，受到纽约万国青年会和教育部奖励。

1924年5月，选拔代表陕西省参加第十一届华北运动会运动员的比赛在西安私立成德中学举行，最终选拔优秀田径运动员参赛。1933年6月5日，陕西省教育厅体育委员会召开第四次常务会议，研究选拔运动员参加第十七届华北运动会的问题，随后组织了田径选拔赛。同年11月，陕西省第一届运动会在西安新城大操场举行，田径为主要比赛项目，吸引了近5万名观众前来观赛。此后，西安田径运动大为兴盛，田径爱好者人数迅速增加。1934年，陕西省参加第十八届华北运动会的田径选拔赛在西安高中操场举行，最终从私立成德中学选拔了10余名擅长田径的学生。1935年至1937年，西安市先后举行全市各小学春季运动会田径赛、全市各届田径测验赛、市民业余田径赛、全市首届中小学联合运动会田径赛等重大田径赛事，为田径运动的普及和传播营造了良好的社会氛围。

这一时期，西安所辖各县、乡也相继举办以田径为主要项目的运动会，西安田径运动比赛项目逐渐齐全。比赛分男女普通部、中级部，学校分青年组、幼童组，省、市纪录不断被打破。1935年，《一中校刊》载《一名运动家经验谈——符保卢君练习撑竿跳高之秘诀》一文，引起学生对田径运动的兴趣。此间，普通中小学及师范学校重视田径运动，并偏重抓校代表队训练，出现“选手体育”，这些选手是这一时期西安田径运动的骨干力量。高陵县大型竞技运动会始于1942年春，在高陵县立中学举行全县首届中小学运动会。竞技项目球类有篮球、排球、垒球等，径赛有长跑、短跑接力、跨栏、竞走等，田赛有跳高、跳远、三级跳远、撑竿跳高、掷标枪、掷铁饼、推铅球、手榴弹掷远等。还有集体操、拔河、脱衣穿衣跑、吞梨跑、穿针跑等项目。次年，高陵县立中学学生李宗智以百米12秒2和急行跳高1.45米的成绩，获陕西省第十专区运动会第一名。1944年，高陵县城举办首届全民运动会，参赛成员有政府公务员、中小学学生、社会青年、农民等，以篮球比赛为主。

抗日战争爆发后，西安田径运动开始衰落，竞赛活动基本停止。1942年，西安举行中等学校春季运动会。这是抗日战争爆发后陕西省首次举行大型运动会，竞赛项目以田径为主。20世纪40年代，陕西省先后举办的较大规模的田径比赛，有1942年的陕西省秋季运动会（西安赛区）和1946年在西安召开的陕西省秋季运动会。

三、球类运动

（一）篮球

篮球的兴起　1923年，西安青年会在习武园内修建篮球场，备有篮球等体育用品以供训练。1924年，西安青年会篮球队与渭北中学篮球队在习武园篮球场进行友谊比赛。此后，西安不少中学开始进行篮球课外活动和班级比赛，篮球运动在西安青年学生中开始盛行。

当时的篮球比赛对上场人数、场地大小、比赛时间均无严格限制，运球、传球、投篮技术简单，无论远近都可以双手腹前低手投篮。因为篮球运动具有较强的对抗性和观赏性，所以迅速成为西安民众喜闻乐见的运动项目。1931年，西安开始出现社会性质的业余篮球队，最初仅为篮球爱好者自发组织，随后出现不少由行政机关、社会团体、军队和企业组建的专业球队。同年，经国立西北农林专科学校体育教师刘德新（上海东亚体育专科学校毕业）倡导，组织了西安第一支篮球队——西京联队，队员由教师、银行职员、制球工人、医生、小商贩等社会成员组成。此后，社会性篮球队如雨后春笋般相继成立，其中较著名的有黑队、乌合、西风篮球队和东北军所属成城篮球队。这些球队多为临时组成，队员以学校教师、机关职员居多，有赛事就来，无赛事则散，队员变动频繁。

篮球校际比赛随着篮球运动在西安各中学风靡，大多数学校在组织运动会时特设篮球比赛。1933年6月，西安举办各中等学校校际篮球赛，恰逢旅北（平）同乡组织西风篮球队抵达，相约进行一场友谊赛。6月11日，西风篮球队与西安学生马露德等人组织的爱抵篮球队在西安北大街公共体育场展开比赛，吸引数千名篮球爱好者前来观战，引起较大社会反响。1934年，旅沪学生组织秦华体育会篮球队回到西安，6月22日在北大街公共体育场与当地球队进行友谊比赛。次月，西联体育会在西安举办夏令篮球赛，西京联队及乌合、绥乐、光华、山洪等球队参加。比赛采用单循环制，最终山洪队获冠军，乌合队获亚军。当时的《民众晚报》以“西联球赛”为题进行连续报道，吸引西安各界群众数万人前来观赛。1934年10月，陕西省教育厅举办冬季各校篮球赛，14个单位参加分组比赛，经过36场紧张比赛，普通组冠军为西安高级中学队，初中组冠军为私立民立中学队，女子组冠军为西安女子师范学校队。1935年至1936年，西安举办的具有一定规

西安高级中学昆仲队欢送三七级毕业队友留念

模的篮球比赛有西安各届球类比赛，西安各界“力士杯”篮球、足球比赛和西安市秋季球类运动会。在此期间，全市篮球竞赛频繁，运动水平有较大提高。

社会团体组织的篮球比赛　抗日战争初期，西安局势动荡，各类学校相继外迁，篮球活动陷入低潮，较大规模的体育活动全面停止，只有个别学校偶尔举行小规模比赛。1940年以后，西安篮球活动随着抗战形势扭转而再度兴盛，由银行职员、邮电所职工组成的幸运队，西安战干团（抗日战争时期国民政府成立的专门机构——中央军事委员会战时工作干部训练团，简称“战干团”，西安为第四团）的学员队、西安军需局职工的紫光队、西安体协的黑队及部分体育教师组成的十手队、镐声队经常组织、参加各级各类运动会。1940年12月，西安基督教青年会举办冬季篮球赛，共有20多支球队参赛，冠军镇中队获得镌刻有“强身健体”字样的银盾一座，亚军劳动营队获得绣有“积健为雄”字样的锦旗一面。1941年10月，西安举办庆祝蒋介石“五五寿辰”球类赛，共有20多队参赛。1942年8月，西安体育协进会举办平（利）朝（邑）救灾篮球赛，每日下午由著名男女选手在青年会运动场进行篮球比赛。10月，陕西省秋季运动会分别在西安和南郑举行，篮球被列为比赛项目之一。

1939年，西安师范学校地下共产党员组织的篮球队合影

1943年，西安体育协进会与青年体育会举办赈济豫灾体育表演赛，篮球被列为比赛项目。同年5月，陕西省新生活运动促进会举办“哲明新生活银盾标识”篮球公开赛，共有33支球队参加，最终商职获“勇冠鸡群”锦标，玫瑰女中获“巾帼英雄”锦标，西安战干团获“睥睨群雄”锦标。不久，西安体育协进会为纪念协会成立一周年，在青年会运动场举行省际体育邀请赛，兰州西北师范学院、城固西北师范学院和国手于敬孝、陈盛魁等踊跃参加篮球赛，观赛群众达到数万人之众。这一年，西安还先后举办多场篮球赛，比较重要的有中等学校冬季篮球赛、三民主义青年团西安青年服务社为前方抗日将士家属子弟募捐课本代金篮球赛、青年会青年服务社举办的“薛明杯”冬季赈灾篮球赛。

1944年，西安体育协进会举办“芾南杯”篮球赛，共有12支球队参赛，引起一定社会反响。同年12月，西安举行冬季球类淘汰赛，民立中学获篮球男子高中组冠军，力行中学获亚军，力行中学获得篮球女子高中组冠军，菊林中学获得篮球女子初中组冠军。1945年2月11日，由陕西省民众教育馆主办的西安首届国际篮球赛在北大街师训所球场举行。截至1949年，西安相继举办了多场大型篮球赛事，比较重要的有农民节篮球表演赛、“芾南杯”篮球赛、夏令营篮球表演赛、陕西省秋季运动会篮球赛和“新运杯”篮球赛。这一时期，西安篮球运动得到长足发展，城区先后组建100多支篮球队，所属各县、乡也有不少本土篮球队，篮球爱好者人数日益增多。民国末，高陵县已培养出一批篮球名手如张坤堂、刘德清、刘久安、刘家骥、刘家骧、杜岗、李康、董忠秀、郭德全、纪同录、药怀瑜、张长才等。时称刘家骧为神投手，张坤堂为铁后卫，刘德清为中卫“疯子”。中华人民共和国成立后，后起之秀有李诚、王志英、孙民权、高尚武、赵炳孝等。孙民权被称为神投篮。

（二）足球

中小学足球　民国时期，足球在西安逐渐流行，西安敬业小学（今二府街小学）、同志学校、洒金桥小学和长安县小学先后在课外活动中开展足球运动。西安地处西北内陆，当时购买足球颇为不易，所以不得不将橡皮球作为代用品。初练小橡皮球虽有诸多困难，却有助于提高球技。开展足球运动的几所小学的学生经常进行对练比赛，技术相对成熟后相继组织小学校际足球比赛。中学引入足球运动后，不少中学开始进行中等学校校际比赛。

1919年，西安洒金桥小学校长马良臣在校内修建了足球场，专供学生练习足球之用。不久，私立成德中学与西安第三中学举行足球友谊赛，私立成德中学获胜。次年，长安县子午廒组织各校蹋球大会，吸引近万人前来观看，推动了足球运动在西安乡间的普及和推广。这一年，青年会在西安成立足球会，会员达到200余人，经常举行训练和友谊赛。1922年修建的北大街公共体育场内设足球场，为西安足球爱好者提供了一个比赛、训练的好去处。1923年，省立各学校第三届联合运动会在西安举行，足球正式被列为比赛项目。在此期间，随着足球运动在学校体育教学中的日益普及，西安学生的足球技术水平大幅提高，一部分学生通过小橡皮球和足球的交错练习，在传球、接球、停球等技术方面既准又稳，出现了不少足球能手。考入北平、上海两地多所大学的西安籍学生，假期回乡后也热衷于足球运动，客观上推动了足球在西安的普及和传播。

足球比赛　1934年，陕西省教育厅举办冬季中等学校足球赛，陕西省水利学校在分组比赛中获普通组冠军，西安师范学校获高中组冠军。次年，西安黑白体育会前往西北农林专科学校与当地学生足球队进行比赛，以1：0获胜。1936年1月，西安举行颇有影响的“力士杯”足球赛，成城队获得冠军，由时任陕西省主席的邵力子亲自颁发银杯。抗日战争爆发后，西安足球之风兴盛不衰，西安一中、西安高级中学的体育教师经常组织校际足球比赛，中小学足球队之间的校际比赛接连不断。足球运动在西安民众之中蔚然成风，一些社会团体和群众组织相继组建足球队，频繁进行友谊赛。

抗日战争时期，西北大学在体育部王耀东倡导和组织下，各院成立了女子足球队，经常进行校际足球比赛。1939年，西北大学举行女子足球冠军赛。比赛在长50米、宽40米的场地进行，时间为60分钟，上、下半场间隔10分钟。运动员穿布鞋，着布制长筒裤，装备简单，比赛激烈。文理学院以点球1：0胜法商学院获冠军。由于战争缘故，女子足球没有延续下来，但这些均是我国足球运动的先声。

陕南足球王座西北大学足球队（1942年）

20世纪40年代，西安足球运动持续发展，除在重大节日期间举行足球表演和友谊比赛外，还经常举办一些颇具影响的足球比赛。1942年西安体育协进会成立后，选拔队员组建“同盟足球队”，经常在北大街公共体育场举办足球友谊赛、锦标赛、劳军募捐赛、节假日赛和中学校际联赛。1943年，西安体育协进会举办“宗南银杯”足球公开赛，共有13支中外球队参加，成为陕西省最早的国际足球赛。同年4月，西安体育协进会与青年体育会为赈济豫灾举办体育比赛，竞技项目中包含足球。7月，西安体育协进会为庆祝协会成立一周年，特在西安举办省际足球邀请赛，参赛球队有西北师范学院（兰州）、友联、陕联足球队，吸引数万名球迷前来观战。这一年，西安还举办中等学校冬季足球赛，私立成德中学获得冠军。1944年，西安各界举办庆祝

"九九"体育节大会，足球被列为表演赛项目。同年12月，陇海体育会与西平报社联合举办慰劳盟国空军及赈济湘桂员工足球募捐赛，引起西安社会广泛关注。

1942年和1946年，在西安举办的两届陕西省秋季运动会均将足球列为竞赛项目，西安队在1946年举行的陕西省秋季运动会足球比赛中斩获男子成人组、男子高中组两项冠军。

（三）排球

西安排球运动始于1921年，由北京高等师范学校体育专修科毕业生李景耀等人传入西安。

1922年，西安私立成德中学校长董雨麓组织学生开始练习排球，这一运动开始在西安中小学普及推广。1923年，西安青年会组织排球队进行业余训练，并组织排球爱好者利用业余时间比赛。当时打法是每队12人，分成 4 排，每排 3 人，时称"队球"。队员没有严格分工，位置不轮转，以球不落地打过网算成功。基本技术主要是接球和发球，多以游戏形式出现，为西安排球运动的发展奠定了基础。这一时期，排球运动虽在西安各类学校广泛开展，但因缺乏专业人员指导，大多数学生对排球运动积极性不高。

20世纪30年代，排球爱好者人数随着运动普及日渐增多，西安排球运动开始活跃，各级各类比赛数量大增。1931年后，西安各中学排球比赛渐多，打法由12人改为 9 人，分3排站立，每排3人，运动员位置不轮换。1933年，在西安高级中学操场举行的西安各校春季运动会，设女子排球赛。翌年，西安第二中学举办全校春季运动会，设排球表演赛；西安省立第一中学举办由11个队参加的班级排球赛。相继举办排球赛的学校还有西安第一师范学校、陕西省立中山中学等。1935年，西安各界球类比赛在新城大操场举行，其中排球赛男子普通组有3队参赛，初级组有5队参赛，女子组有2队参赛，比赛结果：普通组冠军为锐锋队，初级组冠军为西安第二中学队，女子组冠军为助产队；西安黑白体育会远征队访问西北农林专科学校，首场比赛排球。1936年，西安秋季球类运动会在西安革命公园公共体育场举行，排球比赛结果：高级部冠、亚军分别被成城队、通讯队夺得，中级部冠、亚军分别被西安高级中学队、西安第二中学队夺得，女子部冠、亚军分别被助产队、西安女子中学队夺得。嗣后，在学校排球运动的影响下，西安各机关、驻军和厂矿企业相继展开排球运动。

20世纪40年代，西安排球运动继续快速发展，除各大中小学广泛开展校际友谊赛外，机关、工厂和军队也相继组建排球队，在不同社会团体和群众组织之间进行比赛。1942年，陇海铁路职工组织的陇海排球队先后战胜西安体育协进会排球队、西安战干团四总队排球队、陕西电力公司排球队和银行排球队，成为当时西安地区实力最强的排球队，有力地推动了排球运动在当地的传播和推广。此后，10余支排球队之间又进行了多次排球比赛，持续点燃了西安民众对排球运动的热情。1942年10月，西安市预选参加全省运动会排球代表队的运动员。经过多轮激烈比赛，最终选拔运动员60名，其中女运动员24名，组成男子成年组、高中组、初中组和女子高中组、初中组5个代表队。这一时期，排球运动开始采用上手传球、扣球、拦网、倒地救球等技术。西安除经常举办排球杯赛、表演赛、友谊赛、募捐劳军赛、赈灾赛外，还在春季、冬季、纪念节组织排球赛，每次比赛都吸引数万人前来观战。1943年4月，西安体育协进会与青年体育会为赈济豫灾举办排球表演赛，观众近两万人。1943年5月，陕西省三民主义青年团、教育厅举办“五四”纪念球类竞赛会，将排球项目列入体育表演赛。1945年3月，西安举行“三八”妇女节体育表演赛，排球入选项目。两个月后，西安举办首届国际排球赛，西安队和美国驻陕空军队进行了友谊赛，观众达5万人之多。

西安高中春季排球赛获得冠军之春三三甲队（1944 年 5 月）

（四）垒球

20世纪初，垒球在中国沿海一些大城市的教会学校中首先开展起来。抗日战争前，陕西没有垒球运动，垒球属于娱乐性质，喜好的人极少。抗日战争以后垒球传入西安，但只在个别学校才开展这项活动，当时在社会体育比赛中没有过垒球比赛。最早的垒球运动倡导者首推董守义、王耀东。部分大、中、小学开设垒球课，举行垒球赛，教师也经常被组织起来进行垒球表演，参加垒球活动的人数日渐增多，西北大学垒球活动十分活跃，全市性比赛开始出现。

1942年6月30日，中华全国体育协进会陕西省分会在西安市北大街体育场（今人民剧院）举办了第一次国际性垒球赛，西安队和韩国（朝鲜）青年队进行了友谊赛，比赛双方争夺激烈。当时，主队是以中华全国体育协进会总干事董守义为领队的西安队，队员分别为刘月林、韩建初、刘世明、庞紫石、李克仁、于汉超、史国华，客队是韩国（朝鲜）青年队。第二天，西安各大报纸都发了消息，评论说首次举办的垒球比赛，观众踊跃，树立了新风。此次比赛扩大了垒球运动在西安民众中的影响，加深了青少年对垒球的了解，增进了民众对垒球的兴趣。此后，西安一些中学率先开展垒球运动，经常在一些庆祝大会、运动会上进行表演和比赛。1943年，在西安举办的中等以上学校“五四”纪念球类竞赛会上，垒球被列为比赛项目。经过激烈角逐，力行中学队获男子高中组冠军，晋兴中学队获初中组冠军。同年，西安体育协进会为纪念协会成立一周年，特意组织了一场垒球比赛，西北师范学院、直税、西京、同盟等队参加比赛。1946年10月，陕西省举行秋季运动大会，西安队获垒球男子成人组、高中组和初中组冠军。在王耀东、刘月林等人倡议下，西北大学垒球运动十分活跃，技术水平提升很快。1948年5月西北大学举行垒球比赛，共有六个系的数十位学生参赛。在校庆庆典上举行的垒球表演赛，深受广大师生喜爱，引起社会热烈反响。

（五）乒乓球

1930年以后，西安部分学校将乒乓球列入课外活动训练项目，开始在师生之间普及和传播。此时，乒乓球运动打法单调（以推挡为主），比赛规则不完善，器材简陋，球亦为舶来品或玩具。1940年3月，三民主义青年团陕西支部西安分团部在西安梁府街举行春季儿童乒乓球赛，采用循环及淘汰制的竞赛办法，比赛分团体与个人两种形式。个人赛在梁府街三青团支部游艺室举行，公开抽签后经12天比赛，邵远时获个人组第一名，陈启玲获第二名；团体赛东宁小学以7：2胜西仓门小学获第一名。1941年1月19日，西京基督教青年会举办西安市乒乓球赛，胡宗南向大会赠送一面写有“奋励向前”的锦旗作为冠军奖品。1942年成立的博爱乒乓球队，队员10人，为西安第一支乒乓球队。同年11月，东大街青年会举办冬季乒乓球公开赛，博爱队获冠军。1943年5月22日，西安市银行系统举办球类比赛，参加乒乓球比赛的有12支代表队。嗣后，西安曾举办四五次乒乓球比赛与表演活动，但规模较小。此外省内一些大中城市也相继举办了不同形式的乒乓球比赛。1945年至1949年，此活动完全停止。

（六）网球

19世纪后期，网球运动由英、美、法等国商人、传教士和士兵相继传入中国。西安开展网球运动始于民国初年。1923年5月，西安青年会专门设置网球场供爱好者练习。

1934年5月，陕西省教育厅厅长周学昌等18人发起组织西京新生活网球会，此为陕西最早的网球组织，推动了西安网球运动的发展。在西京新生活网球会带动下，经常举办各种形式的网球竞赛活动，对促进陕西网球运动发展起了积极推动作用。1935年11月，西安各界球类赛设网球项目比赛，参赛者有男子普通组5个队，初级组4个队。新生活队获普通组冠军，西安第二中学队获初级组冠军。1936年，东北军张学良在西安金家巷及他的办公室门前（今西北大学处）修有三个网球场；第十七路军杨虎城将止园一个荒芜多年的网球场修葺一新，常邀张学良夫妇挥拍对阵。抗日战争期间，迁至城固的国立西北联合大学教职工也开展此项活动。1941年后，西安曾举行过数次网球赛，参加者数十人，其中王耀东、刘月林、李一青、艾子高、李克仁等人为佼佼者。嗣后，网球运动在西安、城固等地得到发展。西安先后修建有15个网球场，西北大学、西北农学院、西安第二中学等校有教师专门进行网球教学与训练，并有各自的网球队。1949年7月，贺龙以解放军西安军事管制委员会主任的身份亲临西北大学网球场观看比赛，多次邀请王耀东、刘月林教授在他的住处（今东大街菊花园）打网球，并对陕西网球运动给予了热情支持。

位于西安城墙外的下沉式网球场

四、其他运动项目

（一）羽毛球

西安羽毛球运动约始于20世纪20年代。此项运动最初是一种消遣娱乐活动，仅在少数学校及政府与军界的部分官员中间开展。

（二）自行车

1913年前后，自行车运动传入中国，分为赛车场赛、公路赛和越野赛三种赛制。20世纪30年代，自行车运动开始在西安流行。1937年8月1日，八路军西安办事处在革命公园体育场举行自行车比赛，以圈数多少决定名次，骑快组冠军为黄金友，骑慢组冠军为周子健。1939年5月，陕西省五四青年节运动大会在西安北大街公共体育场举行，10多名运动员参加了自行车比赛。骑快组比赛从中山门外出发，沿长潼路往返20千米，甲组冠军为楚俊昌，成绩为20分2秒；乙组冠军杨宝昌，成绩为24分59秒。骑慢组在革命公园体育场举行，冠军为程玉仑。1944年3月，西安三八妇女节举行女子自行车赛，起点在北大街后宰门，终点在东大街玄风桥。参赛运动员共有12人，冠军为刘娴秋，亚军为任贵香，季军为刘香芳。

（三）举重

20世纪初，近代举重运动传入中国，但是并未普及。据1931年《新陕西》记载，“民国十年前我陕各校，注重军事训练……及器械之杠架、哑铃等”。由此可见，这一时期将举重作为一种军事训练手段。此后，西安一些中学在开展田径运动的同时，进行了一些小范围的举重辅助性练习。由于举重并未在西安形成广泛的群众基础，所以未举办任何正式比赛。

（四）射击运动

1937年1月，长安县在习武园举办有36个村堡参加的第一届韦曲农民运动会，始设射击比赛，这是西安最早的射击比赛。

第五节　社会体育走向大众

民国时期，国民政府颁布的各项教育法令法规中的学校体育目标在西安各类学校中得到贯彻和执行。陕西省教育厅厅长周学昌在1934年陕西省立中山中学春季运动会上致辞，号召学校运动会走向大众化，使乡野病夫变为关中健儿。《民众晚报》报道，教育厅为推动全省体育开展，拟建设大型体育场，预拨款10万元以上。随着学校教育的发展普及，体育运动逐步走向社会，篮球、足球、排球、体操、武术、象棋、秋千、踢毽子、打尜等众多项目受到民众欢迎。

一、城区体育多项并进

民国初年，西方竞技体育项目传入西安，最初只有学校、机关、银行的少数职员自发地开展篮球、足球等活动。1931年后，随着西安公共体育活动场所和工厂数量、职工人数的增加，西安联合体育会、西京新生活网球会等社会体育团体相继成立，参加田径、球类等活动的职工队伍日渐扩大，体育比赛日益增多。其中，赛事最多、参加人数最多的是篮球运动，当时影响较大的篮球队有西京联队、乌合篮球队、西风篮球队等。职工体育具有兼顾娱乐性和健身性的特点，不但有形式多样的武术活动，还有驰名全市的骊宫池澡堂的高跷，每次节庆游行都引来大批群众围观欣赏。

二、乡村体育传统为主

乡村体育以武术、摔跤、秋千三大项目为主，每逢农村集市，武术、摔跤都是万人空巷的体育表演活动。民间自发兴起的跳绳、踢毽子、打尜等健身活动遍布乡间，搁方、丢方、顶四等群众棋类活动普遍流行。长安县民众常在农村集市或农闲时节自发开展武术、秋千、跳绳等群众强身健体活动。

1937年1月，长安县立第一民教馆在社会各界支持下，在长安县举办第一届韦曲农民运动会，三爻、申店、塔坡等36村农民参加负重、射箭与射击、武艺、身体素质等四项比赛，为西安最早的农民运动会。

灞桥区西渠村村民贺万庆善使流星锤，因头发偏黄而获绰号“黄毛”，在当地颇有名气，每逢农村庙会都要登台表演。狄寨乡庞家村村民庞志杰从小随兄学武，因擅长红拳而成为民国时期西安武术界之翘楚。庞志杰不但通晓华、查、炮、红、翻子、劈挂、地趟、形意、八卦等各种拳路和器械，而且能有效地将长拳与太极拳融为一体，在关中众多武术流派中创造了自己的独特风格，是陕西地方拳的代表人物。在庞志杰兄弟的带动下，庞家村习武之风在民国时期盛行不衰。

三、军队体育“土”“洋”结合

从民国初年到中华人民共和国成立，西安政权发生过多次更迭，且多为军政一体。在辛亥革命、民国初立、北伐革命、抗击军阀、抗战初期、国共合作等不同时期，有清政府的绿营兵、辛亥革命的秦陇复汉军、陕西靖国军、镇嵩军、西北军、十七路军、东北军、八路军等相继驻扎，其间驻军规模、军校开设都有较大变化。但整体审视，开展德式军事体操是必修课程与不变的内容。同时，在军事训练中也非常重视传统武术的训练，主要表现在冯玉祥和杨虎城的西北军中。

（一）军校教学以德式体操为主

陕西军官学校　1912年4月，因陕军裁兵缩编，出现军官大量编余，当局遂决定在西安设立陕西军官学校，由马福祥出任校长。该校附设于北教场陕西陆军中学堂内，由中学堂教习兼授各类课程，除理论课程外，德式军事体操是必修内容。同年6月，奉北京政府命令，陕西陆军中学堂更名为陕西陆军中学校。1914年7月张凤翙调离西安，该校停办。

国民军联军军事政治学校　1926年9月，在苏联顾问和中共党组织的帮助下，冯玉祥在包头建立国民军军事政治学校（后被简称西北军官学校），学习苏联建军经验，培养青年军政人才。1927年年初，迁驻西安东县门，改称国民军联军军事政治学校。校长续范亭，副校长王文彬，政治部主任唐澍，顾问乌斯曼诺夫。中共党员刘伯坚、贾大容、汪泽阶、邓希贤（邓小平）、刘志丹等人及乌斯曼诺夫等苏联顾问都在该校任职或兼课。该校又增设无线电分校、军医分校等。校本部则设军事、政治两部，军事训练亦为德式军体项目。同年5月，该校奉命改称国民革命军第二集团军军事政治学校，集团军政治部部长刘伯坚抽调该校的中共党员学员百余人，组成前敌政治工作团（团长宣侠父），随东征部队开赴豫西前线。7月中旬，奉冯玉祥令，该校全部迁往河南洛阳。

西安中山军事学校　1926年11月西安解围后，国民军联军驻陕总司令部创办直属总部的军事学校。1927年3月，中山军事学校筹备处成立，并开始招生。5月12日，中山军事学校在西安正式开学上课，由史可轩兼任校长，李林任副校长兼教务主任，邓希贤（邓小平）任政治部主任，许权中兼任总队长。下设3个学员大队，先后共招收青年学员700多人，学期半年。学员既学军事，也学政治。李林主讲军事条令和战术课，邓希贤负责政治教育，许权中负责基本训练和德式军事体操操练，苏联顾问乌斯曼诺夫、赛夫林等讲授战略战术课。国民军联军驻陕总司令于右任为之亲书校牌。

中央陆军军官学校第七分校　1937年抗日战争全面爆发后，胡宗南在陕着手筹办中央陆军军官学校第七分校。1938年春，在凤翔的师范学校旧址设立建校筹办委员会，5月迁驻西安城南约20千米的王曲镇，正式成立第七分校。开设国术训练和德式军事体操，聘请郑悟清担任武术教官。1945年秋，抗日战争胜利，重庆国民政府颁发复员令，除仍保留中央陆军军官学校本校外，其他各分校一律裁撤。翌年1月，第七分校撤销。

（二）军队训练国术与“洋”操并存

冯玉祥驻陕期间非常重视体育事业，促进了西安近代体育的发展。1926年11月27日，刚刚解除镇嵩军刘镇华持续9个月的困城之危，冯玉祥就开始关注部队的体育训练。《冯玉祥日记》中写道：“见手枪队打拳，告以打拳之真义在实用，不能只图花样之多。并指摘其错误处，令改正之。”冯玉祥从小习武，酷爱各种武术和体育活动，经常于军队中开展足球、赛马等活动。《冯玉祥日记》中还多次记载冯亲自指导部队体育训练的场景：“十点半，看手枪营劈刀。看毕，乃赤足跣背，执刀劈之，与士卒比武。”

杨虎城自己就是陕西红拳高手，他认为军事训练必须重视体育，多次举办训练班、教导队，体育被列为教学训练的重要内容。1933年，杨虎城聘请了著名拳师陶志录担任教导营的武术教官。时年32岁的陶志录，练得一身过硬武功，对陕西流行的地方拳很有研究，还酷爱足球运动。任职后，他每天早上和下午给教导营士兵进行武术基本功及劈刀训练。每隔一段时间，还要开展比赛，届时杨虎城会亲到场地视察、指点。当他发现士兵们练得好，便高兴地说：“这样练下去，我们的弟兄就可以以一当十，以十当百，何愁打不了胜仗！”陶志录还在部队里开展篮球、足球、田径及单杠、双杠、木马等体育活动，气氛非常活跃。为检阅训练效果，杨虎城曾在新城练兵场举行盛大的体育运动大会，项目除了田径、球类外，还特设了武术及团体操表演。运动会开幕式上，杨虎城身穿礼服，雄赳赳地站在军乐队的后面，踏着鼓点步入会场。比赛期间，他就坐在主席台上观战，时而又走到场地里为士兵们加油鼓劲。比赛结束后他还给优胜者颁发奖品。

1935年，张学良率东北军到西安后，为争取与东北军共同抗日，杨虎城主动与张学良接触，并注意两军的内部团结。当他得知张学良喜欢打网球后，便立即把自己住处一个已荒废了多年的网球场修葺一新，邀请张学良夫妇到这里来挥拍对阵。正是这种球场上的友谊，加速了政治上“张杨同盟”的形成。

四、传统体育民间活跃

（一）武术运动

20世纪30年代，在西方竞技体育的影响下，传统武术作为国术被纳入全国及大区运动会。由于缺乏统一的比赛规则，武术最初仅为表演项目。随后武术比赛渐成风尚，武术团体脱颖而出，标志着传统武术逐渐脱离原先擂台比武、门派秘传的模式，呈现出竞技比赛、学术交流的现代体育特征。在抗日战争爆发前后，西安属于大后方，国民政府成立西京筹备委员会，开始筹建陪都。此时，东部地区百业迁徙，大批民众拥入西安，西安城区的民间武术一时兴盛。

赛事展露新容　1934年，陕西省国术馆在大莲花池（今莲湖公园）成立，馆长杨瑞轩，教练姚德元、杨杰。这一年，陕西省在民乐园大操场举行国术表演赛，赛会为期三天，表演项目有拳、刀、剑、棍、枪术及硬气功等，70余人参加，10余人获奖，其中一等奖被王占魁、铁彦彪夺得。1935年，在第六届全国运动会上，西安的魏风德获太极拳决赛第三名，王宓子、李伯华获女子双人花拳第六名。同年，陕西省教育厅将武术列为中小学体育必修课。此后，武术运动在西安中小学兴起，在各类运动会上，武术表演均占有一席之地。

团体蔚成新风　西安的武术团体，有回民精一健身会、豫陕国术研究会、西京业余国术研究会等。这些团体一面在关心时局的前提下开展学术交流，一面积极投身救亡斗争而担当民族大义。抗日战争初期，陕西省国术馆进一步发展，馆长杨瑞轩又聘从开封来西安的武术家张桐、郑汝平担任教练，还成立了抗日大刀队，组织陕西国术界救国联合会，参加、支持前方军队奋勇杀敌。

民间流派兴盛　民国时期，西安相对稳定，尤其在抗日战争之际，沿陇海线迁入人口很多，为西安的武术带来了多种流派，其中不少是宗师名家，一时呈现出繁盛之势。

红拳　这个时期，涌现了许多优秀的红拳人物。陕西靖国军总指挥、国民军副总司令兼第二军军长、河南省督军兼省长胡景翼将军，在读书期间，拜鹞子高三的大弟子金钟为师，成为高家拳的再传弟子。著名爱国将领杨虎城将军自幼就习练红拳，并将红拳在西北军中推广，西北军中士兵多习练红拳。胡景翼部队武术教官杨杰、冯玉祥部队武术教官张鸣岐等均为当时著名的红拳拳师。抗日战争时期，义勇军中大刀队官兵也多习练红拳。

1937年，红拳武术家杨杰任陕西省国术馆“高家拳”教练。杨杰，生于1886年，是“高家拳”的主要继承人，他贯通了“高家拳”所有套路，掌握了“山东打法”“江南身法”“河南跑法”“陕西刁法”“湖北通背”等各地武术要领，名震一时。

陕西红拳武术家杨杰

这个时期，红拳的传人很多，张金锡、王振西、杨杰、马武等技艺精湛，名望很高，还有临潼的赵彦标，长安的杨天成，东关景龙池的朱耀亭，药王洞的张鸣岐，高桥的李万，小寨的卜忠信，二道巷的程振荣、王江海，德福巷的张伯平，蓝田的王东槽，邵家寨的邵忠义，大寨村的贾志富，吴家坟的任茂春，瓦胡同的韩炳章，曲江池的兴志孝，庞家庄的庞志杰，车家巷的张悦侠，北关的冯彦虎以及王克俊、王万西、姚德元等人都是这一时期习练红拳的佼佼者。这个时期，西安城乡习拳者几乎全练的是红拳，可以说当时村村都有习练红拳者和拳师，把红拳和农村过会、耍社火、唱秦腔融为一体，成为当时西安地域主要的健身娱乐形式。

太极拳　20世纪30年代，由于日军占领河南，温县赵堡人郑悟清、郑伯英、侯春秀、和学俭等赵堡太极拳拳师迁居西安，加上太极杨氏的赵斌，陈氏的陈丽清、陈金鳌、陈全忠，吴氏的文公远等拳师，北派太极拳的各派代表人物齐聚西安，使西安太极拳异彩纷呈。

赵堡太极拳　在郑悟清、郑伯英、侯春秀等宗师的弘扬下，赵堡太极拳一枝独秀，在西安深受欢迎，很快传到陕西各地，以西安最胜。郑悟清在抗日战争期间，被中央陆军军官学校第七分校聘为武术教官，教授了以杨荣籍、魏德民为代表的大批抗日将士，还曾利用其武友身份从当时西安警备司令部中解救出两位中共地下党员。在西安，郑悟清常与各路高手相互切磋，将原来的七十二式增加至七十五式，使赵堡太极拳更加丰富。同时，他还常与书法大家陈少墨、程克刚等西安文化名宿交流拳法，彰显了太极拳的文人拳风采，让赵堡太极拳在西北大放异彩。山西洪洞通背名家孙兰亭慕名拜其门下，并将在西棍“棍王”王天鹏处学到的棍术传至赵堡拳门内，之后将赵堡太极拳传回山西，经山西逐步传至华北各地，扩大了赵堡太极拳的影响。

郑伯英先生是赵堡太极拳第十代宗师，其拳法大开大合，故称为大架，以区别郑悟清先生的小架。1931年，他在河南开封举办的华北五省国术擂台赛中夺取魁首，来到西安后教授众多弟子，有柴学文、郭士奎、王德华、郑鸿烈等，这些弟子的再传弟子将赵堡太极拳大架弘扬至世界各地。郑伯英先生与郑悟清先生相映生辉，人称西北太极二郑。

侯氏太极拳　侯春秀师从赵堡太极拳第九代宗师张敬芝先生，20世纪30年代先到宝鸡，后定居西安，在西安教授诸多弟子，有侯转运、侯战国、黄江天、刘会峙、徐效昌、赵策，刘小凯等。侯先生心胸开阔，主张打开门户之见，凡求教者一概悉心指点，后世人为纪念侯先生，将其所传的赵堡太极拳也称为侯氏太极拳。

陈氏小架太极拳　陈氏太极拳源于明末清初河南温县陈家沟，其第十八代传人陈子明在1937年到国立西北师范学院担任武术教授，同时担任军队武术教官，并出版了《陈氏传世太极拳术》《太极拳精义》两部著作。1939年，其孙陈玉琦、陈玉璋来到西安，开始义务传授太极拳小架，该拳种在西安便流传开来，其徒职宝贵成就最高。

和氏太极拳　和学俭为和庆台之子，自幼随父学习家传太极拳，多年来，在拳术上体悟不辍。他为人宽厚，在当代和氏族人中辈分最长。他对来自国内外的学员热心传授，并且带领学生积极参加各种武术盛会，多次取得优异成绩，为和氏太极拳的发展做出了巨大的贡献。

白猿通背拳　1928年，由道教昆仑派南极门宗师白云昆传授给路文瑞。路文瑞祖上为皇宫跤手，他自幼学得家传武功，得祖上跤图秘籍，并学得白云昆道长秘传“南极兽中之艺”功法。年轻时从河北入山东国术馆担任教练，在山东国术馆的经历和见识，使他技艺精进。抗日战争时期他随李宗仁部上阵杀敌，曾一人以单刀对八名日寇拼刺而杀出重围。中华人民共和国成立后曾为陕西省政协委员。西安白猿通背武馆成立时，他担任西北体育场散打总教练，曾在《封神演义》电视剧中担任武术总指导。路先生的白猿通背拳术有头顶项领、前空后丰、虚胸洼肚、探背松肩、臂长腕活，琵琶骨活如扇、两手相连似星转的特点，也有狮头豹眼、雁手鹰臂、猿膀虎背、熊坐鹤行、龙身猫步的体态。看路先生打拳能看见各种动物灵气集于一身之能。路老先生在八十高龄时做的动作，就连有些身形好的年轻人也不能及。

（二）中国象棋

西安开展中国象棋的历史十分悠久，在民众中相当普及。民国时期，西安民间赛棋成风，象棋活动多集中在茶社、茶馆、会馆、小铺等处。1940年，西安基督教青年会举办陕西省第一届中国象棋赛。1943年，在革命公园西侧张家茶馆举办规模较大的“豫陕牌”象棋赛。王羽屏是这一时期西安象棋代表人物。1930年至1940年，西安市内象棋活动更加普遍，街头巷尾、村口场边，飞车跃马者甚众，比较集中的交流场所为茶馆，茶馆象棋自清末至民国时期是西安象棋活动的一大特点。当时，西安影响最大的茶馆是骡马市的毛家茶馆，来自省内外的中国象棋高手无不在此以棋会友。茶馆的一副枣木棋子制于清咸丰年间（1851—1861），既是近代陕西象棋的见证，也是陕西象棋的珍贵文物。另一主要象棋阵地是城隍庙山门上的叶家茶馆。19岁的王新民荣获青年会象棋赛桂冠，在叶家茶馆成为棋坛盟主，与卫宝昌、吴正大、蒋文涛成为中国象棋棋坛新的四大金刚。

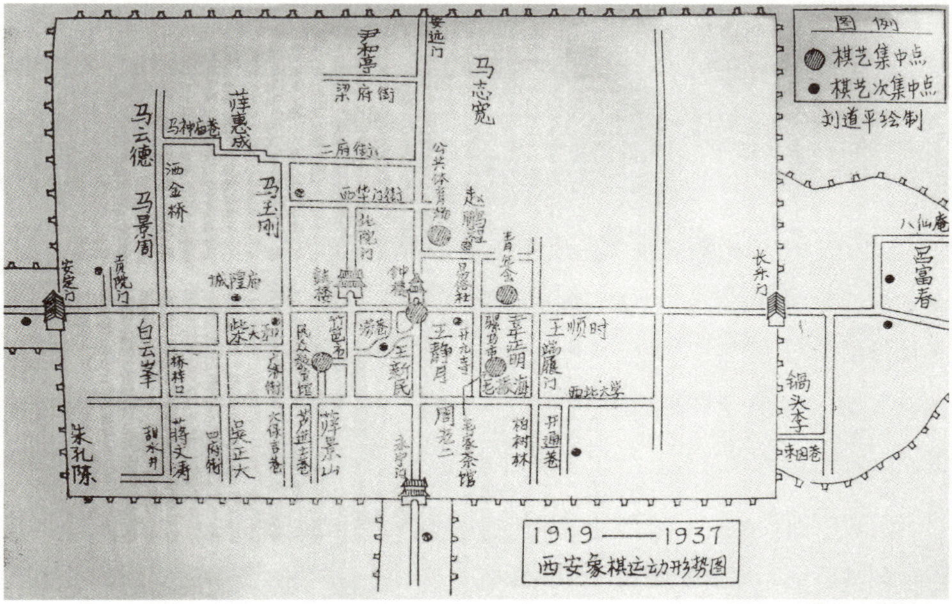

1919 年至 1937 年西安象棋运动形势图

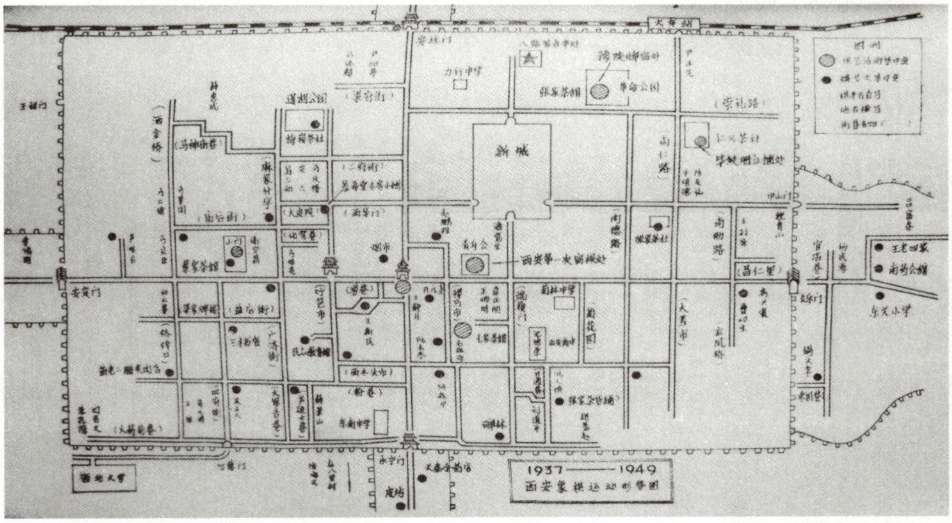

1937 年至 1949 年西安象棋运动形势图

抗日战争期间，各省棋手纷纷来到西安以棋会友，其中尤以名震华北、号称神炮铁卒的毕铁珊的到来最为轰动。1940年，西安基督教青年会举办了陕西历史上第一次象棋比赛，赵鹏程获得冠军。此后，西安基督教青年会经常举办象棋赛。由于当时棋手习惯以冠军为终极目标，一旦夺得就不再参加下届比赛，所以没有出现一位棋手蝉联首席的现象。1942年，毕铁珊在西安国民市场仁义茶社设立擂台，邀请王新民、卫宝昌、王羽屏进行现场友谊赛，以几面展挂在外的大棋盘向观众展现棋局形势，为当时陕西象棋赛所用最大棋盘。1943年，一位开茶馆的张氏为招揽生意，在西安革命公园西侧张家茶馆悬挂一枚用约半两黄金制作的“豫陕牌”和三面锦旗，不但诚邀河南棋坛名手毕铁珊、闫守义与之对弈，而且挑战王羽屏等20余位西安棋坛名手。王羽屏经过多局对弈，最终夺得“豫陕牌”。“豫陕牌”赛既是近代陕西名手云集、规模最大的一次象棋比赛，也是中华人民共和国成立前陕西象棋赛中唯一的金牌赛。王羽屏为西安迎祥观人，虽以卖菜、拉车、糊顶棚为生，却酷爱中国象棋，在“豫陕牌”棋赛后的历次象棋比赛中屡拔头筹，称雄陕西棋坛十八载。

（三）秋千活动

西安的秋千分三种，一是“架秋”，二是“树秋”，三是“轮秋”。“架秋”以木为架，悬绳于横木，下置木板。“树秋”是在两棵相邻的树上或一棵大树的粗大树枝上，系绳穿蹬板而成。“轮秋”是将碌碡竖起，在脐窝处安一轴，轴上装一横木，两端各系可坐一人的绳索，另有人推动横木，愈转愈快，犹如飞轮。此外，还有一种与“轮秋”类似的秋千，是以铁轮大车车轮做成的“车轮秋”。荡秋千时，一两个人或坐或立于板上，用力蹬板，或另有人送秋千来回摆荡。儿童适于低秋和坐秋，男女青年适于高秋与立秋。胆大者能蹬至与横梁成一直线，技艺高超者可做各种技巧游戏。打秋千是每年春节至清明时节西安城乡男女老少都乐于参加的一个活动，尤以妇女参加者居多。有些姑娘在打秋千时还喜欢唱些歌词：“春暖来花开呀不可夸，二八佳人去玩耍，来到秋千下，前脚蹬来后脚勾，前蹬后勾多自由，身上凉飕飕，鸭红缎裙扑闪闪，长腰细颈飞半天，快乐似神仙。”

（四）少年毽子

民国时期，西安一些中小学不但提倡学生在课外活动期间踢毽子，还组织了专门的踢毽子比赛。踢毽子成为西安大多数中小学学校课外活动的主要项目。毽子以皮革或布缝裹小铜钱为底座，上插一束鸡毛。毽子的基本踢法有脚里外踢、脚背踢、盘踢、拐踢、间踢，也可用大腿颠和用头顶。比赛多为计数或比花式，既有单人赛，也有多人赛。有时还在场地中央画一界线，将场子一分为二，两队各占一区，双方在毽子落地前将毽子踢回对区，如此反复，一方失误，即失1分。以规定分为局，可三局两胜或五局三胜。

（五）儿童打尜

西安地区打尜沿用古具，具体打法存在一些地域差异。尜是用一根拇指粗的坚硬木料截成15厘米左右长的木条，两头削尖制成。打尜棍（或板子）用一握把粗、半臂长之棍制成。基本打法为：将尜放在地上，用手中的打尜棍击打尜的一端后使其蹦起，再用打尜棍迅速击尜，令其飞远。游戏采用比赛法，最少两人，也可组队。比赛时先在地上画一个直径1米的圆圈，先打者将尜从圆圈内击远，对方拾起尜向圆圈内丢。丢不进圆圈，先打者就地再打一次，然后根据距离圆圈的远近向对方要尺。若要得准确（含不到圆圈中心）可记下成绩，若要得不准确（超过圆圈中心），先打者算失误，换对方打尜。若对方将尜丢进圆圈内，可进行交换。这样双方反复进行后，谁先要到预定的尺寸就算赢，输的一方要受罚。罚的方法是：赢的一方将尜放在圆圈内向外击打，输的一方跑到尜的落地处，将尜夹在膝窝中用单脚跳回圆圈，口中同时发出“哞——”等语或学羊叫，声音必须洪亮，不能中途中断，否则还要重罚。

五、民族体育长存不衰

民国初期，西安回族武术流派逐渐增多，并出现了一批德高望重的武术名家。最有名的当是穆志杰。

穆志杰，回族，1906年1月2日出生于西安市西羊市街，字万春，别名世铎，经名穆罕默德·优奴斯，铁彦彪是他的启蒙老师，后拜当时回族精一健身会会长马云青为师。马云青曾在武林高手安大庆门下学艺，他向穆志杰传授了回民心意六合拳。马云青不但精心指点他习武，而且和铁彦彪一起将他引荐到知名武术家穆长贵（清末民初陕西永庆镖局的镖师）、陈风彦、戴永康老拳师门下求艺，使其武艺日益精进。1926年，穆志杰在寻师访友过程中偶遇河北查拳名流铁志英，跟其学习查拳门的套路、招数及查拳门的各种器械。1928年，他拜山西平遥著名白猿通背专家李翁为师，学习白猿通背拳、白猿大刀及纯阳剑等。1936年，拜河南马振泰为师，学习心意六合拳。1941年，拜河北驰名八卦掌名家田金峰为师，学习八卦掌。1946年，穆志杰结识北派形意拳的王青山，因两人年纪相仿，加上穆志杰在各派拳术上已有所成就，便互称师兄弟，挖掘研究北派形意拳的奥秘。穆志杰在长期的演练中，对心意六合拳进行创新发展，形成拳械套路的主要有心意六合拳一、二、三、四、五、六趟，心意六枪、对扎大杆子等。

民国时期陕西多次举办武术比赛，穆志杰在比赛中多次获得第一名。1933年，陕西省第三届国术比赛在西安召开，穆志杰获得冠军。在西安召开的陕西省运动会上，他获得太极拳、心意六合拳双料冠军，得到省政府主席邵力子的赞誉。1935年10月，穆志杰被选为陕西省代表参加第六届全国运动会。于右任先生赞赏穆志杰的武艺，为他题赠了“碑牌照回裔，风雷搜百灵”的牌匾。

中华人民共和国成立后穆志杰多次参加武术表演和比赛，1953年，获得第一届全国少数民族传统体育运动会拳术一等奖，1978年，获得全国武术比赛大会特邀代表奖。穆志杰曾担任中华全国体育总会陕西西安分会常委和西安市武术协会副主席，为振兴中华武术贡献了自己的力量。晚年的穆志杰一方面整理心意六合拳、太极拳、白猿通背拳等拳谱著作，另一方面将其近70年在拳术上的经验灌输到心意拳的实践中，使其神态合一。他还召集众徒弟成立西安回族精一武术馆，为武术的传承做出了贡献。

同时，白猿通背拳经穆志杰推广，西安回民中也多习此拳。有影响的代表人物还有马锦华、刘玉锦、翁春喜等，分布地区以西安最为普遍。20世纪20年代，沧州通背大师马凤图投奔冯玉祥部队，他与胞弟一起创编了寓枪于棍的“风磨棍”“破锋八刀”，以及劈挂拳第三路飞虎拳，被西北军广泛用于军事训练。晚年定居兰州，曾数次来西安交流技艺，其以“通背劲”为特征的劈挂、八极翻子、戳脚等套拳法以及器械套路，广泛流行于陕西，成为中华人民共和国成立后陕西参加全国性武术活动的拳种套路。其他如护身拳、回民七势等在宝鸡地区流传。

查拳、杨氏太极拳、八卦掌等拳械传入陕西后，主要在西安市、铜川市及陕南的安康地区流传。

民国时期，酷爱武术的西安回族人民培养了众多武术人才。在习武过程中，扔沙袋成为西安回族青少年的传统训练项目。沙袋是用一块厚布做成的正方形布袋，大小不限，内装小颗粒砂石或豆子缝合而成。沙袋有大有小，随训练程度选择。扔接法分为单手扔接、双手扔接和对扔接三种类型。单手扔接有单手在体前扔接、单手从体后向上扔接、单手抬腿从腿下向上扔接；双手扔接有双手向高处扔接；对扔接有两人或多人相互扔接。

第六节　体育竞赛重在表演

1921年，北洋政府教育部颁布第173号训令，令陕西省教育厅积极推广体育运动。为了让近代体育走出学校，走进社会，西安开始参加和举办各类体育赛事。其时，冯玉祥在陕西担任督军，利用西安贡院门东侧的空地，为部队专门开辟了篮球场和足球场。球场建成后，不仅为官兵开展球类活动提供了方便，也为西安老百姓提供了了解西方体育的机会。为在民众中推广体育项目，养成锻炼习惯，这一时期，西安还修建了球场、体育场，购置大皮球等体育器材。1922年，在冯玉祥的推动下，西安在北大街建公共体育场。冯玉祥驻陕期间人们参与体育的热情逐渐高涨，冯离陕后，各类体育项目在西安广泛传播，各类体育赛事开始举办，体育场地和设施开始兴建，西安体育逐渐融入近代体育文化潮流。

1927年后，国民党逐步在全国建立起统治，结束了军阀割据局面，实现了国家形式上的基本统一。到1937年抗日战争全面爆发前，社会政治环境相对稳定，中国近代体育的各项制度基本建成。在此背景下，西安的学校体育、群众体育、竞技体育均得到较为规范的发展，各类体育制度正式形成，各类体育组织和体育团体得以成立，近代西安体育进入规范发展时期。

一、修建公共体育场馆

体育活动的发展离不开体育场地和设施。近代时期，西安城市校场的出现为近代体育项目的推广提供了便利条件。清朝末年，军队所在地和各类学校里开始修建近代体育场地，购置近代体育设施。民国时期，西安较早的体育场地有习武园运动场、北大街公共体育场、莲花池运动场、新城大操场、革命公园公共体育场和东大街青年会体育场等。其中，北大街公共体育场是较早的公共体育场地，而革命公园公共体育场是规模较大的体育场。

（一）北大街公共体育场

1922年，冯玉祥令禁烟总局负责，在钟楼北修建了北大街公共体育场（今西安市人民剧院一带），体育场整体呈凸字形，内植各种树木，以杨柳为主。场内设有梯城、木马、双杠、浪桥、平台、秋千、拳术场、击准场、篮球场、足球场、网球场。为向市民宣传爱国精神，还建有露天讲演台一座，两边书写体育格言，并绘有“国耻地图”一幅，用大字一一注明。建有世界园，种各种花草，以区分各国地形，注有中国某年因某事被外国割去某地。中间盖有爱国亭。附设阅览室和贫民夜校。体育场设有班长、指导员，负责场地管理工作。此间，西安城内还有两所比较大的操场，虽未形成一定规格的公共体育场建制，但进行过省市运动会。一是地处西安城内西北角的习武园（今西安市莲湖路北边一带），另一是西安城中偏北的新城大操场（今陕西省人民政府所在地一带）。较小的场地有西贡院巷军人球场、大莲花池附近的游戏公园运动场、新督署南门外青年游戏场及各校操场。

（二）革命公园公共体育场

1928年，革命公园整修扩建时，在公园南端划出一片场地，时称革命公园公共体育场（今西安市人民体育场，地址在今西五路南侧，正门面北，正对革命公园），占地面积达10万多平方米，分设篮、足、排、网四个球场。1935年，场地中央修建两个砖木结构的司令台，东面修建八层木质结构看台。1937年，为加强体育场管理，曾先后派专人负责。20世纪40年代后因经费短缺和管理不善，各比赛场陷入荒芜状态，木质看台破烂不堪。1942年，场内新建东、西司令台两座，并增添篮球、排球、足球等运动器材。此后，省市大型体育比赛渐移此处举行。1946年为举办陕西省运动会，曾对体育场进行修葺，使荒草丛生的体育场稍有改观，并在田径场和球场四周设立白色栅栏。1946年以后，该体育场再次陷入荒芜。

二、确立体育裁判制度

20世纪20年代前，西安尚无社会体育，学校体育只设体育科，没有体育制度，更无裁判制度。学校一般没有体育竞赛，偶尔有校际运动会，也是一年甚至两年一次，裁判工作也不受重视。1920年，长安县子午廒各校暑假组织踢球大会，始设裁判负责评判。此后，运动竞赛活动增多，规模扩大，裁判人数逐渐增多并形成分工，主要项目有田径、篮球、排球、乒乓球等。规模较大的运动会，专设评判组。1942年6月，西安体育协进会成立时有了十几个球队，但裁判员十分缺乏。为了培养和规范裁判员的行为，在西安成立了西安体育运动裁判会，对裁判工作提出具体要求，明文公布竞赛规则，促进了比赛的秩序规范，同时对提高裁判水平和人数规模都起到了重要作用。1948年，西安市举办第七届全运会的预选会，规定选拔裁判员的标准。此次运动会的裁判队伍较为齐全，有了总裁判、终点裁判长、径赛报告、发令、计时、记录、检录、布置等各项分工。

三、举办大型竞赛活动

20世纪30年代至40年代，以田径运动为主的全市性竞赛活动兴起，先后于1933年、1934年、1936年、1942年、1946年分别在西安新城大操场、革命公园公共体育场等处举办五次全市性大型运动会。同时也举办国际性的体育比赛，主要项目有篮球、足球、排球、垒球。

（一）陕西省秋季运动大会

1. 1933年陕西省秋季运动大会

1933年11月1日至4日，第一届陕西省秋季运动大会在西安新城大操场举行。运动大会筹委会由宏瑞智、白树棠、白润生、王香兰、靳国才、梁伯河、郭紫峻、马善民、安启麟、夏云浦、凌启佑、严文德、杨超雄、宋志先、汪宝瑄、王一山、陈子坚、宋华甫18位委员组成。有34个单位的460余名运动员参加，比赛项目为男子普通部田径赛、男子中级部田径赛和女子部田径赛。运动会举行期间，每天有三四万人观看比赛。同年，陕西还选派王全、孟文华、马骧、贺明鼎、李赋肖等5名选手，由靳国才领队参加第五届全国运动会。这一年，陕西省出席华北运动会预选会在西安高级中学操场举行，观众达5000余人。

2. 1942年陕西省秋季运动大会

1942年10月10日，陕西省秋季运动大会在西安新城大操场开幕。运动大会会长熊斌（时任陕西省政府主席），总指挥袁朴，评判员夏子时、舒翔、张海茹等20余人出席运动会开幕式，西安市三、四、七、八、九、十行政区参加比赛。因交通不便，运动大会在南郑县设立分会场，参赛单位有五、六两个行政区所辖各县。运动会设初中组、高中组和普通组，比赛项目有男子田径、篮球、排球、足球，女子田径、篮球、排球，表演项目有团体操、游戏、国术、舞蹈。为祝贺陕西省秋季运动大会举行，《西北文化日报》以“提倡体育道德”为题发表社论。

3. 1946年陕西省秋季运动大会

1946年陕西省秋季运动大会，是在西安举行的陕西省最后一次全省秋季运动会。1946年10月31日至11月3日在西安革命公园公共体育场举行，运动大会筹委会主任王友宜，总干事王耀东。筹委会下设总务、宣传、招待、纠察、救护、奖品、业务等组和竞赛审查委员会。大会分五个组进行比赛：男子成人组、高中组、初中组，女子高中组、初中组。项目有田径、篮球、排球、垒球等。大会表演项目有团体操、技巧、国术、网球、舞蹈和唱游等。全省各专区派代表参加，胡宗南、祝绍周等出席了大会。

（二）1934年第十七路军驻陕各部队秋季运动会

1934年，第十七路军驻陕各部队秋季运动会在西安新城大操场举行，参加运动员400余名，各界代表和学校学生前往观摩。西安报纸如《民众晚报》《陕西教育旬报》等多次报道相关体育新闻。

第十七路军驻陕各部队秋季运动会开会典礼

（三）西安首届国际篮球赛

1945年2月11日，由陕西省民众教育馆主办的西安首届国际篮球赛在北大街师训所球场举行。参赛双方分别为西安联队和美国空军队，其中西安联队的参赛队员是雷顺公、纪茂德、于世康、贾克、刘瑛、崔玉麟、李世云、王世明、郑志国。这场盛况空前的国际篮球赛事吸引了陕西省政府主席祝绍周等政府官员亲临观看，西安篮球爱好者两万多人前来观战。经过激烈比赛，西安联队以39：31获胜。13天后，西安联队与美国空军队在中央战干团篮球场再次进行比赛，最终美国空军队以40：38险胜。随后，中央战干团举办中美篮球募捐赛，赛后将募得的善款30余万元全部捐给抗日前线将士家属。

（四）1942年平（利）朝（邑）救灾篮球赛

1942年8月，西安体育协进会举办平（利）朝（邑）救灾篮球赛，每日下午由著名男女选手在青年会运动场进行篮球比赛。门票分为荣誉券和普通券两种，分别售价10元与2元，赛后共得善款1万余元，全部用于救济平利、朝邑二县灾民。

（五）1948年第七届全国运动会预选赛

1948年，第七届全国运动会预选赛在革命公园公共体育场举办，此是民国时期西安地区规模较大，成绩最好的一届竞赛活动，有40个单位参赛，运动员有150多名。比赛结果，男子成绩为：100米12秒、200米26秒、400米1分21秒、800米2分26秒、1500米5分5秒3、跳高1.52米、跳远5.48米、铁球（16磅）11.5米、铁饼 23.75米；女子成绩为：100米15秒3、200米35秒、跳高1.4米、跳远3.28米、铁球（8磅）7.33米。赛后，西安的乔介民、陈宝琛、洪朝举、蒋耀成、达明5名选手参加上海第七届全国运动会，参赛项目为：乔介民100米、200米，陈宝琛110米栏、400米栏，洪朝举1500米、5000米、10000米，蒋耀成铁球、铁饼、标枪，达明100米、200米。蒋耀成获铅球掷远第六名，这是西安运动员在中华人民共和国成立前参加全国田径比赛取得的唯一1分。

第七节　体育研究与宣传开始出现

一、体育研究初露尖角

（一）理论研究

陕西省体育界参与体育科学研究工作始于1923年。同年9月，东南大学体育系主任麦克乐（美国人）邀请陕西体育界同人考察中国各地体育发展状况。主要内容：“（一）贵省运动之状况及历史；（二）贵省有否体育专门学校，迄今概况；（三）首次省立运动会开始于何年，并已举行几次；（四）学校体育之计划及方法。体育教员之历史。”嗣后，一些专题性的体育研究成果相继在《陕西教育月刊》《陕西教育旬报》和《新陕西》等报刊上发表。1931年8月，《新陕西》发表李郁发《提倡本省体育之意义》一文。1933年12月，《陕西教育旬报》先后发表郗汉珊《陕西推行体育之过去情形与将来计划》一文和吴自强《治疗教育与体育的关系》一文。此外，西安第一中学、西安第二中学和省立西安师范学校等学校创办的校刊上也经常刊登有关体育科研的文章和消息报道。1934年，西安第二中学为全省秋季运动会创编了《柔软操十段锦》：第一节头部运动；第二节上肢运动；第三节胸部运动；第四节下肢运动；第五节腹部运动；第六节悬垂运动；第七节腰部运动；第八节平均运动；第九节跳跃运动；第十节调和运动。1935年2月，《一中校刊》载文《一名运动家经验谈——符保卢君练习撑竿跳之秘诀》，其内容分五部分：助跑的距离和跑法；以竿插穴的特点；由起跳到横木；放竿和着地；撑竿跳的辅助运动。

1938年以后，陕西体育研究试图从多方位发展，如1月陕西省教育厅出版的《抗战与教育》杂志刊登的文章《目前大中学校应严格实施军训》。同年4月，《一中校刊》刊登健生的论文《抗战期间青年对体育应有之认识》，全文分五部分：前言；认清现代体育之目标；运动要有道德；运动要有恒心；结束语等。

（二）体质调查

1936年，陕西省教育厅健康教育委员会对全省中等以上学校学生体质进行了调查。同年1月，西安第二中学在校刊上公布了全校学生体检情况，明确指出：“须知国家健全，必须先有健全之民族；民族之健全，必须国民有健全之体魄；健全之体魄，必须身体无缺点，身体无缺点，然后才能有健全之精神。所以说，青年之健康与否，实能关系国家之命脉。试问国家青年如此之病弱，在此国势垂危如累卵之今日，能否担起救国之重责？古语云：‘国家兴亡，匹夫有责`，尚望我全校同学，如果不放弃爱国之责任，必须先设法使身体健康。”体检结果：全校共有学生627人，经健康教育委员会派医生护士检查542人（其余85人因时间等原因未能施行检查），其中患有缺点之人数达90%以上，只有54人身体无缺点。有缺点的人数中，患沙眼者最多，占74%；其次是淋巴腺疾病，占21.5%；牙病占19.87%。

二、体育宣传渐成气候

（一）报纸经常报道体育消息

1919年，为推动西安近代体育发展，《西北日报》相继专题报道了西安体育发展中的新人新事，诸如私立成德中学校长董雨麓，重视学生体育活动，每周除体操外，还聘请柔术家杨子明到校传授柔术。凡参加练习者普遍反映："食量日增，体躯日觉强健。"李生辉任会长，招专习体育的学生若干名，授课3个月毕业。省立西安师范学校组成健身会，每晨坚持锻炼10分钟，然后上课。西安洒金桥国民学校校长马良臣发起课余运动，于校内外各建体育运动场一所，校外供学生练习足球时用等。

1921年10月，《陕西日报》报道长安县举行全县小学生运动会，陕西督军冯玉祥前往会场观看比赛；11月，冯玉祥派员携带20银圆赠品参加西安私立成德中学首届全校运动会。

1931年后，陕西各种报纸更加重视省内外体育报道，对西方近代体育项目在陕西广泛推行和中国古代传统项目的继承均起到积极作用。其中宣传体育内容较多的报纸有《西京日报》《民众日报》《解放时报》《西安日报》和《西安文化报》等。以《西京日报》为例，1933年至1948年，除报道全省各地体育活动消息外，对一些大型体育活动均坚持做系列报道。报纸影响较大的消息有出席华北运动会和全国运动会预选赛及代表团组成、西安各界球类联赛、西安各界田径测验赛、西安中等学校春季运动会、陕西省秋季运动会、文化劳军体育表演 、"九九"体育节活动、西安体育协进会平（利）朝（邑）救灾篮球赛、青年体育会赈济豫灾篮球赛、中韩（朝鲜）垒球赛、"芾南杯"球赛和中美篮球、排球赛等。

（二）电影院时常加映体育纪录片

体育电影宣传始于20世纪30年代，当时主要是在西安等大城市放电影时加放一些体育纪录片。如1935年11月陕西省教育厅通知组织各中等学校学生免费观看第六届全国运动会纪录电影，每日下午5时在西京电影院放映。

（三）期刊刊登体育讯息

1935年7月31日出版的《陕西教育月刊》第2卷第7期，刊登了杨博如的《办理省立西安各小学春季运动会之经过及其成绩》。1936年出版的第2卷第8、9期，刊登了《秋季球赛成绩圆满》《举行西安各界田径对抗及各种球类比赛》等文章以及"本厅体委会举行第四次会议——西安市市民业余田径竞赛定于10月9日起连续举行两天"等消息。《一中校刊》经常刊登校内外体育消息，1935年2月出版的第1卷第1期，刊登了泥芝的《闲话秋千》，1938年4月5日出版的创刊号，刊登了健生的《抗战期间青年对体育应有之认识》。《二中月刊》后更名为《二中校刊》，经常刊登校内外体育消息，1935年10月14日出版的第8期，刊登了学校制定的《国术团规程》，共8条；1936年2月10日出版的第20期，刊登了《24年度上学期全体学生身体之健康状况》。

（四）体育表演渐成时尚

1934年9月，国民革命军第十七路军驻陕各部队秋季运动会在西安新城大操场举行时，会上安排了刺杀、劈刀、团体操、马术表演。1935年11月，在西安革命公园公共体育场举行过一次盛大的西安各中等学校团体操表演暨国术表演大会，表演项目有丹麦操、童子军手号操、苏格兰土风舞、模仿操、军操、旗语、国术、大刀等。其中以陕西参加全国运动会女子国术选手王宓子的表演较为精彩。时隔几日，陕西省国术馆又在北大街公共体育场举行了一次国术表演。

1936年10月，西安首届中小学联合运动会在革命公园体育场举行，36所中小学进行了各种体育项目表演，主要有晨操、团体操、丹麦操、徒手操、哑铃操、手帕操、花圈操、模仿操、旗子操、国耻操、万字操、领巾操、播种操、工匠工作操、小小皮球操、健身操、柔软操、童子军操、童子军棍操、小兵队操、军事操，以及叠罗汉、国术、太极拳、十二路弹腿、舞剑、土风舞、轮舞、五花舞、小蝴蝶舞、英国花圈舞等。1937年2月，陕西国术界发起组成一支陕西省国术团体抗日救国援绥大刀队，成立大会上由数百名大刀队员向两万余名观众表演了大刀。据不完全统计，截至1949年5月，在西安举行的体育表演活动有：1942年5月，西安市中等学校春季运动会在新城大操场举行，表演项目为团体操，尊德中学获第一名。10月，陕西省秋季运动会西安赛区在新城大操场举行，表演项目有丹麦操、舞蹈、太极拳、连环刀等。11月，西安体育协进会举办体育募捐劳军表演，项目有西安第二实验小学的团体操、西京业余国术研究会的武术、回教青年服务团的自行车、李克仁的技巧，以及篮球、排球表演。

1943年4月，西安体育协进会与青年会为赈济豫灾举行体育表演会，地点在北大街青年体育场，项目有篮球、排球和足球 。5日共收入门票万余元，转交给灾区。7月，纪念西安体协成立一周年，西安举办球类邀请赛。纪念活动中，国立西北师范学院体育系表演了技巧、双杠、吊环、木马等。9月，西京业余国术研究会在新城大操场举行国术联合表演。同月，陕西省教育厅在新城大操场举行“九九”体育节纪念活动，表演项目有团体操、国术和球类等，当晚举行了火炬赛跑。

1944年3月，西安市举行“三八”妇女节体育表演，项目有篮球、排球、乒乓球、板羽球和自行车。9月，西安各界庆祝“九九”体育节大会在新城大操场举行，30多所中小学进行了团体操表演，最优表演是民兴中学的正气操，培华中学的康乐操，第一实验小学的九九建国操。此外，西京业余国术研究会、效强太极拳社、国技研究社等单位表演了国术、竞走、篮球、足球项目，深受观众欢迎。1945年2月，陕西省民众教育馆在北大街师训所球场举办西安首届国际篮球赛。7月，西安体育协进会举办夏令营球类表演，地点在北大街公共体育场。1946年10月，陕西省秋季运动会在西安革命公园公共体育场举行，表演项目有团体操、技巧、国术、舞蹈和网球等。

第三章　“八办”统战，红色体育在西安传播

（1937—1949）

1936年，西安事变和平解决，第二次国共合作的政治气候形成，为了便于与国民党商讨抗战大事，中国共产党决定在西安七贤庄一号院设立红军联络处。1937年9月改名为“国民革命军第八路军驻陕办事处”，也称作“八路军驻陕办事处”，后被简称为“八路军西安办事处”。该办事处建立于1936年12月，毛泽东在延安点名让伍云甫出任第一任西安八路军驻陕办事处处长，与时任中共驻陕党代表林伯渠搭档，共同主持办事处的工作。1946年6月，蒋介石发动全面内战。9月，办事处奉命从西安撤回延安。该办事处存在的时间为9年10个月，为全国15个八路军、新四军办事处中成立最早 、坚持时间最长、影响最大的办事机构。八路军西安办事处场院宽大，存在时间较长，又是国民党政府认定的合法办事机构，所以一度在该办事处里有着相对稳定的工作居住条件。虽然抗战形势严峻，办事处任务繁重，但本着革命乐观主义精神，办事处的同志们在百忙之中仍不忘开展体育活动。中国共产党领导的红色体育，也通过八路军办事处这一载体在西安得到传播，也让西安人民亲身感受到红色体育的魅力，并对西安体育的发展产生了积极的影响。

第一节　红色体育的形成

伴随中国革命的浪潮，中国共产党领导的新民主主义革命在广大解放区孕育了熠熠生辉的“红色体育”。红色体育作为诞生在旧中国的特殊体育形态，同当时国民党统治区的体育形态和日伪统治区域的体育形态迥然不同。国民党统治区的体育虽然代表当时主流体育，具有机构健

全、人才集中、形式完备、理论众多等优势，但也存在实践不足、全民观念不强、受众面狭小等缺点，因而未能唤醒国民体育的自觉意识。日伪统治区的体育作为带有浓厚政治军事侵略烙印的奴性体育，是侵略者粉饰太平、渗透强化奴役思想、为侵略战争培养后备军的工具。红色体育的形成、发展历程与中国革命浪潮同步，在继承传统体育文化基础上广泛吸收西方现代体育项目，通过普及化、民众化，实现取之于民、用之于民的崇高境界，为中国革命的胜利立下了不可磨灭的功勋。

一、红色体育思想的产生

红色体育经历了体育思想的萌芽期、爆发期、成熟期三个阶段。早期革命领袖的体育思想孕育了红色体育的种子，轰轰烈烈的革命战争成为催生红色体育的土壤，苏区和陕甘宁边区体育则是红色体育的丰硕果实。

1917年至1927年，是红色体育思想的萌芽期。这一时期最有代表性的事件是1917年毛泽东《体育之研究》的发表，成为红色体育的光辉起点。中国共产党的建立奠定了红色体育的政治基础，为第二阶段红色体育的蓬勃发展做好了思想准备，培育了群众基础。

1927年至1934年，苏区体育既是红色体育思想的爆发期，也是红色体育思想的完成期。革命武装政权为红色体育奠定了物质基础，革命根据地成为红色体育的生成土壤。总体来看，苏区体育具有指导思想明确、组织机构健全、运动形式多样、活动范围广泛、人员参与广泛等特点。官兵一致、军民一体的体育原则为苏区体育的蓬勃开展奠定了坚实基础。

1934年至1949年，陕甘宁边区及各根据地的体育活动得到很大发展。1934年10月，红军第五次反“围剿”失败，被迫进行战略转移，经过二万五千里的长征，红军终于在1936年10月于陕北完成总会师。红色体育在抗日战争爆发后进入黄金发展期，形成以延安为中心辐射解放区、敌后根据地和八路军办事处的特点。总体来说，陕甘宁边区体育在苏区成功经验基础上发展而来，不但指导方针、组织机构、运动方式与苏区时期一脉相承，而且呈现出体育基础思想更为成熟，体育组织机构更为完善，体育活动范围更加广泛，体育项目比赛水平更高的特点，为抗日战争和解放战争的胜利打下了坚实的物质基础和昂扬的精神基础。这也是红色体育最完整、兴盛的时期。

二、红色体育思想的特点

中国共产党领导的新民主主义革命孕育了熠熠生辉的“红色体育”。在抗日战争期间，陕甘宁边区通过八路军西安办事处这一载体，实现了延安与西安之间的互动联系，为西安体育增添了崭新色彩，传递了革命热情。红色体育形式丰富多样，在继承传统体育文化的基础上又吸取了西方先进的体育项目，动员广大民众积极参与、强身健体，为争取民族独立的革命战争服务，其本质是新民主主义体育。在中国共产党的领导下，红色体育在体育组织机构建立、部队体育训练、学校体育教育发展、群众体育开展以及现代体育运动项目的普及和提高等方面都取得了优异成绩，体育事业发展呈现出前所未有的盛况。红色体育蕴含的革命性、人民性特点，为其在西安传播奠定了思想基础。

红色体育的革命性　红色体育诞生在一个特殊时期，即战争年代，其母体是中国革命，因此当时所开展的一切体育实践活动均服从于革命战争实践的需要。革命的需要决定了红色体育具有浓厚的军事色彩。1937年8月，在“全苏区八一抗战动员运动大会”开幕式上，毛泽东说：“我们这个运动大会，不仅是运动竞赛，而且要为抗战动员起来。”1942年9月9日，毛泽东又为中国第一届体育节题词：锻炼体魄，好打日本。朱德在指挥各抗日根据地军民对日作战的同时，非常重视部队体育活动的开展，对体育运动常抓不懈，不仅提倡，而且身体力行，在体育锻炼方面起好表率作用。他给“九一扩大运动会”题词：运动要经常。贺龙1942年9月为延安“九一扩大运动会”题词：体育运动军事化。更是将战时体育的性质直截了当地表达出来。红色体育运动在战争年代的最重要作用就是锻炼体魄、坚强意志、凝聚人心，提高战斗力。体魄、意志、人心是取得革命胜利的法宝。革命事业的成功离不开强健的体魄、坚强的意志和人心的向背。在这个时期，红色体育已不是单纯的体育行为，而是一种饱含民族热情、正义信念、愿望追求的战时综合文化体现。军事化的指向表明，红色体育活动的根本目的、参与对象和体育训练内容等，都是围绕革命战争而展开的。体育为革命服务，战胜一切敌人，是红色体育的主要本质属性。

八路军战士练单杠

红色体育的人民性　人民性也是红色体育的本质属性，是红色体育的最大亮点，是红色体育与旧中国体育运动的根本区别。国统区体育活动主要是上层阶级和学校少数体育人才所享有的专利。从近代体育的发展中我们可以看到，尽管当时的有志之士积极提倡新体育，在改变国家整体面貌方面做出了努力，但是，他们在提倡努力的同时，忽略了一个重要的因素，就是唤起和调动体育的全民意识和全民行为，使之成为一种全社会的共识。体育只有全民化，才能最大限度地发挥体育的功效；体育只有根植在人民群众中，才能使体育的价值最大限度的实现。人民性则是红色体育的精髓，它的文化内涵已远远超出了体育的范畴，而成为中华文化的有益补充。

红色体育的经常性　在极其艰难的条件下，中国共产党在农村革命根据地领导军民开展各类体育实践，将体育活动作为制度来执行，把体育运动当作长期工作来做。延安时期，边区政府提倡“十分钟运动”，这项运动包括球类活动、柔软体操、太极拳、八段锦等。运动形式灵活多样，参加者可任选一种，坚持天天练习，长年不间断。在节假日举行体育比赛，以广泛宣传体育，提高群众参加体育活动的兴趣，使其经常化。“使体育运动成为广大群众的运动，使每个工人、农民、学生、红军指战员、青年、成人、儿童、妇女都能在工余时间到运动场上活动，真正使每个苏区人民更加有活泼、愉快、健康的身体。”红色体育不仅使近代体育项目普及到中国广大农村，让农民亲身体验了体育的美好，还提高了军队的战斗力，为中国革命斗争做出了突出贡献。

第二节　红色体育活动的影响

八路军西安办事处的主要任务，是贯彻和执行中国共产党的抗日民族统一战线政策，宣传并团结国统区广大群众和爱国人士共同抗日，是中国共产党在国统区领导人民开展抗日斗争的领导机关。陕甘宁边区通过八路军西安办事处这一载体在延安与西安之间建立了紧密联系，为西安体育增添了别样色彩，传递了革命热情。充满乐观主义的中国共产党人非常重视体育，八路军西安办事处的干部战士利用空闲时间参加体育活动，强身健体，为鼓舞军民抗日斗志、激发爱国情结起到了积极的促进作用。

一、平等和谐、坚持经常，尽展红色体育活力

八路军西安办事处所开展的体育活动，不仅坚持经常，而且丰富多彩、时尚新颖，最主要的是官兵平等、亲切和谐。当时接触到的人们受到很大的影响，被共产党人的精神风貌和人格魅力所深深吸引。

1937年至1940年之间，朱德曾三次来到八路军西安办事处指导工作。朱德一直是体育活动的积极参与者，延安时期，朱德一直担任大型运动会的主席和总裁判长。他热心各种体育活动，尤其对于篮球运动，更是非常喜欢。居住在办事处期间，朱德起床很早，一有时间就找年轻的同志打篮球。当时办事处的青年们在门前一块空地上开辟了篮球场，晚饭后大家都喜欢去球场活动。因为人多，大家都是排队轮流打球。朱德每次都是跟大家一起排队，从不以首长的姿态出现。轮到他上场，同事们出于爱护和尊敬的心情，都不抢他的球，想让他多打一会儿。他发现后假装生气地对大家说："这样多不好，你们不抢，就我一个老头子抱着球跑，多没意思。咱们是为了锻炼身体，在场上都是平等的运动员，没有朱总司令。"他当即"命令"大家和他抢球。大家看到朱总司令这么平易近人，也就开始你争我夺地打球。顿时，球场上展现出一派热烈气象。

叶剑英同志喜欢打乒乓球，来八路军西安办事处视察时，工作之余他总是到处找年轻的"小鬼"打乒乓球。周恩来总理也喜欢打乒乓球，在办事处居住期间，看到大家在打乒乓球，也会随手挥上几拍。

棋类活动是最受领导人喜欢的体育项目。林伯渠喜欢下围棋，他的对手就是处长伍云甫和机要科长童小鹏，有时林伯渠也和警卫班的战士们下一盘。下棋的时间也是林伯渠了解办事处同志工作和学习情况的好机会，他总是一边下棋一边和同志们聊天。朱德也是围棋和象棋的爱好者，休息时间里朱德就和办事处的同志杀上一盘 。

自行车比赛是当时既时尚又新颖的体育项目，虽然没有任何专业的比赛设施和场地，但当时办事处的同志们都喜欢这项体育活动，举行自行车比赛时，所有人都要报名参加。办事处的自行车比赛分为两项进行：一种是赛快，一种是赛慢。而担任自行车比赛活动的总裁判长，就是八路军高级参议宣侠父。

1937年9月，宣侠父被任命为国民革命军第十八集团军高级参议，他与八路军西安办事处的同志们来往密切，积极开展抗日活动，也非常热爱体育活动。宣侠父团结了陕西籍著名人士孙蔚如、杜斌丞、赵寿山、杨明轩等，动员大批青年去延安参加革命。1938年3月，宣侠父周密安排丁玲等率领的西北战地服务团在西安进行抗日民族统一战线工作。为此蒋介石对宣侠父非常痛恨，亲手写下"将宣侠父秘密制裁"的手谕。1938年8月1日晚，宣侠父前去西安革命公园观看篮球比赛，返回途中被埋伏的国民党特务暗杀，时年39岁。

办事处领导同志除带头参加八段锦、柔软操等早操外，一些富有创造精神的同志还自编了由举重、射箭、骑马等动作组成的"自由操"。领导同志号召大家搬来石头，利用门前荒地垒成一个篮球场，共同动手制作篮球架、单杠、双杠等运动器材，多措并举节省下零用钱购置各种球类器械。办事处内部设立“救亡室”，朱德同志在办事处时曾主动拿出自己购置日用品的钱为“救亡室”购置文体活动器材，林伯渠、董必武同志也多次将自己每月五元的零用钱拨给“救亡室”购买体育用品。同志们看到这些，心里十分感动，对体育用品也特别爱护。这些当年的体育用品，如今已有不少作为宝贵的纪念品保存展出，观众从中可以受到深刻教育。当时，林伯渠、董必武、吴玉章、徐特立这些老同志聚在一起时喜欢散步或下棋。他们下棋很认真，有时候为一步棋争得面红耳赤，惹得大家哈哈大笑。首长们的热情极大地激励了办事处同志的锻炼热情，大家踊跃参加篮球、排球、乒乓球、羽毛球等球类活动和游泳、围棋、象棋等多样化文体活动。因为办事处同志几乎人人都会打乒乓球，所以这项运动最为喜闻乐见。开展排球运动时，如果人数过少，不能进行九人排球，办事处同志就自发组织男女混合队。

1937年至1938年，是抗日民族统一战线发展比较顺利的时期，办事处人员增加很多，原来的场地不够大家活动了。于是大家齐动手，把大门外的瓦砾草地开辟成运动场，积极开展篮球、排球活动。打球除了一、三、四、七号院的工作人员外，待命出发的学生和不少客人也积极参与。朱德对同志们的体育锻炼很关心，他每天早上提前起床，敲门叫大家起来打球。秘书室的王瑜同志当时住在小客室，总司令最喜欢找他打球，每天早上他一边敲门一边喊：“小王，要有积极性的休息，快起来打球，不要睡懒觉！”总司令这种平易近人、关心青年的作风大大地促进了八路军西安办事处的体育活动。

西安八路军办事处人员自制乒乓球台开展活动

二、自己动手、制作设施，发扬红色体育精神

虽然八路军西安办事处的体育活动多种多样，但办事处的体育设施却非常简陋。因为经费紧张，许多体育器械都需自己动手制作。比如篮球场是在办事处门前一片荒草地上，自己动手平整修建的；篮球架也是大家动手制作的，只花钱买了一副篮球筐安上。这个篮球场很受欢迎，在这里每周举办一次篮球赛，也举办过与外单位的篮球赛。乒乓球案子也是同志们自己动手做成的：用两块木板拼成球案，刷上绿色的油漆，就成了一个漂亮的乒乓球案子。当时在办事处工作的青年学生都喜欢排球运动，平时大家在院子里托一托球，活跃一下气氛。正式的排球比赛需要场

地时，就自己动手做了个排球架子，买来一副网子安上就可以进行比赛。至于比赛用的各种球类，都是办事处的同志们用自己节省下来的零用钱凑起来购置的。喜欢玩单杠的同志们在后院里挖了个沙坑，竖上两根木棍，上面安上一根横木，就成了一个简易的单杠。同志们可以在单杠上翻来翻去，做些简单的动作来活动筋骨。在八路军办事处，最受大家欢迎而且不使用任何体育器械的是一种叫作“斗鸡”的游戏，就是用一条腿来支地，另一条腿弯曲或用绳子绑起来，单腿跳跃用膝盖相互撞击。这种体育活动方便有趣，对场地和器械也没有任何要求，而且时间上可长可短，所以一有空闲，就有三三两两的同志进行“斗鸡”活动。

三、友谊第一、广交朋友，传播红色体育文化

八路军西安办事处的同志们十分重视利用体育活动联系群众，积极为宣传抗日和政治斗争服务。每天傍晚或节日，办事处都会迎来不少群众参观或参加体育活动，尤以前往“救亡室”下棋者居多。办事处同志充分利用这一向群众宣传抗日道理、教唱救亡歌曲的好时机，开展形式多样的体育活动，拉近与广大群众的距离。1937年8月1日，八路军西安办事处在革命公园公共体育场举行自行车比赛，名次以圈数多少决定。骑快组冠军为黄金友，骑慢组冠军为周子健。办事处组建的篮球队、排球队球技熟练，曾多次在比赛中取得胜利。队员们的言谈举止、体育道德、高尚作风受到当地群众的高度赞扬，展现了共产党员的优良道德品质。

八路军西安办事处还经常与友邻友军进行比赛，增进了友谊，也扩大了我党的影响。1939年五一劳动节前，陇海铁路局与八路军办事处约赛篮球，林伯渠当即答应。有些同志担心对方不是真心比赛，有些同志担心会输球。林伯渠就把大家召集到“救亡室”开会，给大家讲了要通过各种渠道开展统战工作的道理。他说：“赛球是我们搞统一战线的好机会，当然要争取赢球，但我们八路军待人平等、对人和气的作风一定要表现出来，这样即使输给他们也会与我们友好。”大家听了精神大振，抓紧训练，认真打好每场球。当时球队由葵孝富、黄金友、钟玉容、王平、张守仁等同志组成。打球之前领导和同志们一起开会，研究打球事宜。会议规定了几条纪律：场上不说球赛以外的话、互相不叫名字，双方进球同样鼓掌，中间休息给队员送水，对方来去都以热烈掌声迎送。比赛时林伯渠同志和各科室的同志都一起来到球场观战。客队是陇海铁路局队，阵容整齐，训练有素，对胜球似乎把握很大。八路军办事处的主队队员勇猛顽强。比赛一开始就十分激烈紧张，双方比分交错不让，最后八路军办事处队以8分的优势赢了比赛。同时，八路军办事处队的良好道德和文明礼貌作风也对观众教育很大，陇海铁路局队也感到我们比他们技高一筹，走时比较满意，队员还跷起拇指夸奖说：“真是个纪律严明的军队，这样的军队怎能不打胜

仗！”可见办事处球队不仅是赢得一场球赛，更是赢得了民心。通过一场球风优良的比赛，当地民众见证了八路军与国民党军队在作风上的巨大差异，扩大了八路军的影响和我党的政治影响。后来国民党顽固派制造摩擦，到处抓人，而西安铁路局从未发生过抓人事件，这是我党平日注意统战工作的结果。

八路军西安办事处开展的体育活动不仅是工作人员锻炼身体、提高自身素质的一种方法，更是他们联系社会各界人士的一种途径。为了扩大八路军在西安乃至全国的影响，办事处经常邀请社会各界人士到办事处参加球赛、棋赛等活动，通过这种方式可以将八路军西安办事处的精神传递出去，把共产党的社会影响扩散出去。八路军西安办事处还组织篮球队和排球队，四处进行比赛。由于平时刻苦锻炼，加上办事处的球队技术过硬、纪律严明，在比赛中常常取胜，为党和八路军办事处赢得了荣誉。

西安八路军办事处通过体育活动开展统战工作

1942年冬，办事处为配合延安九一扩大运动会的举行，特意举办了设有篮球、排球、乒乓球、跳高、跳远、举重、单杠、双杠、石锁、石担、爬山、竞走等项目的运动会。这是我党在国统区召开的一次特殊运动会，办事处一百余位同志全部参加竞赛或组织工作，取得了良好的社会效果。后来，随着国共关系恶化，国民党特务在办事处四周设立数十个据点，对办事处实施严密监视和跟踪，限制办事处体育活动，阻断办事处同志与群众联系。1943年，为限制办事处的活动，国民党西安当局竟然在大门外筑起一堵墙，导致大家不能到球场打球。为了进行体育锻炼，八路军办事处的同志便将篮球架搬到一个小院子里，在狭小空间打“六人篮球”，继续坚持体育活动。1946年国民党公开发动内战，八路军驻陕办事处被迫撤回延安。八路军办事处在西安开展活动9年，不仅在政治、军事等方面开展统一战线工作，为解放区供应物资和输送人才，为中国抗日战争做出重要贡献，也为西安红色体育留下了浓墨重彩的一笔，成为弥足珍贵的精神财富与后世佳话。

八路军西安办事处是国共合作时期的一个工作机构，它位于国民党统治区内，时时受到国民党及其特务组织的各种限制与干扰，工作条件恶劣。加之活动经费紧张，无力购买正规的体育用品，因此在这种情况下开展的体育活动，具有多重的意义。一是联系群众、展示形象，以体育活动为载体让更多群众了解八路军。办事处的体育活动，既可以请其他单位来办事处进行友谊赛，又可以去社会上参加各种比赛，在比赛过程中，八路军西安办事处的球队就代表着八路军，公开地展示出八路军纪律严明、技术高超、素质优良的作风，此种宣传效果非常直接而有效。二是锻炼身体、活跃生活，用体育活动的方式让同志们保持旺盛的斗志。战争年代是一个特殊时期，人的生活空间与时间都很不稳定，紧张而繁忙的工作环境令人容易身心俱疲，影响工作。八路军西安办事处的同志因陋就简地开展体育活动，很好地解决了这个问题。前面提到的斗鸡、摔跤和跳绳，还有办事处经常做的八段锦操等，都是对身体有利而又对场地、时间、器械要求不高的项目，可以让同志们在紧张工作之余放松身心，更好地投入战斗生活中去，这也是红色体育的真谛所在。三是结交朋友、交流思想，以体育活动为途径推进了统战工作。1938年前后，为了搞好统一战线，八路军西安办事处球队与一个国民党特务连经常进行篮球比赛，为了搞好关系，办事处球队故意让几个球，好让国民党特务连队赢球。因为当时的办事处领导认为，打球并不是为了赢球，而是为了抗战大业，球赛只是与国民党军队联络感情的方式而已，并不在乎输赢。这种做法十分有效，每场球赛后，国民党特务连队都要称赞办事处球队的文明球风，球赛就自然地成了沟通两队情感、加强抗日合作的一种有效方式。八路军西安办事处在西安期间，开展了丰富多彩的体育活动，不仅完成了工作任务，而且展现了红色体育的魅力，为西安体育发展的历程中增添了一道亮丽的色彩，激励西安体育在民众化、普及化、规范化的道路上阔步前行。

经历109年，西安体育在“土”体育文化与西方“洋”体育文化的碰撞交汇中，迈出了走向现代体育的步伐。从整体进程来看，西安体育的发展有着明确的政治主题，即甩掉“东亚病夫”帽子、实现“强种救国”“救亡图存”，经历了军国民主义思想、实用主义思想和红色体育思想，同时也建立了相应的实施体系：一是建立管理机构，有政府管理机制、学校管理机制；二是制定法规制度，普及近代体育项目；三是开展运动比赛，培养体育队伍，为社会发展增添了新活力。从体育文化来看，西安体育呈现出中国传统体育和近代体育双向互构格局，一方面，传统的国术体育、民间体育在朝着现代体育模式发展，如国术馆体系就有现代体育的色彩；另一方面，西方近代体育在向本土化风格融合，如表演性的体育活动就具有传统节庆体育的影子。总的来讲，西安体育的发展，始终紧扣中国社会救亡图存、争取独立的政治主题，在社会政局的跌宕起伏中不断前行，革旧立新，在传播新思想、团结广大民众中发挥了重要的作用。当然，西安体育近代化程度还是极为有限的，基本仅限于学校体育，有明显的贵族体育特征，并未深入广大民众之中。当时的人们大多以看戏的态度去观看运动会；广大乡村一直保留着武术、民俗体育等传统项目，近代体育观念没有渗入民间。即使在大量开展西方体育的城区，居民的体育观念也颇为传统，这与战争频发以及政府政策的落实浮于表面、不能一以贯之，《国民体育法》切实执行者寥寥无几的国情极为相关。这就告诉我们，这个时期的西安体育，经过艰难的跋涉，虽然取得了一定进步，但要实现体育文化的近代化，还有漫长的道路需要继续前行。

第三篇

当代西安体育：

开拓创新　勇攀高峰（1949—2021）

中华人民共和国成立后，西安体育呈现出一派勃勃生机，进入了社会主义体育事业快速发展的时代。

这72年的历程中，当代西安体育事业从开创、形成、发展、成熟到繁荣，取得了巨大进步和辉煌成就，为长远发展奠定了坚实的基础。西安体育与社会事业同步提升跃进，在体育观念上，坚持党的体育方针，实践党的体育价值观，推进了中国特色社会主义体育事业的持续发展；在体育文化上，在弘扬优秀传统文化的基础上，形成了独特面貌与时代风采；在体育实践上，从全民普及、专业项目、人才培养、科学研究多个方面全面推进，呈现出国际化、社会化、科学化的现代风貌。其历程经历艰苦创业、砥砺曲折地不懈努力和开拓创新，大致可分为三个阶段：第一阶段从1949年城市解放到1978年，是西安体育事业步入社会主义道路的探索形成阶段；第二阶段从1978年改革开放到2012年党的十八大召开，是西安体育事业成熟崛起阶段；第三阶段从2012年党的十八大胜利召开后至今，是西安体育事业开拓创新、快步提升阶段。一幅幅生动活泼、跌宕起伏、波澜壮阔的历史画面，正是西安探索开创中国特色社会主义体育事业的光辉足迹。

第一章　树立新风，奠定社会主义体育事业坚实基础

（1949—1978）

随着中华人民共和国的成立，西安体育进入建设社会主义人民体育事业的新纪元。解放伊始，由于战乱初定、经济凋敝，西安体育已经处于停滞状态。西安刚刚建立的新人民政权，高度重视体育事业，坚持新民主主义红色体育的观念，对旧时代的体育观念进行了彻底的改造，建立健全管理机构，制定规章制度，探索创建工作模式，组织培训专门人才，开辟运动场地，开展多领域、多层面、多形式的赛事活动，人民精神面貌焕然一新，整个城市都呈现出勃勃生机。在学校教育中，将体育作为幼儿、中小学、高等教育的重要课程，以德、智、体全面发展作为培养人才的教育方针。在社会文化生活中，立足于积淀深厚的中国古代体育传统，融合渐趋成熟的西方近代体育文化，推动西安体育事业有序开展。所属各区县的体育主管机构相继设立，积极培养专业体育人才，体育运动广泛开展，群众体育生动活泼，竞技体育蓬勃发展，田径、体操、篮球、足球、乒乓球、羽毛球、游泳、举重、射击等现代体育运动项目频创佳绩，武术、摩托车、自行车、航空运动、航海运动异彩纷呈，先后在陕西省运动会、全国运动会及国际大赛中取得优异成绩，形成了西安社会主义体育事业的繁荣局面。

在这29年的岁月中，西安体育进入近代体育运动项目大普及时代，总体沿着一般体育和军事体育两条线索快步前进。一般体育由竞技体育、民间体育构成，形成了群众体育的学校体育、职工体育、农村体育三大基本面和专项专业运动队伍齐头并进的格局。军事体育在驻地部队的支持指导下，由政府部门、群众团体多方配合，以多种形式普遍展开。这段历程经历了三个时期，即创立奠基时期、深化快进时期和曲折发展时期。创立奠基时期大致为1949年到1957年。主要表现在：一是建立健全组织机构。1949年12月，中华全国体育总会西安分会筹备委员会成立，在中

国新民主主义青年团西安市工委的具体指导下，负责全市体育工作。1954年6月成立西安市体育运动委员会（简称西安市体委），西安市副市长张锋伯兼任主任，领导和组织全市体育工作。随后各区县体育运动委员会相继成立，先后成立公安（前卫）、铁路（火车头）、银行（银鹰）、教育（钟声）和市级机关等14个行业的体育协会，以及工厂、学校、机关等200多个基层体育协会，形成了体委、共青团、工会、妇联、教育局共同参与的多层面多渠道工作模式。二是体育运动大普及。1954年在工厂、学校和机关开展工间操，推行第一套广播体操，并结合开展篮球、乒乓球及田径等多种体育活动，组织业余比赛。三是建设、扩充运动场所。1952年将革命公园公共体育场改造后更名为西安市人民体育场，对外开放使用。新建西北人民体育场（1971年改名为陕西省体育场）、西安市游泳场、西安市跳伞塔、西安市射击场等。工厂、学校等基层单位也新建一批体育场、篮球场，为群众开展体育活动和训练、竞赛提供了物质条件。四是加强队伍建设。西安市体委、市总工会、共青团市委、市教育局等单位举办各种体育项目的短训班，训练体育干部800余人、体育积极分子1.2万余人。自1954年始，推行准备劳动与卫国体育制度（简称“劳卫制”）。1954年到1957年，全市有14.9万余人通过了“劳卫制”各级标准。深化快进时期为1958年到1966年，西安体育开始向纵深快速发展。主要表现为：一是新兴的国防体育（后称军事体育）迅速开展，先后组建射击、摩托车、航模、跳伞、无线电、海模六个军事体育俱乐部，培训数万名辅导员和活动骨干，全市有20余万青少年参加军事体育活动，其中8万人达到普通射手标准。二是体育训练深入展开。1959年，西安市体育学校开办，进行篮球、排球、田径、体操等专项训练，先后培养了数千名体育后备人才。之后学校主要采取开办业余体校的形式，培养业余青少年运动员，向省队和国家队输送优秀运动员，其中跳伞运动员有3人5次打破世界纪录。三是竞赛活动逐步制度化。这期间，西安市先后举办四届市运动会，促进了全市群众体育和训练工作的开展。曲折发展时期为1966年到1978年。1966年“文化大革命”开始后，各级体育机构受到冲击，体育工作基本停顿。1968年，体委系统实行军事管制。1971年，大多数干部、教练员、运动员改行或被下放到农村劳动。各类学校的体育教学和体育活动中断，运动器材被毁坏，运动场地大量荒废或被侵占，各种体育训练和比赛活动基本停止，西安体育事业遭受严重挫折。1970年后，西安各级体育机构相继恢复，职工参加体育锻炼的人数逐渐增加。学校体育教学开始转入正常，并重视开展课外体育活动。这期间，西安市举办了第五届、第六届运动会，并组团参加了陕西省第五届、第六届运动会。

总的来看，西安体育事业在党的体育方针的指引下，在中共西安市委、西安市政府的领导下，全体市民积极参与共同努力，摒除了中华人民共和国成立初期的旧体育思想的羁绊，纠正了

“大跃进”冒进思想的误导，克服了经济困难影响和“文化大革命”的冲击，在风雨中矢志前行，取得了巨大的进步。这个时期群众体育广泛兴起，成形成熟是西安体育的基本面貌，国防体育和现代运动项目被广泛接受，与群众体育全面开花是主要特征，凝聚人心、爱党爱国、追求公平公正是不变的文化精神，锻炼人民体质、活跃人民文化生活是终极目标，为西安中国特色社会主义体育事业的形成和发展书写了重要一页。

第一节　确立社会主义体育体系

1949年5月20日西安解放，5月25日西安市人民政府成立，5月26日中共西安市委成立。6月，中国新民主主义青年团西安市工委（简称团市工委）成立。在陕甘宁边区政府的领导下，团市工委秉承党在革命战争时期形成的红色体育精神，大力组织动员西安的群众体育活动迅速地开展，为团结人民群众、维护社会秩序发挥了积极作用，呈现出崭新的体育文化风貌。为西安体育事业的发展、“新体育”理念的落地生根奠定了红色体育文化基因，打下了现代体育的社会基础。

一、新体育思想的确立

中华人民共和国成立伊始，党和国家高度重视体育运动的发展，明确表达了全新的思想理念。其一，明确凸显了体育运动的重要性。1949年9月，全国政协举行第一届全体会议，在新中国临时宪法《共同纲领》中，明文规定“提倡国民体育”，把发展体育以宪法的形式予以肯定和保障，体育是新中国国体的有机组成部分。其二，明确强调体育本质的人民性。1949年10月组织召开全国体育工作者代表大会，提出建设“民族的、科学的、大众的”新体育理念，重点强调群众体育的重要性。其三，明确体育是中国社会主义建设的重要事业。在1949年10月的中华全国体育总会筹备会议上，朱德代表中央人民政府出席会议，并指出“现在我们的体育事业，一定要为人民服务，要为国防和国民健康的利益服务”，阐明了体育为人民健康服务、为生产和国防建设服务的宗旨。1952年6月10日，毛泽东为中华全国体育总会题词：“发展体育运动，增强人民体质。”其四，明确体育事业开展群众体育运动的紧迫性和必要性。1954年元月，毛泽东主持召开中央政治局会议，讨论并批准了国家体育运动委员会党组向中央提交的《关于加强人民体育运动工作的报告》。党中央在批转这个报告时指出：“改善人民的健康状况，增强人民体质，是党的一项重要政治任务。”周恩来提出“开展职工体育运动，推进社会主义建设事业”。宪法及法律条文的颁布，党和国家领导人的相关讲话、题词以及工作指示，明确表达了新中国体育事业就是以提升人民群众身心素质为最高目标，进一步确立了发展群众体育在新中国体育工作中的首要地位。这个把体育事业同人民健康和国防建设联系起来的新体育理念，很大程度上继承了中国共产党在革命战争时期形成的红色体育精神。新体育理念包含三个方面的基本内涵：一是在发展目标上，以为人民服务为宗旨，动员群众参与体育运动，提高人民的身体素质和思想素质。二是在实施方式上，以党政军组织为核心，以体育专业机构和各种社团组织为纽带，形成多渠道、多层面、纵横结合的组织体系，全面开展群众性体育活动。三是在活动形式上，遵循因地制宜、节约成本的原则，将现代体育与民族的、地方性的体育项目或文艺、风俗活动相结合，形成深受群众喜爱的丰富多彩的特色风格。因此，新体育理念是中国现代体育灵魂。

西安把新体育理念作为发展体育事业的指导方针，全面推进群众体育不断丰富深入展开，从学校到工厂，由城市到农村，翻开了社会主义体育事业的新篇章。

二、体育管理体系形成

中华全国体育总会筹备会议于1949年10月26日召开。中华全国体育总会（简称全国体总）筹备委员会一方面筹备成立中华全国体育总会，在各级地方陆续成立多层级的地方体育分会或筹备机构；另一方面执行领导全国体育工作的任务，按照既定宗旨制订体育工作计划、开展体育活动。在这样的形势下，西安市人民政府立即建立体育组织机构、创建体育工作模式，形成了群众体育管理运行体系，使西安体育事业迅速走上革命化、全民化、规范化的发展道路。

（一）中华全国体育总会西安分会成立

1949年11月19日至20日，中华全国体育总会西安分会筹备委员会在西安市青年路青年堂举行成立大会。170多位代表出席大会，选出韩夏存、王耀东、李一青等47人为筹委会委员。1949年12月，中华全国体育总会西安分会（简称体总西安分会）成立，在中国新民主主义青年团西安市工作委员会的具体指导下，负责全市体育工作。全国体总西安分会第一届委员会由47名委员组成，韩夏存（时任中共西安市委委员兼青年工作委员会书记和新民主主义青年团西安市工委书记）任主任，王耀东、李一青任副主任。1980年7月，举行第二届委员会会议，推选王耀东为名誉主席，李一青为主席。1989年12月，举行第三届委员会会议，推选李一青为名誉主席，王保民为主席。

在西安市体育运动委员会成立之前，全国体总西安分会代行其职能。

（二）西安市体育运动委员会成立

1954年6月16日，西安市体育运动委员会（简称西安市体委）成立，为西安市人民政府主管体育的工作部门，地址位于西安市西三路（后迁至西安市人民体育场今址）。始设办公室、群众体育科、竞赛科，后增设军事体育科、人事科、基建科及宣传教育科，副市长张锋伯兼任主任委员。之后，西安市各区县体育运动委员会相继成立，建立了以党委、政府、青年团、工会、教育局、军队等多条战线合力推动体育事业发展的工作系统。体育管理体系的迅速形成，使西安群众体育得到了快速发展，形成了学校体育、职工体育和农村体育三大领域交相辉映、全面发展的生动局面。

“文化大革命”开始后，市体委机构瘫痪。1968年7月至1970年12月接受军事管制。1968年市体委编制82人，至1970年减至41人。1971年市体委机构恢复，1972年更名为西安市革命委员会体育运动委员会。

（三）群众体育组织建立

西安市群众体育组织是西安体育事业实施体系的中坚，一方面普及推广各种运动项目，另一方面提升运动专业水平，为群众体育运动健康发展发挥了重要的作用。

各运动项目协会成立。运动项目协会是市体总领导下的群众性体育团体。1958年，西安市棋艺协会在市棋艺研究组基础上成立。1959年到1961年，西安市先后成立市射击、田径、体操、篮球、排球、足球、网球、乒乓球、棒垒球、武术、游泳、举重等运动项目协会。1966年起，西安市的各运动项目协会处于瘫痪状态，体育协会活动中断。1971年后群众体育活动重趋活跃，火车头、银鹰等少数产业体育协会恢复活动。

各产业、行业体育协会成立。1956年，市总工会成立体育运动部。之后，在市体委的协助支持下，相继成立了西安火车头体育协会、西安星火体育协会、西安市第一机械体育协会、西安市电业体育协会、西安市纺织体育协会、西安市建筑体育协会、西安市轻工体育协会、西安市钟声体育协会、西安市商业体育协会、西安市前卫体育协会、西安市银鹰体育协会、西安市文化体育协会、西安市市政体育协会、西安市公路运输体育协会、西安市市级机关体育协会等十余个产业体育协会，其中，公安系统的前卫体育协会、铁路系统的火车头体育协会、银行系统的银鹰体育协会、教育系统的钟声体育协会比较活跃，闻名全市。基层工厂企业成立了314个体育协会，会员2.2万人。

西安国防体育协会于1956年6月16日成立，机构编制30人。

西安市市级机关体育协会。1957年12月成立，地址设在西安市人民政府机关内，首届理事21名，副市长张锋伯任名誉主席，市人口和计划生育委员会副秘书长王宏谟任主席。市级机关体育协会配备专职干部1名，属市直属机关党委领导。

为协调工作，统一管理，1957年西安市总工会成立了西安市产业体育协会联合办公室，地址设在市总工会，第一任秘书长为张凤翙。1956年至1957年，众多基层工厂也先后成立体育协会，学校、机关等200多个基层体育协会相继成立，并归属各行业工会管理。1958年，西安市总工会撤销体育运动部，各行业体育协会管理工作移交西安市体委。

三、体育制度建立完善

西安市对运动员技术等级制度与裁判员技术等级制度的实施，均始于1956年，至1990年逐渐完善。教练员技术等级制度最早出台于1958年，但未全面试行。20世纪70年代后期，西安市体育运动委员会开始对原制度修改并公布试行。

（一）运动员技术等级制度

1956年4月，国家体委召开全国竞赛工作会议，开始讨论运动员技术等级制度问题。1956年4月28日，国家体委颁布《各项运动员等级标准》，运动员技术等级分为：国际级运动健将、运动健将、一级运动员、二级运动员、三级运动员、少年级运动员，运动员技术等级标准由国家体育总局制定和公布。

1956年6月，国家体委颁布《中华人民共和国运动员等级制度条例（修订草案）》。同年，西安市体委开始执行此项制度。1957年，西安市有120人达到二级运动员标准，有170人达到三级运动员标准，有90人达到少年级运动员标准。1958年，西安市第一届运动会期间，获得各级运动员称号的人数达到463人。同年，西安体育学院学生董淑才刷新女子800米全国纪录，成为省、市第一位运动健将。此后，等级运动员人数相应减少，1966年运动员技术等级制度停止实施。

（二）裁判员技术等级制度

1949年后，全国体育总会西安分会举办各种形式的培训班，裁判队伍不断扩大。1956年，国家体委颁布《裁判员技术等级制度条例（草案）》。1957年1月14日，西安市体委颁布《关于裁判委员会的组织办法（草案）》，成立篮球、足球、排球、田径、体操五个裁判委员会。同年，郭俊卿、朱景秋、冯秉新、陈斌、刘戎波、蒋兴虞、谈连峰、廖月清8人被批准为国家级裁判员，陈毓瓒、查良佩等30人被批准为国家一级裁判员。1958年，西安市体委下发《关于裁判员运动员审批权限下放的通知》，对裁判员等级称号的批准授予权限进行了调整，下放审批权限的单位，主要是各大、中及技工与干部学校。《关于裁判员运动员审批权限下放的通知》规定：二级以上裁判员由西安市体委审批并颁发证章证书，三级裁判员由授权之裁判员所在单位审批授予。同年7月，经国家体委批准，公布西安市第一批国家级裁判员名单，田径裁判员分别为王耀东、刘月林、郭俊卿、庞紫石、蒋兴虞，体操裁判员为朱焕章，排球裁判员为张剑兵，足球裁判员为孙德威，游泳裁判员为段维真。这一时期，通过竞赛实践获得国家各级裁判员称号者共有240人，其中一级30人，二级90人，三级120人。20世纪60年代，西安各运动项目裁判队伍基本形成，1966年至1976年，裁判员技术等级制度中止。

（三）教练员技术等级制度

国家体委于1958年6月21日、1963年5月10日，先后两次颁布《中华人民共和国教练员等级制度条例（草案）》，对教练员的等级和条件、授予等级称号的权限和程序、晋级、权利和义务、奖励与处分等做了具体规定，其中规定教练员分为五个技术级别：国家级、一级、二级、三级、助理教练员。这一制度当时并未实施。1949年至1966年，国家实行的是教练员技术等级任命制。1979年6月12日，国家体委对原条例进行修改，并在全国颁布和试行。

（四）体育竞赛制度

中华人民共和国成立后，体育事业刚刚起步，体育竞赛有计划、有组织、有重点地进行，逐步形成了比较健全的竞赛制度。

综合性运动会竞赛制度　西安综合性运动会竞赛制度分省、市、区县三级，其中省、市两级竞赛制度较为健全，并形成有机的衔接。市综合性运动会的召开一般是为参加省及全国综合性运动会做准备，时间安排在省综合性运动会之前。

组织举办运动会制度　由西安市体委主办，部分项目委托基层单位或区县承办，基本是每四年举办一届。1952年10月，陕西省、西安市联合举办首届运动会后，西安市于1958年9月单独举办运动会，即西安市第一届运动会。其后至1990年，除“文化大革命”前期举办西安市青年运动会外，西安市前后共举办了10届运动会。西安市运动会参赛单位为各区县及市级各系统，一般在当年或前一年举行各区县及各系统选拔赛。

单项竞赛制度　1956年4月28日，国家体委颁布《中华人民共和国运动竞赛制度的暂行规定（草案）》。草案着眼于缩短战线、突出重点、锻炼队伍、多出人才，在时间安排上与全国、省各单项竞赛周期相互衔接并形成序列。其中，青少年和部分职工单项竞赛形成制度，定期举行。根据全市范围内各运动单项开展的不同情况，单项竞赛一般分为正式比赛与辅助性比赛两大类。正式比赛主要包括职工联赛、青少年和国家统一下达的各运动单项赛，辅助性比赛主要包括达标赛、邀请赛、通讯赛、选拔赛、集训赛和赞助性奖杯赛。西安市单项竞赛实施办法根据陕西省体委竞赛计划安排，一般不另行单独安排。

（五）竞赛奖励制度

竞赛奖励制度包含决定名次的办法和录取名次的数额两大部分。在综合性运动会奖励制度中，可分为奖牌总数名次和代表团团体总分两种形式。排列并公布单位奖牌总数名次的方法是：按各区县或系统代表团所获金、银、铜牌的数量排列名次，金牌多者名次列前，若金牌相等，则银牌多者列前，以此类推。排列并公布代表团团体总分的方法是：按参赛区（县）或系统代表团男女合计所获各单项前六名的6、5、4、3、2、1或前八名的8、7、6、5、4、3、2、1计算总得分，总分多者名次列前；如相等，依次按打破省、市纪录的次数多少决定名次，多者列前；如仍相等，则以第一名多者列前。在单项竞赛奖励制度中，可分为正式单项竞赛和非正式竞赛、团体总分的比赛两种形式。在正式单项竞赛和非正式竞赛中，无论代表队或个人，一般录取前六名给予奖励，也可根据参加代表队的数量或个人的多少适当增减。设团体总分的比赛录取办法与综合运动会竞赛办法相同，打破最高纪录（省、市）者按照破纪录奖给予奖励。此外，为鼓励运动员以良好品质参加比赛和支持裁判员公正执法、保持良好纪律和赛风，一般在竞赛活动中开展个人或集体“体育道德风尚奖”评选活动，由大会授予精神与物质奖励。个人评选比例大致为15：1（含裁判员），集体在8队以下评1队，9至16队评2队。

（六）准备劳动与卫国体育制度

1954年5月4日，中央人民政府体育运动委员会（简称中央体委）颁布《准备劳动与卫国体育制度暂行条例》和项目标准。1954年至1957年，西安市有14.9万多人通过了“劳卫制”各级标准。

第二节　学校体育全面发展

中华人民共和国成立后，学校体育迅速发展，成为西安体育运动发展的重要领域。在学校教育体系中，体育教育成为重要组成部分，从体育教育的指导思想到教学实践，始终在教学体系、师资建设、实施方法、物质保障等多方面不断加强科学化、规范化建设，通过课程教学、课外活动、课间做操等形式，形成了全面发展的学校体育文化。

一、明确教育思想

学校体育的发展，最突出的特点就是对于体育教育思想的不断探索与实践。学校体育教育，是从实践体质教育思想开始的。1950年和1951年毛泽东先后两次写信给时任教育部部长的马叙伦，提出“健康第一，学习第二”的教育方针，强调健康应该成为学校教育工作中的重大问题。这一对教育工作和学校体育工作极其重要的指示，对当时学校体育工作的蓬勃发展起了极大的推动作用。1951年8月，西安市为贯彻落实政务院《关于改善各级学校学生的健康状况的决定》，对于学校的体育活动、学生的生活习惯、环境卫生的要求，做了科学规范的要求。具体做法是：调整学生作息时间，减轻学生过重的课业负担，改进学校卫生工作，注重体育、娱乐活动，改善学生伙食管理，加强保健工作。这些要求对校园体育科学有序的发展、学生锻炼身体、良好卫生习惯的养成，发挥了重要的作用。

当时主导学校体育教学发展，学习苏联教育经验，其中最具代表性的是苏联教育家凯洛夫在《体育教育理论》中提出的“三基”教育思想。1956年，在我国颁布的第一部全国统一的《中小学体育教学大纲（草案）》（后简称《大纲》）中便充分体现出凯洛夫的体育思想。《大纲》以掌握体育基本知识、基本技术和基本技能，作为学校体育教学指导思想。在教学方法上，强调以教师、教材和课堂为中心，采用以传授竞技运动技术为主的教学形式；在价值定位上，强调体育教育“锻炼身体、增进健康”的生物功能，追求“将学生培养成为全面发展的社会主义社会的建设者和保卫者”的社会价值。虽然在今天来看，这个体育教育理念有着严重的失误，致使我国体育课程走上了“以军代体”“以劳代体”的道路，但当时的确大大缩短了我国学校体育发展的自我摸索过程，很大程度上规范了学校体育的教学管理秩序。1957年2月，毛泽东提出“我们的教育方针，应该使受教育者在德育、智育、体育几方面都得到发展，成为有社会主义觉悟的有文化的劳动者”，进一步在指导思想和培养目标上加以明确。此后，西安学校体育在“体质教育”的思想指导下，全面持续地发展前进。

二、健全工作规范

1952年，教育部和国家体委联合颁布《学校体育工作暂行规定》，包括《中小学体育工作暂行规定》和《高等学校体育工作暂行规定》，是学校教育工作的法规。西安市政府也出台落实方案，1953年9月2日至11月10日，西安市学生《体育锻炼标准》重点试行工作在各大、中学校试行。1956年，按国家颁布的《中小学体育教学大纲（草案）》，并与“劳卫制”相结合，西安市制定了《西安市中小学体育教学大纲》。这些制度，使西安形成了贯穿幼儿园、小学、中学、大学的体育教学体系，逐步健全了有关体育教学、课外活动的相关制度，实行统一教材和教学方法，针对不同学段学生身体素质制定适宜的体育锻炼标准，有力地促进了体育教学的发展。

（一）体育师资得到充实和加强

随着中小学数量的快速增加，西安市体育教师匮乏的问题日益凸显。中小学体育教师一般由体育运动爱好者担任或由其他科目教师兼任，大多数任课教师没有受过专业训练，有些学校则因缺乏体育教师而被迫停开体育课。为尽快补充中小学体育师资力量，西安市教育局、体育部门除选拔少数体育教师离职进修外，平时还通过观摩教学交流经验，寒、暑假期间开展短期集中训练。从20世纪50年代后期开始，大中专体育教育专业的毕业生陆续分配到中小学担任体育教师。随着陕西师范大学体育专修科的设立、西安体育学院的成立，体育专业毕业生陆续被分配到西安市各中小学工作，使西安市体育师资得到了充实。

进修体育教师在西安市三十二中开展篮球教学

随着中小学师资队伍逐步走向专业化，西安市教育局开始注重体育教师的实际能力培养，在学校运动会上由体育教师担任教练员或裁判员，多措并举提高体育教师业务水平。在中小学陆续修建运动场，添置各种体育器材，为学校体育教学活动的正常开展奠定了坚实基础。

（二）“劳卫制”促进校园体育蓬勃展开

1954年，为了学习苏联的学校体育经验，中央体委颁布了《准备劳动与卫国体育制度暂行条例》和《暂行项目标准及预备级暂行条例》。同年，国家体委、高教部、教育部、卫生部、团中央、全国学联等单位共同发出了《关于在中等以上学校中开展群众性体育运动的联合指示》。“劳卫制”的检测项目包括田径、体操、举重等，这些项目贯穿着速度、力量、耐力、灵巧，是对人的身体素质的全面锻炼。“劳卫制”的等级分三档，即少年级、一级、二级。少年级和一级比较容易通过，二级比较困难，一个学校大约不足50%的学生能通过。过了二级就达到运动员标准。

为了表彰学生通过“劳卫制”取得的成绩，“劳卫制”颁发有证书、证章，凡通过一个级别检测的学生，都能获得一张精美的证书和一枚证章。

（三）《西安市中小学体育教学大纲》规范形成

1956年，按国家颁布的《中小学体育教学大纲（草案）》，西安市与“劳卫制”相结合，制定了《西安市中小学体育教学大纲》，使学校的体育教学和活动开展逐步规范化。

（四）课外体育活动成为常态

1951年，第一套广播体操开始在西安市各中小学中试行，县办以上中、小学校均安排早操、课间操与课外活动，在校住宿的学生起床后做早操或跑步20分钟至30分钟。各校普遍有组织、有计划地开展每周2次至3次课外活动，主要内容是试行经中华全国体育总会审定的《体育锻炼标准》，进行球类、田径等校代表队训练和校内外体育比赛。

1953年，西安市一些学校开始自发试行本校的《体育锻炼标准》，该《标准》分为6个项目，男、女学生按年龄分为三组，成绩评定为优秀、良好、及格三个等级。1952年至1954年，西安市中小学按照教育部颁布的《中小学体育工作暂行规定》进行体育教学，开展田径、体操、球类、游戏等运动。1955年，根据教育部、国家体委联合发出的《改进中小学体育工作的指示》，各校以“劳卫制”为中心改进体育教学与课外体育活动。

1962年，中小学体育课外活动逐步恢复，早操、课间操大都采取大合操形式，由体育教师领操，其他教师协助指导。场地小的学校分班做操，同时开展形式多样的体育活动。有些中小学以广播操为主，适当增加武术操、保健操、击掌操。大部分学校将课外活动列入课表，每周安排2～3次。学校组织专人进行校园检查，要求课外活动时做到教室无人、操场成群，活动形式一般分为有组织锻炼和自由活动两种，在开展课外活动中逐步形成“两课、两操、两活动”制度。

（五）学校田径运动会普遍开展

1954年，西安市举行中等以上学校田径运动会，有55所学校参加，运动员1395人。其中1人破1项全国纪录、25人次破21项西北区纪录。之后，学校体育竞赛活跃，主要形式有学校运动会、校际各单项体育比赛以及不同形式的对抗赛和邀请赛。1956年5月，在全国越野赛中，唐兆铨、杨省修分别获万米竞走第一、二名，白宏义获越野赛第二名。1957年，在全国14城市中学生垒球锦标赛中，西安获第六名。1957年12月，俞世喜、梁世华、任凌法参加世界射击冠军赛中国选拔赛，三人均入选国家队。1958年，西安市举行中等学校田径运动会，参赛学校81所，运动员2173人。同年，在全国大学生田径运动会上，西安体育学院学生董淑才刷新女子800米全国纪录。1959年，西安囊括陕西省青少年运动会、体操运动会各项团体总分第一名；西北工业大学学生俞世喜在飞碟射击赛中破全国纪录。

20世纪60年代初期，西安学校体育比赛处于低潮。1960年，西北工业大学代表陕西省参加全国无线电操纵航模比赛，获两项冠军。1962年8月，西北工业大学参加全国航空模型冠军赛荣获冠军。1963年，西安市体育比赛逐步恢复，各校每年举办运动会形成制度。同年西安组队参加全国田径通讯赛获第一名。1964年，西安组队参加陕西省二十县、市少年田径运动会获总分第一名。同年10月，西安组队参加全国航空模型冠军赛，西北工业大学获冠军，其中陶考德、刘明道获二级无线电操纵竞速航模飞行冠军，周康复获二级无线电操纵圆周速度飞行冠军。1965年，西安组队参加陕西省第二届中学生运动会获田径总分第一名，获乒乓球中学基层团体赛、女子混合团体赛第一名。

三、形成教学体系

（一）幼儿体育教育

西安市各幼儿园，遵照国家颁布的《幼儿园暂行规程（草案）》和《幼儿园暂行教学纲要（草案）》，将体育列为幼儿园的主要课程之一。一般按大、中、小班进行教学，每周1课时，分为游戏类、体育活动、户外活动三种形式。体育活动内容包括：每天早晨组织幼儿通过早操开展体育活动，大、中班主要做徒手操、花圈操和棍棒操，小班则开展老鹰抓小鸡、送鸡毛信、垒积木、找朋友等游戏，同时进行模仿工人、农民劳动和解放军打仗等活动。1962年，西安市第一保育院，除每周开设一节正式体育课外，每天还安排10分钟早操，上午、下午组织幼儿做2次儿童游戏，定期开展空气浴、冷水浴，充分利用空气、日光、水等自然条件锻炼幼儿身体。

20世纪70年代，西安市较大幼儿园体育活动增加小篮球、小足球、田径、武术、体操项目，通过趣味性的训练及适量的友谊比赛，指导幼儿学习简单的技术动作。1975年，西安市举办首届幼儿运动会，1600余名幼儿参加，比赛分团体操、拔河、接力赛、小三轮、小兔跳和跳绳6个项目。之后，幼儿体育活动在全市各幼儿园全面展开，每年六一儿童节均举办幼儿运动会。1978年，西北工业大学幼儿园以成人篮球场为标准开展小足球活动，根据幼儿身体发育实际需要及大中班幼儿运动强度、密度、难度的不同要求，制订训练计划，每周训练3次，每次约45分钟。

（二）中小学体育教育

西安市各中小学，按照1952年教育部下发的《中小学体育教学参考资料》和《中小学暂行规程（草案）》统一授课。体育课以课堂教学为主，每周安排2节，小学和中学每节课的课时分别为40分钟和45分钟。因为没有统编体育教材，所以各中小学大多根据学校实际情况自行制订教学计划。体育课的教学内容为集体操和体育保健知识，个别条件较好的学校则按照培养运动员的方式进行教学。1953年以后，西安市各中小学开始按照苏联的“四段制”组织体育教学，教学方法采用“三、四部分制”（开始和准备部分、基本部分、结束部分），以基本部分为主。备课形式一般采用个人备课、集体研究和教研组审查的方法，此外还广泛开展听课、观摩教学等活动。西安市中小学为上好体育课，成立校际教研组研究教学计划和拟定教学大纲，有组织、有计划地开展体育教学，通过设立课堂常规改变“放羊式”教学，加强了学生的组织性，发挥了教师的主导作用。

1954年，西安地区中等学校有计划、有重点地推行“劳卫制”预备级，围绕“劳卫制”开展课外活动。据统计，西安市47所中学参加人数达18875人，占学生总数的46%。1955年，西安市在中小学推广“劳卫制”，体育教学开始与“劳卫制”相结合。

西安中学体操队

1956年，“劳卫制”在全市中等学校广泛开展。同年12月，陕西省体育工作评比会在西安市召开，西安13所中小学被评为“全省体育运动红旗”。西安师范学院和西安市第一中学等学校根据苏联教学内容结合本校实际，以“劳卫制”为基础编写了新教材，采用新的教学方法，对教材内容、教学步骤、动作要领、保护方法、场地器材的合理使用展开研讨，组织观摩教学，交流教学经验，教学质量不断提高。

在大力提倡“劳卫制”锻炼的背景下，西安市中小学的体育教学，在1958年至1962年因层层加码而出现了脱离实际、强化训练的现象，片面追求高强度训练，限期实现“满堂红”，忽视增强学生体质和普及的原则，虚假现象较为普遍，甚至出现以军训或劳动代替体育课的极端情况。1964年，国家推行《青少年体育锻炼标准》，在1959年至1961年的国民经济困难时期，多数中小学暂停体育课，体育教学和课外活动普遍停止，各校体育“达标”活动未能有效开展。

1962年，西安市对中小学体育工作进行调整，全面推广经陕北、汉中试点总结的教学经验。1963年开始，西安市教育局加强对中小学体育教学的检查指导，纠正了高强度训练和“以劳代体”等错误倾向，学校体育教学工作恢复正常。一些中小学进一步加强体育课教学，普遍开展早操、课间操、眼保健操等体育活动。1965年，西安市各中小学普遍采用教育部下发的《小学体育教材》和《中学体育教材》，结合实际制订体育教学计划、教学进度、课时计划等教学工作计划表。在此基础上，各校普遍建立了正常的教学秩序和课堂常规，除开展以训练跑跳能力为主的田径项目外，还有针对性地选取武术、篮球、排球、足球等运动作为补充。有些中等学校进行教学方法改革的探索，贯彻“少而精”的原则，不再照搬苏联的“四段制”教学方法。一些小学还采用了分组轮换法或循环教学法。这一时期，西安市体育教学方法形成了一整套制度，教学质量不断提高。中学普遍成立体育代表队，每逢课余、节假日就掀起体育锻炼热潮，学生运动成绩提高很快。不少中小学形成了每年举行春、秋两季运动会的制度，比赛项目以田径、球类、体操为主。

西安市各中学严格执行1953年教育部《关于中学体育成绩暂时考察办法的通知》相关规定，将体育课作为一门学科，体育成绩与其他各科成绩同等对待。1954年至1958年，西安中小学曾推行“五级记分法”，5分为优等、4分为良好、3分为及格、2分以下为差，以此为基础参照“劳卫制”标准考核。1956年，教育部下发《小学体育教学大纲》《中学体育教学大纲》后，西安市各中小学按大纲规定的项目和标准，考核学生体育成绩。1964年至1966年，有些学校参照大纲制订出本校的考核项目和标准，每学期测验4至6项，包括技术评定与运动成绩两部分内容，分平时考核与定期考核两种形式，以定期考核为主。

1966年至1976年，学校体育课一度被“军训”挤占。在知识青年上山下乡过程中，一些用人单位注重招收有体育特长的学生就业，使家长、学生重视体育一技之长的训练，有些学校还成立了体育班。当时一些学校因批判“智育第一”，课堂教学松弛，体育却备受重视。

20世纪70年代初，西安部分小学开展“三小球”（小足球、小篮球、小排球）和乒乓球活动，学生日常体育锻炼包括早操和课外活动，由各校统一安排。冬季早操以长跑为主，其余季节以广播体操、少年儿童广播体操为主。学校体育教学逐步建立正常秩序，学生参加体育锻炼蔚然成风。

在西安市第二届全民运动会上，青年路小学、庙后街小学、报恩寺街小学、夏家什字小学的1000余名学生，排练了大型团体操“和平万岁”，在开幕式上进行表演后受到了广泛好评。

西安市碑林区东仓巷小学乒乓球队队员张新党，代表陕西省参加北京举办的1966年全国21所单位女子少年乒乓球锦标赛小学组比赛，闯进前十名，荣获“风格奖”，国务院总理周恩来为她颁发了奖状。

1966 年，周恩来总理为西安市碑林区东仓巷小学乒乓球队队员张新党颁奖

（三）特殊体育教育

20世纪50年代，西安市盲哑学校开始配备体育教师，开设体育课，安排早操和课外活动，开展跑、跳、投掷、篮球、羽毛球、乒乓球、体操等体育活动。20世纪70年代后期，西安市民政局、市体委配备了兼管残疾人体育活动的干部。西安市盲哑学校改革体育教学，开设“律动”课，培养和发展盲聋哑儿童的身体协调性、节律感、平衡感和初级动作技能。

（四）大学体育教育

1949年后，西安市各高等院校均开设了体育课，其中一、二年级为必修课，每周2学时。每学期均进行体育课考核，评分标准各校自定。各校普遍沿用苏联的“开始、准备、基本、结束”四段制教学法，一些较为开放灵活的院校能够结合本校实际完善教学环节，实事求是地制定教学大纲和教学制度，高校之间相互组织公开课观摩教学，多措并举，测定体育课的运动量和密度，认真评价与全面分析体育课的教学质量，逐步改传统的“满堂灌”式被动教学为“启发式”主动教学，在探讨改进体育课的教学方法、教学质量方面做了诸多有益的探索。

1956年起，西安市各高校开始按照高等教育部颁布的《一般高等学校体育课试行教学大纲》组织教学，内容以田径、体操、球类为主。各大专院校将体育教学与“劳卫制”锻炼相结合，不断丰富体育教学内容，西北大学、西安交通大学曾一度在大学三年级开设体育选修课。“劳卫制”锻炼在西安市各高校开展得轰轰烈烈。1958年9月9日，在全国体育工作会议上，西安冶金建筑学院 “劳卫制”成绩突出，被国务院副总理贺龙授予“全国体育运动红旗院” 。

1959年至1961年国民经济困难时期，西安市大部分高校暂停体育课，只有西安建筑学院、西北大学从实际出发，调整教学内容，将太极拳、太极剑、初级刀剑作为体育教学内容，基本保证了体育课的正常进行。随着国民经济逐步好转，1962年，西安市各高等院校普遍恢复体育课，教学质量不断提高。1964年10月10日至23日，成都举行全国航空模型冠军赛，西北工业大学代表队荣获团体总分冠军。

四、排除干扰影响

“文化大革命”开始后，学校体育课全面停止，军训代替了体育教学，体育课改为军体课，主要任务是对学生进行军事知识教育和军事技术训练，以培养后备兵员，为国防建设和生产建设服务。教学内容主要是射击、投弹、刺杀、拉练（长距离行军）、“三防”（防原子、防化学、防空）等，其次才是开展一些田径、游泳、球类活动。

在这一背景下西安市各大中小学基本停上体育课，体育教师大多下放至工厂、农村进行改造，由具备一定军事素养的解放军战士组织学生开展军事训练，以投弹和刺杀内容居多。1972年前后，西安学校体育逐步恢复，幼儿体育和中小学课外体育活动、体育教学有序进行，举办学校运动会成为常态。

（一）幼儿体育的恢复

1973年，西安市部分幼儿园恢复每日早操制度，积极开展徒手操、红旗操、花圈操、花绳操等集体操和各类轻型器械操，通过趣味性训练和适量友谊赛，指导幼儿学习简单的技术动作。此后，西安市大部分幼儿园先后开展幼儿体育教学，无论厂矿、机关的幼儿园，还是民办幼儿园都将体育作为幼儿教育的重要内容，不断充实体育活动器材，有些幼儿园还安装了电动转椅、拉力球和飞盘。西安市第一实验幼儿园创编6套适合3岁前幼儿进行的体操，寓美育于锻炼之中，吸引幼儿参加体育活动。西安市各幼儿园根据幼儿教学大纲设置综合体育游戏，寓游戏、娱乐、知识、体育于一体，培养孩子们灵敏、协调的动作以及相互配合、自我服务的能力。西安市教育局和体委组织教员深入基层幼儿园辅导幼儿教师，多次开办幼儿体育师资培训班。1975年，西安市体委举办第一届全市幼儿运动会，1600余名幼儿参加，比赛分团体操、拔河、接力赛、小三轮、小兔跳和跳绳6个项目。随后幼儿体育活动在西安市各幼儿园全面展开，每年六一儿童节各幼儿园均举办幼儿运动会。

幼儿园小朋友参加拔河比赛

（二）中小学课外体育活动和体育教学的恢复

1972年，西安市教育局制定《体育锻炼标准》，开始逐步恢复中小学课外活动。同年9月，陕西省体委制定《青少年体育锻炼标准》，选择不同条件的41所中小学重点试行，西安市多所学校入选。1973年以后，西安市部分学校开始逐步恢复体育课教学，体育师资队伍人才流失状况得到好转。1975年，国家颁布新的《国家体育锻炼标准》，西安市城乡中小学按照新标准有计划、有步骤地开展体育锻炼。1976年，西安市教育局对全市学校体育工作进行检查，90%的市属中学和40%的市属小学坚持“两课、两操、两活动”，90%的中小学能够开展一年一度的冬季长跑活动，1973年至1976年，全市各校共举办运动会241次。

（三）兴办区县业余体育学校

1971年9月，国家体委为解决运动队伍后备人才青黄不接的问题，在西安召开全国业余体校工作座谈会。区（县）根据条件及能力兴办业余体校，西安先后成立的业余体校主要有碑林区业余体校、新城区业余体校、莲湖区业余体校、长安县业余体校等，项目有田径、篮球、排球、武术等。

（四）中小学生运动会形成常态

1970年后，西安的体育比赛逐渐恢复。1970年，西安铁路局第一职工子弟中学女子排球队参加在土耳其举行的世界中学生排球锦标赛，获得冠军。1972年在陕西省少年运动会上，西安市获田径、体操男子甲组团体总分第一名，获男女篮球、男子排球、男子足球、男子乒乓球团体冠军。1972年，西安市开始举办中小学生运动会。以后成为常态，举办次数逐渐增多。1973年，西安市组队参加陕西省第三届中学生运动会，获田径甲组、乙组团体总分第一名，获男子篮球、女子排球冠军。1976年，西安市中学生足球队、男子排球队，先后与来西安访问的日本京都市少年足球队、横滨市高中男女排球队进行友谊比赛。截至1976年，西安市中小学生运动会共举办10届，比赛项目以1973年最多，分设田径、篮球、排球、足球、乒乓球5个项目，其余各届仅设田径比赛。

五、加强师资培养

（一）开展体育教师短期培训

1949年后，体育人才培养受到国家高度重视，为适应体育事业发展，满足体育教学、竞赛和行政工作的需要，西安市各级体育管理部门通过举办短期体育训练班的方式培训了大批急需的体育干部、教练员、裁判员。

1952年8月，中华全国体育总会陕西分会（简称体总陕西分会）和陕西省文教厅在第一届陕西省运动会召开之前，抽调全省8个专区和长安县等直属县、市与西安市属中等学校体育教师50人，举办了为期22天的体育工作者暑期学习会。西安市师范学校培养体育专业毕业生77人。1952年9月，中华全国体育总会陕西分会和陕西省文教厅又抽调各专区、直属县、市在职中小学体育教师和各县推荐的具有体育专长的高初中学生150多名，分两期在西安市师范学校开办陕西省体育进修班。每期分为甲、乙两个班上课，学习时间一年，教学课程分为理论与技术两大类，理论课程教授政治、体育概论、教育学、心理学、运动生理，技术课程学习田径、体操、球类、音乐、舞蹈、游泳等内容。同年10月，西北行政委员会体育运动委员会在西安市开办西北体育训练班。

1954年年初，西安选派人员参加西北体育干部培训班，共培养学员55人，其中田径9人、男子体操5人、女子体操5人、男篮11人、女篮8人、男排8人、女排9人。1954年7月，西北体育干部培训班选送部分学员到西北体育学院深造，其中西安学员5人。1954年10月21日，陕西省体育运动委员会（简称陕西省体委）成立，除单独开办各类体育培训班外，还经常与省教育厅、省总工会、团省委等单位联合开办体育干部培训班。

1953年，西安市师范学校速成甲班毕业师生（体育教师）合影

20世纪50年代中后期，西安市开办各类体育干部培训班数十次。1954年11月，陕西省体委与省总工会、团省委在西安市联合开办陕西省厂矿企业体育干部训练班，参加学员58人，其中男学员53人，女学员5人。1955年6月，陕西省体委与省教育厅、团省委在西安市联合开办学校军体委员学习班，全省30所中学派团专职干部和兼职干部参加学习。1955年夏，陕西省体委与省教育厅在西安市联合开办陕西省中等学校体育教师暑期学习会，全省部分学校派人员参加。1956年4月，陕西省体委、省总工会、团省委在西安市联合开办厂矿企业干部训练班，来自全省51个厂矿企业的84名学员参加了为时75天的学习。1956年10月，陕西省体委与团省委在西安市联合开办省体育行政干部训练班，学员62人，分别来自37个县（市）体委和23个县（市）团委，其中体委干部39人、团委干部23人。1956年12月，陕西省体委、省总工会在西安市联合开办陕西省职工体育干部训练班，来自全省厂矿企业的70名学员参加了为期一个月的学习。1957年8月，陕西省体委在西安市开办体操运动员学习班，50人参加学习。同年，还在西安市开办了射击业余教练员训练班。1959年5月，陕西省体委在西安体育学院开办体育教师训练班有40人参加；6月，陕西省体委在西安市开办航模运动员训练班。20世纪60年代初，陕西省坚持开办各类体育训练班，截至1966年，共培训学员近千人。

在省级体育、教育、工会、团委部门开办训练班的同时，西安市所属各区县的体育、教育、工会、团委部门也积极办班设点，培养训练有关体育人员，参加培训的多是各大中小学体育教师、学生和体育积极分子，人数超过1000人。1960年，为配合国防体育活动，西安市体委先后开办摩托车、滑翔机、航模、射击学习班，培训教练员180人，射击运动员114人。1963年，西安市体委开办国防体育训练班，培训各专业学员5658人，其中射击运动员200人、报务员8人、军事野营教练员450人、“三防”员5000人。同年，还开办两期体育教师和体育管理干部培训班，培训骨干1320人。

1972年，西安市体委恢复后，针对各级各类体育人员的短期培训成为体育部门的重要任务。西安体育学院和国家体委联合开办的体育短训班，有西北地区地县体委主任培训班。西安市体委、市教育局、市总工会、市妇联等部门分别开办的训练班有城郊四区少年体育暑期训练班、少年游泳训练班、军事体育训练班、体育教师训练班、职工体育干部训练班、职工气功训练班、女子健美操训练班、篮球新规则裁判训练班。当时，为尽可能快地培养大批体育专业人才，这些由不同组织和单位短期开办的培训班大多连续开办。不少学员为尽可能多地学习相关体育知识，纷纷采取了交叉进修的方式。与此同时，一些高等院校（系）也积极响应国家体委号召，立足自身实际自发开办短期体育班，吸引大批爱好体育的青年踊跃报名。1975年，莲湖区体委总结创新了《建立业余训练点的办法》，这一成功经验有力推动了本地区业余训练工作的开展，受到国家体委和陕西省体委的高度重视，在体育界产生了积极影响。

（二）兴办专业体育院校

除开办各级各类体育培训班外，西安市内又兴办了多所专业体育院校，为系统培养体育人才创造了可能。

西安体育学院　前身为1954年9月在西安成立的西北体育学院，由西北体育干部训练班和西北师范学院（校址设在兰州）体育系合并而成。校址始设在今陕西省人民体育场，后迁至西安市南郊黄雁村，是当时西北地区培养体育人才的最高学府。1956年更名为西安体育学院（简称西安体院），隶属国家体委领导。第一任院长曾震五、副院长李一青，设体育系与运动系（后运动系属省体委领导，自成管理体系）。1959年8月，中共陕西省体委党组报经中共陕西省委批准，将陕西省体育训练班与西安市体育训练班合并，组成西安体育学院运动系，仍隶属陕西省体委管理，专门训练运动员，提高运动技术水平。运动系编制250人，其中运动员210人，设有足球、篮球、排球、田径、体操、武术、乒乓球、举重8个训练项目。体育系于1959年开始招生，主要任务是面向西北五省（区）培养中等和中等以上学校体育教师、科研人员、管理干部及专项运动教练员、运动员。1966年开始，体育教学被迫停止。1976年后，恢复正常教学与运动竞赛。

陕西师范大学体育系　前身为西安师范学院体育专修科，该科创建于1957年7月，地址在陕西师范大学内。初始招收二年制专科生43名。1958年，西安师范学院体育专修科与陕西师范学院合并为陕西师范学院体育专修科。截至1962年，共培养体育专业人才400余名。1963年，与西安体育学院合并遂停办。

西安市体育运动学校　1959年，西安市体育运动学校（中专）成立。1961年，因“三年严重困难”而停办。

第三节　群众体育蓬勃兴起

中华人民共和国成立后，西安群众体育运动在各级政府的领导下，认真落实“发展体育运动，增强人民体质”方针，广泛开展了学校、机关、企业、农村体育活动，对于提高国民文化和身体素质起到了积极作用，出现了近代体育运动项目和民间传统运动项目交相辉映的局面。

一、职工体育焕发新姿

20世纪50年代以来，西安经济社会各个方面都得到迅速发展。1953年10月3日，时任政务院副总理兼国家计委主任李富春带苏联专家来西安考察，对西安城市的发展进行了总体规划。同时，在国家建设第一个五年计划期间，苏联援建的“156”个项目中17项落地西安，形成了西郊电工城、东郊军工城纺织城、阎良航空城和南郊大学密集的文教城，并建成了为工业区服务的纺织城、土门、韩森寨、胡家庙、边家村、小寨、桃园、咸宁8个商场以及若干颇具规模的工人俱乐部。同时，大批高等院校在这个时期也从沿海迁建、组建、合并、分设和扩建到西安，西安交通大学、西北工业大学、西安电子科技大学、西安冶金建筑学院（今名为西安建筑科技大学）等高等院校和数百个科研院所迁入西安。从1964年起，国家启动“三线建设”，又有多个大型企业从一线城市迁驻西安。这些企事业单位，大多来自近代体育发达地区，有着良好的体育文化观念和运动基础。两次大规模建设之后，西安市成为轻工业、国防工业、商贸业兴旺发达的现代城市，大大改变了西安市人口结构和素质结构，有力地促进了西安职工体育运动的兴起。

1949 年 11 月，团市工委为庆祝俄国十月革命胜利 32 周年，在西安市举办球类运动会。在篮球比赛中，中央西北党校获社会组男、女冠军，边区三中获学校组冠军，西安女子中学获女子组冠军。与此同时，全国体总西安分会筹委会为购买人民胜利公债，举办有 10 支球队参加的篮球义赛。

1950年，西安市举办职工篮球、田径、乒乓球运动会，参加运动员500多人。20世纪50年代初，全市职工响应人民政府购买人民胜利公债和为抗美援朝捐献飞机大炮的号召，多次组织参加各种球类和武术义赛。1951年12月，中华全国体育总会西安分会在全市推行广播操，早操、工间操在职工中广泛开展，广播体操、晨操和工间操形成制度。1952年10月，在陕西省、西安市首届人民体育运动大会上，设工人组，有4000余名店员、工人进行广播操表演。同年，西北区举办机关篮球、排球比赛，有19队参加。1953年，西北区机关、西安市政府机关、商业系统、大华纱厂等机关、企事业单位，举办以田径、篮球、排球、乒乓球、拔河、举重、康乐球为比赛项目的职工运动会。之后，职工掀起体育锻炼热潮，多次开展“长跑月”“百日操”“百日跑”活动。1953年9月，西安铁路分局参加郑州铁路局第二届职工体育检阅大会，田径项目获总分第二名，其中9个单项获第一名，男、女篮球及拔河获第一名。1953年至1955年，举办了西安市两届职工运动会，其中，1955年举办的西安市第二届职工运动会，有18个产业队参加了41个项目比赛。同年，商业、煤炭、纺织、建筑及机关系统，相继举办本系统职工运动会，项目有田径、篮球、排球、乒乓球、康乐球、拔河等。

1954年，西安解放百货大楼的营业员在开业时做早操

1956年，根据国家体委成立职工体育协会的要求，西安市相继成立火车头、银鹰、前卫、钟声等14个产业体育协会，下属部分企事业机关单位也成立了基层体育协会。西安市建筑体育协会当年举办3次大型运动会，参赛职工1200余人；举办27次小型运动会及单项比赛，参赛职工2600余人。同年，西安组队参加陕西省第一届工人运动会，刘文江打破男子自行车1500米省纪录，获第一名；陈广勋分别打破5000米、10000米省长跑纪录；石存桂、李筱文分别打破女子自行车省纪录；刘泉大在最轻量级举重比赛中以175公斤打破省纪录，获第一名；胡芝兰以1.15米获女子跳高第一名，白建民以12.56米获男子三级跳远第二名，林翠华以1分15秒获女子400米跑第二名。

1957年，西安市总工会举办全市工人篮球赛，来自16个产业体育协会的217个单位参赛，参赛职工3015人，同年还举办了全市工人足球赛。1959年，全国二十七省、市、自治区基层单位田径举重通讯赛举行，华山机械厂获工人组第二名。1960年，全国基层单位田径、举重通讯赛举行，惠安化工厂获田径男子团体第一名。1963年，西安市组队参加陕西省职工篮球赛，男、女队均获冠军。

1957年，国家推行准备劳动与卫国体育制度以后，西安市基层工厂企业有109个单位积极参与，2756人获得证章。碑林区的工厂和手工业社成立俱乐部73个，组建篮球队60多个，举办职工男女篮球锦标赛23场，全区企事业单位经常参加体育活动的人数达到职工总数的50%，有些还达到80%。1959年，碑林区举办万人乒乓球赛，区属和驻区各单位1万余名职工积极参加。

“劳卫制”时期的职工体育活动

1958年，西安飞机工业公司等一批大型军工企事业单位迁入西安，从建厂开始就成立了各类业余体育代表队，彼此之间经常开展各类竞赛活动，先后在西安市体委组织的行业性、区域性比赛中都取得了较好的成绩。

1960年至1962年，西安职工体育处于低潮，大型体育活动基本停止，个别单位实行每天早操或工间操制度。自1963年起恢复开展早操、工间操、球类、武术、跳绳、踢毽子及国防体育等小型多样的体育活动。

1966年，西安职工体育活动中断，20世纪70年代初开始恢复。各体育协会配备体育专职干部，建立业余运动队，并与民兵训练相结合。1973年，西安市体委对81个大、中、小型企业及事业单位进行调查，有73个单位参加体育活动的职工达到35%；144个单位建有篮球、乒乓球、排球、足球、羽毛球、游泳、象棋、举重、拔河队1201个，运动员1.8万余人。1975年，新城区东五路卫生院，将体育和医疗卫生结合起来，组织和辅导周边地区患各种慢性病的职工及家属做操、打拳。庆安公司推广太极拳，3000余人参加。同年11月，首届西安街道居民运动会在西安举行，项目有广播操、太极拳、拔河以及适合青少年参加的篮球和武术表演。1978年9月，西安高压开关厂男子篮球队参加全国十二城市职工篮球赛（天津赛区）获得冠军。

二、农村体育形式多样

西安农村人口主要分布在长安（今长安区）、灞桥（今灞桥区）、蓝田、户县（今鄠邑区）、周至等郊县，经济发展程度相对缓慢与不均衡，而且习俗多样， 群众体育在农村覆盖面不大。20世纪50年代初，西安农民群众体育活动日趋活跃，逐渐融入现代竞技体育和军事体育项目。具体实施则结合了民兵训练，在村与村、乡与乡之间于农闲或节日期间开展，举办跳高、跳远、拔河、举重、行军、射击、手榴弹等小型比赛。篮球项目在西安农村中广泛普及，深受农民群众欢迎。

1958年，西安市未央区红色人民公社女子篮球队

1956年6月，国家体委召开农村体育工作会议，提出在发展生产的基础上，坚持业余、自愿和简便易行的原则，结合实际情况开展农村体育运动。国家体委要求各省市迅速建立县级体委，配备一定数量的体育干部专职从事体育工作。同年，西安市举行第一届农民篮球、拔河锦标赛，市属六区200多名运动员参赛。1963年至1966年，西安各乡镇纷纷成立篮球、乒乓球、射击、武术等体育代表队，并根据生产实际，结合民兵训练，开展国防体育活动。户县农村有150个农民体育俱乐部，玉蝉公社21个村，村村有篮球场和代表队，其中孙家硙等4个村还建了简易灯光球场。

1958年，灞桥区开展“全民体育运动月”活动，共建立体育协会216个，体育协会小组599个，参加体育协会成员6439人，农民体育出现高潮。黄桑圃乡、等驾坡乡（今属雁塔区）、席王乡、穆将王乡联合召开农村群众体育现场会，参赛队员达800余人。在灞桥区如火如荼的农民体育活动中，篮球成为深受农民喜爱的运动项目，新筑、灞桥、熊家湾等7个地区农民自发建起灯光球场。1964年，灞桥区农民篮球代表队参加西安市农民篮球赛获第三名。

1966年后，西安农民体育主要结合民兵训练开展活动。民间竞技运动主要有田径、游泳、射箭、击剑、武术、摔跤等。荡秋千、踢毽子、跳绳、狗撵兔、扑克牌、信鸽放飞等为青少年所喜爱，突围城、搬兵搬将、老鹰抓鸡、闯城门等更使少年儿童尽兴，其中荡秋千运动长盛不衰。每年清明前后，村社大多缚秋千，为青壮年缚有大架秋千或轮子秋千；农家为儿童在树杈或门楣上缚小秋千。男女老少自觉参与，各显风采。农村青年、壮年、少年中普遍流行摔跤，不分时间、场地即兴进行，踢毽子有单踢、花样踢、对踢、围圈传递等多种形式，突围城有单骑突和多骑突，也有爬竿、小武术、翻筋斗、舞狮、舞龙等杂技形式。游泳运动多在沿河一带村民中开展，主要有立泳、蛙泳、仰泳、钻猛子（潜水）等。

20世纪70年代初，随着上山下乡的城市知识青年增多，农村田径、球类等项目开展活跃。1973年，西安郊区26个公社相继举办冬季农民篮球赛，300余男女队、4000余运动员参加。长安县及郊区各农村公社举办小型竞赛活动104次，4万余农民参加。曲江公社每个大队均有篮球代表队，他们多利用节假日或农闲进行友谊比赛。1973年，户县玉蝉公社被评为“陕西省基层群众体育先进单位”。1976年，西安市举办各类农民运动会29次，其中28次是农村公社主办的。为纪念毛泽东畅游长江10周年，全市举办规模盛大的群众性游泳活动，农民参加者众多。据统计，1976年全市会游泳的农民达17万余人。1977年，户县玉蝉公社被评为“陕西省体育红旗单位”。1978年，户县被评为“全国群众体育先进集体”。

三、国防体育独具特色

1951年开始，我国的体育运动由军事体育（1952年始称国防体育）和一般体育两部分组成。军事体育主要包括跳伞、滑翔、航模、射击、摩托车、无线电等体育项目，其主要任务是对广大群众进行军事知识教育和军事技术训练，培养后备兵员，为国防建设和生产建设服务。当时正是抗美援朝时期，又是人民解放军向多兵种方向发展时期。团中央会同解放军总政治部提出“现阶段开展军事教育的初步意见”，目的是在广大人民中间，培养具有一定军事知识与技能水平的国家武装力量后备军。为推进军事体育的开展，共青团西安市委设置了军事体育部。

1951年6月9日至10日，体总西安分会为响应中国人民抗美援朝总会关于捐献飞机、大炮的号召，在西安市东大街青年会运动场举办了捐献飞机、大炮篮球赛。

1954年至1963年，西安市各体育项目运动俱乐部相继成立。其中，西安市射击俱乐部、摩托车俱乐部、航空模型俱乐部、航海俱乐部、无线电俱乐部、伞塔跳伞俱乐部闻名全市。1954年，西安市摩托车运动俱乐部成立；1956年2月，西安市航空模型运动俱乐部成立。1956年3月，国家体委调派王东进、符清学二人到西安担任无线电运动项目教练，无线电运动开始在西安兴起。西安市无线电运动俱乐部成立，经费和器材由国家体委统一调拨。1957年，西安市射击俱乐部成立，开始开办射击业余教练员训练班。1963年，西安市航海俱乐部成立，经常开展多项航海辅导。

1957年，西安市体委内设国防体育科。同年，西安市业余军事体育学校（简称市军体校）成立，校址位于西安市东郊伞塔路6号，隶属西安市体委军体科管辖。同址驻有射击、航模、伞塔跳伞、摩托车、无线电、海模6个单项军事体育俱乐部。1966年后，体育人才培养工作陷入停顿，各军事体育项目训练及竞赛活动中断。1974年，6个单项军事体育俱乐部并入西安国防体育训练场，更名为西安市业余军事体育学校。

1957年，为落实毛泽东提出的“全民皆兵”战略方针，积极响应“普及国防体育知识”的号召，西安市组织全市民兵进行摩托车训练。

1959年9月，陕西省跳伞队运动员郭新娥、梅严、张景文参加第一届全国运动会，打破了由苏联运动员保持的女子1000米定点跳伞世界纪录，使跳伞运动更加引人瞩目。西安市各学校组建的跳伞、射击、无线电、航模、海模、摩托车集训队，利用每周三、周六的下午和周日带领同学们到西安市业余军事体育学校学习、训练，以培养更多的国防体育项目后备人才。

1959 年跳伞运动员郭新娥（右）、梅严（中）、张景文（左）破女子 1000 米定点跳伞世界纪录

1962年暑假期间，西安市军事体育夏令营活动在西安市军体校内举办。1964年11月，西安举行首次基干民兵定点跳伞比赛。

西安市许多中学响应国家号召开展军事体育活动，国防体育在条件较好的学校也有开展。西安市第二十六中学被国家体委授予“军事体育活动先进集体”称号，国家体委副主任李达上将曾赴该校视察。

第四节　竞技体育全面开花

竞技体育在西安的发展，使西安体育在运动员选拔、运动训练、运动竞赛、运动管理等方面，迈入了专业化、规范化的进程，极大地促进了现代体育文化的兴起和发展。1950年5月，西北军政委员会人事部、教育部、体育运动委员会根据中央体委体育事业计划下达的“为国家培养田径、球类、体操专业运动员”的任务指标，从西北各省市调集120名选手，成立西北体育训练班，进行篮球、排球、足球、田径训练，开启了西安竞技体育快速发展的新篇章。

一、专业队伍应运而生

1956年3月，经陕西省人民委员会批准成立的陕西省体育运动委员会竞技指导科，是陕西省第一个专业运动训练部门。编制40人，内设足球、体操两个项目，共有运动员32人，其中足球16人，体操16人。1957年6月，竞技指导科改为陕西省体育训练班，编制80人。体训班项目不变，运动员人数有所增加。

1960年，受“三年严重困难”影响，中央提出“调整、巩固、充实、提高”的八字方针。陕西省体委据此对西安体育学院运动系和国防体育俱乐部的人员机构进行精简调整。1961年，西安体育学院运动系与西北体育场合并，将射击、无线电、摩托车俱乐部合并为陆上俱乐部，撤销了飞机跳伞、伞塔跳伞、航海多项、汽车4个项目的运动队，运动员人数减少到309人。此后，航海模型等项目也相继被撤销。截至1966年，全省共设篮球、排球、足球、乒乓球、田径、体操、武术、举重、滑翔、航空模型、射击、无线电、摩托车13个项目专业运动训练队伍，队员总数为196人。

20世纪60年代中期在一线工作的教练员

1966年，绝大多数项目的运动队伍解散，仅余田径、球类两个项目的41名运动员，也被下放到农场参加劳动改造。西安市专业运动训练乃至整个体育工作陷入瘫痪状态。

陕西省体育工作集训大队　1970年陕西省体育工作集训大队成立，下设足球、篮球、排球、田径、乒乓球、体操、武术7个项目和14支队伍，运动员编制252人。1972年，增设射击、游泳、举重3个项目，全省专业运动训练队伍人数达到420人。1975年，滑翔、航空模型、飞机跳伞、摩托车、无线电测向5个军事体育项目的运动队也相继得以重建，其中3个航空项目运动员编制为41人，2个陆上项目运动员编制为33人。

陕西省职工体育运动技术学院　学院于1981年成立，其前身是1956年3月在西安成立的陕西省体委竞技指导科所设的足球、体操两个项目的运动队，先后经过陕西省体育干部训练班、西安体育学院运动系、陕西省体育工作集训大队等机构变更，为陕西省优秀运动队主要训练基地，是全国第一所成人高等体育院校。该院还成立了优秀运动队，先后为国家培养和输送了大批优秀运动员、体育管理人才和领导干部，有多次获得国家和陕西省荣誉的田径运动员申毛毛、章会芬、蔺淑贞、李宝进、李艾芬等30多名国家级运动健将，著名武英级运动员赵长军、楚凤莲，国家级运动健将篮球运动员王立斌和宇文斌等10余名优秀运动员，著名排球运动员曹淑芳、王爱香、王美娜、李建新，夺得全国女子足球锦标赛冠军的张珰珰、孙翠环、张秀琪，艺术体操运动员庞琼、唐小丽（女）、王丽丽、白梅、王宝山、杨少民等优秀运动员，以及省女子排球队、女子足球队等优秀运动队。

陕西省航空运动学校　1957年，陕西省国防体育协会航空运动俱乐部（陕西省航空运动学校前身）开始筹建。1958年，经兰州空军批准，在西安飞机场划定训练场地，国家体委划拨初、中级滑翔机，弹射滑翔机，绞盘车等，选派黄富元、李明帆来陕西任教，组建陕西滑翔集训队。为迎接1959年举行的第一届全国运动会，陕西省国防体育协会选拔航模运动员18人，组建陕西优秀运动队集训队。同年9月，在第一届全国运动会上，郭新娥、张景文、梅严打破女子1000米定点跳伞8.77米的世界纪录，获得第一名。陈寿祥在航空模型二级竞速比赛中，以190.3公里/小时打破全国纪录。在航空模型比赛中，薛民献获得三级牵引模型滑翔机留空时间第二名，刘瑞融获得三级橡筋模型飞机留空时间第二名，刘明道获得二级自由飞模型飞机留空时间第二名，陈寿祥获得二级线操纵模型飞机圆周速度第三名，赵健获得线操纵模型飞机特技飞行第六名。在滑翔比赛中，杨沥泉获得甲组100公里定点竞速飞行第四名，李兆霞获得乙组中级滑翔机绞盘车牵引矩形航线起落飞行第五名。1960年1月，陕西省航空俱乐部正式成立，设正、副主任各1人，下设3股3队。1965年因西安机场扩建，兰州空军提供蒲城内府机场作为陕西省航空运动集训队训练场地。

1966年，陕西省航空运动训练停止。1968年，陕西省航空俱乐部被兰州空军接管。1970年8月，单位撤销。1975年，中共陕西省委下发44号文件，将陕西省航空俱乐部改名为陕西省航空运动学校，地址仍设在蒲城内府机场，并组建陕西省航空模型队、滑翔队。1976年，组建陕西省跳伞队，逐步将航空运动学校建成开展飞机跳伞、航模、滑翔训练和比赛的基地。陕西省航空运动学校成立后，参加了历年举行的全国性航空运动比赛，均取得突出成绩。

西安市体育工作集训队　该队与西安体育运动学校从1980年起为“一体两名”，其前身是西安市青少年业余体育学校。1956年，西安市青少年业余体育学校是全国首批成立的培养体育后备人才的业余学校之一，第一任校长由西安市体委主任刘威诚兼任。1957年，配备专职教练3名，而后相继增加乒乓球、田径、篮球训练班，在韩森寨、土门工人俱乐部建立第一、二分校。1964年，西安市业余体校设6个项目，有19个班320名学生。至1965年，有教职工17人，其中教练12人。1966年训练中断，1972年恢复训练。至1977年，教练增至30名，设7个运动项目，主要任务是普及和开展业余体育训练，为国家和省市培养输送优秀体育后备人才。每年参加训练的运动员达到500人左右，有240多人被确定为重点输送对象。为国家、陕西省培养输送了千余名体育后备人才和体育骨干，其中有国际田径健将章惠芬、郑阳，武术健将楚凤莲、苏克峰、范强，篮球运动员郭向华，国家体操队运动员吴蕾、跳水运动员冯钦等。

二、竞技项目长足进步

1949年后，西安竞技体育运动发展非常迅速，无论在项目种类还是运动水平上，都有很大的提高。在田径、体操、技巧、篮球、排球、足球、手球、乒乓球、羽毛球、网球、垒球、棒球、武术、举重、拳击、摔跤、游泳、击剑、自行车、中国象棋、国际象棋、围棋、射击、无线电、摩托车、航空模型、滑翔、跳伞、航海模型、航海多项、摩托艇31个运动项目上，都有长足进步，多次参加西安市、陕西省、全国和国际性各类运动竞赛并取得优异成绩。其中，摔跤、射击、航空模型、跳伞部分单项达到或接近世界水平，田径、武术、篮球、足球、排球、垒球、棒球部分单项达到或接近全国水平。这些运动项目和体育事业的发展一样，都经历过“三年困难时期”的停滞和“文化大革命”时期的冲击，而在1970年后相继恢复，参加体育锻炼的人数逐渐增加，大部分体育项目开始复苏，一些运动员开始在一系列重大赛事中崭露头角。

（一）田径运动

1949年后，西安田径运动在中华全国体育总会陕西分会和西安分会筹备会领导下，有组织、有步骤地良性发展。1952年10月，陕西省暨西安市首届体育运动大会将田径列为重点比赛项目，男、女运动员共进行43个项目的比赛，有29人次打破26项陕西省田径最高纪录。西安市从1953年开始推行“劳卫制”，推动了田径运动的大众普及和成绩提高。1954年至1955年，西安市先后举办中等以上学校田径、体操运动会，全省大学生运动会，全省工人运动会。西北体育训练班藏族学员卡毛吉在西安市中等以上学校田径、体操运动会上，以51.03米的成绩打破女子手榴弹掷远

45.21米的全国纪录。1958年，在北京举行的全国越野赛和竞走冠军赛上，西安学生唐兆铨以52分52秒2的成绩获得10000米竞走冠军，为陕西省首次在全国性田径比赛中获得冠军，西安籍运动员白宏义以51分31秒4的成绩获得越野赛第二名。1956年，在西安市举办的陕西省大学生运动会上，徐晋生以35.03米的成绩打破30.8米的链球全国纪录。

（二）体操运动

体操　1949年后，广播体操日益受到西安人民群众喜爱。1953年8月10日至17日，在西安市人民体育场举行的西北区田径、体操、自行车运动大会上，共有3511名运动员参赛，现代竞技体操被列为正式比赛项目，并首次使用体操竞赛规则进行规定动作和自选动作比赛。陕西体操队对阵甘肃体操队，男子项目有单杠、双杠、低双杠、横跳箱、跳箱、垫上运动、吊环、鞍马和自由操，女子项目有低双杠、横跳箱、垫上运动。经过比赛选拔，部分西安籍优秀体操运动员组建西北体操队，于1953年9月参加全国田径、体操、自行车运动大会。会后，朱启吾随来华表演的苏联国家体操队学习，将外国体操运动的先进技术与训练方法带到西安。

体操教练张国栋为队员做鞍马动作示范

1954年，全国推行“劳卫制”，西安各大中小学纷纷成立体操队。同年6月，西安学生田径、体操运动大会在西安市人民体育场举行，来自55所大中专学校的1395名男女运动员参加比赛。在体操比赛项目方面，男子项目为单杠、双杠、纵跳马、鞍马、吊环、自由体操，女子项目为高低杠、横跳马、自由体操、全能。通过比赛选拔部分西安籍优秀体操运动员组成代表队，参加全国13城市中等以上学校田径、体操运动大会。1955年12月，西北人民体育场举行西安市体操测验赛。1956年2月，苏联国家体操队到西安访问表演，总教练斯·佛·列类、教练佛·波·代日涅维契向西安1600多名体育工作者和运动员做了有关体操运动的报告。为迎接陕西省青少年体操运动大会的召开，西安市各区、县纷纷举行青少年体操选拔赛。同年6月，陕西省青少年体操运动大会在西北人民体育场举行，省属8个专区、西安市和直属县市代表参加，参赛运动员达2000余人。

1958年3月，陕西省体委在西安体育学院组织运动健将试验赛，参加集训者均为体操一级运动员。4月，全国少年体操分区赛在成都举行，西安队获团体第三名，男子组钟庆武获跳马第一名、双杠第三名、全能第二名。1959年4月，第三届陕西省运动会在西安市人民体育场举行，男子团体冠军为高校队，女子团体冠军为西安队。刘俊英在本次比赛中达到健将级标准，并获男子单杠、双杠、吊环、鞍马、自由体操五项健将级第一名。1960年10月，西安体育学院运动系体操班组队参加在重庆举行的全国体操锦标赛，刘俊英、王爱兰达到健将级标准。同年，西北人民体育场举行体操健将级和一级测验赛，参加健将级测验者28人，男子组刘俊英、殷景华、宋一之，女子组王爱兰、朱授朴、郑秀兰、赖素芳、程立娥、蒋淑兰、李闻喜等运动员皆达到健将级标准。“三年困难时期”，体操运动遭受严重挫折，起伏较大。1964年，西安市举行少年体操运动会。同年8月，全国体育学院体操、足球比赛在沈阳体育学院举行，西安体育学院女队获体操团体冠军，全队共获9项冠军。两个月后，第四届陕西省运动会在西安举行，西安队分获男、女体操团体冠军。

体操队在简易场地（原西安市体育场司令台）为大家表演

1971年年初，西安市业余体校重启体操训练，西安体操运动重新起步并渐趋活跃。1973年，西安市男女体操队参加在汉中举行的第五届陕西省运动会，双双夺得团体第一名。在第五届至第七届陕西省运动会上，西安队获得第五、六届男女体操冠军，西安体育学院队获得第七届男女体操冠军。

技巧　1949年后，技巧运动随着“劳卫制”的推行在各级中小学体育课中得到普遍开展。1956年，苏联国家体操队访问西安期间表演了男子双人动作，与西安技巧运动员进行了技术交流。同年12月，西安代表队在北京参加全国拳击、击剑和技巧运动表演赛。1957年和1958年，西安技巧队先后两次参加全国17城市、25城市击剑、技巧运动锦标赛。1959年，第三届陕西省运动会将技巧列为正式比赛项目，参赛者共计23人，其中女子4人，西安队获团体第一名。赛后，陕西省体委选拔西安籍优秀运动员组成陕西技巧集训队，同年9月，参加第一届全国运动会。1960年7月，陕西技巧集训队赴上海参加全国技巧运动锦标赛。1961年，陕西技巧集训队解散。

（三）球类运动

篮球　1949年后，篮球运动在西安市区、郊县和工矿企业迅速兴起，成为群众文化生活的重要内容。

1952年10月，陕西省暨西安市首届体育运动大会在西安举行，篮球为表演项目。1953年，第一届陕西省工人运动会中篮球被设为比赛项目。1954年5月，西安市体委举办各级篮球赛，这是西安市体委成立后首次举办的市级单项比赛。6月，西安市人民体育场灯光篮球场正式开放。8月，中央体育学院男、女篮球队来西安表演。同年，建筑、银行、国贸、工业、商业、纺织、公安、医务、高校等系统纷纷建成篮球队。1951年4月，西北区篮球排球赛在西安举行，西安男队获得篮球冠军，西安女队获得篮球亚军。赛后男队7人和女队5人入选西北男、女篮球队，后参加在北京举行的全国篮球比赛。1955年，兰州市篮球队和成都市篮球队来西安市比赛。1956年，西安举办全市少年篮球排球锦标赛和大专院校篮球赛。1957年，西安煤矿和高校也相继举办本地区本系统篮球比赛并成立各级篮球队，一些地区还组织了少年篮球赛。1964年，西安市体委举办篮球甲、乙级联赛，参赛的甲级队26支，乙级队21支，共比赛76场，观众超过30万人。

1953年3月，在西北区篮球、排球、足球、羽毛球四类球类选拔赛中，西安市男篮再次夺冠，女篮获得亚军。1955年8月，全国大中城市分区篮球排球锦标赛在西安举行，西安男篮分别战胜成都、兰州、乌鲁木齐、太原等城市代表队，获得第一名。1956年，陕西省篮球比赛在宝鸡举行，西安队分获男、女冠军。1957年10月，全国篮球乙级联赛在西安举行，西安男队获第七名。1958年，在陕西省第二届运动会上，西安男篮、女篮均获第一名。陕西省少年篮球锦标赛在汉中举行，西安男、女篮球队双双夺冠。1959年，西安市篮球队主要队员入选陕西省篮球集训队，后参加第一届全运会，陕西省男篮获第十一名。1960年，陕西省篮球集训队参加西北五省（区）篮球对抗赛，男、女篮球集训队分获冠亚军。西安市组队参加陕西省运动会和陕西省青少年篮球赛，男、女篮球队均获第一名；参加全国11单位少年篮球锦标赛，男队获第九名，女队获第八名。1964年8月7日至15日，乌鲁木齐、银川、兰州、西安四城市“职工篮球邀请赛”在西安举行，共16支队伍参赛。西安男、女一队分别获得冠军。1965年，西安市组队参加第二届全运会，男子篮球队获全国第九名。同年，西安市组队参加陕西省青少年篮球赛，西安男、女队再次

全国少年篮球锦标赛西安队合影（摄于1955年）

夺冠；参加全国少年篮球分区赛，西安男队获郑州赛区第七名，女队获第九名。

“文化大革命”后，篮球运动得到恢复，西安市各级各类篮球队多次在全省比赛中名列前茅。西安市业余体校和各区（县）业余体校普遍开设篮球训练班，各校篮球训练班重视对青少年运动员的培养。在篮球运动复兴和球员素质提高的背景下，西安市篮球甲级联赛形成制度，开始每年定期举行。1973年至1976年，西安市先后举办了全省篮球分区赛、全省业余体校篮球赛、全省青少年运动会篮球赛、中学生运动会篮球赛。

排球　1949年11月，在西安市举办的第一届球类运动会上，排球列为正式比赛项目，男、女组冠军分别被西安高级中学队和西北大学队获得。1951年4月，西北区篮球排球赛在西安举行，赛后，陕西省体委选送西安籍男运动员胡克、齐大兴等5人和女运动员王荣桢等3人组建西北排球队，后参加全国排球比赛，男、女队均获第八名。1952年8月，西北军区全军运动会排球表演赛在西安举办，10月，陕西省暨西安市首届体育运动大会召开，排球比赛为表演项目。

1953年2月，西北区春季排球运动大会在西安举行，西安队荣获男子排球亚军。1955年8月，西安市选派男、女排球队参加全国大中城市分区篮球排球锦标赛，获得西安赛区男、女排球冠军。1956年7月，全国大中城市少年排球锦标赛在北京举办，西安男、女队分获小组第五名。同年，西安市业余体校成立，开设男、女排球班。随着排球运动的逐步深入，西安市先后举行全省少年排球赛、全省运动会排球赛各一次，组队参加西北区少年排球赛和第二届全运会排球赛各1次，运动技术水平呈上升态势。1958年5月，第三届陕西省排球赛在大荔县举行，男、女冠军均由西安队获得。同年10月，西北协作区球类运动会在西安举行，陕西女子排球队获得冠军。

1960年，西安市体委成立排球干部训练班。同年2月，以西安市排球队骨干队员为基础组建陕西省男、女排球集训队，结束了临时选拔组队的被动局面。排球集训队人员精干，身体素质较好，男队员平均身高约1.85米，女队员平均身高约1.71米。1958年至1960年，西安市第一届、第三届运动会，排球均被列为正式比赛项目。1957年、1958年和1960年，西安市组队参加陕西省排球赛，西安男、女排球队均获冠军。

1964年，西安排球队学习推广日本大松博文训练法，与陕西省排球集训队开展比赛，促进了排球技术水平的提高。在陕西省第四届运动会上，西安男、女排球队均获第一。1965年8月，西安排球队参加在兰州举办的全国九人制少年排球锦标赛，西安男队战胜郑州、银川、昆明、西宁、贵阳、乌鲁木齐等队获第三名，女队战胜西宁、昆明、塔城、贵州等队获第五名。

1973年，西安市业余体校以青少年为主恢复排球训练，注重从实战出发增加运动负荷，有意加强传、垫、扣、发四项基本技术训练，技术水平提升很快，选才、训练、管理逐步科学化。

足球　1949年后，足球列入西安市重点体育项目，厂矿、学校相继组建足球队，西安铁路分局、西安工人子弟中学、铁路中学、陕西省二中、西北大学、大华纱厂等足球队为当时广为人知的球队。这些足球队经常在陕西省二中球场、革命公园公共体育场（今西安市人民体育场）进行比赛。大华纺织厂每个车间都组建了足球队，定期举行比赛。

1951年11月，西北区足球赛在西安市举行，西安队获第二名。西安籍球员白玉琪、刘玉堂、谢天恩、杨望道、仲新、李学智、陈广忠入选西北代表队，西安籍运动员庞紫石、王允升担任教练员，入选球员参加了当年12月在天津举行的全国足球比赛。1952年5月，西安市人民体育场举行了盛况空前的足球表演赛，观众达3万多人。当月，解放军“八一”足球队应邀来到西安进行访问比赛。11月，为选拔参加西北区足球赛球员，陕西省体委在西安举办了全省足球选拔赛，西安队获得冠军，张平安、马呈祥等西安籍球员入选西北队。

此后四五年间，外地迁来西安的厂矿企业、大专院校增多，为西安足球运动的发展增添了生力军。1956年，西安经常参加比赛的足球队达到十余支，不但大型厂矿、企业、铁路系统组建了足球队，而且中等学校也有足球队，就连人数不多的西安市越剧团、陕西省广播电台、东亚饭店等单位也相继组建了足球队。其中最活跃的足球队是体育教师组成的“拖拉机队”和陕西省体委以西安解放日命名的“520队”。为普及中小学足球运动，陕西省体委、省教育厅、团省委联合通知各地中小学观看影片《一支小足球队》并开展座谈会，一时间西安市各中小学掀起了足球运动热潮。陕西省体委举办了全省“十县市小足球比赛”。此后陕西省足球比赛十分频繁，尤以

1957 年全国十二单位青年足球锦标赛西安市代表队合影

西安最为活跃。1956年7月22日，全国青年足球锦标赛在西安市人民体育场举行，西安队获第一名。1956年，西安市业余体校成立后高度重视足球项目训练，培养了一大批业余足球运动员。

1958年4月，陕西省体委邀请国家体委副主任荣高棠率领上海、天津篮排球队和武汉市足球队来西安表演，其间，李凤楼向全省足球工作者、教练员和运动员做了《关于足球训练》的报告，引起热烈反响。9月，阿富汗王国足球队访问西安并举行友谊赛，陕西队以2：0获胜。10月，陕西队在西安举办的西北协作区足球比赛中获得第一名。1960年，西安除参加陕西省第二届运动会足球比赛外，还多次举办全省“流动杯”足球赛，承办全国足球甲级联赛、全国青少年足球锦标赛、全国足球乙级联赛，邀请波兰克兰科夫市格尔巴尼亚队、阿富汗王国教育部混合队，北京体育学院、兰州、武汉、山东、河北、安徽、火车头体育协会、中国海员体育协会等足球队来西安访问比赛。1965年，在第二届全国运动会上，以西安籍运动员为主的陕西省足球队获得第十名。

20世纪70年代初，西安足球运动开始恢复。从1972年开始，每年举办一次全市小足球比赛。1972年，以西安籍运动员为主的陕西省足球队在全国五项球类运动会上，以不败战绩获小组第一名，决赛获第四名，创陕西足球参加全国大赛最好成绩。1972年至1976年，西安市体委先后举办足球教练员训练班10期，裁判员训练班7期，共培训教练员、裁判员500余人次。西安铁路局第一中学、陕西钢厂子弟中小学、东方机械厂子弟中小学、陕西师范大学附中、大雁塔小学、西安市第一中学等20所中小学是西安市重点开展足球训练的学校，培养了百余名优秀运动员。1973年至1976年，三届全省运动会、一届全省青少年运动会和一届全省中学生运动会相继在西安举行，足球皆为正式比赛项目。除咸阳队获得全省中学生运动会足球冠军外，其余各运动会的足球冠军均为西安队获得。

手球　1949年后，手球运动在西安普遍开展。20世纪50年代末，西安体育学院、西北大学、西安交通大学相继将手球列入体育专业教学内容，并开展相关训练活动。1957年8月，陕西省高等院校组织手球比赛，西安体育学院男、女队分获冠军。1958年西安男、女手球队参加在上海市举办的全国13单位手球锦标赛，男子手球队获第十一名，女子手球队获第七名（并列）。1959年，以西安市原男、女手球队为基础组建陕西男、女手球队。同年6月，陕西男、女手球队出征第一届全国运动会，预选赛时发生车祸，重伤4人，轻伤10人，其中女队2人因伤势较重未能参赛，决赛中，男子手球队获第七名。1960年4月，陕西省首次承办全国手球锦标赛（西安赛区），陕西男、女手球队均获第五名。同年，安徽、青海、宁夏、云南、广东、甘肃、河南、山西、四川等兄弟省区手球队先后来到西安访问比赛或集训，陕西省手球队与各队进行了技术交流。“三年困难时期”，陕西手球队被迫解散。20世纪60年代中期，西安开展七人制手球比赛，手球运动重新开始活跃。1965年8月，西安、宝鸡、渭南、咸阳四城市联合举办七人制手球邀请赛，西安男、女手球队双双获得冠军。

乒乓球　1949年后，乒乓球运动深受西安市群众喜爱，为广泛开展奠定了雄厚的群众基础。机关、学校、厂矿、部队坚持经常组织群众性比赛，技术水平逐步得到提高。1952年9月，中华体育总会西安分会举办第一届全国乒乓球锦标赛运动员的选拔赛，选拔杨斌如、李光弟等西安籍球员组队参加比赛。此后，西安运动员参加西北区和全国性比赛相继取得较好成绩。1953年2月，在西安市人民体育场举办的西北春季球类运动会乒乓球比赛中，西安运动员包揽男女单打和男女双打冠、亚军。

自1956年开始，西安市连续多年参加陕西省乒乓球赛。1956年6月，陕西省乒乓球赛经过309场激烈角逐后，男子组个人冠军为吴敏楠，亚军为西安运动员忻可与，女子组个人冠军为西安运动员徐梅芬。1958年9月，以林应太为领队，林应太、胡檀昌为教练，西安市组队参加在广州举办的全国乒乓球锦标赛，男子团体获小组第三名，女子团体获小组第六名。1959年10月，以西安籍运动员为主的陕西省乒乓球队参加在北京举办的第一届全国运动会，男女团体双双获得第六名。赛后，女运动员任振琳入选国家集训队。

20世纪50年代后期，西安乒乓球比赛较多，分别举行陕西省乒乓球赛、西安市小学生乒乓球锦标赛、为参加首届全国运动会陕西省举行的乒乓球选拔赛、西安市首届运动会乒乓球赛、陕西省第二届和第三届运动会乒乓球赛、西安市第二届运动会乒乓球赛。陕西省第一届和第二届运动会均将乒乓球列为正式比赛项目，男、女冠军皆为西安队。

1960 年，为迎接在北京举办的第二十六届世界乒乓球锦标赛，西安市乒乓球运动进一步活跃，西安市业余体校开设了乒乓球训练班。4 月，在重庆举办的全国乒乓球分区赛上，董淑英、陈怀萱包揽女子单打冠、亚军。6 月，广州举办六城市乒乓球邀请赛，董淑英获女子单打冠军。1961 年 9 月，董淑英代表中国参加第二十六届世界乒乓球锦标赛，双打进入前 32 名。获得第二十六届世界乒乓球锦标赛女子单打冠军的邱钟惠，随国家集训队来西安进行两场表演赛，轰动一时。1965 年，西安组队参加在银川举办的西北地区首次青少年乒乓球赛，荣获男女团体冠军。同年 10 月，西安市组队参加陕西省第四届运动会，西安乒乓球队荣获男子团体第二名、女子团体第一名。

1971年，西安市体校恢复乒乓球训练班，根据学员水平分设普通班、重点班、集训队，经常参加训练的学生达到130多人。1972年以后，西安市乒乓球运动广泛普及，大型运动会均设乒乓球比赛，行业性乒乓球赛经常举行，参赛人数呈现逐年递增趋势。1975年，在第三届全运会乒乓球比赛中，以西安籍队员为主力的陕西乒乓球队获少年男子团体第五名、女子双打第五名、少年男子单打第三名。

羽毛球　1949年后，羽毛球体育活动开始在西安市一些大专院校流行，各企业、机关和中学相继开展此项运动。1953年2月，陕西球类运动大会、西北区春季球类运动大会相继在西安市举办，羽毛球均被列为正式比赛项目。在陕西球类运动大会上，男子组羽毛球冠亚军被直属县、市和西北人民革命大学队获得，女子组羽毛球冠、亚军分别是渭南队和榆林队。在西北区春季球类运动大会上，西安羽毛球队分获女子组单打冠军，男子组双打冠军。同年5月陕西组队加入西北区代表队参加全国篮球、排球、网球、羽毛球四项球类运动大会，西安籍运动员南楚羽、殷桂芳获羽毛球女子双打第四名。

20世纪50年代后期，西安市高校、企业羽毛球运动发展较快，比赛频繁。1958年，第四军医大学羽毛球队获兰州军区第一届体育运动大会羽毛球比赛团体冠军。同年10月，西安组队参加陕西省第二届运动会羽毛球赛，囊括全部七项冠军。陕西省第二届运动会特设12单位羽毛球单打邀请赛，西安队获得亚军。1959年，陕西省12单位羽毛球单打邀请赛在西安市举行，西安高等院校和厂矿企业组队包揽男、女前四名。

1973年，西安羽毛球运动重新活跃，举办了莲湖区、新城区、碑林区等五区县羽毛球赛，随后参加陕西省体委举办的西安、咸阳、宝鸡、渭南、汉中五地市羽毛球赛，西安队在51支代表队中脱颖而出，包揽成年组男、女团体，单打、双打、混合双打七项第一名。受此影响，西安羽毛球运动全面复兴，各大专院校、厂矿企业纷纷组织羽毛球赛。1974年11月，陕西省高等院校教工羽毛球赛在西安市举行，共有12所院校派队参加，吸引观众数万人。

网球　1949年后，网球运动开始在西安市兴起。西北大学、中共中央西北局党校、西安体育学院的不少教师和学生成为网球爱好者。1953年2月，陕西球类运动大会将网球列为正式比赛项目，男子组冠军为西北农学院队，亚军为西北人民革命大学队。1953年，西安市体委举办第一届网球赛，西安市网球运动有所发展。1957年，西安市业余体校开设网球班，坚持业余训练，西北大学也创办了少年网球训练班。1960年7月，陕西省网球队在成都参加全国网球锦标赛，西安籍运动员白永跃获少年男子组第三名。1960年至1965年，西安市除群众自发开展网球运动外，网坛再无赛事。

垒球　1949年后，西安市垒球运动得到较快发展。西安中学将垒球运动定为学校传统项目，每年举行一次垒球比赛，分甲、乙两组进行，班际比赛十分活跃。1952年10月，陕西省暨西安市首届体育运动大会将垒球列为表演项目。同年10月，西北区运动会在西安市人民体育场举行。之后，袁敦礼、董守义、王耀东、刘月林等9人应邀编写《体育锻炼与指导》一书，将垒球运动列为第五编。1953年2月至3月间，西北区春季球类运动会在西安举行，陕西男子垒球队获男子垒球冠军，西安男子垒球队获亚军，陕西女子垒球队获季军。1957年8月，西安市中学生垒球队首次赴沈阳参加全国14城市中学生男子垒球锦标赛，获第六名。1958年，西安体育学院队参加全国60所直属院校垒球赛，男队获亚军，女队获第四名。同年10月，在陕西省第二届运动会上垒球被列为正式比赛项目，西安垒球队分获男、女冠军。1959年，以西安体育学院队为主体组建的陕西省女子垒球队，决赛以七战六胜获得第一届全国运动会女子垒球亚军，为陕西省女子垒球队首次参加全国重大比赛的最好成绩。1960年6月，陕西省垒球锦标赛在汉中市举行，经过73场激烈比赛，西安市男子垒球队、西安体育学院女子垒球队分获男女冠军。

1974年，国家体委恢复垒球运动，西安体育学院不但恢复了垒球专业教学，而且抽调精干力量组建代表队，垒球运动在西安复苏。同年10月，全国10单位垒球邀请赛在西安举行，西安队和西安体院队分获第六名、第八名。11月，为迎接第三届全国运动会，陕西省体委以西安市垒球队、西安体育学院队主要队员为基础组建陕西垒球队。1975年9月，陕西垒球队在第三届全国运动会垒球比赛中获得第三名。

棒球　1949年后，西北电业管理局的部分日本侨民组成“西日棒球队”，经常在西安市人民体育场举行比赛，对西安地区棒球运动的开展起到了促进作用。因为此时棒球运动被认为具有一定的军事价值，所以驻军和部分厂矿、学校相继开展棒球训练，西安棒球运动逐渐兴起。1953年5月，西北军区运动会在西安举行，邀请华北军区、中南军区等棒球队进行表演，扩大了棒球运动在西安的影响。1956年后，棒球运动在西安市各机关、学校、厂矿企业迅速普及，有力地促进了棒球运动的发展。为检阅群众性棒球运动的技术水平，在1958年举行的西安市第一届运动会、陕西省第二届运动会上，棒球被列为正式比赛项目。西安队获得陕西省第二届运动会棒球冠军，赛后以西安棒球队班底组建陕西省棒球队。1960年6月，陕西省棒球队获全国棒球分区对抗赛兰州赛区第二名。

1974年，国家体委恢复棒球运动。同年10月，全国10单位棒球对抗赛在西安举行，西安队获第六名，赛后，陕西省体委以西安棒球队为班底组建陕西省棒球队。1975年6月，陕西省棒球队获得第二届全国运动会预赛第八名。

（四）武术、举重、拳击运动

武术　1949年后，作为传统体育项目之一，群众武术活动进一步普及，并且成为体育运动会的比赛项目。原来在西安民间武术界非常活跃的各种类、门派的武术拳师教授学生练习武术，这些习武者参加各种赛事成绩突出，涌现出一大批名师大家，一时呈现出生龙活虎的生动局面。

1952年，陕西省暨西安市首届体育运动大会在西安举行，武术被列为表演项目。1953年10月，武术在西北五省区民族形式体育运动大会上被列为正式比赛项目。会后，西安的穆志杰、马丽云、张桐代表西北地区参加全国民族形式体育运动大会。在此后的省、市综合运动会上，武术多被列为正式比赛项目，采用10分制评分的比赛标准。西安市不少厂矿、学校、机关建有武术队，参加武术运动的青少年迅速增加。随着群众基础的扩大，西安市在20世纪60年代中期以前举办了多场省、市青少年武术比赛。

20世纪70年代初，西安武术运动重获新生，以青少年为主的武术活动活跃起来，武术竞赛得到各级体委重视。1971年，在西安举行的西安市第五届运动会和陕西省第五届运动会上，武术都被列为表演项目。此后省、市综合运动会多将武术列为正式比赛项目。

中华人民共和国成立后，西安红拳依然兴盛，传承人物有田克惠、王天祥、王东槽、王克俊、王万西、王镇邦、任茂春、刘振江、刘侠僧、刘存和、刘玉端、刘永和、兴志孝、李万、邵忠义、郑兆麟、庞志杰、冯彦虎、张柏平、张君德、张稳道、张悦侠、张金仲、程振荣、韩炳章、杨天成、杨善山、杨生西、杨宝生、魏陆杰、魏生金、穆志杰、高西安、昝文林等。涌现出马振邦、徐毓茹、高西安、白文祥、王静、昝文林、周润生、柴文奎、武清江、薛崇安、叶军、靳根省、李自强、梁军安、李少阳、王长利、陈纪性、顾金祥、杨成虎、千俊希、韩兴利、单明霞、李云鹏等人。他们在西安传承红拳、推动了红拳的传播发展。

杨杰　1961年74岁高龄的杨杰应邀出席全国武术表演，受到国务院副总理习仲勋、国家体育运动委员会副主任荣高棠等领导人的接见。同年，西安电影制片厂拍摄记录了杨杰先生的红拳套路“燕青掌”“子拳”“子棍”“六合枪”“春秋刀”等。

张桐　国家高级武术教练，1949年6月，任西安市人民体育馆武术教练。1953年，以教练兼运动员身份代表西北区参加全国民族形式体育运动大会，获武术赛三项全能优秀奖，被选为“优秀运动员表演团”成员，在怀仁堂为毛泽东、周恩来等中央领导人表演，受到接见和赞誉。1959年代表陕西省参加在北京召开的第一届全运会，获形意拳第一名、太极拳第五名。1984年被国家体委授予“新中国体育开拓者”奖。

马振邦　1953年代表陕西参加西北五省区民族形式体育运动大会，获二等奖。1958年在陕西省武术比赛中获一等奖，同年，调入陕西省武术队为运动员兼技术指导员。1959年任教练后开始组建陕西省武术队，在全国重大比赛中屡获冠、亚军。1973年后，任陕西省武术队主教练、总教练，多次率队参加全国比赛获金、银、铜牌近百枚，有20多名优秀运动员代表国家出访30多个国家。1978年至1983年，任中国武术代表团教练，出访罗马尼亚、马耳他、新加坡等地。1988年，受国家体委委派赴日本五城市讲学。参加过《武当》《八卦莲花掌》《大刀王五》等五部电影以及《李信与红娘子》《岳飞》等六部电视剧的拍摄。著有《十路弹腿》《武术初学二十六讲》（合著），1984年，被国家体委授予“新中国体育开拓者”奖。

马贤达　1952年参加天津擂台赛，获散手、短兵格斗两项冠军，1953年在华北区运动会上获短兵格斗第一名，继而在全国首届民族形式体育运动大会上再获短兵格斗第一名。1954年到西安体育学院任教，将拳击、击剑和通背拳传入西安。1962年后，多次担任全国武术比赛评议长、总裁判长，主笔《武术竞赛规则》。1973年至1975年多次受国家体委委托参与国际武术交流，主要论文有《达摩其人》《中国穆斯林与武术》《通背拳》等，主编《中国武术大辞典》。1984年至1988年，先后被陕西省政府、国家体委授予“民族团结进步奖”“新中国体育开拓者”奖。

举重　1953年10月，西北五省区民族形式体育运动大会在西安举行，举重被列为正式比赛项目。此后，举重运动在西安市得到迅速发展，西安体育学院、西安交通大学等高校体育系相继设点进行训练，西安体育学院举重运动员在全国举重通讯赛中轻量级和最轻量级挺举项目刷新全国纪录。1953年2月，陕西省体委、团省委提倡开展举重活动。同年5月，第一届陕西省举重测验赛在西安举行，参赛运动员12人。王一勤、张英岱分别创次轻量级和中量级省纪录，徐晋生等6人打破轻重量级、轻量级和最轻量级三个级别总纪录和14个单项省纪录。1955年3月，全国举重测验赛在北京举行，西安市组队参赛，王鸿获次重量级第二名，徐晋生获轻重量级第四名。1957年4月，民主德国举重队访问西安时，西安队与国家青年队正进行表演赛，民主德国举重队同陕西省举重教练员、运动员举行了座谈会。1957年8月，陕西省田径举重运动会在宝鸡举行，300多名运动员参加，西安市获普通组团体总分第一名，刷新多项省举重纪录。

1958年，西安市第一届运动会、陕西省第二届运动会均将举重列为正式比赛项目。同年，全国举重锦标赛、中苏、中波举重赛相继在西安举行。1959年4月，在全国27省、市、自治区基层单位田径和举重通讯赛上，蓝田华胥公社获公社组第三名。西安交通大学在第一届全国基层单位田径举重通讯赛中，获大学组团体总分第一名。1960年8月，在第二届全国基层单位田径举重通讯赛中，西安交通大学再次获大学组团体总分第一名，最轻量级黄荣光以总成绩282.5公斤、次轻量级陈温志以275公斤、中量级王思田以300公斤分获第一名。惠安化工厂获厂矿组团体总分第一名。其中，何绍芝以总成绩235公斤获次重量级个人第一名。

1960年3月，陕西省青年举重锦标赛在西安举行，此次比赛共破陕西省纪录4项。此后两年受“三年严重困难”影响，虽然举重训练和比赛大幅削减，但优秀运动员还是取得了较好成绩。于金位、屈明生、于连永三人在1961年陕西省举重健将测验赛上接连打破轻量级推举全国纪录。

1961年至1963年，汪宗良连续三年在全国举重比赛中获特重量级总成绩第一名，成为西安市第一位获得举重项目的国家健将级运动员，并入选国家队代表中国参加首届亚洲新兴力量运动会，在特重量级比赛中以总成绩422.5公斤获第二名。1962年12月，西安市举重协会举办优秀运动员测验赛，西安交通大学的黄荣光、吴兴宝分别以总成绩265公斤与推举78公斤打破最轻量级全国纪录。

1952年至1964年，陕西省共举办四届全省运动会，举重在陕西省第二届运动会上被列为正式比赛项目，获得各届省运动会团体总分第一名者皆为西安队。在陕西省第二届运动会上，9人18次破18项陕西省纪录，陕西省第三、四届运动会分别有1人次破1项陕西省纪录。

1973年，陕西恢复举重运动，西安青少年举重迅速发展。同年，张和平在全国青少年举重比赛中获次轻量级冠军，创造了全国纪录。1974年，张和平刷新个人纪录。同年10月，西安籍运动员张克道在南昌举办的全国举重比赛中获次重量级第二名。

拳击　20世纪50年代初，西安市出现拳击运动。1953年10月，西北五省区民族形式体育运动大会上，将拳击列为表演项目。1954年，河北师范学院体育系毕业生马贤达到西安执教，先后在西安师范学院、西北体育学院开展业余拳击训练和表演活动，促进了拳击运动在西安的普及与发展。1956年秋，西安拳击选拔赛在西北人民体育场举行，选拔5个级别的选手组队参加在北京举办的全国拳击、击剑、技巧表演赛。西安籍运动员马靖夷、李国华分别获得次轻量级（57公斤级）和轻量级（60公斤级）第三名。1957年4月，西安组队在上海参加了15城市拳击锦标赛，李国华获次轻量级第三名。1958年5月，西安组队在北京参加了21城市拳击锦标赛，李志雄获最轻量级第二名。1959年，国家体委下令停止拳击比赛，西安拳击爱好者便利用业余时间开展拳击运动。

（五）摔跤运动

摔跤运动在近代以来，发展形成中国式摔跤和国际式摔跤两种形式。1949年后，西安市开展中国式摔跤运动较为普遍，涌现出一批摔跤新秀。1953年10月，西安市举办西北五省区民族形式体育运动大会摔跤比赛。1957年，西安体育学院教师陆昕、叶国樑、李志雄率先在学校开展国际式摔跤教学和训练，被认为是西安市国际式摔跤运动的开端。1958年10月，西安体育学院首次组队，参加在北京举行的全国体育学院自由式、古典式摔跤比赛。在自由式摔跤比赛中，李正才获次中量级第三名，卜养民获中量级第三名；在古典式摔跤比赛中，孙俊录获轻量级第三名、张新民获中量级第三名。1959年4月12日至18日，西安体育学院学员组队代表陕西省参加在上海举行的全国首次自由式、古典式摔跤锦标赛。这次比赛共有22个省、市、自治区的295名运动员参赛，其中陕西代表团16人，共获得5个名次，何利、陈健虎、潘式耀3人的比赛成绩均达到运动健将标准。同年，陕西代表队参加第一届全国运动会国际式摔跤比赛，共获得6个名次。1960年6月，以西安体育学院优秀学员为骨干的陕西省代表队参加有20个单位参赛的自由式、古典式摔跤锦标赛，取得第三名的好成绩，共获得5个名次。

“三年困难时期”，西安市中国式摔跤运动基本处于停滞状态。1963年，西安市国际式摔跤运动开始逐渐恢复，运动员们积极开展训练，踊跃参加各类比赛。1964年至1965年，西安市组队先后参加10个单位国际式摔跤锦标赛和第二届全国运动会，获得第二名2个，第三名4个。

1964年，西安市的国际式摔跤运动开始与国际对接。这一年，全国10个单位国际式摔跤锦标赛后，西安籍运动员何利、陈建虎调入国家集训队，在合肥、北京迎战访问中国的印度尼西亚摔跤队。1966年年初，为迎接世界劲旅日本摔跤队访华，西安籍运动员陈建虎、金宝全入选国家集训队，先后在长春、北京、上海进行了三场迎访比赛。

（六）水上运动

1955年，西安市政府在西安市人民体育场、临潼县相继修建游泳池，促进了游泳运动的发展。1956年7月，西安市少年游泳运动会在西安市人民体育场举行，120名运动员参加了22场比赛。1958年8月，西安市组队参加在大连举办的全国28城市学生游泳、跳水锦标赛。张忆安以1分39秒3的成绩获女子100米仰泳第六名，这是西安在全国游泳比赛中最早获得的较好名次。1960年，陕西省游泳业余训练学校在临潼县成立，西安市游泳训练队在西安市人民体育场组建。此后，虽然西安市每年举办不同形式的游泳比赛，但因缺乏先进的游泳技术和参赛经验，运动技术水平和比赛成绩欠佳。“三年困难时期”，西安市游泳活动和业务训练大幅减少。1965年，为贯彻落实党中央“关于大力开展群众性游泳活动”的通知，全市群众性游泳活动开始渐趋活跃。

1971年6月20日至22日，西安市举办游泳选拔赛，少年组15人29次打破陕西省纪录，63人110次打破西安市纪录。1973年7月20日至23日，西安市游泳比赛在西安市人民体育场举行，有8人6次打破4项陕西省纪录，23人10次打破5项西安市纪录。20世纪70年代，西安游泳运动由组织大规模群众性活动逐渐转向以训练为主的人才培养方向，格外注重对儿童青少年的培养。西安市先后于1972年8月、1974年7月、1975年8月、1976年6月四次举办全市少年儿童游泳比赛，选拔培养了一批优秀游泳运动员。

（七）击剑、射击运动

击剑　击剑运动在西安起步较晚，始于1954年，专事武术、击剑的河北师范学院体育系毕业生马贤达，分配至陕西师范大学任教。1955年，北京体育学院开办全国首届击剑学习班，西安体育学院教师李志雄、程永胜参加学习，结业后至西安体育学院任教，随后击剑运动在西安市一些大专院校得到发展。1956年，马贤达在陕西师范大学、李志雄和程永胜在西安体育学院与西北工业大学、张建忻在西安交通大学相继组队开展击剑训练。

西安市在开展基层击剑训练和比赛的基础上，先后组队参加全国性比赛并取得不俗成绩。1956年9月，西安籍运动员王泉生在第二届全国运动会上获重剑第六名。同年12月，在第一届全国拳击、击剑、技巧运动表演赛中，西安选手李志雄获男子轻剑第一名，程永胜获男子轻剑第四名。1957年，西安队在全国17城市击剑、技巧运动锦标赛上获得击剑团体总分第二名，李志雄获男子花剑第一名、轻剑第二名，王震获男子花剑第四名。1958年，西安组队参加全国25城市击剑锦标赛，获得团体总分第六名。1960年至1961年，西安体育学院开设击剑专修班。1963年，西安市第二十五中学组建陕西省第一支中学生击剑队，并进行业余训练。1964年5月，西安市举行首届击剑比赛，西安交通大学、西安市第二十五中学、西藏保育小学等学校组队参赛。1964年12月，陕西省体委以西安各大专院校击剑学员为骨干临时组建击剑集训队，设女子花式剑，男子轻剑、花式剑、重剑4个项目。次年9月，参加第二届全国运动会击剑比赛，均无建树。

射击　20世纪50年代是西安射击运动的初创阶段。1954年，西安市被国家体委列为全国首批开展射击活动的八大城市之一，西安市体委选派高百忍参加全国第一期射击教练员训练班，为射击运动在西安的普及与发展创造了条件。1956年，西安市各中等学校在国防教育推动下纷纷开展射击运动，先后有30多所学校成立射击队，队员超过3800人。1956年7月，省体委在西北人民体育场举行全省射击比赛，参赛男、女运动员达到177人。赛后，省体委选拔郭九如、张启霞、权承禄、秦锦纯4人代表陕西省参加在北京举行的全国射击比赛。同年8月，陕西省国防体育协会在西安市举行射击检阅大会，共有4人达到二级运动员标准，1人打破陕西省纪录。

1957年5月，西安市抽调优秀射手进行短期训练，组队参加西安市举行的全国射击分区赛。11月，西安籍运动员张安良、何丕中、王韵华、张启霞、杨印芳、秦锦纯入选1958年世界射击冠军赛国家集训队。

1958年至1960年，西安群众性射击运动达到高潮，市属各区县均成立射击队，多次开办规模不等的射击教练员训练班并开展比赛。据统计，1957年，全市有3万多人参加射击活动，1959年增至7万多人，其中100余人达到国家等级运动员标准。在西安市第一、二、三届运动会上，射击均被列为正式比赛项目。1958年，西安队获陕西省第二届运动会射击比赛团体总分第一名。在南宁举办的全国射击比赛上，王韵华以1026环获女子乙组个人小口径自选步枪3×40第一名，任凌法以979环获男子乙组个人小口径自选步枪3×40第一名。1959年，西安籍运动员张安良、任凌法、于英之、吴克振代表陕西省参加第一届全国运动会，陕西队以803环获50单发男子团体第三名。

西安市在广泛开展群众性射击活动的基础上，相继举办5次全省射击比赛、2次全省青少年射击比赛、1次全省中学生运动会和陕西省第四届运动会射击比赛。1962年，西安一队在陕西省射击锦标赛上获团体总分第一名。1963年至1965年，西安市射击运动更为活跃，运动规模扩大，运动成绩大幅回升。这一时期，西安市先后有50余个单位成立射击队，达到普通射手标准者超过2万人。1963年，西安市组队参加了两次全省射击单项比赛，均获团体第一名。在1963年9月举办的全国青少年射击通讯赛上，西安队获团体第二名、第三名、第五名。周利雍、滕搏分别以94环和92环获男子3×10发卧射第二名、第八名，吴克振、陈建华分别以541环与552环的成绩创小口径步枪60发卧射省、市男女纪录。1964年，西安队参加陕西省第四届运动会，分获男、女团体总分第一名，其中3人打破3项省纪录。1964年5月，西安队参加全国青少年射击通讯赛，西安籍运动员滕搏、陈建华分获男子3×10发项目卧射与女子小口径步枪60发卧射第一名。

1964年，射击被列为西安市第四届运动会正式比赛项目。同年，国家体委大力提倡游泳、射击、通讯、登山4项活动，西安市开展射击活动的单位达到230个，人数超过70000人。1965年9月，陕西队参加第二届全国运动会，张安良与队友合作以1554环的成绩打破男子自选小口径步枪3×40发卧射的全国纪录并获得金牌，林治中与队友合作以692环打破男子双管猎枪对飞碟200个靶项目的全国纪录并获金牌。

1974年1月，西安市6个单项国防俱乐部合并，更名为西安市业余军事体育学校，参加了当年在西安市举行的全省射击比赛，获团体第一名。1975年9月，在第三届全国运动会射击比赛中，陕西代表队获得4枚金牌、3枚银牌、6枚铜牌和18个名次奖，打破10项全国纪录。这一时期，西安举办规模较大的射击比赛有1973年全省射击运动会、1974年全省青少年射击运动会、1975年陕西省第六届运动会射击比赛。

（八）自行车运动

1952年5月，共青团西安市委、中华全国体育总会西安分会在西安市人民体育场举行体育表演大会，首次将自行车列为大会表演项目。次年8月，西北区田径、体操、自行车运动大会在西安市人民体育场举行，省体委赛前举办了选拔赛，由优秀运动员组队参加自行车比赛。1955年，陕西省直属机关在西安市人民体育场举办体育运动大会，自行车被列为正式比赛项目。在陕西省第二届、第三届运动会上，西安队获得两届冠军。

1957年，西安首次选派自行车运动员代表西北区参加全国田径、体操、自行车运动大会和全国自行车锦标赛。1959年9月，西安籍运动员孙金池在第一届全国运动会上获男子100公里公路赛第七名，李清珍获女子25公里公路赛第八名。1960年4月，西安籍运动员吴新保在全国公路自行车锦标赛中获男子100公里个人赛第二名。

（九）棋类运动

中国象棋　1949年后，西安象棋运动因群众基础雄厚而获得较快发展。西安著名棋手王羽屏于1951年，自筹资金访问上海，向各地象棋高手邀战。在比赛中，王羽屏除负于国手何顺安外，均战胜其他棋手。在与中国近代“象棋王”谢侠逊的对战中，王羽屏与谢侠逊以各胜一局、和三局的成绩战成平手。在同国手杨官麟对弈之时，王羽屏又以上风与对手战和。同年12月，福州《象棋月刊》刊载王羽屏与杨官麟对局记录。1956年，中国象棋被国家体委列为体育竞赛项目，西安市体委统筹安排，有组织地开展比赛。同年，西安市举办首届全市象棋赛，共青团西安市委也举办了青年学生象棋赛。1958年，西安市体委批准著名棋手张文义成立“三才象棋研究组”。西安市举办棋类冠军赛，西安市青年会邀请王羽屏、陈友礼以打擂方式对弈，邀请著名象棋理论家、国手贾题来西安进行友谊比赛。同年，西安市第一届运动会和陕西省第二届运动会均设中国象棋比赛。

西安棋类运动协会在革命公园开设“棋艺之家”，每周日下午举行中国象棋擂台赛。居住在西安市东八路的象棋爱好者樊士文开办“象棋茶馆”，王羽屏、马长安、王歧兴、张增华等西安著名棋手经常在此进行中国象棋友谊赛。1962年，西安市体委邀请由国手胡荣华、朱剑秋、朱永康组成的上海队和由国手刘剑青、陈新全组成的成都队来西安进行友谊比赛，每日观众达到数百人。1959年至1965年，西安市每年都举办一定规模的中国象棋比赛，西安市体委选拔中国象棋高手组队分别参加1959年、1960年、1965年举办的陕西省中国象棋个人赛，王羽屏和马长安分别获1959年、1960年全省冠军。1962年，王羽屏代表西安市参加全国中国象棋分区赛，蝉联西北区（包括西北五省省会与保定市、太原市、开封市、郑州市）冠军。

西安在中国象棋理论研究方面有独到之处，技术改革亦有新突破。王羽屏是西安近现代史上第一位全面钻研古代象棋棋谱的棋手，1951年在《象艺万象》发表《古局正误》一文，纠正了古谱《适情雅趣》《橘中秘》中的相关错误。王羽屏去世后，为后人留下四本手稿和遗作《古谱新诠》。另外，王秀臣主编、辑评的《象棋妙和百局》《七星激战》，张丰、王歧兴的棋局评注等均有一定影响。

20世纪70年代初，中国象棋在西安逐渐恢复。1973年1月26日至2月2日，西安市首次举办中国象棋、围棋比赛，共有149名棋手参加中国象棋赛。1974年，陕西省中国象棋个人赛在西安举行，西安棋手李西兴夺得冠军。此后，西安市每年都会举办规模不等的中国象棋比赛，参赛人数逐年增加。

国际象棋　20世纪50年代中期，国内一大批知识分子为支援西北建设来到西安，国际象棋运动随之传入。这些知识分子常与苏联、东欧一些国家援建中国的专家切磋棋艺，促进了国际象棋运动在西安市的普及和推广。

1957年，国家体委举办全国国际象棋比赛，西安市为第一阶段比赛的第一赛区。为推广国际象棋，主办方在两人做表演赛时首次使用国际象棋大棋盘，向群众宣传、讲解国际象棋知识，推动了西安国际象棋运动的开展。1958年10月，陕西省第二届运动会将国际象棋列为正式比赛项目，西安棋手褚中杰获得国际象棋第二名。赛后，陕西省体委抽调褚中杰等4人组建国际象棋集训队，与在西安的苏联专家进行友谊比赛。为进一步提高西安市国际象棋水平，西安市体委特派褚中杰、张冀平、何高民三位西安棋手前往北京参加国家体委开办的国际象棋训练班。各地棋手在京举行友谊赛，褚中杰获得第三名。1959年，因第一届全国运动会未将国际象棋列为正式比赛项目，陕西省国际象棋集训队解散。1961年，西安市棋类运动协会在革命公园成立“棋艺之家”，广泛开展国际象棋运动。1962年，西安市举办全市国际象棋比赛，西安交通大学学生叶肇宁获得冠军，1963年，叶肇宁蝉联西安市国际象棋冠军。

围棋　1949年至1956年，一大批支援西北地区建设的知识分子来到西安，其中不乏围棋知名人士和爱好者，围棋活动遂在西安兴盛起来。1956年，国家体委将围棋列为正式比赛项目。同年，西安市举办首届围棋比赛，王诚初获得第一名。国内围棋高手胡沛泉来到西安，与西安著名棋手陈大夑联袂对决，对西安市围棋运动的开展和推动做出了重要贡献。胡沛泉运思敏捷，棋风凶猛，棋势磅礴，雄踞陕西围棋坛30年。陈大夑时任西安交通大学副校长，是20世纪50年代至60年代陕西围棋领域棋艺第二高的棋手。在1958年举办的西安市第一届运动会上，围棋被列为正式比赛项目。

1962年，西安著名棋手陈大夑、胡沛泉被选为中国围棋协会委员。1963年，王诚初在西安市第四十三中学创办全省第一个围棋训练班，并受邀担任“棋艺之家”教练，培养了一批优秀的少年棋手，其中不少人后来成为省、市冠军。1965年，曾获全国围棋比赛第六名的河南著名棋手陈岱应邀来西安访问，与西安围棋高手陈大夑对垒。经过一番紧张对弈，陈大夑终胜陈岱。

20世纪70年代初，西安围棋活动渐趋活跃。1972年，钟万励、于乃旬首先在西安交通大学开办围棋训练班，前后共有50余名学员参加，促进了围棋运动在西安民众中的传播。随后，西安市各工人俱乐部也相继开展围棋活动，尤以小寨工人俱乐部最为活跃。1973年以后，西安市体委恢复每年一届的全市围棋比赛，陆根兴、李明健、洪兰生、胡沛泉、李伟、俞芳、夏洋、吴向阳等棋手先后获得冠军。1974年，西安棋手李明健、王贵林、陆根兴组队代表陕西省参加全国围棋个人赛并取得优异成绩，其中，陆根兴有两局棋入选《1974年全国棋类比赛围棋对局选》。

（十）无线电运动

1956年3月，群众性无线电活动开始在西安市各中小学有组织地开展。北大街小学、西安中学成立无线电运动活动小组，在师生中普及无线电报务活动。1956年暑假，西安市无线电运动俱乐部在陕西省军区支持下开办无线电收、发报训练班，全市20所学校的60余名学生参加培训。训练班结业后，参训学员回到本校担任无线电收、发报辅导员，利用课余时间和节假日参加西安市无线电运动俱乐部组织的相关活动。

1957年，西安市组队参加全国无线电收发报比赛，刘龙弟以716分的成绩获机抄字码个人第七名，西安队以1935分成绩获机抄字码团体总分第七名。在1958年的西安市第一届运动会中，谭天俊等6人参加无线电低速抄报混合码比赛，分别以每分钟130字、120字、115字的成绩，打破该项目1958年创造的每分钟110字的全国纪录。在低速发报混合码比赛中，王引擎、李希平打破该项目全国纪录。同年，西安队在陕西省第三届运动会上获团体总分第一名。1959年9月，西安队参加第一届全国运动会，西安籍运动员彭焕斌获机抄短码第五名。1959年11月，陕西省开展无线电工程制作评比，西安市共有20件作品获奖，其中一等奖2个、二等奖5个、三等奖10个，荣获团体总分第一名。

西安运动员参加无线电收发报比赛

1960年至1965年，西安市无线电运动主要在青少年中开展，经常参加活动者达到六七千人。1962年9月，由西安籍运动员刘询生、刘龙弟等人组成的陕西多项队在北京举行的全国首届无线电通讯多项、测向和工程制作评比锦标赛上，以总成绩3080分获得全国冠军。1964年，西安市组队参加陕西省第四届运动会无线电比赛，获得团体总分第一名。

（十一）摩托车运动

1952年，西安市摩托车运动开始起步。1953年，国家体委向陕西省体委配备3名专职教练和6台苏联依日49型摩托车。1956年，陕西省体委、共青团陕西省委联合在西北人民体育场开办摩托车辅导员训练班，按照国家体委下发的普及训练大纲进行训练。此次训练班共有20余人参加，他们成为西安市摩托车运动的先驱。

1957年，陕西省体委先后在西安体育学院、西安交通大学、西北大学、西北工业大学等十余所高等院校开办五期摩托车培训班，共有2500多人参加。为强化摩托车在国防体育中的重要地位，陕西省体委又相继在秦川机械厂、东方机械厂、华山机械厂、西北光学仪器厂等二十多家厂矿和企业开办十期训练班，前后共有2000多人参加。1959年9月，陕西省第三届运动会首次将摩托车列为正式比赛项目，分为公路赛、场地赛、旅行赛、越野赛和多日赛五种赛程。西安队在比赛中获得第一名，金文哲以1小时47分11秒获女子25公里摩托车第一名。同年，陕西省体委组建摩托车集训队，共有男、女队员23人，主要为西安、咸阳、宝鸡等地的大专院校学生和青年职工。

1958年6月，陕西省体委选派3人前往北京国防体育协会中央汽车、摩托车集训队学习，3人学成回到西安后，有2人应邀担任陕西省摩托车集训队教练。训练中，男子使用250车型两轮摩托车和750车型三轮摩托车，女子使用150车型两轮摩托车。当时训练条件十分艰苦，摩托车大部分是借自军队或相关单位，因为没有固定的训练场地，运动员们经常在西安郊区、蓝田、汉中等地进行“游击式”训练。摩托车运动员克服一系列困难，通过不懈努力与奋勇拼搏，先后在各级各类比赛中获得佳绩。1959年，陕西队参加第一届全国运动会，西安籍运动员林德武先获男子350车型（两轮）50千米越野赛第四名，后获该车型越野、环形公路全能第五名。“三年困难时期”，西安市的摩托车运动近乎停止，1963年后才重趋活跃。1964年，西安队参加陕西省第四届运动会，获团体总分第一名，杨广龙以47分22秒3获250型两轮摩托车25千米越野赛第一名，黄希明以1小时24秒3获350型两轮摩托车25千米越野赛第一名，苏贤以29分42秒1获女子250型两轮摩托车15千米越野赛第一名。1965年，陕西队在第二届全国运动会摩托车比赛中获团体第三名，主力队员皆为西安籍运动员。在同年举办的陕西省第四届运动会摩托车比赛中，西安队获第一名。

（十二）航空运动

航空模型　1952年，西安市成立由3人组成的航模活动小组，这是西安航空模型运动的开端。1953年，北京中央国防体育俱乐部的毕业生来到西安，在共青团西北委员会军体部工作时，首先开展航模运动。同年7月，西北农业学院举办青少年夏令营，开展橡筋弹射、一级牵引模型滑翔机和一级橡筋动力模型飞机活动，随后开始在西安开办航模训练班。1954年，西安市体委配备两名航模专职干部，派往北京参加中央国防体育俱乐部举办的13城市航模干部训练班。1955年5月，在西安市教育局、共青团西安市委配合下，西安市体委选择西安中学等六所学校作为试点，成立了40个航模小组，参加人数达到300多人。同年7月至8月，西安市体委举办暑假夏令营，为全市各校培训航模辅导员50名，并在12月组织了一系列航模表演活动。截至1955年底，西安市共有9所学校开展了航模活动，参加学生达到340余人。

1956年2月，西安市体委聘请空军干部任教，开办航模辅导员训练班，全市参加学校达33所，学生114名。此后，西安航模运动步入有组织的发展阶段。截至1956年底，全市开展航模运动的学校达到35所，人员增至2100人。

1956年，西安市首次组队参加全国15单位航模比赛，以1289分获全国第九名。1957年夏，陕西省国防体育协会、共青团西安市委、西安市体委、兰州空军、西安航空学院（今西北工业大学）联合举办航模积极分子夏令营，来自青海、甘肃、四川、河南四省各中学的245名学生参加。1959年，西安市开展10万橡筋弹射模型飞机运动，西安市体委组织开展市级、区级、校际小型比赛和巡回表演，前后共开办训练班21期，培训辅导员810余人次。同年年底，全市共有100所大、中、小学开展航模活动，创造了优异的成绩。陕西省第二届运动会上，西安籍运动员杨长卿在航空模型三级牵引比赛中以866分的成绩超过单项运动健将标准16分。西安队囊括航空模型全部五个竞赛项目（二三级牵引、二三级橡筋、二级自由飞模型）前五名，张铭津、薛民献、贾鑫、曾长庚、冯家澍五名运动员的三级牵引飞机飞行成绩超世界最好水平。

1956年秋，华东航空学院迁来西安，改名西安航空学院，后又更名为西北工业大学。该校开展航模运动基础雄厚，不但首先创立无线电遥控模型飞机项目，而且创办《航模爱好者》刊物，为开展航模运动提供了理论知识和技术操作过程参考，由其设计、生产的航模发动机供应至全国各省市。西北工业大学开展的相关活动有力促进了西安航模运动的迅速发展，创造了不少全国和世界航模纪录。1957年，江育林入选西北工业大学航空模型队。他与西安庆安公司工程师陈寿祥于1965年9月28日在无线电遥控模型飞机（F3A）留空时间测验中，以9小时55分留空时间打破美国人希尔创造的8小时52分25秒无线电操纵模型飞机留空时间的世界纪录，同时刷新新西兰人巴勃创造的9小时4分留空时间绝对纪录。在第二届全国运动会闭幕式上，江育林、陈寿祥受到国家主席刘少奇的接见，并获国家“体育运动荣誉奖章”，他们是西安最早获国家“体育运动荣誉奖章”的人。

1960年3月，陕西省航模队正式成立。“三年困难时期”，西安市航空模型运动呈萎缩状态。1963年后，西安航模运动重趋活跃，西安市体委每年开办以高等院校学生为骨干的训练班，积极开展航空知识讲座与辅导。截至1965年，西安市常年开展航模运动的学校有122所，工厂2个。得益于航空模型运动的广泛深入，西安市航模运动成绩提高很快。在陕西省第四届运动会上，西安队获得第一名。1952年至1965年的历届陕西省运动会皆组织航模比赛，西安市航模队多次获得冠军。这一时期，西安航模队先后参加了全国航模对抗赛、全国航模分区赛、全国航模锦标赛、全国航模自由飞赛、全国无线电操纵模型飞机F3A竞赛，均取得突出成绩，为西安航模运动谱写了新篇章。

滑翔　1958年10月，为迎接第一届全国运动会召开，陕西省体委从陕西省第二届运动会上选拔23名运动员组建陕西省滑翔队，其中男12人，女11人，以西安籍运动员为主。陕西省滑翔队成立后，陕西省体委开始着手开办业余滑翔训练班，多次选拔优秀人才充实滑翔队，加强运动员训练，备战第一届全国运动会滑翔比赛。此间，陕西省体委又从西安各高校中选拔培训了12名工程机务员。1958年年底，国家体委给陕西省滑翔队调拨3架初、中级滑翔机并分配3名滑翔教练员，西安滑翔运动走上发展的快车道。

1959年暑假，陕西省体委从西安各高校选拔21名大学生和高中生参加第一期业余三级滑翔训练班，从中挑选部分优秀学员进入省滑翔队。同年9月，陕西省滑翔队参加在北京举办的第一届全运会滑翔比赛，西安籍运动员杨沥泉以59.4分获男子甲组100千米定点竞速第四名，李兆霞以193分获女子乙组中级滑翔机绞盘车牵引矩形航线起落飞行第五名。1960年至1965年，陕西滑翔运动主要围绕国防教育和为空军培训飞行员两大任务开展教学、训练工作。

1960年，陕西省体委在开办全省各市县专业干部滑翔骨干训练班的同时，还在西安冶金学院和陕西省航空工人技校先后开办有44人参加的业余三级滑翔训练班。在训练过程中，学员们将理论联系实际，改装柴油机代替收索机拉钢索，减轻了人拉钢索的劳动强度。同年暑假，陕西省体委在组织开办三级滑翔班的同时，先后在西安市24所中学和15个工厂组织了10个橡筋弹射滑翔训练班。1961年，陕西省体委先后为空军预科学校百余名学员进行滑翔训练，主要训练场地设在西安。1963年，陕西省体委对空军60名飞行员和2名干部进行了三级滑翔训练。同年，陕西省体委为提高运动员综合素质，组织24名业余滑翔运动员在西安市第三十一中学接受文化教育。在运动员完成三级滑翔训练任务后，省体委从中挑选6名优秀学员进入省滑翔队。1964年，陕西省体委在西安4所中学选拔20名学生组成一班，开展三级滑翔训练，选拔优秀运动员骨干充实省滑翔队。1965年，陕西省体委按照空军飞行员条件选拔62名滑翔员在西安市第七十四中学集中学习文化并开展三级滑翔训练，择优输送给空军。

跳伞　跳伞运动可分为伞塔跳伞、气球跳伞和飞机跳伞三种。1958年至1965年，西安市同时开展了飞机跳伞和伞塔跳伞。

西安市的飞机跳伞运动始于1958年，当时为迎接第一届全国运动会的召开，陕西省体委、陕西省国防体育协会决定组建陕西省飞机跳伞队，在西安、宝鸡、咸阳、榆林、铜川等地选拔15名队员组成陕西省飞机跳伞队，前往河南开封2721部队进行集训。1959年9月，由11名队员组成的陕西省飞机跳伞队赴北京良乡参加第一届全国运动会飞机跳伞比赛，西安籍运动员梅严、郭新娥、张景文获得第一名，另有3人打破个人定点跳伞全国纪录。赛后，梅严、李兴旺调入国家队。

西安市的跳伞塔交付使用的当月，陕西省体委就组织了为期一个月的首期伞塔跳伞辅导员训练班，从西安各工厂、机关、学校抽调12人参加了理论学习。随后，陕西省体委以12名学员为基础，选拔相关专业人员组成陕西省伞塔跳伞集训队，委托西安市体委代训。在同年11月2日开始的国防体育宣传周期间，陕西省伞塔跳伞集训队为西安市7000多人进行了跳伞表演。

1959年2月，陕西省伞塔跳伞集训队在西安市参加六省对抗赛，获团体总分和女子个人定点两项冠军。在1962年召开的西安市第四届运动会上，伞塔跳伞被列为正式比赛项目。比赛共有9支队伍参加角逐，西安体育学院队获团体冠军，西安市第三中学赵国栋获个人定点冠军。1964年冬季，陕西省伞塔跳伞队参加全国伞塔跳伞教练员通讯赛，西安籍运动员胡斗成获个人男子定点冠军。

据不完全统计，1958年至1961年间，西安市共有8320人次参加跳伞活动，跳伞次数达到86146次。1960年5月，西安市体委组织了5个跳伞小分队，携带降落伞等装备深入跳伞塔附近一些单位进行跳伞初步知识理论宣传，带动附近一些工厂、学校率先开展起来。

1958年至1965年，陕西省伞塔跳伞队在历次通讯赛和邀请赛中荣获冠、亚、季军多次，除积极参加历届全国运动会表演和比赛外，陕西省伞塔跳伞队还先后参加全国跳伞比赛、全国跳伞锦标赛、全国优秀运动员创纪录赛、全国部分省市跳伞对抗赛和协作区跳伞赛，多次取得较好成绩。陕西跳伞运动员还踊跃参加多次国际跳伞比赛，1960年5月参加中苏跳伞友谊赛后，先后同意大利、法国、瑞典、加拿大、美国、奥地利、新西兰、联邦德国等国跳伞队进行友谊赛，促进了西安伞塔跳伞运动的蓬勃发展。

“三年困难时期”，陕西省跳伞队训练和比赛基本停止，陕西省体委一面组织队员在西安、延安等地改学滑翔运动，一面组织队员去延安大西沟农场劳动。1963年以后，陕西省跳伞队各项工作逐步恢复，队员们在西安射击场、草滩、咸阳等地开展跳伞训练。1965年，陕西省跳伞队赴广州集训区集训。

（十三）航海运动

航海模型　1958年，第一届全国航海模型比赛在北京举行。受此影响西安一些学校开始自发组织航海模型活动小组，以制作各式舰船、航海设备、海军武器、机电装置等模型为主，以理论学习和技术交流为辅，多次在兴庆公园等地开展航海模型活动，深受广大青少年喜爱。1959年，西安市航海模型俱乐部成立，西安市70余所中小学、各区少年宫相继开展航海模型活动。1959

年，省体委以西安市航海模型俱乐部骨干成员为基础，组织成立陕西省航海模型运动队。同年5月，陕西省航海模型队首次参加在杭州举行的全国航海模型分区赛，获团体总分第四名。

1961年11月5日至12日，西安市体委在兴庆公园举办全市航海模型中小帆船比赛，全市17所中小学的34名运动员参赛，西安铁路分局第一中学、西二路小学分获中学组和小学组比赛第一名。1962年11月25日，西安市体委举行航海模型外观评比，参加评比的模型舰队整齐，桅杆林立。大小帆船模型、实体模型、远景模型、军舰模型、竞速艇模型等130多艘航海模型参加比赛，新城区少年宫、西一路小学分获第一名。1964年，西安市第四届运动会将航海模型列为正式比赛，男、女组前三名分别为莲湖区、雁塔区、新城区。1965年5月29日至6月25日，西安市体委举办2.5毫升内燃机竞速艇、中学自航舰船模型（电动与橡筋）、小学电动自航和小学外观评比等5个项目的比赛，共有60余艘模型参赛，成绩超过西安市第四届运动会。

1959年至1965年，西安市体委利用寒暑假，为70多所中小学培训航海模型辅导员300多名。1961年，以西安市航海模型俱乐部骨干成员为基础组建的陕西省航海模型运动队，在全国无线电操纵航空、舰船模型比赛（舰船模型部分）中获得二等奖。1963年，陕西省航海模型运动队参加在上海举行的16单位航海模型邀请赛，西安籍运动员郝振乾以17秒2/500米（104.65千米/小时）的成绩，在汽缸工作容积2.5毫升以下内燃机水中动力螺旋桨竞速艇模型赛中获得第一名，并在创纪录赛中以16秒3的优异成绩打破该项运动的全国纪录。

航海多项　航海多项运动是以舢板荡桨、舢板驶帆、200米综合游泳、利用绳索渡河、攀登系艇杆、撇缆、结绳、手旗通讯、射击、拔河、荡桨驶船等多种航海实用技术组成的综合比赛的体育竞赛项目。1958年，西安市体委从西安体育学院选拔相关人员组建西安市航海多项队，随后委派队员分赴广州、无锡等地学习，将7人舢板荡桨数由每分钟30桨提高到33桨，弧度由75°提高到80°。从1963年开始，西安市航海俱乐部经常利用学生假期举办航海多项辅导，通过召开座谈会、开展表演等方式向社会大众普及航海多项运动。1964年12月，市体委在兴庆公园举办舢板荡桨比赛，共有17支代表队参加，男、女运动员达到100多人。比赛中西安交通大学男队、陕西工业大学女队分获男女组第一名，西安铁路局第一子弟中学、西安市第三中学分获第二名。

摩托艇　1956年，摩托艇运动列入中国体育运动项目，西安开展摩托艇运动则始于两年以后。1958年，陕西省体委从西安体育学院选拔相关人员组建陕西省航海运动队，其中摩托艇运动由山东省摩托艇队代训。1959年10月25日，陕西省水上摩托艇队和陕西省航海模型队在西安市兴庆公园湖上举行航海运动表演。中共陕西省委书记方仲如，省长赵伯平，省军区司令员杨嘉瑞，中共西安市委第一书记张策，市长刘庚等党政领导到现场观摩，运动员的精彩表演受到现场

15000多名观众的热烈欢迎。“三年困难时期”，摩托艇运动被迫停止。

1952年至1975年，西安市组队相继参加了5届西北区体育运动大会、6届全省运动会。1952年10月，在西安市人民体育场举行的西北区第一届人民体育运动大会上，西安队获男子田径赛总分第二名，郭洁获男子铁饼第一名。1953年2月，在西安市人民体育场举行的西北区春节球类运动大会上，西安队获男子篮球、男子乒乓球单双打、女子乒乓球单双打、垒球项目第一名，获男子排球、男子乒乓球单打、垒球、女子篮球、女子乒乓球单打、康乐球等项目第二名。1953年8月，在西安市人民体育场举行的西北区田径、体操、自行车运动大会上，运动员王野、郭杰分别获男子三级跳远、铁饼第一名，叶俭获女子400米第一名，哈利达获女子铅球、女子铁饼第一名。

第五节　体育场馆设施不断完善

中华人民共和国成立后，西安市人民政府十分重视体育场地及其设施建设，先后建成的西安市人民体育场和陕西省人民体育场成为全市群众性体育活动与大型体育比赛的中心场所。截至1966年，西安市新建设的体育设施有市游泳场、市跳伞塔、市射击场等。

一、西安市人民体育场

西安市人民体育场位于西安市西五路与尚德路十字西南角，地处西安市革命公园南面，原名革命公园公共体育场，1952年10月，更名为西安市人民体育场，占地约9.3万平方米，实用面积9.13万平方米，是西安市城区唯一的综合性体育场，1952年建成后，对外开放。体育场更名后开始逐年增修场内体育设施，在原有基础上相继修建400米半圆式标准跑道田径场，各种跳坑、投掷设施，2个网球场，3个排球场，4个篮球场。其中分期进行改建的设施主要有：田径场建于1952年，座位1.8万个，400米国际标准跑道一条（8条赛道），中间套用国际标准足球场（105米×68米）一个。司令台（1953年建）、游泳比赛池（1955年建）、可容纳5000名观众的灯光球场（1957年建）、体操练习房（1964年建）、游泳练习池（1965年建）、可容纳2000人的室内练习房（1966年建）以及举重房、室外篮球场、武术场等。1975年，修建可容纳近20000名观众的含看台的田径场（内含足球场）。室内场馆面积5000平方米，室外体育场地面积3.67万平方米，体育设施总面积4.17万平方米。西安市人民体育场可承担省市田径、篮球、排球、足球、羽毛球、乒乓球、举重、棋类、游泳、健美、武术等运动项目的训练和竞赛。足球场可承担国际竞赛任务。

游泳池始建于1954年5月，面积为3000平方米，现有50米×20米大池一个，水深为1.4米至3.99米。游泳池有较先进的水处理设备，各种配套设施完善。一些全国、省、市的大型体育赛事都曾在这里举办。1952年10月，陕西省暨西安市首届人民体育运动大会就在西安市人民体育场举行。这里多次举办全国三人制街球赛及省、市篮球赛。

西安市游泳池

二、陕西省人民体育场

陕西省人民体育场，位于西安市南二环长安立交西北部，长安北路和朱雀大街之间，西安市长安北路14号。1952年始建，1954年12月主体工程田径场建成，始称西北人民体育场，1971年改称陕西省人民体育场。陕西省人民体育场占地面积36.298万平方米，是当时西北和陕西省规模最大的新型体育场。田径场和看台（含足球场）是省体育场最早的设施，其后陆续增建综合练习房、比赛馆等其他体育设施。

陕西省人民体育场

田径场和看台（内含足球场）为省体育场主要建筑，为石混结构，可容纳4万名观众，有27个出入口。田径场有一条400米标准跑道，内含草皮足球场，场地面积为7000平方米。除田径看台与增建的综合练习房等大型体育设施外，20世纪60年代后陆续增修了体育房（1963年建）、举重房（1972年建）、篮球房（1972年建）、排球房（1974年建）等体育训练设施。

三、陕西省射击场

陕西省射击场（2001年更名为陕西省射击射箭运动管理中心）位于西安市大雁塔南庙坡头村，1960年由陕西省体委修建，占地面积17.8万平方米。1963年，建成大口径步枪靶场，靶棚为砖木结构，靶档高度9米，土质结构，设9个靶位。1977年，建成飞碟靶场，靶棚为桁架石棉瓦结构，设5个靶位。1982年改建和扩建了移动靶、步枪气枪、飞碟等靶场和各种训练辅助设施。拥有9名国家级教练员和高级教练员，先后培养出20多名著名运动员，有100余人次在国际、国内大赛中获得冠军，为国家和省市争得了荣誉。

四、西安跳伞塔

西安跳伞塔位于西安市东窑坊（今碑林区伞塔路6号），于1955年始建，1958年5月竣工。跳伞塔于同年10月3日，举行落成典礼，5000多名观众首次观看了伞塔跳伞表演，并于当天对外开放训练。随即在此承办了多次跳伞比赛，成为陕西省和西安市培养跳伞运动后备人才的重要基地，也成为西安一张亮丽的名片，该学校门口南面的道路，也因其得名伞塔路。

西安跳伞塔

塔高70.12米，为当时西安乃至西北地区的第一高塔，位居全国第二。沙盘半径62米，外有8米安全圈，占地面积9900平方米。伞塔为钢筋混凝土结构，内有242级螺旋形楼梯通向42米高的圆盘跳台。塔顶有3支钢臂，距地面57米。伞塔的基础深12米，塔身底座外接3个8米长的环，与3支钢臂形成平行与对称的总体。

五、西安临潼游泳训练基地

西安临潼游泳训练基地在国务院副总理贺龙提议定点，副省长李启明（兼任省体委主任）的具体指导和支持下，于1959年8月建成。总占地面积约为5.7万平方米，内有50米标准游泳池、竞赛露天池各1座，25米室内游泳池1座（原为露天池，1979年加盖为室内池），直径15米的儿童池1座。1962年5月游泳训练基地落成使用，逐渐成为陕西游泳项目训练基地。1962年至1974年，陕西省体委任命颉君明为西安临潼游泳训练基地主任，人员编制8名。为培养游泳人才，基地多次开办少年儿童游泳走读班。1974年7月，成立游泳业余体校，配备教练员1名，招收学生15人，训练形式为半训半读，即半日训练半日学习。同时承担全省各地市游泳队来池集训和培训工作。

六、西安市射击场

西安市射击场位于西安伞塔路，1956年由西安市体委修建。这是一个有50米、100米两种距离的射击通用靶场。50米靶场以瓦搭棚，100米靶场是草席搭棚，设施简陋。这一时期西安市射击俱乐部的射击训练条件十分艰苦，运动员使用国产55式小口径运动步枪进行训练，猎枪弹和靶碟由教练、运动员自己制作。训练所用子弹种类参差不齐，弹药短缺时不得不以1921年的堪用弹坚持训练。1984年，改建了25米和10米靶位，并安装有升降靶等设备。

七、厂矿院校自建体育场

1965年，为贯彻落实党中央《关于大力开展群众性游泳活动的通知》精神，西安各大专院校、大型厂矿企业相继修建游泳池20个。1972年至1978年，陕西省、西安市人民体育场相继增加配套设施，各区县体育场地设施建设发展迅速，户县达到“二场（体育场）、一池（游泳池）、一房（训练房）”的要求，成为西安市唯一的体育先进县。

西安市各区县的中小学校，均修建有操场，设有单杠、双杠、平衡木、山羊、跳高架、篮排球场等。各大机关和企事业单位，均有乒乓球、台球、羽毛球场地及设施，大中型企业大多修建有篮球、排球场，为群众体育活动和运动员训练竞赛提供了物质条件。

第六节　体育赛会精彩纷呈

1949年后，西安市先后举办了多次区域性大型体育运动会，有力推动了体育事业的发展。西安市体育运动会始于1952年，为省、市联合举办，以后由西安市单独举办。1952年、1958年、1959年、1960年、1964年、1971年、1974年各举办一次。1958年第一届运动会设项最多，达20个运动项目。1959年的第二届运动会参赛人次最多。破全国纪录的有两届运动会，即1959年第二届运动会与1964年第四届运动会。

一、行业群众性赛事接连不断

中华人民共和国成立后，西安市组队参加省综合性运动会包括陕西省运动会及陕西省青年运动会。西安市组队参加陕西省运动会始于1952年，参加比赛项目最多的是1954年举办的第二届省运会，获各项比赛团体第一较多的有4届省运会：1954年第二届省运会、1964年第四届省运会、1971年第五届省运会、1982年第八届省运会，其中1954年第二届省运会为最多，获21个比赛项目的19个团体第一名。

西北区春季排球运动大会在西安举行（1953年）

1956年至1973年，西安市组队先后参加了1届陕西省工人运动会、3届陕西省大学生田径运动会、3届陕西省中学生运动会、1届全国中学生运动会。

陕西省第一届工人运动会　1956年9月23日至30日，陕西省第一届工人运动会在西北人民体育场举行，参赛代表队共有18支，分别来自全省10个地市和纺织、邮电、建筑、商业、公路、火星、钟声、火车头8个产业体育协会。本届运动会设田径、篮球、排球、足球、举重、自行车6个比赛项目，参赛男、女运动员达到1022名。西安市组队参加6个项目的比赛，其中田径、举重、自行车夺得第一名。西安籍运动员毛惠娟在1500米自行车比赛中以2分58秒1的成绩，打破1955年的全国纪录。此外，西安队有41人次打破12项陕西省纪录，66人达到等级运动员标准。

陕西省大学生田径运动会　第一届于1958年5月3日至5日，在西北工业大学举行。第二届于1974年5月，在陕西省人民体育场举行。第三届于1977年10月29日至31日，在西安体育学院举行。

陕西省中学生运动会　第一届于1958年7月13日至16日，在西安市人民体育场举行，西安队获得田径总成绩第一。第二届于1965年6月10日至16日，在西安市人民体育场举行，西安队获得田径总成绩第一，9人11次打破7项第一届中学生运动会纪录。第三届于1973年4月22日至26日分别在西安、宝鸡、渭南3城市举行，西安运动员获得田径100米、200米、400米、800米第一名。

二、举办多届运动会引领潮头

1958年至1974年，西安市相继举办了7届全市运动会。

陕西省暨西安市首届人民体育运动大会　于1952年10月11日至16日在西安市人民体育场举行，为节省人力、物力，陕西省与西安市将首届运动会合并举行。此次运动会共涉及田径、国术（武术）、篮球、排球、垒球、体操和摔跤7个比赛项目，参赛人数达5000人，参赛单位包含省市属各区及机关、学校、厂矿等。除田径为竞赛项目外，其他均为表演项目。田径工人组第一名为西北石油管理局，第二名为西北纺织印染公司，第三名为西安电信局。田径农民组第一名为市九区，第二名为市十二区，第三名为市十三区。田径普通组第一名为西北大学，第二名为西北党校，第三名为陕西省工农速成中学。田径高中组第一名为尊德中学，第二名为陕西省第一中学，第三名为陕西省第二中学。田径初中组第一名为陕西省第一中学，第二名为西安工人子弟中学，第三名为陕西省女子中学。

西安市第一届运动会　1958年9月9日至20日举办，参加人数1975人，比赛项目涉及田径、篮球、排球、足球、垒球、手球、棒球、乒乓球、羽毛球、网球、体操、技巧、举重、中国象棋、国际象棋、围棋、武术、摔跤、跑道自行车和公路自行车总计20项，高等院校、中专技工学校系统、普通中学、干部学校、省级机关、市级机关、职工系统、莲湖区、新城区、灞桥区、雁塔区、碑林区、阿房区、未央区14个单位参赛，有34人次破25项省、市纪录，463人达等级运动员标准。团体名次依次为：第一名高等院校，第二名中专技工学校系统，第三名职工系统。

西安市第二届运动会　1959年3月22日至26日举办，参加人数1794人，比赛项目涉及田径、体操、乒乓球、举重、公路自行车、中国象棋、射击、无线电、航模总计9项。长安县、临潼县、鄠县、蓝田县、新城区、碑林区、灞桥区、未央区、阿房区、莲湖区、雁塔区和中专技工学校系统12个单位参赛，有9人破全国纪录；4人次破省、市纪录，347人达等级运动员标准。团体名次依次为：第一名中专技工学校系统，第二名雁塔区，第三名为阿房区。

西安市第三届运动会　1960年7月31日至8月11日举办，参加人数1970人，比赛项目涉及田径、篮球、排球、足球、手球、体操、举重、武术、中国象棋、射击、航模、无线电、伞塔跳伞总计13项。长安县、临潼县、鄠县、蓝田县、新城区、碑林区、莲湖区、雁塔区、灞桥区、未央区、阿房区、大专院校和中专技工学校系统13个单位参赛。有1人破1项全国纪录，8人次破2项省、市纪录，367人达等级运动员标准。名次为：第一名，高校7项，未央区4项，雁塔区3项，阿房区2项，临潼县1项；第二名，雁塔区5项，大专院校4项，未央区3项，阿房区3项，灞桥区2

项；第三名，灞桥区4项，未央区、阿房区、雁塔区、中专技工学校系统各3项，临潼县、蓝田县各1项。

西安市第四届运动会　1964年8月23日至27日举办，参加人数2616人（其中运动员1548人），比赛项目涉及田径、篮球、排球、足球、乒乓球、体操、射击、无线电、海模、伞塔跳伞总计10项。长安县、新城区、莲湖区、碑林区、灞桥区、未央区、阿房区、雁塔区、高校系统、省级机关、市级机关、西安体育学院和中专技工学校系统13个单位参赛。有3人破3项省、市纪录，10人16次破1项市纪录，15人次平5项市少年纪录，1268人达等级运动员标准。名次为：第一名，西安体育学院、新城区、莲湖区、碑林区各3项，高校系统、中专技工学校系统各2项，阿房区1项；第二名，高校系统6项，雁塔区3项，灞桥区、中专技工学校系统各2项，市级机关、碑林区、阿房区、莲湖区各1项；第三名，雁塔区4项，新城区3项，中专技工学校系统、高校系统、碑林区、阿房区各2项，灞桥区、未央区各1项。

西安市第五届运动会　1971年5月5日举办，参加人数1700人，比赛项目涉及田径、篮球、排球、足球、乒乓球、体操、武术（体操、武术为表演项目）总计7项。咸阳市、长安县、碑林区、莲湖区、新城区、郊区6个单位参赛。有12人20次破省、市2项少年田径纪录。名次为：第一名，莲湖7项，新城区6项，碑林区5项，咸阳市1项；第二名，新城区7项，莲湖区6项，碑林区、郊区、咸阳市各2项；第三名，碑林区6项，新城区4项，莲湖区、郊区、咸阳市、长安县各2项。

西安市第六届运动会　1974年11月12日至1975年4月6日举办，参加人数1400人，比赛项目涉及田径、体操、武术、射击、足球、篮球、排球、手球、乒乓球总计9项。长安县、郊区、碑林区、莲湖区、新城区、阎良区、西安体育学院和高校系统8个单位参赛。有10人破2项省、市纪录。名次为：第一名，西安体育学院4项，新城区3项，碑林区、莲湖区、郊区各2项；第二名，新城区7项，西安体育学院、碑林区各2项，莲湖区、郊区各1项；第三名，莲湖区5项，碑林区3项，西安体育学院2项，新城区、高校系统、郊区各1项。

三、承办陕西省及全国赛事影响巨大

这个时期，西安市是中共中央西北局、陕西省人民政府所在地，西北地区及陕西省的运动会大多设在西安市，并且陕西省体委主办的项目多委托西安市承办，因而西安市承办体育赛事就较为频繁。

西北区第一届人民体育运动大会　1952年10月19日至25日在西安市人民体育场举行。组委会主任为西北军政委员会文教主任杨明轩，副主任为西北军政委员会教育秘书长常黎夫、青年团西

北工委书记罗毅、西北军政委员会教育部副部长林迪生、西安市副市长张锋伯。参赛单位有新疆、青海、甘肃、宁夏、陕西五省区和西安市、西安铁路局、西北军区8家，运动员306人，裁判和后勤保障人员60人。此外，还有2500余人参加大会表演项目。本次赛会上，西安队获男子田径赛总分第二名，西安运动员郭洁获男子铁饼第一名，管学健获男子铅球第二名，董汶江获男子撑竿跳高第二名，王文焰获男子跳高第三名。

西北区春季球类运动大会　1953年2月5日至31日，在西安市人民体育场举行。大会主席团由杨明轩、常黎夫、曾震五、赵寿山、彭绍辉、张锋伯等14人组成，参赛单位为新疆、青海、甘肃、宁夏、陕西五省区和西安市。比赛项目分为篮球、排球、乒乓球、羽毛球、网球、垒球、康乐球7项，共有500多名运动员参加。在本次赛会上，西安队获男子篮球、男子乒乓球单打、男子乒乓球双打、女子乒乓球单打、女子乒乓球双打、垒球项目第一名，获男子排球、男子乒乓球单打、垒球、女子篮球、女子乒乓球单打、康乐球等项目第二名。

西北区田径、体操、自行车运动大会　1953年8月10日至17日在西安市人民体育场举行，参加单位有新疆、青海、甘肃、宁夏、陕西五省区和西安市，运动员达到351人，包括汉族、回族、维吾尔族、蒙古族、藏族等13个民族。在本次赛会上，西安运动员王野获男子三级跳远第一名（12.49米，破12.25米的纪录）、郭杰获男子铁饼第一名（34.185米，破32.67米的纪录），叶俭获女子400米第一名（1分12秒4，破1分13秒的纪录），哈利达获女子铅球（10.135米，破9.12米的纪录）和女子铁饼（28.82米，破22.16米的纪录）第一名。他们均突破了西北区第一届人民体育运动大会的纪录。

西北区民族形式体育运动大会　1953年10月9日至12日，在西安市人民体育场举行，参加单位有新疆、青海、甘肃、宁夏、陕西五省区和西安市，运动员达到111人，包括汉族、蒙古族、回族、维吾尔族、藏族等12个民族。比赛项目分为武术、摔跤、步射、举重、击剑5项。西安队竞赛成绩一般。

西北协作区球类运动会　1958年10月20日至24日在西安市人民体育场举行。大会组织委员会主任为韩增友，副主任为于占彪，参加单位有新疆、青海、甘肃、宁夏、陕西五省区，运动员达到358人，其中男运动员233人，女运动员125人。陕西省派出73名运动员参赛，包括男运动员47人，女运动员26人，以西安市体委相关运动项目训练队为主。比赛项目分为篮球、排球、足球、乒乓球4项，西安市运动员参加了全部项目的比赛，成绩一般。

陕西省第一届运动会　1952年10月11日至16日，在西安市人民体育场举行，本着节省人力、物力的原则，决定陕西省第一届运动会与西安市第一届运动会合并举行。延安、榆林、绥德、南郑、安康、宝鸡、商洛、渭南、咸阳9个专区，省级直属机关和长安县，共11个单位的350多名运动员参加。比赛项目为田径，表演项目为体操、篮球、排球、垒球、国术、摔跤、自行车、石锁、沙袋、拔河、负重跑。新疆、北京、西北军区体育技术团应邀参加表演。运动会上，共有22人打破15项中华人民共和国成立前的田径陕西省纪录。

陕西省第二届运动会　1958年10月2日至14日，在西北人民体育场举行。大会组织委员会共设委员21人，主任委员张德生，副主任委员李启明、杨嘉瑞、刘文蔚、张锋伯，秘书长韩增友。为做好运动会期间配套服务工作，会务下设办公室、宣传处、保卫处、医务处、裁判委员会。参赛单位共有12个，分别为西安、宝鸡、咸阳三市和安康、汉中、延安、榆林、商洛5个专区，外加凤翔（一赛区）、咸阳（二赛区）、三原（三赛区）、大荔（四赛区）4个赛区。本届运动会设田径、体操、技巧、篮球、排球、足球、手球、乒乓球、羽毛球、网球、垒球、棒球、举重、摔跤、棋类、射击、无线电收发报、摩托车、航空模型、武术、自行车21个比赛项目，共有3189名运动员参赛，其中男运动员2017名，女运动员1172名。

陕西省第三届运动会　1959年4月19日至28日，在西安市人民体育场举行。大会组织委员会共设委员21人，主任委员张德生，副主任委员李启明、杨嘉瑞、刘文蔚、张锋伯，秘书长韩增友。为做好运动会期间配套服务工作，会务下设办公室、宣传处、总务处、医务处。参赛单位共有14个，分别为西安、咸阳、宝鸡、铜川四市和榆林、延安、安康、商洛、汉中5个专区，外加凤翔（一赛区）、咸阳（二赛区）、三原（三赛区）、大荔（四赛区）和陕西省高等学校代表队。本届运动会设田径（普通组、少年组）、体操（普通组、少年组）、乒乓球、举重、象棋、射击、无线电收发报、航空模型、公路自行车9个比赛项目，共有1837名运动员参赛，其中男运动员1108名，女运动员729名。

陕西省第四届运动会　1964年10月18日至26日，在西北人民体育场举行。大会组织委员会共设委员22人，委员会主任舒同，副主任刘邦显、张锋伯，秘书长田得霖。参赛单位共有9个，分别为西安市和宝鸡、渭南、咸阳、延安、安康、汉中、商洛、榆林8个专区。该届运动会设田径、体操、篮球、排球、足球、乒乓球、举重、射击、无线电收发报、摩托车、航空模型、武术、自行车13个比赛项目，共有1352名运动员参赛，其中男运动员861名，女运动员491名。在该届运动会上，18人22次破21项省纪录，678人达到等级运动员水平，其中3人为健将级标准。

陕西省第五届运动会　1971年9月19日至10月5日，分别在西安、延安、宝鸡、渭南、汉中5地举行。西安、铜川2市和宝鸡、咸阳、渭南、榆林、延安、汉中、安康、商洛8地区，共10个单位的1352名运动员参加。比赛项目有田径、乒乓球（西安赛区）、篮球（延安赛区）、足球（宝鸡赛区）、排球、武术（渭南赛区）、体操（汉中赛区）共7个项目。

陕西省第六届运动会　1975年5月1日至18日，分别在西安、咸阳、宝鸡、汉中、商县、榆林6地举行。西安、宝鸡、铜川3市和咸阳、渭南、商洛、延安、榆林、安康、汉中7地区，以及西安铁路局共11个单位的1878名运动员参加。比赛项目有体操、乒乓球、射击（西安赛区）、田径（咸阳赛区）、篮球、足球（汉中赛区）、排球（宝鸡赛区）、手球（商县赛区），在该届运动会上，武术（榆林赛区）为表演赛。

四、体育文化阵地建设

《体育世界》　自1972年创刊以来，主要宣传国内外重大体育比赛及体育人物。《体育世界（学术版）》内容翔实、观点新颖、文章可读性强、信息量大，主要栏目有体育教学、运动与训练、社会体育、运动人体科学、体育理论研究、运动心理学、体育人文社会学、体育史研究。《体育世界（学术版）》被誉为具有业内影响力的杂志之一。

《西安体育学院学报》　经新闻出版总署（今国家新闻出版署）批准，于1984年创刊，是西安体育学院主办的综合性体育科学学术期刊，是西北地区唯一有公开发行刊号的体育学术类期刊。其刊登的论文以西安体育学院为主，兼顾西北地区乃至全国的体育科研、训练和教学等方面的学术论文，对西北地区乃至全国的体育科研、教育和训练水平的提高起到了举足轻重的作用。

《西安晚报》体育专栏　1953年设置。西安市体育活动的宣传报道主要集中在《西安晚报》。该报纸自创办起至1966年5月，据不完全统计，发表西安、陕西体育方面的文章约1200 篇（组）以上，其中开设的《体育之窗》《体育简讯》《体育》《体育场》《体育消息》等专栏中，每期刊登的文章均在4篇左右。20世纪70年代，该报未设体育专栏，但年年有体育报道。1971 年，重点报道了西安市群众体育蓬勃开展的情况、国家田径队来西安表演及陕西省第五届运动会等消息。1972年是陕西体育活动竞赛开展频繁的一年，《西安晚报》相继报道了全国少年乒乓球赛、西安市中学生田径运动会、陕西省青少年运动会、第一届亚洲乒乓球锦标赛、全国足球分区赛等赛况，备受读者关注。

走过30年的历程，西安体育事业从开创到兴盛，使体育运动理念深入民心，极大地丰富了人民群众的文化生活，形成了坚实的群众体育基础，提升了竞技体育的运动水平。在这段历史时期，西安体育的发展具有鲜明的特点：一是为人民服务的群众体育思想贯穿始终，“大众性”和“普及性”群众体育的发展成为不变的主题；二是各级党政机关、 共青团、工会等组织的群众体育组织体系推动发展，形成了以党的领导、以动员群众参与为手段的群众体育发展模式；三是具有国防军事和卫生特点的群众体育文化特色鲜明，促进了人民体质的提高、民族精神的凝聚、国防观念的增强。同时，这一时期西安体育运动的蓬勃发展，也形成了重要的事业格局和文化模式，即以实事求是的精神制定经济社会发展状况的群众体育发展政策，以因地制宜的方法构建多元化群众体育服务体系，以发挥社团组织的作用健全体育组织网络，指导和协调群众体育组织经常性开展有影响、有规模的体育活动，有效推进体育事业健康发展。这充分表明，西安体育在这一时期筑牢了社会主义体育事业的坚实基础。

第二章　改革开放，推进体育事业走向繁荣

（1978—2012）

1978年12月18日至22日，中国共产党十一届三中全会在北京召开。全会的中心议题是讨论把全党的工作重点转移到社会主义现代化建设上来。邓小平同志做了题为《解放思想，实事求是，团结一致向前看》的重要讲话。全会实现了思想路线、组织路线、重大历史是非的拨乱反正。做出了实行改革开放的新决策。1979年2月，全国体育工作会议确定了体育工作指导思想“在普及和提高相结合的前提下，侧重抓提高”。在这个思想指引下，西安市委、市政府全面加强体育事业建设，强化解放思想、大胆探索体育事业新模式，深入调整提高、努力构建体育发展新机制，全面开拓创新、科学推行竞技体育职业化，坚持锐意改革、不断发展体育经济产业化，进入社会主义体育事业发展的快车道。

1994年，西安首次制定《西安市体育事业十五年（1995—2010年）发展规划和“九五”计划》，并纳入全市国民经济五年规划，在全面贯彻落实《全民健身计划纲要》《奥运争光计划纲要》和《中华人民共和国体育法》中，细化配套了《西安市体育经营活动管理条例》《西安市体育竞赛管理办法》，使西安体育在机构、制度、教育、科技、经济等层面得到了全面提升，学校体育、群众体育、竞技体育、娱乐体育、传统体育等方面取得了长足进步，创建社区体育新空间，支持各类人群健身活动，并加强体育专业人才培养、体育学科建设和科学研究，为牢固基础、勇创佳绩、走出国门创出了丰富多彩、生动活泼的局面。

这个时期，西安体育走过三个阶段。一是拨乱反正、恢复秩序的恢复阶段。1971年，国务院总理周恩来明确肯定了“文化大革命”前体育工作取得的成绩，西安开始了对“文化大革命”造成的体制损伤、队伍涣散、人才流失的恢复工作。先后开办田径、体操、篮球、排球、足球、乒乓球、武术训练班，各区县体育竞赛普遍恢复。参加全国、省级体育运动会并举办西安市体育

运动会，取得较好的成绩。二是解放思想、调整提高的发展阶段。在改革开放的大背景下，高考的恢复使体育师资得到持续加强，开办各类体育师资训练班，成立了西安市体育工作队，体育传统项目学校也不断增多，达到国家《体育锻炼标准》的学生人数上升；群众体育获得普遍发展，厂矿、机关普遍开展了"三操、一拳、一跑"并推行了"达标"活动。随着国企改革、产业转型的逐步深化，职工体育的格局也发生了深刻的变化，以行业工会为体系的生活福利模式，逐渐转化为以体育协会为体系的团队精神培训模式，同时也产生了以生活小区体育社团为体系的自选式健身模式，并呈现出多种模式并存的局面。随着农村人民公社体制的废除和农业经济的发展，农民体育也发生了重大变化，首先是农村体育管理体制的完善，普遍建立了文化活动中心、文化站和青年之家，其次是农民体育协会的建立促使农村体育活动更加丰富、赛事不断，1989年户县被评为全国体育先进县。竞技体育一派欣欣向荣，篮球、排球、足球等成绩不俗，在20世纪80年代进入高光时刻，篮球运动员王立彬、邱晨，排球运动员李建新等入选国家队成为主力，武术运动员赵长军更是连夺十次国内国际"个人全能冠军"，女子足球也异军突起，享誉球坛。最后是开拓创新、锐意改革的崛起阶段。西安体育通过贯彻落实《全民健身计划纲要》《奥运争光计划纲要》和《中华人民共和国体育法》，锐意改革创新，促进了学校体育规范化、群众体育社团化、竞技体育职业化、体育经济产业化、体育赛事国际化发展，探索建立了国力、安馨园等足球俱乐部，出现了全国独一无二的"铂金"球市现象；尝试发行体育彩票，有力地支持了体育基础设施建设，在企业赞助和商业广告的参与中，举办、承办多项国际赛事，使西安城市影响力不断提升。从此，西安体育进入社会化、国际化、科学化，向着现代化快步前进。

第一节　构建社会主义体育发展新机制

党的十一届三中全会后，体育战线全面拨乱反正，各项工作逐步走向正轨。1980年，全国体育工作会议确定了以竞技体育为中心的战略方向。1984年10月，中共中央颁发了《中共中央关于进一步发展体育运动的通知》，标志着我国体育进入改革和发展的新阶段。

一、大胆推进体制改革

1985年6月，西安市委、市政府召开了改革开放后的首次体育工作会议，做出了《关于加强体育工作的决定》，确定了体育改革的总体指导思想：遵循对内搞活、对外开放的方针，坚持实事求是，从全局出发，调动各方面办体育的积极性，促进体育的全面发展和提高，使体育在"两个文明”建设中发挥更大作用。西安市在体育社会化、群众体育、训练体制、竞赛体制等方面的方针政策都有了新的调整和变化，发动全社会关心体育，形成了全社会注重、关心、支持体育工作的良好氛围。

西安市在体育组织制度的建设上，充分发挥体育总会的作用，新建了毽球、桥牌等六个单项协会，放手让各协会举办群众体育活动。在政策法规方面，拟订了《西安市社会团体和个人办体育暂行管理办法》，鼓励社会团体和个人办体育。在群众体育方面，推动各部门、各行业和各群众团体认真搞好本系统的体育工作，在开展现代体育项目的同时，大力发展民族传统体育。在体育科技改革方面，认真贯彻落实中央决定，实现注重科学发展、向体育科研与训练结合转变，加强对体育科技政策和规划的统一管理。在体育教育改革方面，坚决贯彻“教育要面向现代化、面向世界、面向未来”的决策，执行德、智、体全面发展的方针，适时调整体育院校的培养任务和专业科类，改善体育队伍的知识结构，培养符合体育事业发展需要的专门人才。在奖励制度方面，实行精神鼓励和物质鼓励相结合，特殊贡献者重奖的政策。在体育场馆管理模式方面，强调体育场馆要面向群众和社会，提高使用效率，讲究社会效益和经济效益，在优先保证体育训练和赛事的前提下，实行多种经营，由行政管理型向经营管理型过渡，逐步达到半企业化、企业化。在训练体制方面，坚持“全国一盘棋”思想，落实奥运战略，积极鼓励有条件的行业、厂矿企业、大专院校设立高水平运动队。在体工队和各业余体校实行教练负责聘任制和训练成绩承包责任制，改变“大锅饭”的状态，采取重奖办法，充分调动运动员、教练员的积极性。在竞赛体制方面，向社会化、多样化和制度化方向发展，缩短战线和突出重点，调整运动项目布局，突出奥运会项目和单项金牌数较多的运动项目。改革竞赛制度，使全国、省、市等各类比赛衔接顺畅，协调西安地区各系统体育协会的比赛，试行由工厂、高校、区县承办单项比赛的竞赛承包责任制。在有利于体育事业发展的条件下，积极引进外资和吸引国内资金，改造现有场地和设施。进一步改革体育场地的管理，推行市体育场游泳池、旱冰场实行承包责任制的做法，逐步实行企业化管理。

在体育管理机构改革中，按照国家体委精神和西安市政府的要求，从体制上逐步做到学校体育以教育部门为主，职工体育以工会和有关部门为主，民族体育以民委为主，伤残人体育以残联为主，农民体育以农业局为主，各行业以本系统的体育协会为主，各系统负责开展本系统群众体育活动。西安市体委予以指导、配合、协调，同时发挥共青团和妇联在开展青少年、妇女和幼儿体育活动中的作用。进一步理顺了市体委和各方面的关系，改变了过分集中于体委办体育的状况，调动了基层办竞赛的积极性。

在工作职能转变方面，市体委从以往的“一家独办”的状态，转变为主要抓党的路线方针、规划发展战略、制定实施规划、建立规章制度、掌握体育信息、进行综合协调等。按照1984年中共中央《关于进一步发展体育运动的通知》中关于“切实发挥体委对体育事业的领导、协调、监督作用”“立足本地区，面向全世界”的要求，建立和疏通信息渠道，及时掌握本地、国内体育发展情况及世界体坛趋势，加强综合研究，改善宏观指导。市体委合理充实调整了内设机构，成立政策研究室，调整业务处室，筹建体育科研机构，加强教练员和业务骨干队伍建设。

二、贯彻落实“两个纲要”和《中华人民共和国体育法》

1995年6月20日，国家正式颁布了《国务院关于印发全民健身计划纲要的通知》；7月，国家体委正式颁布了《奥运争光计划纲要》；8月29日，全国人民代表大会通过了《中华人民共和国体育法》（简称《体育法》），为我国体育事业进一步发展提出了要求、指明了方向、提供了法律保障。

（一）贯彻《全民健身计划纲要》，推进社会普及

西安市为全面贯彻落实《全民健身计划纲要》的目标、要求和措施，制定了《西安市体育事业十五年（1995—2010年）发展规划和“九五”计划》，提出以建设体育大市为总目标，实施体育发展社会化、提高运动竞技水平、完善人才训练选拔体制、建立体育科研体系、加强体育场馆建设、发展体育对外交往六大体育改革。短期目标为：到“九五”末，建立起符合社会化、科学化、普遍化、生活化、产业化要求的国民体质测定系统，监测系统，保障系统和服务支持系统；建立社会化的群众体育组织管理网络，按行业按系统普遍建立体育协会，街道、乡镇建立体育指导站，大中型企事业单位建立体育协会；初步建立国家调控、依托社会、服务群众、充满生机和发展活力的群众体育体制和运行机制，形成国家、社会、个人三者有机结合，单位、社区、家庭共同发展的群众体育新形态。长期目标为：到2010年，初步建成与全国发展水平同步的较为完备的全民健身体系，实现群众体育全面、健康发展，参与体育的意识显著提高，国民体质普遍增强。

（二）贯彻《奥运争光计划纲要》，完善管理体制

西安市将贯彻落实《奥运争光计划纲要》作为“九五”期间体育工作的核心内容之一，提出“以备战城运会为着力点，实施奥运争光计划”的发展思路。在具体措施方面，西安市主要从改革、完善竞技体育管理机制和体系入手，对竞技项目实行分级管理，建立竞争机制，改变单一的训练体制向多元化体制转变，加强科学研究，成立西安体育科学学会，改革人才管理体制，实行

招聘制，改革业余训练管理体制，推动《奥运争光计划纲要》的实施。

（三）学习《体育法》，坚持依法治体

西安市将《体育法》的贯彻落实作为体育工作的重要任务，要求各级体育行政部门将贯彻《体育法》、依法行政、依法治体作为一项重要工作来抓，确保体育工作持续、稳定、健康发展，并提出四条具体措施：第一，加快《体育法》配套立法步伐。第二，加强体育执法队伍建设。第三，加强机关和基层制度建设。第四，完善执法监督体系。

2000年4月7日，《西安市体育经营活动管理条例》由西安市第十二届人大常委会第十七次会议审议通过，2000年5月26日正式颁布实施。2004年8月15日，《西安市室外公共场所健身练功活动管理暂行办法》也由西安市人民政府办公厅批转各区县，各委、办、局执行。

2000年，西安市人大常委会修订了《西安市体育经营活动管理条例》，完成了《西安市体育竞赛管理办法》的起草工作。在加速制定地方法规的同时，加强执法力度，严格执行《西安市室外公共场所健身练功活动管理暂行办法》和《西安市体育经营活动管理条例》，引导广大群众依法、文明、科学地开展健身活动。

第二节　全面促进学校体育规范化发展

20世纪80年代，中小学以及高等院校体育教育逐步走向制度化、规范化，学校的整个教学秩序全面恢复，教风、学风焕然一新。

一、中小学体育体系化建设

（一）体育纳入教学体系

1978年，西安市体委同教育局密切配合，贯彻教育部、卫生部和国家体委《关于加强学校体育卫生工作的通知》，加强中小学体育活动，在学校坚持开展“两课、两操、两活动”。

1979年，教育部、国家体委联合颁布《中小学体育工作暂行规定（试行草案）》。嗣后，西安市根据教育部颁布的《十年制中小学体育教学大纲》和教材，编写了从小学一年级到高中二年级10个年级的体育课教学计划，并在中小学试行。

1982年起，一些学校实施了体育教学改革：增加体育课课时数，将每周2节体育课改为每周3至5节；分大、小两种课型，男女分开上课；根据学生心理、生理特点，中学增加了艺术体操，小学增加了韵律操等项目；上课内容增加了“天天练”“课课练”“循环练”；留体育家庭作业等。1982年起，在中小学升学考试中要有健康卡片，报考重点中学须加试体育，有的学校实行按比例记分，包括基本技术技能、体育基础知识，结合平时表现综合评分。

1985年至1988年，根据国家教委颁布的中、小学教学大纲，西安市还结合实际情况，编写了西安市小学、中学各学期体育试用课本，共24册；创编了西安市《小学唱游教材》《儿童韵律体操》和《青春健美操》等教材。随着体育教学制度化，体育课成绩纳入学生升级、留级、毕业的考核内容，并作为学校评选“三好学生”的条件之一。

（二）师资场地逐渐加强

“文化大革命”结束后，体育教师数量不多、质量不高、学校体育器材严重短缺的问题亟待解决。为解决师资短缺的问题，陕西师范大学设立了体育系，西安教育学院开设体育大专班，西安体育学院设立了函授部，加速培养体育师资。全市中小学恢复中断十年的体育教研组活动，开办体育教师集训班，学校体育教学逐步走上正轨。为了加强学校体育工作，西安市教委成立了体育卫生处，部分区、县和学校也成立了相应的机构。认真贯彻《中小学体育工作暂行规定》，施行《中学生体育合格标准》，推行《国家体育锻炼标准》，编印了中小学体育课本，对学校体育的恢复和发展起到了积极的推动作用。

1979年，《中小学体育工作暂行规定》颁布后，全市各学校加强体育场地建设，体育器具日益增多。20世纪80年代初，有些学校体育场地被占或作他用，例如临潼县华清小学，有43个教学班，学生2800余人，仅有体育场地600多平方米。根据国家要求，全市中小学体育场地设施还颇为狭窄、简陋。到了1989年，这种情况已得到很大改观，户县光明中学操场面积达8000平方米，学生813人，人均面积约9.8平方米；西安市小寨小学场地面积约3153平方米，学生人均面积约3.6平方米。

（三）课操活动普遍落实

1979年开始，全市中小学基本恢复了体育课，多数学校能做到每天有1小时锻炼时间，“三小球”活动在西安地区普遍开展，在坚持“两课”“两操”的基础上，全面推行了“国家体育锻炼标准”。

20世纪80年代初期，学校注重升学率，学生课业负担加重，每天1小时体育活动不能完全保证，学生体质有所下降。针对这种现象，1980年5月，陕西省学校体育工作现场经验交流会在富平县召开。会后，西安市体委与市教育局、市卫生局、团市委联合召开了区县负责人会议，旨在提高重视程度，摆正体育在学校教育中的位置，随后，“两课、两操、两活动”在中小学普遍得以落实。1981年，《陕西日报》发表评论员文章指出，学生体质普遍下降是陕西教育系统一个突出问题，要下决心纠正片面追求升学率的倾向。面对这种情况，西安市各中小学积极扭转这种态势，以“体育达标”工作为抓手，促进日常的教学工作。大多数中小学学生课外活动得到保证，学生每天有1小时体育活动时间，各校普遍成立校代表队，每年一届的校运动会形成制度，各类竞赛活动经常化开展。

1982年，西安市体委对市属重点中小学检查验收，学校“两课、两操、两活动”和学生每天1小时体育锻炼时间得以保证，眼保健操普遍开展，有的学校还增加了武术操、素质操、冬季长跑活动等。全市60%的学校开展课外活动，普遍有一项或多项运动代表队，平时举办班际、校际单项体育比赛，每年春、秋季举办全校运动会或“达标”运动会，冬季举办长跑越野赛，各小学普遍举办“三跳”比赛。1982年，西安市实施新的《国家体育锻炼标准》之后，开展“达标”的中小学校及人数呈递增趋势。1986年，开展“达标”活动的学校由上年的444所增加到788所，“达标”人数达到26万人，比上年增加4%。市体委与市教委配合，开展体育教学评优活动，643所学校参加了活动。

1987年7月12日，国务院批准新的《国家体育锻炼标准》公布实施，增强了科学性、实用性和适用性。1988年，西安市统一安排部署，全市推行《国家体育锻炼标准》的学校超过1175所，达到锻炼标准的中小学生315299人，占适龄中小学生的43.3%，超出全国平均值3.3%，比1987年增长15%，有7个区、县获得“推行《国家体育锻炼标准》先进单位”。各校创编了中学生青春健身操和小学生韵律操，开办了中小学韵律操学习班并开展比赛，参加的学校达200多所，在全市中小学中掀起了“韵律操”热。

1989年，庆祝西安解放40周年之际，全市开展了“达标”通讯赛，参加的学校有1194所，参加人数达334826人，达标率从1979年的3%发展到46.7%，达标人数从44156人发展到326047人。有9个区县获得西安市“推行《国家体育锻炼标准》先进单位”，后宰门小学被评为“全国施行《国家体育锻炼标准》先进单位”。市体委配合市教委在中学毕业班中实施了《中学生体育合格标准》。

1990年年初，市体委召开了区县群体专干研讨会，13个区县都开办了新《国家体育锻炼标准》实施学习班；5月，此项工作在全市开展检查和验收。1990年，全市中小学新锻炼标准开展率为49.5%，比1989年提高了7.5%，全市开展新锻炼标准的1445所学校中，达标率为58.5%，比1989年提高了11.8%，超过了原定的增长5%的年计划。1990年在西安中小学进行了第二届体育教学评优活动，全市共评出一等奖14名、二等奖34名。

1992年，市体委和市教委开始尝试将体育考试纳入中学升学考试内容，试行体育考试成绩记入毕业、升学总分的方式。西安市灞桥区率先在全市实行高（职）中招生体育考试制度，考生的体育成绩将以50%的比例记入文化课考试总分。1992年灞桥区中考首次举行体育考试，全区共有33所中学（含15所厂办中学）4284人应试，考生体育成绩平均分为54.16分，及格率为38%。1993年，随着体育考试积分制度的推行，考生体育考试合格率达到了81%。同年，市体委开始尝试实行体教联合办学，市业余体校和市八十九中联合在市体育场开办了体育试点班，效果良好。

1994年，市体委进一步加强对学校体育工作的重视，在全面落实《学校体育工作条例》的同时，积极配合市教委研究制定《学校体育工作条例》实施细则，“抓好体育传统项目学校的布局和管理工作，以增强学生体质，培养体育后备力量”，扩大施行面，提高达标率。

1995年，《西安市深化体育改革总结意见》下发，西安市体委将学校体育作为重点工作，开始在各所学校建立学校体育督导制度，加强对学校体育设施、场地和中小学生课外活动时间的监督。

1997年，国家教委在武汉市召开了全国学校教育、卫生、国防教育工作会议。会议指出，中心小学以上学校都要按照国家标准或省级标准配备体育器械，初步形成中国特色的学校卫生体系。西安市的学校体育教育机构也随之进行调整，在增强师资力量的同时，对体育实行全员目标管理。西安市教委对学校招生和升学制度进行了调整，将体育成绩纳入考试或考核内容，将学校体育逐步纳入素质教育的轨道。

随着学校体育教育改革的深入，课外体育活动如何与体育课密切配合，日益引起人们关注。西安市继续加大投入，加强体育教学的硬件设施建设。1999年，西安市少年体校对小体操房进行了大改造，对篮球场、排球场、乒乓球房、武术训练房等都进行了修缮，训练条件得到改善。同年启动了摔跤馆、柔道馆的筹建工作。西安市各级体委和主管局加强对学校体育工作的指导，各级体委积极组织足球、篮球、排球等竞赛活动，鼓励和支持各学校成立足球队、篮球队等业余兴趣特长队。2000年，西安市提出“一校一队”“一校一项”的方案，鼓励各学校开展业余体育训练。

西安市是国家确定的全国16个足球重点城市之一。1979年，为了贯彻国务院办公厅、中央军委办公厅转发国家体委等部门《关于提高我国足球技术水平若干措施的请示报告》精神，西安市在全市青少年中开展了“足球月”活动，并成立了足球技术辅导小组，对全市19个点、6000多人进行了检查辅导，对全市的足球活动场地、设施等做了较全面的调查，开办了足球教师训练班。各区、县体委都分别举办了循环赛、调赛等形式的检查比赛。经过一年的发展，西安市有200多所中小学开展了足球活动，有18个学校相继成立了女子足球队。

（四）校园赛事形成常规

改革开放后，教育制度不断改革，各学校开始普遍重视学生体育活动，学校运动项目增多。进入20世纪80年代，体育比赛形式多样，形成制度的主要有每年举办的冬季越野赛，春、秋季田径运动会，“六一”幼儿运动会，秋季小学“三跳”赛，隔年举办的各单项体育比赛，定期举办的“萌芽杯”“希望杯”“三好杯”“三小球”赛，“达标”通讯赛，体育传统项目学校单项比赛，以及各种友谊赛、邀请赛、女子足球赛、韵律操比赛等。

小学生进行足球比赛

1978年，为了促进全市幼儿体育的迅速发展，西安市举办了有30多个幼儿园（所）3000多名幼儿参加的西安市第三届幼儿运动会，还开办有56名保育人员参加的师资训练班，使幼儿体育出现了新气象。西北工业大学幼儿园以成人篮球场为标准，开展小足球活动。1979年举办的第四届幼儿运动会，进一步推动了西安市幼儿园的篮球、足球、体操三个项目的活动积极开展。20世纪80年代后，西安市幼儿园根据教育部颁发的《城市幼儿园工作条例（草案）》，每天安排1~2次体育活动，每次10～30分钟。大、中班做徒手操、花圈操，学习走、跑、跳、投掷、平衡、攀登、体操等；小班多模仿小动物的动作，做工人农民劳动、士兵打仗等各种游戏活动。至1990年，西安市共举办九届全市幼儿运动会。

1979年春天，在西安铁路局第一中学体育教师吴国忠、青年铁路工人齐铁惠的倡导下，在国家体委球类司副司长李凤楼的支持下，西安铁路局第一中学、东方机械厂子校和陕西钢厂子弟中学等中小学先后成立女子足球队，现代女子足球运动在西安地区率先兴起并推广开来，一时轰动全国。女子足球队主要队员受到国家体委主任王猛、副主任李梦华接见，各级领导一同观看了女子足球队的表演。随后，西安市、陕西省相继成立女子足球队，成为我国开展专业女子足球运动的先导。

1981年，陕西钢厂子弟中学女子足球队赴北京、天津、上海等地参加友谊比赛，六战皆胜。1982年，西安市组队参加陕西省第八届运动会，西安获少年组足球、男女篮球冠军。1983年，西安市组队参加全国首届“幼苗杯”足球赛，西安获北方赛区亚军。同年参加全国少年棒球赛，获第六名。1984年参加陕西省首届青少年运动会，西安获奖牌数及总分列全省第一。1986年参加全国儿童棒球赛，西安获第二名。1987年，日本刈谷少年软式棒球队与西安市少年棒球队进行友谊比赛。1988年，国营西北第三棉纺织厂子弟学校足球队参加全国10岁以下少年足球赛获亚军。同年，西安焦化厂子弟中学少年棒球队与日本少年棒球访华团进行友谊比赛，西安焦化厂子弟中学少年棒球队以13：5获胜。

1985年，西安市改革中等学校体育竞赛方法，公开报名，不受名额限制，举办了中学生寒假篮球赛，此次比赛成为全省中学生篮球赛中规模最大、时间最长的一次赛事。具有传统性的“三跳”（跳绳、跳皮筋、踢毽子）活动，在西安市各小学广泛开展。同年，西安市举办第五届“三跳”运动会，有2300多名运动员参加了22个项目的比赛。西安市莲湖区“三跳”运动会，50所学校、1300多名小学生参加。小学普及面广的“三跳”活动，由于其内容、花样、规则有新的发展，吸引了省内及天津、重庆等地体育工作者前来观摩，他们一致认为这是西安的独创，让具有民族传统的体育活动达到了规范化。

1986年，为贯彻实施《关于加强学校业余体育训练工作条例》，市体委配合市教委抓好学校代表队训练工作，为第四届全国青年运动会培养运动员苗子，暑期举办1977年以后出生的田径、乒乓球运动员夏令营，在中小学推广青少年韵律体操。1987年，为了培养体育新苗，西安市举办了“田径幼苗夏令营”，有100多名10岁的儿童参加，培养孩子们从小了解田径、热爱田径。其中，有一部分儿童代表西安市参加了陕西省首届“体育新苗”田径公开赛，进入男子前14名的有9人，进入女子前14名的有5人。

1989年，为贯彻国家《关于开展课余训练提高学校体育运动水平的规划》，市体委协同市教委加强中小学课余训练，开展“球类一校一队”和“田径一校一项”活动，举办中学生暑期篮球赛，继续搞好迎接亚运会“雏鹰起飞”田径赛和中小学“达标”通讯赛等，推动中小学体育活动的发展。

1990年2月至4月，市体委对市属13个区县59所中小学课余训练情况进行了调查研究，对全市的省、市级传统项目学校进行了重新布局和项目调整。对原有的174所体育传统项目学校进行调整，联合西安市教育委员会给88所学校颁发了校牌。调整后的体育传统项目学校加强了课余训练，全年向上级训练单位共输送93人，其中，国家少年队1人，省队7人，大学高水平运动队12人，体育院校12人，省体校6人。1990年末，有28所传统项目学校受到省市表彰奖励。

随着西安市体育改革的深化以及西安市足球事业的发展，西安市也开始以校园足球为重点开展竞赛。1992年至2000年间，西安市通过成立足球学校、举办校园足球联赛等方式促进了校园足球的发展。到1990年末，西安市第十一中学、西安市第十二中学、西安市第十六中学、西安市第十七中学、西安市第二十五中学、西安市第三十八中学、西安市第六十八中学、西安市东园路中学等20余所学校常年举办校园足球联赛，成为西安市校园足球发展的生力军。

1995年起，每年暑假西安市都组织“西安晚报可口可乐杯”足球联赛，每届比赛都会吸引来自几十个学校的上百支队伍参赛。该赛事由西安市体委和西安晚报社主办，可口可乐公司赞助，采用灵活组队的方式，由学生们自行组织队伍参赛，提高了比赛质量和流畅度，逐渐发展成为西安市规模最大的校园足球联赛。

西安市鼓励各个区县视实际情况自行组织区县级校园足球赛事。未央区、灞桥区等区县坚持每年举办一次学校联赛。据统计，至20世纪90年代末，西安市约有四分之一的学校常年组织校内足球联赛，形式简单，举办周期短，大多采取循环积分赛制，促进了校园体育的发展。

二、高校体育强化学制建设

西安是全国高等学校集中的城市之一，高校体育教学秩序的恢复，对于全省乃至整个西北地区体育教育秩序的恢复有着重要作用。

（一）体育课程设置学分化

1979年，各院校开始执行部颁教学大纲。一、二年级开设普通体育课为必修课，每周2学时，两学年共144学时。教材内容有田径、球类、体操、武术、游泳和选学教材，并与《国家体育锻炼标准》相结合。有的院校，结合专业特点编写大纲，选学有关项目。西安交通大学、西北大学还对患有慢性病以及体弱的学生开设有“健康体育课”。1982年后，全省40余所高等院校都不同程度地进行了体育课改革的探索，在三、四年级开设了专项选修课，在女生中增加了艺术体操等项目。西北电讯工程学院等学校体育理论课开设电化教学，利用幻灯、电视、录像等进行教学，逐步实现体育教学手段现代化。试行学分制后，除一、二年级实行体育课考核外，年级专项选修课也计算学分。各院校体育考试形成制度，将学生体育成绩纳入学生升留级、毕业和“三好学生”评选的条件。

西安体育学院作为西北地区唯一的体育高等学府，根据西北地区体育教育事业的发展需要，坚持实行多种学制、多种形式的办学方针，学院专业课程开设齐全，电化教学手段逐年更新，分别设立三年制研究生班、高等学校助教进修班，四年制本科体育系和运动系，三年制体育专修科、体育干部专修科，三年制体育教师、教练员函授专修科。此外，学院还附设中等体育竞技学校、职业技术学校体育班，并多次开办西北地区县级体委领导干部短期培训班。其主体学制为四年制本科体育系和运动系，为推动西北地区体育教育事业的发展发挥了重要作用。

（二）教学师资配备专业化

1989年10月，《陕西省高校公体教师现状调查》显示：西安地区高校体育教师年龄结构趋向年轻化，平均为38.24岁，职称结构为：教授7人、副教授113人、讲师232人、助教196人，其中高级职称占20.5%、中级职称占39.66%、初级职称占33.5%、待评职称占6.3%，按职称总体结构的1：2：4：3来衡量，比例基本合理。

1979年，《高等学校体育工作暂行规定》下达后，各高校体育经费增长较快，建立和健全了一套体育场地、体育用品管理制度。西安交通大学、西北大学、西北工业大学、陕西师范大学、西安冶金建筑学院、西安医学院、西北纺织学院、西北电讯工程学院等均建有400米跑道的标准田径场，有的还设有主席台、看台、草坪足球场、灯光球场、游泳池、球类房、体操房、健身房等室内体育活动场所，所有运动场地正规标准，器材齐全，有的场馆可承担省内各项体育比赛。

（三）课外活动开展制度化

改革开放后，国家先后颁布《关于加强学校体育卫生工作的通知》和《高等学校体育工作暂行规定》，各高校建立健全各种体育活动制度，校内竞赛活动形成制度，一年一度的全校田径运动会、越野赛和各项球类比赛坚持开展。

1980年，通过对西安市部分大学的抽查显示，早操出勤率为80.6%，课间操为76.4%，课外活动为66.5%，每天参加1小时体育锻炼的人数平均为67%。学生身体素质、运动成绩明显提高。1986年后，高等院校出现“武术热”“围棋热”“健美热”；西北工业大学“习武会”拥有500多名会员，西安冶金建筑学院、西安公路学院、西安统计学院和西安基础大学等院校相继开办拳术学习班，一些大学成立了武术学会；参加健美运动的学生逐年增多，各校健美操队纷纷成立；西北工业大学研制成伞翼悬挂式滑翔机，并开展了滑翔运动。

1986年，陕西师范大学体育系1984级学生张兰君代表陕西省参加第二届全国大学生运动会，以4577分的成绩破上届女子乙组七项全能纪录（4492分，由北京乐苏加创造），并夺得西北区唯一的金牌。1988年，在第三届全国大学生运动会上，张兰君又以4884分的成绩获全国体育院系女子七项全能第二名，并打破上届运动会纪录。

第三节　扎实推进群众体育普及和发展

随着改革开放的不断深入，社会生活水平也不断上升，西安体育呈现出多群层发展趋势，群众体育的方式也逐步发生着变化，由以单位为组织主体逐渐转变为个人自选，由职工体育、农民体育和少数民族体育为主要的体育运动形式逐渐转化为以生活区域和年龄群层为主要的活动形式，出现了老年人体育、残疾人体育、社区体育等体育运动新领域。20世纪90年代，体育运动内容也发生着急剧变化，社区出现了广场健身操舞、养生太极功、气功等多种新的锻炼形式，也出现了跑步健身、跆拳道、轮滑、瑜伽等时尚新潮的项目，还有自行车、徒步登山等户外运动项目，西安体育呈现出繁荣发展、蓬勃向上的生动局面。

一、职工体育蓬勃兴起

（一）活动形式丰富多彩

1978年以后，机关、企事业单位的职工体育活动有了新的发展。在西安市总工会、市体委、市妇联和团市委的倡议和组织下，参加体育锻炼的职工日益增多，活动项目扩展到田径、球类、武术、射击、航空模型、医疗体育等多个种类，有些活动项目形成常态化，特别是冬季长跑，参与人数越来越多，涌现出西安市筑路机械厂、西安市汽车配件一厂、西安市平绒厂、国营西北第五棉纺织厂等一批体育先进单位。莲湖区通过对132个单位调查统计发现，坚持各种体育锻炼的人数占总人数50%的单位就有124个。西安市第一轻工业局举办了有20多个工厂参加的局系统运动会。西安市体委牵头举办第一届市级机关篮球赛并开办领操员、太极拳、太极剑训练班，为带动机关体育活动起了积极作用。深受群众欢迎的太极拳项目，经过培训辅导员和骨干的努力，辅导站由原来的6个发展到16个，6500多人次参加了简化太极拳、太极剑等体育锻炼。

1979年，西安市重点调查了8个工厂，参加体育活动的人数都占全厂总人数的70%~95%。在东方机械厂召开的职工体育现场会、西安平绒厂召开的“小厂协作区”现场会上，厂方积极推广和传授开展职工体育的经验，以广播体操为主的、小型多样的群众性职工体育活动蔚然成风。武术辅导站由6个发展到22个，辅导近万人进行太极拳、太极剑等体育锻炼。解放军第四军医大学、西安红旗机械厂等成立了老年长跑队。

西安市职工体育的发展，注重发挥各行业系统的作用。西安市第三机械工业局、西安市第五机械工业局、西安市商业局、西安市建筑工业局、西安市饮食服务公司先后举办了本系统的篮球、足球及乒乓球比赛，推动本系统职工体育的广泛开展。各级机关的体育活动也比较活跃，陕西省、西安市篮球协会和西安市体育场首次联合举办“新长征杯”篮球邀请赛，受到各级领导的重视和广大群众的欢迎。由西安市第三机械工业局、西安市纺织工业局、西安市医药管理局、西安市房地产管理局、西安市建筑工业局、西安市市政建设局、西安市第一轻工业局等11个单位组织了21支男、女篮球队参加比赛，西安市市级机关团委还举办了市委机关的羽毛球赛。特别是解放军第四军医大学中老年长跑队自1978年12月成立以来一直坚持锻炼，除长跑外还开展球类、游泳等活动。

1979年，西安市总工会组织直属工人俱乐部为基层开办广播操、太极拳、游泳、球类等各类体育训练班31期，培训体育骨干2335人，组织各项球赛、棋赛1142场。同年9月，西北五市（西安、兰州、银川、西宁、乌鲁木齐）职工篮球赛在西安举行，西安市男女代表队双双获得冠军。

这个时期，职工体育还围绕生产中心，开展“三操一拳一跑”（广播操、工间操、生产操、太极拳、长跑）等多样性的体育活动，特别是以学操为主的小型体育活动，在工厂、机关得到普遍开展。西安保温瓶厂举办的篮球、乒乓球、羽毛球、拔河比赛，有400多人参加，占全厂职工总人数一半以上；西安光辉机械厂为职工购置上千副羽毛球拍，吸引了90%的职工参加羽毛球活动；红安公司、西安603所、西安红旗手表厂、西安缝纫机台板厂等单位坚持每年一次田径运动会，西安东风机械厂成立了11个项目的代表队坚持训练和比赛，西安市公交公司和所属汽车拖车公司、服务公司等都举办了全系统的职工运动会。

西安市认真贯彻全国总工会、卫生部和国家体委《关于在职工中广泛开展医疗体育活动的通知》精神，创新体育活动开展模式，与西安市总工会、西安市卫生局联合开办了医疗体育骨干训练班、“练功十八法”辅导员训练班。1980年，陕西省开办职工医疗体育骨干学习班，各产业系统及新疆、青海、甘肃等省区的单位参加了学习班，并观摩了西安红旗机械厂职工医疗体育现场会。西安红旗机械厂在1979年举办太极拳、太极剑、降压舒血操、腰背操、“练功十八法”、新气功疗法等项目的训练班25期，共计2300余人参加。

1980年后，各类职工体育协作赛、各种杯赛、赞助性比赛等十分频繁，陕西省、西安市单项体育协会牵头举办的职工比赛尤为活跃。很多企事业单位已经常态化开展比赛活动，如每年一届的职工篮球赛、足球联赛、元旦越野赛等，还举办了街道运动会、商店运动会、家庭运动会及职工田径、乒乓球、健美、钓鱼、举重、棋类等项目的比赛。部分产业体育协会，探索职工体育竞赛的新途径，西安市平绒厂等小厂组成的体育协作区已发展到14个单位，克服了厂小、人少、缺场地、缺器材等困难，人数逐年增多，冬季中长跑赛连续举办十几年。庆安公司体育协会等十几个单位联合举办了西安地区“航空杯”职工越野赛。

1982年，在铁道部西安车辆厂召开的陕西省职工体育工作现场会上，西安汽车配件一厂、西安车辆厂等被评为先进单位，王世民（市平绒厂）、韩茂新（红旗机械厂）等人获得“先进个人”称号。同年9月，西北五城市职工篮球、乒乓球赛在西安举行，西安队获女篮冠军、男篮亚军，并囊括乒乓球赛所有项目的冠军。

女职工篮球比赛

1983年6月，全省职工体育工作表彰大会在华阴县召开，西安车辆厂代表队表现突出，受到表彰，并参加第五届全国运动会。

随着社会经济的发展，群众体育迈向新的广度和深度，体育活动呈现出参加人数更多、规模更大、渠道更宽、形式更多的新特点。20世纪80年代末期，西安市经常参加体育锻炼的人数约200万人，占全市总人口的34%。这一阶段，西安市有几项群众性体育活动成为常态，如元旦越野赛、老年人迎春越野赛、女子健美操比赛、老年人门球赛和登高活动等，特别是在广大职工中开展的“冬练百日·长跑百里”活动已经成为特色，有近40万人参加，西安也被全国总工会和国家体委评为“全国百万职工冬季长跑活动先进城市”。

1985年后，体育社会化步伐加快，职工体育成为群众体育的“龙头”。工矿企业、机关和事业单位根据“业余、自愿、小型多样，因人、因时、因地制宜”的原则，建立体育协作区广泛开展形式多样的体育活动和比赛。1985年，全市经常参加各种体育活动的职工占职工总人数的30%以上，西安市被评为“陕西省职工体育先进地市”，铁道部西安车辆厂、西安新华印刷厂获“全国职工体育先进单位”。

1986年，西安市总工会对企业进行抽样调查，参加体育锻炼的人数占职工总数的55%。各系统体育协会举办规模不等的职工运动会，形成制度化的全市职工体育比赛主要有职工篮球赛、足球赛、元旦越野赛等。此外，还举办了街道运动会、家庭运动会、老年人运动会、伤残人运动会及单项体育比赛。是年，莲湖区获“全国少数民族体育先进单位”。

1988年，职工“冬练百日·长跑百里”活动已成惯例，从城区到郊县成千上万的职工参加长跑，企事业单位把冬练活动列入工会评比内容。西飞公司体育协会，为动员更多的人参加冬练长跑，采取了出售有奖长跑证的办法，吸引了广大职工参加冬练长跑，收到了良好的效果。全市表彰了59个单位，这些单位参加冬练的有214712人，占单位职工总数的71.8%。

足球运动越来越受到职工们的欢迎。全市有300多个职工足球队活跃在基层，并参加了全国万队职工足球活动。1988年，全年参加各种体育锻炼的职工群众40余万，占全市职工总数的30%以上，新华印刷厂90%以上的职工投身冬练。是年，全市共举办各类职工运动会67次，参加人数7437人次。

1989年，全市为庆祝中华人民共和国成立和西安解放40周年，各部门、各行业积极组织开展群众体育活动。市级机关体育协会4月至9月之间召开了第二届运动会，有94个单位8000人次参加，规模之大、人数之多、影响之深是空前的。西安市老干局、西安市劳动局分别举办了西安市首届离休干部运动会和退休职工运动会。省国棉五厂在4月至6月之间，举办了首届企业集团运动会，有篮球、拔河、生产技术比武和趣味游艺等7个项目的比赛。

企业工人在厂区进行拔河比赛

1989年5月10日至11月4日，西安市9名青年组织了“为了明天，横穿中国”长跑宣传队，历时178天，跨越11个省区，长跑7800公里，成为我国长跑史上的一次壮举。到1990年，全市经常参加体育活动的人数超过职工总数的40%，建立各项目运动队2800余个。

西安市被全国总工会和国家体委评选为1986至1989年“全国职工‘冬练百日·长跑百里’活动先进城市”，被陕西省评为全省唯一的先进城市，西航公司、黄河机械制造厂被评为该项活动全国先进基层单位，铁道部第一工程局、西北电力管理局、西安铁路分局、市机关体育协会、灞桥热电厂、昆仑机械厂、西安啤酒总厂被评为省级先进单位。

1991年，为迎接亚运会的召开，各企事业单位和机关广泛开展了多种多样的群体活动。6月28日至30日，西安市总工会与西安市体委在边家村工人文化宫举办了“边宫杯”职工健美操比赛，来自29个单位的348人参赛。

（二）企业赞助逐渐增多

进入20世纪80年代，随着经济社会的快速发展，企业赞助体育比赛愈来愈多。1984年，西安文化用品厂独家承办国内8支甲级队参加的“唐人马球杯”男子篮球邀请赛；宝成仪表厂赞助四大洲五国8支强队参加的 “宝花杯”西安国际女子足球邀请赛；十余家企业赞助陕西省第二届工人运动会；黄河机械制造厂赞助世界女排四强（中国、古巴、日本、苏联）参加的西安“黄河杯”国际女排邀请赛；西北电力设计院出资支持第七届全国部分省市乒乓球重点小学“向阳杯”赛；西安电力机械制造公司、西安晚报社、西安市电视台和西安市体委联合举办西安市首届“西电杯”健美公开赛；庆安公司赞助举办“庆安杯”钓鱼邀请赛。

1987年，陕西省体委发出《关于举办“热心支持体育的企业”评选活动的通知》，省总工会、省工商管理局、省体委组成评选委员会，至1988年共评出“热心支持体育的企业”26家，其中，黄河机器制造厂、西安蝴蝶手表厂、西安无线电一厂获得“热心支持体育的企业”荣誉称号。此后，企业积极赞助投资体育赛事、资助运动队训练比赛的情况越来越多，一些代表队跻身全国强队之林的同时，宣传扩大了企业和产品的知名度。西安精工五金电器厂不足百人，1986年至1987年连续两年资助省青年女子篮球队。1987年，西安飞机工业公司等赞助“西飞杯”国际女篮邀请赛。西安无线电一厂赞助“北京日报海燕电视杯”国际男篮邀请赛、“海燕杯”全国首届大企业足球赛，而企业进京举办国际国内比赛在全省尚属首例。至1989年，西安无线电一厂、陕西如意电视机厂、陕西标准缝纫机厂、国营西北第五棉纺织厂、铁道部第十工程局、西安电梯厂、咸阳纺织机械厂、陕西省体委服装器材供应站等单位先后资助陕西省男女篮球队、排球队、足球队和田径队等。西安国药厂是陕西省内资助体育比赛较早的厂家之一。

企业在培养体育人才、体育科研等方面也积极参与。1985年，陕西省建筑工程总公司建立行业青少年业余体校，被国家体委命名为社会办业余体校先进单位。陕西汽车制造厂成立棋校培养棋类人才。西安漂染厂与《体育世界》杂志、陕西省记者协会共同举办陕西省“十佳”运动员评选活动。1989年，中国商品出口基地陕西分公司等单位根据“大唐神气子”配方研制的“超力三六九”，献给在北京举行的第十一届亚运会。

（三）行业体育协会迅速发展

改革开放初期，全市行业体育协会有火车头、前卫、房地、税务、粮食、邮政、银鹰、工商、建筑、电业、纺织、农垦、市级机关等27个。

1978年至1980年，西安原成立的各运动项目协会相继恢复。嗣后，又成立了16个运动项目协会。1981年，成立信鸽、门球协会。1984年，成立航空运动协会。1985年，成立毽球、旱冰、中国式摔跤、国际式摔跤、柔道等运动协会。1987年，成立钓鱼、风筝、摩托车、桥牌、斗鸡协会。1990年，西安市棋类协会分为中国象棋协会、围棋协会、国际象棋协会。至1990年，全市共有29个单项运动协会，分别为田径、体操、篮球、排球、足球、棒垒球、羽毛球、网球、乒乓球、武术、中国式摔跤、游泳、举重、射击、航空模型、毽球、旱冰、柔道、钓鱼、风筝、摩托车、信鸽、国际式摔跤、国际象棋、中国象棋、围棋、桥牌、门球、斗鸡。

依照国家体制改革的要求，中华全国体育总会西安分会于1988年改称西安市体育总会（简称市体总），地址设在市人民体育场。改制后的市体总加强了对各单项协会的工作指导，配合市总工会成立西安职工体育协会，开展职工体育先进单位和个人评比活动。1991年，在西安市体育总会指导下，25个单项协会完成了换届工作。由于体育总会和单项协会的作用得到较好的发挥，各体育协会积极开展体育比赛，据对足球、象棋、围棋、体操、射击、乒乓球、举重、门球、桥牌、钓鱼、信鸽11个协会统计，全年举办各种比赛76次，参赛人数7900余人。

1992年，西安市体委配合市总工会召开职工体育工作会议，传达了第二届全国职工体育工作会议精神，表彰了一批职工体育先进单位。西安市体委在全市职工体育先进单位表彰会上对42家单位颁发了先进集体奖，并树立了西安飞机制造公司、铁道部西安车辆厂、西安航空发动机制造公司、黄河机器制造公司4个体育模范企业。之后，西安市有26家企业和33人获省级表彰奖励。

1994年，在西安市委、市政府的指导下，厂矿企业纷纷建立完善体育协会，加强了对职工体育活动的管理。有基层单位的主管局和千人以上的厂矿企业都建立了体育协会，并配备专（兼）职体育干部。同时，西安市成立行业体育协会联合会，协调管理行业体育工作。

1995年，西安市体委要求机关和企事业单位要坚持做工间操，有条件的工矿企业要改班前操，要结合社会主义市场经济体制的要求，开展适合职工需要、有特点的健身活动和其他体育活动，提高出勤率和工作效率，有效地预防职业病。同时，各企业要将发展职工体育纳入企业文化建设和目标管理中。

二、农村体育全面普及

党的十一届三中全会以后，全市范围内的农村体育得到较大发展，在组织形式、活动内容等方面也出现新的面貌，农民体育进入“有组织、有场地、有队伍、有活动”的发展阶段。

西安市农村体育的发展，首先是逐步完善农村体育管理体制，其次是在全市范围内普遍建立农村文化中心、文化站、青年之家，有些还成立了单项体育协会。据1983年统计，全市农村已有39个公社建立文化站，占全市公社总数的56%。其中，不少文化站把体育活动作为工作内容，开辟了体育活动阵地，添置了体育器材设施，组织开展了群众性体育活动。长安县鸣犊公社文化站和公社团委，在1982年五四青年节举办了篮球、乒乓球和象棋比赛，有520名运动员参加；1983年元旦组织了260人参加的长跑比赛，他们还利用节假日组织开展武术表演。未央区大明宫公社文化站建站不久，修建了篮球场、排球场和羽毛球场，春节期间组织了比赛活动。农村生产队的青年之家和文化室也广泛建立，开展篮球、乒乓球、羽毛球、象棋等活动。这都为农村体育的发展开创了新的局面，使农村体育活动逐步趋向阵地化、经常化、多样化。

1982年，未央区体委和团委配合组织举办了农民篮球赛、乒乓球赛和羽毛球比赛。1983年5月，举办和开展了4个公社的篮球赛、象棋赛和武术表演。在这年6月份，未央区文化馆还举办了地区篮球赛。1983年11月，西安市体委与西安市文化局、共青团西安市委共同举办了西安市农民“庆丰收”运动会，有7个区县的农民运动员参加比赛。1983年至1986年，未央区连续4年举办乡（公社）农民足球赛。灞桥区体委和团委每年春节前后都举办农民篮球赛和拔河比赛，共计2000余人次参加。1983年至1987年间，西安市举办了农民“致富杯”“丰收杯”等多项体育比赛。

加强体育阵地建设方面，农村体育活动阵地在乡镇主要靠文化站，在农村主要集中在青年之家或文化室。灞桥区洪庆乡文化站建立以来，修建了篮球场、排球场、体育游艺室，成立了篮球队、乒乓球队和武术队，参加活动的人数达6000人次，成为文化站开展活动的典型。长安县引镇公社党委十分重视农村文化室的建设，1981年拨出资金给文化室添置了文娱体育器材，每个大队建立了文化室，有的团支部还配备了体育活动器材，充实了文化室，公社团委利用五四青年节、元旦、春节开展体育比赛。

随着农村体育活动逐步活跃，多数乡镇做到了有场地、有活动。经统计，1985年全市192个乡镇，除2个乡外，都建立了文化站，成为农村体育活动的阵地和中心。周至县、户县和未央区举办农民篮球赛，户县还在8月份县文化节期间举办了“文明村篮球赛”，共有11个村组组队参加，促进了农村的两个文明建设。周至县举办了西安市首届农民田径运动会，雁塔区田家湾村自费参加比赛，展现了经济发展快的农村体育活动也发展较快的特点。户县被评为“全国体育先进县”，临潼县被评为“陕西省体育先进县”。

从1986年起，西安市未央区每年举办农民足球赛，其他区、县也分别举办“丰收杯”“致富杯”“迎新春”各种杯赛和邀请赛等。1986年5月，在陕西省农民“丰收杯”篮球赛中，西安市女队获第一名。同年9月，户县光明乡男队、未央区女队参加了全国农民“丰收杯”篮球赛。1986年春节期间，全市数十万农民进行篮球、棋类、自行车等多种项目的迎春体育比赛，农民喜爱的民间传统体育如社火、高跷、芯子、耍龙灯、耍狮子、跑旱船、打腰鼓等在春节期间尤为活跃。1987年，户县率先成立县级农民体育协会。

1988年2月9日，西安市农民体育协会成立（简称市农体育协会），地址设在市体委机关内，之后各区县相继成立农民体育协会。雁塔区丈八乡成立农民象棋协会，未央区草滩镇成立老年人体育协会。全市各级农民体育协会和文化站多次举办综合运动会或体育单项比赛，开展的竞技项目有球类、武术、中国象棋、田径、拳击等。至1990年，西安市共举办全市性农民运动会104次，参赛运动员逾23000人次。

随着经济发展，体育活动已逐步向边远农村、个体户和居民院落中扩展，还涌现出农民自筹经费开展体育活动的先进个人。1988年，周至县终南镇农民雷自强开办武术学校，1982年至1990年间共培养了2000余名学员。雁塔区农民孙富贵出资，举办了西安市农民象棋赛。雁塔区新建村农民，集资兴办了光华体育开发公司。

1990年，未央区草滩八家村农民贝朝刚、李小军、王东红等人，发起筹办了“幼苗杯”足球邀请赛，这是草滩有史以来第一次由村民自发集资举办的足球比赛，在全市也属首例。1991年，在农村开展了“迎亚运树新风，体育走进百乡千村”和万人评比活动，全市共评出先进乡镇16个，先进村78个，先进个人526位。

三、残疾人体育精彩纷呈

改革开放后，在广大残疾人、残疾人工作者和体育工作者的积极参与和共同努力下，西安残疾人体育运动进入快速发展阶段。20世纪80年代初，西安市相继举办聋哑人篮球赛、盲人棋赛、聋哑人运动会等，参加体育活动的残疾人越来越多，体育活动项目亦逐渐增加。

1985年5月，西安市残疾人体育协会成立。1985年6月，西安11名残疾青年组织赴京马拉松越野队，历时30天，行程1300余公里，最终抵达北京天安门广场，受到《人民日报》《中国青年报》《中国体育报》的热切关注。

1986年至1990年，西安市共举办4届残疾人综合性运动会，六次单项比赛和残疾人手摇车越野赛。1987年1月，西安市举办首届西安特殊奥运会，设田径、足球、乒乓球等比赛项目21项，有544名残疾人参赛。西安市还组队多次参加陕西省历届残疾人运动会及全国性残疾人比赛，运动成绩不断提高。杜仁祥、崔吉海、聂海滨、吴亚明、张难、李琛、柴军、杨团结等分别代表陕西省或中国参加全国或国际性比赛。

1984年4月，西安组队参加省首届残疾人运动会，获24项第一名，团体总分列全省第一。同年10月，在全国首届残疾人运动会上，杜仁祥在男子A8级田径标枪比赛中以40.12米获第一名，张水冰在男子A4级游泳50米蛙泳比赛中以56秒获第三名。

1987年8月，西安组队参加在唐山市举办的第二届全国残疾人运动会，崔吉海在男子A3级游泳50米自由泳比赛中以42秒53获得第三名。

1988年4月，西安组队参加在湘潭市举办的全国残疾人射击、举重邀请赛，吴亚明以520环获男子气步枪坐姿第一名，张水冰以491环获男子A5级气步枪立姿第一名，杜仁祥以507环获男子A8级气枪立姿第二名，崔吉海以494环获男子A3级气手枪第四名。

1989年4月，聂海滨参加全国残疾人乒乓球邀请赛，获男子TF6级单打第三名。1989年，西安组队参加全国残疾人田径、射击邀请赛，杜仁祥获男子田径A8级标枪与铁饼测验第一名（成绩分别为38.3米和31米），吴亚明以352环获男子气步枪坐姿测验第一名。1989年9月，吴亚明随中国队赴日本神户参加第五届远东及南太平洋地区运动会，获气步枪坐姿第四名。1989年11月，西安组队参加全国残疾人（青少年）游泳、田径邀请赛，柴军获男子田径B2级100米第二名（成绩13秒6）、400米第三名（成绩1分5秒）。

董飞霞荣获里约热内卢残奥会女子铁饼F55级金牌

1990年，西安举办全国残疾人射击锦标赛，张难获女子SH2B级气步枪立射40发第一名，张水冰获男子SA1级步枪第一名，吴亚明获男子SH2级步枪第二名，王新业获男子SH2级步枪第三名。

董飞霞，女，2010年广州残疾人亚运会中国代表团成员。擅长的运动项目有女子铅球、铁饼、标枪等，曾经打破女子铁饼亚洲纪录，并获女子铅球金牌、女子标枪铜牌等骄人成绩。2016年9月17日，西安选手董飞霞在里约热内卢残奥会女子铁饼F55级比赛中夺得冠军。

四、老年人体育有声有色

开展老年人体育运动、增强中老年市民体质是西安市发展群众体育事业的重要内容。西安市委、市政府及市体委等各级部门为老年人体育的开展创造了多样化的条件。

西安市老年人体育协会于1981年9月25日成立（简称市老年体育协会），地址初设在市人民体育场，后迁至市南门外松园老年人活动中心，是全国成立最早的老年体育协会之一。西安市老年体育协会、西安市武术协会、西安市木兰拳协会都是中老年市民开展活动的重要阵地。西安市老年体育协会有完善的管理机构、充足的活动经费，为丰富老年人体育活动创造了条件。

西安市老年人体育协会先后举办6次西安市老年人田径运动会。1989年，西安市日化公司老年体育协会组队参加在北京举行的“国旅杯”全国门球赛，获精神文明奖。是年，市老年体育协会选派7名长跑选手参加在广州举行的“华光杯”老年国际马拉松赛，西安选手均名列前15名。

老年人体育活动中心于1989年10月在松园落成，市老年体育协会在迎接中华人民共和国成立和西安解放40周年庆祝活动期间，体育活动开展得有声有色，有5万多人次参加了活动。

西安市老年人体育协会有100多个基层活动站积极组织晨练活动，参加人数达3万多人。还举办了老年人迎亚运越野赛、健美操、门球、棋类、武术等多种比赛，参加的群众达18万多人次。形成惯例的体育活动主要有春节期间举办的老年人迎春越野赛、夏季在公园举办的乘凉晚会、秋季举办的田径运动会（每两年举办一次）、九九重阳节开展的“敬老周”登高活动、冬季各运动项目的升降级联赛及擂台赛等。

1990年，市老年体育协会下属各级辅导站45个，门球队500余个，活动骨干3000余人，并与全国12个城市老年体协结为友好协作体育协会，与兰州、西宁、银川、乌鲁木齐老年体协结成西北五省市协作体育协会。

市老年体育协会还开展评选“健康老人”活动，至1990年，全市共评选出40余人，其中老体育工作者郭洁、草滩镇村民郭天机被评为“全国健康老人”。1992年，市老年体育协会举办活动162次，累计参加人数高达14.1万人次。组织参加全国和省、市体育比赛25次。

1999年春节期间，市老年体育协会在松园举办了以“迎城运”为主题的全民健身展示活动。从正月初八到正月十五，全市100多个单位参加，共表演了206个节目，打了260场门球，参加展示和表演的人数达6500人次，观众累计达2万余人。

为了迎接第四届全国城市运动会，市老年体育协会、市武协承担了运动会开幕式的表演任务。参加开幕式表演的中老年市民积极训练，将古城的风采向全国人民展示。经过充分的准备，开幕式上，市武协、市老年人体育协会成功表演了千人太极拳和千人绸扇舞，向全国展示了西安群众体育的新风貌，受到国家领导人的称赞。

西安市老年人体育协会会员留影

2000年11月，全国首届全民健身广场优秀锻炼方法示范表演赛在湖北武汉拉开帷幕，西安市参赛选手李玉兰获得老年女子组第一名。

五、社区体育热情高涨

发展基层体育运动是西安市群众体育的重要内容，争创“体育先进县”（社区）是展现群众体育开展情况的一面镜子。

1992年，西安市提出要提高对争创“体育先进县”重要性的认识，以争创“体育先进县”为目标，积极推动社区体育的发展。1992年，蓝田、周至、长安县委县政府做出了争创“体育先进县”的决定，为了督促社区体育的发展，推进争创“体育先进县”的步伐，市体委对各区县的体育工作进行了检查评比，共评出一等奖 1 个，二等奖 2 个，三等奖 5 个。

1998年，西安市争创“体育先进县”的工作取得重大进展，9个区县达到市达标工作先进区县的标准，西安市被评为“全国达标先进单位”。

2000年年初，市体委确立了“群众体育要迈入全国体育先进行列，争创9个省级体育先进县，创建4个省级先进社区，其中2个达到国家级标准”的工作目标。2000年年末，周至县通过了省级验收。在全市58个街道办事处中，长乐西路等6个街道办事处进入全国体育先进社区行列，有19个街道办事处达到省级体育先进社区标准。

六、民间体育弘扬传统

进入20世纪80年代，西安民间体育的发展出现了新的面貌，一改原来的师徒相授、比邻相约，纷纷成立社团组织——各类会馆，聚集了兴趣相投、热心习练的志同道合者，相互切磋、开展各类活动，其中最为突出的就是传统武术。

（一）红拳的传承与发展

这个时期，红拳传承人有马建昌、边春发、李少阳、李正武、李志强、李忠义、李伯强、杨斌、李云鹏、田琨、刘文成、张长荣、张玉清、郑长荣、吴发太、邵智勇、何志德、何来生、和志强、武清江、陈纪性、种加林、顾金祥、范长江、范志忠、单明霞、昌光明、杨斌、杨明星、高玉峰、党选民、梁军安等，在西安武术界影响较大。

西安西秦武术馆　1984年9月成立，首任馆长庞志杰。武馆每年组队参加西安市武术比赛，节假日期间在厂矿表演，宣传武术。在陕西重型机械厂、动物园等处共设14个武术辅导部，先后培训学员500余人。

陕西红拳文化研究会　1994年，著名武术家（国家武术九段）马振邦老师发起首届红拳比赛。1995年陕西地方拳研究会成立，2005年更名为陕西红拳文化研究会，马振邦任名誉会长、雷志敏任会长、邵志勇任秘书长，红拳从原先的单纯练拳提升到武学文化高度。到2012年，陕西红拳文化研究会已举办了10届交流赛和红拳学术研讨会，红拳健儿在全国、国际赛中获得优异成绩，并四次登上中央电视台“武林大会”，获“最佳拳种”“最佳击法奖”。2012年组队在央视“武林大会”五拳种精英赛中荣获团体冠军。2013年至2014年两次赴台参加“世界华人武术大赛”均荣获团体冠军。2013年赴美国参加新泽西国际武术功夫大赛荣获团体冠军。研究会在多地建立了90个“红拳传承人传习所”，7所大专院校设立了红拳保护培训基地。2008年6月7日，红拳经国务院批准被列入第二批国家级非物质文化遗产名录，传承人为邵志勇。

（二）赵堡太极拳的传承与发展

郑悟清

赵堡太极拳源于武当山，传于河南赵堡镇，抗日战争时期由郑悟清、郑伯英等拳师传至西安。郑悟清长期在兴庆宫公园教授拳术，弟子有孙兰亭、谷泰龙、郭命三、高峰、郑瑞、郑钧、杨荣籍、吴生安、刘瑞、宋蕴华、吴忍堂、李随成等千余人。杨荣籍20世纪90年代将太极拳及内功传至华山、武当山，其弟子吴兆知、席庸于2003年在西安电视台设立专栏，讲授赵堡太极拳。2004年席庸著《太极拳与科学健身》一书，详细介绍赵堡太极拳，该书被教育部指定为大学生素质教育教材。曹渊设立书院教授赵堡太极拳和国学，吴忠贤在美国、加拿大、瑞典教授了很多学生，使赵堡太极拳扎根北欧、北美。郑悟清另一弟子刘瑞，人称“闪电手”，曾受聘于空降兵特战部队教授太极格斗术，广东电视台专门拍摄《走马两万里》给予介绍，亚洲武术协会主席霍震寰先生支持其在香港、澳门等地广授赵堡太极拳。宋蕴华在东南亚、港澳地区受香港赛马会支持，创立易拳道总会传播赵堡太极拳。吴忍堂在东北、华北、江浙一带学生众多，其特点是以太极拳的技击见长，以专业化的培训方式培训了众多弟子。李随成受聘于陕西省警官学院任武术教练，他成立了陕西华夏太极推手道道馆，1984年获陕西省太极推手第一名，以专业化的训练模式，培养了大量的太极拳人才，并推动赵堡太极拳列入陕西省第四批非物质文化遗产名录。

杨荣籍

郑伯英、侯春秀等也是学生众多，影响广泛，使西安的武当赵堡太极拳异彩纷呈，极大地丰富了赵堡太极拳的内容，使武当赵堡太极拳通过西安传至世界各地。

（三）陈式太极拳的传承与发展

西安萃华武术馆　1984年5月20日成立，地址设在西安市小寨东路国营二六二厂内，馆长兼理事长陈立清。武馆宗旨是研究与推广陈式太极拳及其他流派的武术，先后在西安开办13个长拳与陈式太极拳学习班。1986年后，武馆有 4 人先后在长沙、杭州、上海、平凉、邯郸、焦作等地开班训练，传授陈式太极拳。

西安陈式太极拳研究会　1995年2月成立，由著名陈式太极拳传人陈全忠担任会长，名誉会长陈正雷。25年来，从高校厂矿到社区公园，研究会一直传授陈式太极拳，受益的人非常多。很多拳友成为省市武术协会会员，在省内外武术比赛中屡获佳绩，成为传播陈式太极拳的主力军。研究会不仅大力推动了西安市武术事业的发展，而且为陈式太极拳在世界各地的推广做出了贡献。陈式太极拳研究会在省内外建立了近20个辅导站，使西安市有“小陈家沟”之称。2011年，新城区陈式太极拳小架被列入西安市非物质文化遗产名录，传承人为职保贵。

（四）形意八卦拳的传承与发展

西安形意八卦散手研究会　1984年6月24日成立，地址在市新城广场新城区体委内，宝鸡、咸阳、安康等地设有分会。1984年10月，日本柔道名家三宅通彦加入该研究会。1985年8月，研究会吸收英国、法国、日本等国家的武术运动员 7 人成为研究会成员。1986年5月，法国《武术》杂志主编皮阿尔专程来西安采访研究会。研究会办有《武术技击探索》专刊。研究会成立后，每年组队代表陕西省参加全国武术对抗项目的比赛。研究会先后设立10个武术辅导站，开办15期武术辅导班，组织开展17次大型武术表演。

（五）回民武术活动的传承与发展

西安回族精一武馆　1986年5月4日成立，前身为民国十二年（1923）回民冯瑞生、铁彦彪、马云青等人发起成立的西安回民精一健身会，以开展武术、气功、摔跤为主，地址在西安回坊。第一任名誉馆长马良骥，馆长穆志杰。武馆下设两个分馆，主要在回族群众中开展武术活动。1986年5月20日，阎延年代表陕西参加在江苏徐州举行的全国武术观摩交流大会，其心意六合拳获“雄狮奖”。1986年8月，穆秉琦、苏克勤代表陕西参加在乌鲁木齐举行的第三届全国少数民族传统体育运动大会。在全省武术挖掘整理期间，馆长穆志杰被评为“陕西省先进个人”。1987年后，该馆重点培养青少年学员，有120名青少年参加训练。武馆每年组队在穆斯林节日期间进行武术表演。

（六）杨式太极拳的传承与发展

西安永年杨式太极拳学会于1984年成立，首任会长为杨式太极拳第四代传人杨澄甫的侄外孙赵斌。1989年，由赵斌之子赵幼斌继任会长。该会是以杨澄甫定型的杨式太极拳、太极剑、太极刀、太极杆等传统套路及其有关源流、理论的著述为唯一标准，同时兼国家推广套路及其他套路的学习传播与交流。学会在城区设太极拳辅导站45个，会员近3000余名，有200多人获得中国武术段位，其中八段1人，七段4人。近年来，学会传拳范围遍及泰国、韩国等十多个国家。1991年，学会成功举办了“海峡两岸杨式太极拳交流大会”，大会被评为西安市当年的“十大体育新闻”之一。2006年9月荣获中国武术协会、国家体育总局武术运动管理中心“全国太极拳推广工作先进单位”称号。2010年获全国全民健身活动先进单位称号。学会在《中华武术》《武当》等刊物上常年发表文章，2008年在《中国武术段位制系列教程》的编写中，会长赵幼斌是杨式太极拳1～6段教程参编和示范人员之一。在2014年，首届全国武术运动大会上，西安永年杨式太极拳学会获得武术段位制展示比赛总分第三名、太极拳类第一名。

（七）白猿通背拳的传承与发展

2011年，新城区路氏白猿通背拳被列入西安市非物质文化遗产名录，传承人为李海燕。

（八）民间社火技巧的传承与发展

户县甘水坊高空舞狮　该项目属于大型传统民俗活动，起源于祈年祭祀、庆丰收等古老习俗。高空舞狮有三种形式：狮子叼板凳、雄狮爬杆、狮子翻山。艺术风格与南狮、北狮不同，以高空表演为主，综合了锣鼓、烟火，惊险玄妙，数百年来深受群众欢迎。2011年，该项目被分别列入西安市、陕西省非物质文化遗产名录。

七、群体工作荣获表彰

（一）国家级各类先进

1.全国群众体育先进单位

2005—2008年度：西安市体育局，新城区长乐中路街道办事处西光社区，雁塔区长延堡街道办事处东风仪表厂社区，西安市碑林区铁五小学，西安市未央区三桥街道办事处，高陵县（今高陵区）姬家管委会，陕西鼓风机（集团）有限公司，西安市轮滑运动协会。

2009—2012年度：西安市体育局，未央区人民政府，蓝田县三官庙镇，西安曲江池遗址公园，高陵县，西安市围棋协会，西安市级机关文化体育协会。

2.体育先进区县

体育先进县：户县（今鄠邑区，1987年）。

体育先进乡镇：未央区谭家乡（1993年9月）、大明宫乡（1996年10月），灞桥区水流乡

（1998年12月），临潼区相桥镇（1998年12月），高陵县鹿苑镇（今高陵区鹿苑镇，2000年9月），长安县引镇（今长安区引镇，2000年9月），户县石井镇（今鄠邑区石井镇，2002年12月），周至县尚村镇（2002年12月）。

体育先进街道办事处、社区、学校：新城区中山门街道办事处（1998年），长乐中路街道办事处（1998年）、西一路街道办事处（1999年）、解放门街道办事处（1999年）、长乐西路街道办事处（2000年）、韩森寨街道办事处（2000年）、东方社区（2008年）、西光社区（群体先进单位，2009年），碑林区南院门街道办事处（1998年）、长安路街道办事处（2000年）、张家村街道办事处（第五批），莲湖区枣园街道办事处（1999年），未央区长庆油田兴隆小区（第四批）、三桥街道办（2009年），高陵县姬家管委会，雁塔区西京社区（第四批）、东风仪表厂社区（2009年），陕西鼓风机（集团）有限公司（2009年），西安市轮滑协会（2009年），碑林区铁五小（2009年）。

3.亿万农民健身先进乡镇

阎良区关山镇（2004年），临潼区秦陵镇（2004年），未央区汉城街道办（2004年）。

4.国家级社区体育健身俱乐部

雁塔区西京社区（电子城街办，2004年），新城区韩森寨街道办事处。

5.全国推广健身气功先进单位

碑林区文化体育局（2009年、2012年两次）。

6.全民健身活动优秀组织奖

新城区文化体育局（2009年），西安市体育局（2010年、2011年、2012年三次）。

7.全民健身活动先进单位

雁塔区文化体育局（2008年、2009年两次），市级机关文化体育协会（2008年），新城区文化体育局（2009年、2010年、2012年三次），未央区文化体育局（2009年、2012年两次），碑林区文化体育局（2010年），未央区人民政府（2012年）。

8.实施农民体育健身工程先进县

户县（今鄠邑区，2008年、2009年两次）。

9.优秀青少年体育俱乐部

西安市青少年体育俱乐部（2008年、2009年两次）。

10.全国体育系统先进集体

西安市体育局群众体育处（2009年）。

11.国家体育总局体育公园命名

2010年西安曲江池遗址公园被命名为国家级体育公园。

（二）陕西省各类先进

1. 体育工作先进

体育先进县：户县（今鄠邑区，1987 年），临潼县（今临潼区，1990 年），周至县（1999 年）。

体育先进乡镇：户县石井镇（今鄠邑区石井镇），蓝田县史家寨乡，高陵县通远镇（今高陵区通远镇），周至县尚村镇，户县大王镇（今鄠邑区大王镇，2008年）。

体育先进街道办事处：新城区太华路街道办事处（2001年）、自强路街道办事处（2001年）、东五路街道办事处（2001年）、西五路街道办事处（2001年）、胡家庙街道办事处（2001年），碑林区张家村街道办事处（1998年）、文艺路街道办事处（1999年）、柏树林街道办事处（2000年）、长乐坊街道办事处（2001年），莲湖区环城西路街道办事处（1998年）、土门街道办事处（2000年）、桃园街道办事处（2001年），灞桥区纺织城街道办事处（1998年），阎良区新华路街道办事处（1998年），雁塔区电子城街道办事处（1999年）、长延堡街道办事处（2000年），未央区徐家湾街道办事处（1999年）。

体育先进社区：新城区韩森寨街道办事处（东方社区，2002年）、长乐西路街道办事处（安仁坊社区，2002年）、中山门街道办事处（南北坊社区，2002年）、韩森寨街道办事处（咸宁社区，2003年）、胡家庙街道办事处（长缨东路社区，2003年）、西一路街道办事处（兴盛社区，2004年），碑林区长安路街道办事处（光荣社区，2002年）、文艺路街道办事处（雁塔北段社区，2002年）、莲湖区土门街道办事处（庆安社区，2002年）、桃园路街道办事处（桃园三坊社区，2002年）、工农社区（2008年），雁塔区长延堡街道办事处（东仪社区，2002年）、电子城街道办事处（西京社区，2002年）、小寨街道办事处（红专南路社区，2004年），未央区徐家湾街道办事处（西航社区，2002年）、张家堡街道办事处（长庆油田兴隆社区，2003年）、西航社区（2008年），阎良区新华街道办事处（胜利社区，2004年），临潼区开发区社区（2008年）。

体育先进协会：西安市围棋协会（2008年）。

亿万农民健身先进乡镇：临潼区秦陵镇，阎良区关山镇，未央区汉城街办、草滩街办，灞桥区新筑镇。

2. 陕西省全民健身活动先进单位

2008年度：新城区文化体育局，碑林区文化体育局，阎良区文化体育广播电视局，灞桥区文化体育局，长安区文化体育广播电视局，高陵县（今高陵区）文化体育广播电视局，西安市高级中学，户县（今鄠邑区）大王镇，临潼区开发区社区，莲湖区工农社区，未央区西航社区，西安市围棋协会，西安曲江新区管理委员会，西安高新技术产业开发区管理委员会。

3. 陕西省群众体育先进单位

2006—2009年度：西安市体育局，新城区文化体育局，西安曲江新区管理委员会，莲湖区枣园街道办事处，碑林区东关南街街道办事处，灞桥区新筑街道办事处，阎良区关山镇人民政府，临潼区北田镇人民政府，高陵县（今高陵区）长庆泾渭苑社区，西安市级机关文化体育协会，西安市第八十三中学，西安印钞有限公司。

2010—2014年度：西安市体育局，西安市人民体育场，未央区文化体育旅游局，蓝田县文化体育广播电视局，新城区长乐中路街道办事处，碑林区文艺路街道办事处，雁塔区鱼化寨街道办事处，临潼区雨金街道办事处，灞桥区席王街道办事处电厂社区，莲湖区庆安小学，西安市老年人体育协会。

第四节　努力提升竞技体育专业化水平

20世纪80年代之后，中国女排获得“五连冠”的优异成绩，中国著名射击运动员许海峰在美国洛杉矶获得中国第一枚奥运金牌，极大地激发了体育健儿为国争光的热情，国家体委于此颁布了《奥运争光计划纲要》，深化体育体制改革在全国迅速展开。西安市竞技体育体制改革的核心，是打破长期沿袭下来的“大锅饭”“铁饭碗”和平均主义的弊端，扭转只讲投入、不讲产出效益的评价方式，建立起新的效益评价体系，调动运动员、训练员训练和竞赛的积极性。改革的主要目标是重新整合和强化举国体制，适应建设社会主义市场经济与国际竞技体育接轨，探索发展体育职业化，不断提升竞技体育专业水平。西安市竞技体育在竞赛项目的管理、竞赛制度、参赛办法的改进等方面都进行了大力改革，这对于促进西安市竞技体育的发展、提高竞技体育的发展水平有着重要的意义。

一、竞技体育体制的改革

竞技体育体制的改革是体育体制改革中的重点工作。这一时期竞技体育管理体制改革的主要目标是在新的时期、新的形势与任务下，重新整合和强化举国体制。

（一）竞赛项目的管理

20世纪80年代后，随着体育竞赛制度的改革，市体委围绕“奥运战略”目标，并根据全市实际情况，于1987年下达了《加强竞赛工作管理及竞赛业务划分的意见和西安市开展体育项目的意见的通知》，将开展田径、游泳、球类、武术、棋类、体操等28个竞赛项目划分为四大类，并根据类别安排竞赛次数。规定具备条件的一、二类项目可建立优秀运动队，每年安排一至两次竞赛。根据群众基础和发展需要，三类也可设重点项目。三、四类和其他开展的项目，由各单项协会及社会团体管理，每年适当组织竞赛。1988年底，市体委又提出西安重点项目布局及战略目标，将射击、体操、摔跤列为优势项目，乒乓球、棒球、柔道为潜优势项目，射击、摔跤、田径为重点项目，乒乓球、柔道、棒球、足球、体操为次重点项目。

（二）竞赛制度的改革

在改革竞赛制度方面，逐步做到社会化、多样化、制度化。充分发挥竞赛的杠杆作用，调动各方面办体育的积极性，促进造就优秀运动人才，推动体育运动的普及与提高。绝大多数竞赛项目交给基层单位举办，全年委托各区县体育场、西安市军事体育学校、有关协会承办的竞赛活动占全年总竞赛项数的90%多。市一级比赛的参加单位应包括区县和行业系统，提倡举办邀请赛、调赛、杯赛和各种形式的补助性及赞助性比赛，作为正式竞赛的补充。由体育场承担竞赛的组织工作任务，使全国、省、市等各类比赛衔接好，协调西安地区各系统体育协会的比赛，试办各种竞赛承包责任制和由工厂、高校、区县承办单项比赛的办法。发挥个体户办体育的积极性，个体户组织开展全国性单项体育表演，是西安市的创举。

（三）参赛办法的改革

参赛办法的改革，主要从以下几个方面着手：一是以各部门、各行业为主派队参加比赛；二是以各区县为主组织“混合队”参加比赛；三是给基层单位分配名额，通过区县选拔参加比赛；四是直接指定有条件的中小学参加比赛；五是部分比赛改为公开报名参加比赛。西安围棋比赛实行公开报名后，参赛人数由上年的80多人增到300多人；西安市体委和西安晚报社等四单位联合举办的中学生寒假篮球比赛，采取公开报名的形式，有32个队伍参加比赛，队数明显增多。

（四）训练制度的改革

训练制度的改革，有三个方面的内容。一是在训练的经费资助上进行改革试点。如田径、足球两个项目实行了浮动制度，在射击、航空模型等项目上实行了固定资助制度，打破以往凡是训练点就享受资助的“大锅饭”现象。二是在田径、射击、举重三个项目上制定了达标奖励制度。通过建立科学的训练体制，形成了多形式、多渠道、多层次的运动人才梯队。

市级优秀运动队以个人项目（田径等）为主，集体项目积极创造条件试行同工厂企业挂钩合作的办法。认真落实，重点布局，集中人力、财力、物力，重点保证城市运动会项目中影响大、奖牌多的项目，以及西安市的优势项目和短时间可以上去的项目。推广市、区县业余体育学校和中小学同办“重点班”的办法，实行“以校办校”。推动工厂企业办业余体育学校，对区县和企业办的业余体校，实行输送人才奖励制度。西北第一印染厂子弟学校办的航空模型业余体育学校，1985年组队参加省上比赛，取得了较好的成绩。西安市业余体育学校和西安市第一中学、铁路局第一中学、铁路局第五小学共同举办足球班，有利于解决训练场地、时间，以及学生的文化课学习的问题。

1987年，随着体育改革的深入，竞赛训练制度的改革进一步深化，由纵向控制转入横向联系。1987年，西安市体委派出7名教练住在基层学校，抓点上的训练，并邀请了8名中学教师担任市队教练工作，以便抓好传统项目学校的训练。为了发挥基层学校的积极性，由开展训练和经费条件较好的学校承担训练任务，并代表市级参加比赛。西安市先后派华山厂子弟中学、小学，东方厂子弟小学，陕棉十厂子弟小学，市铁路局第一中学、第五小学，西飞公司第二中学，陕西师范大学附属第二中学等学校代表西安参加了全国和全省一些比赛，教练、组队、经费均由派出单位负责，市体委负责指导。1988年，在参加全国、全省比赛的12支代表队中，有8支代表队来自基层，调动了基层学校搞体育训练的积极性。在西安市体育工作队和西安市业余体育学校逐步试行教练员聘任制和训练成绩承包责任制，进一步调动教练员、运动员的积极性。

（五）赛事举办方式的改革

在竞赛改革方面，发动社会赞助办竞赛。1989年，在社会各方面的支持下，由远东公司、士城制药厂、新城区工商局、黄河机器制造厂、铁道部西安车辆厂、解放军第四军医大学、九州装潢公司、西安市化工局、西北电力管理局、东方机械厂、西安航空发动机制造公司、西安蝴蝶手表厂、西安郝家巷小学、远东公司子弟中学等单位出资，举办各种杯赛。此外，市儿童棒球队参加全国比赛，由秦川机械厂提供部分经费和场地，资助棒球队训练和比赛。西电公司赞助举办了“西电杯”健美操，庆安公司赞助举办了“庆安杯”钓鱼邀请赛。郑州铁路局西安办事处组队（代表西安），参加了全国台球邀请赛，还参加了田径“创新杯”四项比赛。利用星期天比赛，参赛人数比原计划增加了一倍，收效良好。

在促进体育竞赛社会化方面，发动社会力量举办竞赛。主要形式有：一是举办冠名比赛。先后在市级篮球甲级、乙级，足球甲级，职工羽毛球、乒乓球、登山、钓鱼比赛和一些邀请赛中，由企业出资以单位或产品命名的形式举办了“房产杯”“新城杯”“火车头杯”“电业杯”“蝴蝶表杯”“泰山杯”“长城杯”等十多种冠名比赛。二是企业个人赞助办比赛。在少年棒球、女子垒球等新项目和全国城市运动会等比赛中，企业共赞助14万多元。陕棉十厂出资举办了有8省16支足球队参加的第九届省际厂矿小学生足球赛。全市评出了11个热心支持体育事业的企业，其中黄河机器厂、西安无线电厂、西安蝴蝶手表厂被评为全国热心支持体育事业的企业。雁塔区农民孙富贵个人出资举办市农民象棋邀请赛，首创西安市农民办竞赛的先例。三是收报名费办竞赛。通过上述这些办法办比赛，既解决了比赛经费不足的问题，又搞活了各项体育竞赛。

（六）竞赛管理的加强

在竞技体育的开展过程中，加强了对比赛的管理工作。1986年，西安市体委积极贯彻国家体委《关于争取赛风根本好转的决定》精神，在组队参加各项比赛中，都严格把关，防止运动员在资格、年龄问题上弄虚作假。在承办的全国第三届“足协杯”、全国少年击剑、全国伞塔跳伞等比赛中，在国家体委的指导下，市体委加强了赛场风气教育，切实抓好赛区精神文明奖的评选工作，比赛风气自始至终良好。

西安市体委在抓比赛成绩的同时，又积极采取建立运动员卡片登记制度，在一些比赛中开始试行拍骨龄片等措施防止舞弊行为的发生。如在1987年西安市的田径、游泳比赛中，个别区县出现了冒名顶替、以大顶小的问题，西安市体委及时组织人力进行调查落实，对弄虚作假、有不正之风的区县进行了通报批评，引起了各区县的重视，基本上实现了赛风的好转。

二、推行竞技体育职业化

1992 年以前，西安市包括足球在内的各个单项运动，大多以体育社团和非实体性的体育单项协会存在。1992 年，国家体委提出将足球作为体育改革的突破口，逐步将各级足球协会实体化，将足球俱乐部作为足球运动的基本组织形式和主体，实现职业化，西安市被确定为全国 12 个足球改革试点城市之一。1993 年，西安市出台了《西安市足球运动体制改革实施方案》，成立了西安市足球协会暨西安市足球俱乐部（简称市足协），明确了市足协的事业性协会性质，将建立实体化足球协会作为足球改革的第一步，并以此为试点，逐步辐射带动其他单项运动协会的实体化进程。

1994年，西安市足球俱乐部举办了成立以来的首次国际足球邀请赛，由西班牙皇家马德里足球俱乐部对阵大连万达足球俱乐部，比赛吸引了1.5万余名球迷现场观战，彰显了西安市足球俱乐部举办大型赛事的能力，提高了足球运动的社会关注度。

成立之初的西安市足球俱乐部与西安市足球协会均属事业单位性质，主要从事足球管理工作，并没有发挥预期的足球职业化、产业化作用。因此，西安市将“西安市足球协会暨西安市足球俱乐部”更名为“西安市足球协会暨西安市足球管理中心”。

在足球职业化改革的带动下，西安市的体育职业化、产业化探索和实践全面展开。创建形式多样的体育俱乐部是体育职业化改革的主要内容，西安市鼓励社会、单位、个人试办体育俱乐部，逐步使运动项目、运动协会俱乐部化。在积极推进协会实体化和俱乐部制的同时，逐步理顺体育行政部门与实体化协会的关系，加强宏观调控和业务指导，建立健全实体化协会和俱乐部的行为规范。

三、强化竞技体育专业化

（一）实行目标责任制

1992年，西安市围绕全国第三届全国城市运动会、陕西省第十届运动会、西安市第十届运动会这三大赛事，对竞技体育的训练工作进行部署，强化训练措施，层层分解目标任务，并要求责任单位交付任务风险抵押金。除了运动员的常规训练之外，西安市还将部分运动员送到国家队、陕西省队、西安体育学院、上海体育学院和兰州军区体育工作队进行强化训练。

（二）推进“以赛代训”模式

在加强训练的同时，西安市体委明确了“多搞比赛、以赛代练”的训练方式。1993年，西安市组织市级体育竞赛52次，参赛人数达到9500人次，使运动员们对自身水平有了更加明确的定位，也锻炼了参赛心态，有利于成绩提高。1994年，西安市深入开展向“马家军”学习活动，再次强调要采取有力措施，完善激励和约束机制，强化训练措施，进一步层层落实责任，明确目标任务和奖罚条件。此外，在1995年第三届全国城市运动会开幕前，西安市根据国家体委下发的《鼓励和支持人才合理流动》的规定，先后从上海、内蒙古、吉林、解放军等单位的优秀运动队中引进了一批有实力的尖子运动员，有效地提升了竞争实力。

（三）落实分类管理方式

在推进竞技体育改革的过程中，西安市委、市政府对西安市经济发展水平和体育基础相对落后于东部发达省份的现状有着清晰的认识，因此，根据竞技体育发展的实际情况，合理地对竞赛项目进行分类管理。

1995年，西安市围绕奥运战略，结合自身发展状况，将竞技体育项目分为三大类别。一类（重点投入项目）有田径、游泳、射击、柔道、摔跤、乒乓球，二类（一般投入项目）有足球、棒球、举重、体操，其余的体育项目归为三类项目。在经费投入和政策倾斜上，一类项目要明显高于二类项目，三类项目的发展则主要依靠社会投入。

2000年，市体委对竞技体育项目分类管理又进行了调整。一类项目有射击、柔道、国际式摔跤、足球；二类项目有田径、游泳、跳水、乒乓球、举重、跆拳道；三类项目有射箭、体操（艺术）、武术（散打）、篮球、排球、棒球。三类项目的管理和经费投入原则保持不变。同年，市体委又修订了《西安市参加全省全国年度单项比赛奖励办法》。

（四）改革竞赛制度

西安市对竞赛制度进行了改革。各级体委加强对体育竞赛的宏观管理，制定竞赛的方针、政策、规划，负责组织综合性运动会及规模大、水平高的体育比赛活动。改革全市单项比赛参赛办法，对运动员实行参赛许可证制度，允许达到标准的学校和企业单位运动队（员）参加，逐步实现竞赛社会化、制度化、多样化。改革全市综合性运动会记分办法，各区县输送运动员参加省级以上综合性运动会的得分与市运动会各代表团成绩挂钩，使市运动会与《奥运争光计划纲要》相衔接，突出奥运项目，年度市级重点项目比赛团体总分也将记入下届市运动会总分之中，使区县重视重点项目发展，形成全市一盘棋。扩大市运动会规模，自1997年西安市第十一届运动会开始，吸收中央、省属大中型企事业单位和机关组队参赛。

四、竞技体育迅疾发展

（一）田径运动

1976年后，全市开始布局设立体育传统项目学校，西安田径运动成绩不断提高，并在重大国内国际田径比赛中摘取金牌。1977年10月，西安运动员申毛毛代表陕西参加全国田径比赛，以80.18米的成绩获男子标枪金牌，并打破78.56米的全国纪录。翌年，申毛毛、章惠芬入选国家田径队，在第八届亚运会上，申毛毛以79.24米的成绩获男子标枪金牌，章惠芬获女子400米栏银牌。1979年9月，第四届全运会上，申毛毛又以80.48米的成绩摘取男子标枪金牌，章惠芬400米栏以59秒79的成绩获女子金牌，并打破1分1秒32的亚洲纪录，田平科以68.88米的成绩获少年男子标枪金牌，并打破全国少年标枪纪录。同年，申毛毛在日本东京以80.50米的成绩再破亚洲男子标枪纪录，成为亚洲第一个投过80米大关的运动员，并入选亚洲田径队，参加第二届世界杯田径赛。1980年7月，申毛毛在美国费城“自由钟”田径赛中又以89.14米的成绩打破他本人保持的亚洲纪录。

标枪运动员申毛毛参加第二届世界田径赛

1977年至1979年间，西安市组队参加陕西省中学生运动会田径比赛，均获男、女团体总分第一名；参加1978年陕西省第七届运动会田径比赛，获女子团体总分第一名、男子团体总分第三名。1982年，参加陕西省第八届运动会，分别获男、女甲乙组团体冠军。随着竞赛制度改革和运动项目总体布局发生变化，陕西将四年一届的陕西省运动会改为两年一届的陕西省青少年运动会（简称省青运会），将每年全省少年田径比赛和中学生田径比赛改为全省业余体育学校田径比赛。1982年和1983年全省业余体育学校田径赛，西安男队获团体总分第一名，女队列第二名。1984年8月，西安市组队参加陕西省第一届青少年运动会田径比赛，女队获团体总分第一名，男队获第四名。陕西省举办首届体育传统学校田径比赛，西安市队获男、女团体总分第三名。1986年， 陕西省第二届青少年运动会田径比赛，西安市队未进入团体总分前三名。1988年陕西省第三届青少年运动会，西安市田径甲组团体总分获第一名、乙组获第四名。

1984年，西安市组队参加第一届全国十城市“飞跃杯”田径赛，董学斌获女子100米栏第一名。1986年，西安市承办第三届全国十城市“飞跃杯”田径比赛，西安市队获男、女团体总分第二名，其中，王小宁获女子乙组100米金牌。1987年，西安市组队参加第四届全国十城市“飞跃杯”田径赛，苏飞月获女子跳远金牌。

1990年，西安田径运动有高级教练13名（省属）、一级教练2名（市属）、国际级运动健将1名（省属），国家级运动健将32名（省、市合计），国家级裁判50名。

（二）球类运动

篮球　拨乱反正期间，篮球运动重视青少年篮球基本技术及身体素质训练，变单纯竞赛为竞赛与训练相结合，西安市篮球甲级联赛形成制度，每年定期举行。1979年8月，西安市组队参加省业余体校篮球赛，西安男女队双双获冠军。

1980年11月，西安市体育工作队（简称市体工队）成立，开始组建西安市青年男、女篮球队。西安市代表队男篮的最好成绩为1985年全国青年篮球联赛第八名，西安女篮的最好成绩为1984年全国青年篮球联赛第二十二名。

1980年至1990年间，西安队参加陕西省各类篮球比赛的成绩：1980年6月参加省中学生运动会篮球比赛，西安市男、女篮双双夺冠；同年参加全省中学生基层队篮球赛，西安铁路局第一中学女队获冠军；1982年参加陕西省第八届运动会，市男、女篮双双获得冠军；1983年参加陕西省业余体校篮球比赛，市男、女篮获金牌；1984年参加陕西省第一届青少年运动会，市男、女篮均获冠军；1986年参加陕西省第二届青少年运动会，市男篮未进入前三名，女篮获亚军；1987年参加省业余体校篮球赛，市男、女篮均未进入前三名；1988年参加陕西省第三届青少年运动会，市男、女篮分别获亚军、季军。

1980年后，西安市群众性篮球比赛频繁，水平亦有所提高。1981年，在西北五省会城市职工篮球赛上，西安市男、女篮均获冠军。1984年8月，户县与华县组成的男篮、户县甘亭镇女篮代表陕西省参加全国农民“丰收杯”篮球赛，分获第三名和第六名。1987年11月，西安电梯厂男篮参加在河南焦作举行的11省青年职工篮球协作赛，获第五名。

20世纪80年代，西安多次举办国内外篮球邀请赛。1984年举办“庆祝杯”“唐人马球杯”全国篮球邀请赛，国家男女篮、解放军女篮、江苏、上海、济南部队、南京、吉林、黑龙江、河北、空军、海军等国内强队纷纷前来参赛，全国著名教练钱澄海、杨伯镛、王利发等均到参赛现场，比赛水平之高，前所未有。1987年举办“海燕杯”全国男子篮球邀请赛、“西飞杯”国际女子篮球邀请赛，世界篮坛一流球队苏联国家女篮、中国国家女篮及国内篮坛劲旅江苏女篮等队前来参赛。到1990年，西安篮球运动有高级教练7名（省、市合计，其中市属3名），一级教练2名（市属），国家级裁判16名。西安市先后向国家队输送宇文斌、邱晨、王立彬等多名优秀运动员。

1984年洛杉矶奥运会，王立彬担任中国代表团旗手

王立彬，作为中国青年篮球男队和中国国家男子篮球队的主力队员，多次参加各种比赛，取得突出成绩。1980年11月参加第六届亚洲青年篮球锦标赛获第一名；1982年参加第九届亚运会获第二名；1983年参加第十二届亚洲篮球锦标赛获第一名，王立彬个人获“亚洲篮球明星”称号；1984年参加第二十三届奥运会获第十名；1985年参加第十三届亚洲篮球锦标赛获第三名；1986年参加第十届亚运会获第一名；1987年参加第十四届亚洲篮球锦标赛获第一名；1988年参加第二十四届奥运会获第十一名。

中国女篮队长邱晨

邱晨，1980年起先后担任国家青年女篮和国家女篮队长，她和队友多次在亚洲篮坛夺冠。在1983年第九届世界女篮锦标赛季军争夺战中，邱晨个人独得26分。她多次获得“世界最佳运动员”“最佳得分手”“最佳选手”“亚洲最

佳后卫”等称号，并多次入选女篮世界杯最佳阵容。

排球　20世纪70年代初，西安排球运动得到恢复，到20世纪70年代中后期，西安排球运动发展进入鼎盛时期。市业余体校以青少年为主，恢复排球训练。此后，省、市排球专业与业余训练形成网络，选材、训练、管理逐渐科学化。至1979年，西安市男、女排参加4次全省青少年排球赛，共获2个冠军、4个亚军；参加3届陕西省运动会排球赛，共获3个冠军、3个亚军；参加1979年全国16单位业余体校扶风赛区排球赛，女排获季军。以西安籍运动员为主的陕西省排球队在各类排球比赛中成绩突出，陕西省女排在1977年全国排球联赛中夺得冠军，其技术风格及战术配合，一度成为全国各地球队研究的对象。

进入20世纪80年代，特别是中国女排荣获世界冠军后，群众性的排球活动形成高潮。1985年8月，西安举办“黄河杯”国际女排四强邀请赛后，全市掀起了“排球热”。各区县、各系统纷纷组建排球队，并定期举办各种形式的排球赛。1982年至1990年间，西安市第八、九届运动会，西安市第一、二、三届青年运动会均设排球比赛，其中西安市第九届运动会排球比赛有8个单位的12支男、女排球队参赛，新城区男、女排均获冠军。至1990年，西安排球运动有教练18名，其中省属教练12名（含高级教练3名，一级教练6名），市属教练6名（含一级教练2名），排球运动健将16名，排球国家级裁判员9名。西安市先后向国家队输送了李建新、曹淑芳、李新善、王爱香、海萍等优秀排球运动员。

足球　1978年以后，西安足球运动进入有组织、有计划的发展时期，女子足球运动水平一度在国内领先。1979年12月，西安被确定为全国16个开展足球运动的重点城市之一。1980年，西安市基层足球训练班纷纷成立，形成基本网点，有西安市业余体育学校足球重点班，有市属10所中学、20所小学市级足球训练点和各区县的中、小学训练点等。1980年4月，国家体委派张俊秀、李国宁两位国家队教练来西安给省、市青少年运动员辅导。西安市足协和足球办公室开办教练员训练班，派专家赴各训练点指导训练，并做示范表演，参加训练的队员有400余人，示范表演30多场，观看技术示范表演者逾万人。1980年11月23日，西安市体工队成立，设足球训练队。1980年，西安市青年足球队成立，首任主教练范存如，教练高明，运动员16名。1985年，西安市青年足球队重新组建，鲍伯毅为主教练，周伯谊为教练。

西安女子足球声誉很高。自1980年起，西安每年三八妇女节组织女子足球比赛。1983年，西安市举办女子足球邀请赛，有19个队参加，分普通组和中学组进行比赛。1984年至1988年，西安市女子足球队还参加陕西省第三届青年运动会足球赛，其中第一届获冠军，第二届和第三届分别获第四名和第三名。陕西钢厂子弟中学女足从严训练，技术水平提高很快，1981年，暑期出访京、津、沪等地，六战皆胜，引起广泛关注。1982年，以陕西钢厂子弟中学女足为主组建的陕西省女足，参加在北京举行的全国首届女子足球邀请赛勇夺冠军，侯亚芹、孙翠环分别被评为“优秀运动员”和“优秀射手”。1983年2月，全国首届女子足球锦标赛在广州举行，陕西省女足再次获得冠军；7月，西安举行全国女子足球邀请赛，13支女子足球队参加，陕西女子足球队又一次夺冠。1984年1月，张铛铛、孙翠环入选国家女子足球队。1987年，张秀琪、唐坤媛入选国家集训队。至1990年年底，入选国家女足的运动员还有吕英、侯亚芹、张利、张勤、杜夏玲等。

1982 年陕西女子足球队成立时合影

1999年，西安承办第四届城市运动会，西安女足获冠军，男足获第四名。

2001年，西安市被中国足球协会命名为10个重点发展女子足球的省市之一。

2002年，西安组队参加陕西省第十二届运动会，男足、女足均获冠军。2006年，西安组队参加陕西省第十三届运动会男子足球比赛，获冠军。2010年，西安组队参加陕西省第十四届运动会，男足获冠军，女足获亚军。2014年，西安组队参加陕西省第十五届运动会，男足获亚军，女子甲组获季军、女子乙组获冠军。2018年，西安组队参加陕西省第十六届运动会，男子甲、乙组均获冠军，女子甲组获季军、女子乙组获亚军。

（三）武术、举重、拳击运动

武术　1978年西安市组队，参加南宁全国武术观摩交流大会，金丽贵获少摩拳一等奖。

1985年西安市组队参加在北京举行的全国工人运动会，陈立清获陈式太极拳一等奖，傅双红获劈挂拳二等奖。1990年8月西安市组队参加在安徽休宁举行的全国太极拳、剑、推手比赛，沈西京获56公斤级推手亚军，祝建西获75公斤级推手季军。到1990年，西安运动员及以西安籍运动员为主的陕西队在全国、国际性重大比赛中获得诸多优异成绩，其中以赵长军最为突出。

赵长军。1972年，赵长军第一次参加全国武术比赛，以出色的表演获得优秀奖，引起武术专家的关注。1974年，赵长军首次随中国少年武术团访问日本，他的出色表现受到国家体委的嘉奖，被称为“少年武术外交家”。从1978年到1987年，赵长军凭着过硬的武功和超人的毅力，十次荣获国际国内武术比赛“个人全能冠军”，夺得金牌54枚，被誉为武术界的“常胜将军”，成为中国武坛迄今为止唯一的“十连冠”和“金牌大户”。由他演练的“地趟拳”“追风刀”和“疯魔棍”，以其独有的风格被人们誉为“赵氏三绝”。从20世纪80年代开始，赵长军先后主演过《武当》《神州第一刀》《中国功夫》等30余部电影电视剧。他在中国第一部武打电影《神秘的大佛》里担任武打设计。1987年退役后，赵长军创办了西安赵长军武术学院。赵长军曾多次荣获国家体委颁发的体育运动荣誉奖章，先后当选为全国人大代表、全国劳动模范、全国民族团结进步模范个人。1994年，赵长军作为武术界唯一的具有突出贡献专家入选“1994年体坛45英杰”。1995年，赵长军被中国武术协会授予“中华武星”称号。他多次以武术专家的身份随中国武术代表团出国访问、考察、讲学，传播中华武术技艺，足迹遍及五大洲40多个国家，为我国的武术事业走向世界做出了贡献。2001年，赵长军当选陕西形象大使。

全国武术比赛十连冠获得者赵长军

1990年，西安武术运动共有高级教练3人，一级教练3人（市属），武英级运动员2人，国家级裁判员10人。

张根学，西安人，是陕西体育界担任国家队总教练（主教练）第一人。他统抓陕西武术，培养出了太极拳世界冠军吴雅楠，改变了赵长军退役后陕西武术长期低迷的局面。他参与了一系列中国散打对阵世界流派的比赛，比如中国散打VS泰拳、中国散打VS空手道、中国散打VS美国拳击等。张根学担任第五届武术世界锦标赛教练，尤邦孟、程维刚、马腾宾三人获得世界冠军；任第二届武术散打世界杯教练，带领队员获得8枚金牌；任第八届世界杯锦标赛主教练，带领队员获得7枚金牌；任第三届世界杯主教练，带领队员获得11枚金牌。

吴雅楠，陕西省竞技武术的领军人物。2005年，在第四届东亚运动会上获男子太极拳冠军；2006年，在全国武术套路锦标赛上获男子太极剑冠军；2006年在第十五届亚运会上获男子太极拳剑冠军；2007年，在第九届世界武术锦标赛上获男子太极拳冠军；2008年，在第七届亚洲武术锦标赛上获男子太极拳冠军；2008年，在北京奥运会武术比赛上获男子太极拳剑冠军；2008年，在全国武术冠军赛上获男子太极拳冠军；2008年至2009年，连续两届获全国传统武术比赛男子42式太极拳冠军；在第八届世界运动会上获男子太极拳剑冠军；2010年，在全国武术锦标赛上获男子太极拳冠军；2010在全国太极拳剑锦标赛上获男子42式太极拳冠军；2010年，在广州亚运会上获男子太极拳太极剑全能冠军。成为太极拳项目中目前的“世界第一人”。

北京奥运会太极拳剑冠军吴雅楠

举重　20世纪70年代中期，西安举重运动有所恢复，但直至20世纪70年代末，西安未举办过正规的举重比赛。20世纪80年代，西安青少年参加举重锻炼、训练的人数逐渐增多，女子举重兴起。1980年12月，西安举办“力量举”比赛，20个单位参加，比赛分深蹲起、卧推举和硬提三种姿势，男、女共八个级别，在此次比赛中，庞继明打破男子62公斤级全国纪录。之后，西安市举办第八届运动会与第一、二、三届青少年运动会，除第二届青少年运动会外，均设有举重比赛。1982年9 月的陕西省第八届运动会上，西安队获男子组第一名；1984年8月的陕西省第一届青少年运动会上，西安队获男子组第一名、女子组第一名；1986年8月的陕西省第二届青少年运动会上，西安队获男子组第一名、女子组第三名；1988年8月的第三届陕西省青少年运动会，西安队获女子组第五名。

拳击　西安于1987年恢复拳击运动。杨志英代表西安体育学院参加南京首届“营洗杯”全国锦标赛，获男子75公斤级亚军。西安运动员王珏获得男子67公斤级季军。

（四）摔跤、柔道运动

20世纪80年代初，西安的柔道、摔跤运动逐渐走上正轨。

摔跤　1984年6月，尚建亭在全国中国式摔跤比赛中，获52公斤级亚军。1987年，尚建亭在第六届全国运动会中国式摔跤比赛中，再度获52公斤级亚军。1989年9月，在全国中国式摔跤锦标赛中，耿宝华获48公斤级冠军。是年11月，在全国女子摔跤锦标赛中，李春蓉获56公斤级季军，李晓青获44公斤级季军，魏大华获80公斤级季军。1984年，在陕西青少年运动会上，西安队获国际古典式摔跤团体第一名。

柔道　1989年，在陕西省青少年运动会上，西安男子队获柔道团体冠军。

（五）水上运动

游泳跳水　20世纪70年代后期，西安的游泳运动由群众普及性活动逐渐转向以训练为主的培养专业人才的方向，并注重青少年的培养。1978年，陕西省第七届运动会、西安市第七届运动会均将游泳比赛列为正式比赛项目。此后至1990年，陕西省、西安市各届综合运动会除西安市第二届青年运动会外，其余均设游泳比赛。20世纪80年代，西安各高等院校、厂矿企业相继建成30多个游泳池，各高等院校、中小学校每年夏季组织开展游泳活动，并举办各种规模的游泳比赛。西安游泳运动得到了较快发展，运动员参加全国比赛获得较好成绩。王华，1983年4月参加保定全国游泳春季分组分区赛，获女子100米仰泳冠军、200米仰泳亚军，1984年又获全国游泳春季分组分区赛100米仰泳、200米仰泳两项冠军。1989年，为了给1990年北京亚运会及1992年奥运会选拔人才，国家体委组织现代五项（田径、游泳、击剑、马术、射击）集训，西安运动员陆昆、张光涛、张英、靳小红入选国家现代五项集训队。

田亮，1979年8月出生于重庆，1990年进入陕西省队。1995年，参加第九届世界杯跳水赛，获得混合团体冠军。2000年，参加悉尼奥运会获得男子10米台冠军。2001年7月，参加第十四届国际泳联世界锦标赛，与孙淑伟搭档获男子双人10米台冠军。2002年，在釜山亚运会获得男子10米跳台冠军；5月17日，在全国跳水冠军赛中，获得男子10米台冠军。2003年，获得世界游泳锦标赛跳水比赛男子双人10米台季军。2004年，在雅典奥运会上获得男子双人10米台冠军。2005年9月，田亮出任陕西省游泳运动管理中心副主任。2007年3月，田亮正式宣布退役。同年，田亮在西安创办陕西田亮跳水游泳学校，并与学校合作，建立训练基地。2012年5月，田亮获得第四十八届国际游泳名人堂颁发的最佳跳水运动员奖项，并进入国际游泳名人堂，成为进入该名人堂的第九位中国跳水运动员。

奥运冠军田亮

（六）击剑、射击运动

击剑　20世纪70年代初期，西安击剑运动逐步得到恢复。1984年，陕西省首届青少年运动会将击剑列为正式比赛项目，西安队获女子花剑团体、男子重剑团体第一名，李华、崔谷光分获男子重剑与佩剑第一名。1986年8月，全国少年击剑锦标赛在西安举行，西安队获重剑团体第七名，蔡永建获男子重剑个人冠军。1987年，西安市配专职击剑教练一名，在市人民体育场业余体育学校开设青年击剑训练班，击剑运动正式列入西安市体委训练工作计划。1988年8月，西安组队参加陕西省第三届青年运动会，西安队获男子花剑团体第一名，韩文华获男子佩剑个人冠军。

1989年7月30日至8月6日，西安市组队参加在南京举行的全国少年击剑锦标赛，西安队获男子重剑团体第八名。1990年，西安市青少年击剑队代表陕西省参加在广州举行的全国少年击剑锦标赛，分别获男子重剑团体第六名、花剑团体第九名。

射击、射箭　20世纪80年代后，射击被西安市列为重点项目开展，运动成绩大幅回升，射击运动进入兴盛时期。西安市于1982年、1989年分别改建与扩建射击运动场并增加了运动设施，教练员素质不断提高，队伍不断扩大。至1990年，教练员配备18人，其中具有大专以上文化程度10人。此间，西安市狠抓训练，注重后备人才培养，在全市各中小学布设射击运动训练点。1983年，举行全市体育训练点表彰大会，西安市第五十五中学、西安市大雁塔小学获射击项目二等奖，陕西重型机械厂子弟学校、华山机械厂子弟中学获射击项目三等奖。1982年起，西安市除举办儿童气枪赛外，每年增加全市性射击比赛。西安市第八届运动会、西安市第九届运动会、西安市第二届青年运动会、西安市第三届青年运动会，射击均被列为正式比赛项目。

1982年至1990年，西安市组队参加各类射击比赛频繁，成绩突出，连年参加陕西省、省际联赛及全国专项赛22场次，共获冠军46个、亚军20多个，10多次打破市、省、全国及亚洲纪录，成为颇具实力的全国劲旅。

西安籍射击运动员于吉平、李钟琪、左沛、王峰、李朝阳、王玉锦等代表陕西省和国家队参加全国、国际比赛，均有出色发挥。李钟琪参加第八届亚运会获季军，参加第九届亚运会获冠军，参加第十届亚运会获小口径自选手枪速射冠军，获手枪速射、标准手枪、中心发火手枪三项团体亚军，四项成绩均破亚洲纪录。1987年，在全国冠军射击赛上，李钟琪以591环的成绩破男子中心发火手枪亚洲纪录。李朝阳在全国第六届运动会上，以600环满环成绩平男子小口径自选步枪60发卧射世界纪录，决赛以705.3环的成绩破世界纪录。左沛参加第十届亚运会，获手枪慢射团体冠军，破亚洲纪录。

（七）无线电运动

1977年后，西安市调整运动项目布局，无线电运动被撤销，此项活动逐渐减少，直至完全停止。

（八）摩托车运动

1977年摩托车运动恢复，西安市业余军事体育学校设摩托车运动训练项目。1978年，西安市第七届运动会设摩托车越野选拔赛。赛后西安市组队参加陕西省第七届运动会，西安队获团体总分第一名，崔建西获男子250型二轮摩托车25公里越野赛冠军，李小玲获女子250型二轮摩托车20公里越野赛冠军。1979年，崔建西代表陕西队参加全国第四届运动会，与队友合作，获男子250型二轮摩托车30公里越野赛团体亚军。1980年后，西安市突出重点运动项目，摩托车运动未被看好，至1988年，摩托车运动项目被撤销。这个时期，群众性的摩托车活动却逐渐兴起，1987年西安市摩托车运动协会成立，相继开办摩托车驾驶员训练班、维修技术训练班。1988年春节，协会举办大型摩托车表演，项目有二轮与三轮摩托车编队、隐蔽、交换驾驶、过独木桥、跳断桥、过火地火圈、急掉头、对空射击、装车、换轮、换胎等，观众达7000余人。是年，西安队参加全国摩托车厂牌赛，获团体总分第六名。

（九）航空运动

跳伞　1975年后逐渐恢复，至1987年，西安市体委共开办伞塔跳伞辅导员训练班41期，培训学员1129人，全市有105个单位开展此项运动，参加人数逾2.16万人，跳伞者达32万人次。西安伞塔跳伞队共向省队、国家队输送跳伞优秀运动员44人，其中，贺小红最为突出，她先后7次获全国冠军、9次破全国纪录，获国际、国内重大比赛冠军17次，获体育荣誉奖章一枚，记特等功一次、一等功一次、二等功两次。1987年，西安市体委调整运动项目布局，跳伞运动被撤销，此项运动告停。

航空模型　改革开放后，西安航空模型运动的重心转向培训运动员与提高运动技术水平，组队于1978年8月、1984年8月、1986年8月、1988年7月分别参加陕西省第一、二、三届青年运动会，除第三届获亚军外，其他两届均获冠军。1979年，洪伟创造无线电遥控水上模型飞机留空时间9小时58分42秒的世界纪录；黎跃以5018米破无线电遥控模型（陆上）飞行世界纪录，以5662米平无线电遥控水上模型飞机飞行高度世界纪录，以2小时17分59秒破无线电遥控滑翔机留空时间全国纪录。

（十）航海运动

航海模型　1978年，西安市接受国家体委为海军制作扫雷舰模型的任务，来自5所中学的30名学生参加，共制作扫雷舰模型5艘。同年，西安市组队代表陕西省参加全国无线电遥控“M级”帆船模型比赛取得第八名。1979年西安市组队代表陕西省参加第四届全运会圆周竞速艇模型比赛，进入前八名。1982年，全国开展航海模型通讯赛，西安有5所中学、6所小学参赛。1983年，西安市航海模型项目被撤销，此项运动告停。

五、体育竞赛成绩喜人

1985年，西安市进行了田径、足球、篮球等19个项目30多次竞赛，共有1万多人参加。西安市组队在参加全国、陕西省级各项比赛中，共获得金牌31枚，全年共有2人4次破陕西省游泳、田径最高纪录，12人16次破11项西安市田径、游泳、射击最高纪录；竞赛中，2人达到二级运动员标准，114人达到三级运动员标准，21人达到少年级运动员标准。全年共批准二级裁判员153人、三级裁判员45人，有5人被国家体委评为优秀裁判员。

在全国比赛中获得较好名次的有：在全国青年、儿童棒球比赛中，西安市青年棒球队在8个参赛队中获第4名，儿童棒球队在14个参赛队中荣获第6名；参加全国“萌芽杯”足球赛，西安队在10个队中获第5名；在洛阳市三省七地市射击邀请赛中，西安队共获得6个冠军；在全国第二届“飞跃杯”田径比赛中，西安市运动员获男子乙组100米冠军；同年，西安市运动员在全国青年运动会中也取得了好成绩，陕西省代表团在全国青年运动会上金牌数排名第15位，代表团81名运动员中西安市输送了27人，陕西省代表团获得的45个名次中西安市输送的运动员获得18个名次，获得的6枚金牌中西安市2名运动员获得3枚（张东2枚，王玉锦1枚）。西安市输送的航空模型运动员梁跃，在参加世界锦标赛中，获FIA项目个人冠军，并与其他两名队友一起获该项目团体冠军。

1986年，西安市在参加的陕西省级各项比赛中，共获得95块金牌。全年有15人10次打破9项省成人和青少年游泳、公路自行车最高纪录；有106人71次打破市少年儿童田径、游泳、射击最高纪录；有6人达到一级运动员标准，115人达到二级运动员标准。西安市组队参加陕西省第二届青少年运动会的16个项目的比赛，从团体总分（1529分）、团体奖杯（23个，其中金奖12个）到奖牌数（192枚，金牌77枚），均列10个地市第一；在参加计划单列城市“七星杯”射击比赛中，手枪项目获团体冠军，并获5个单项冠军。西安市代表团被评为精神文明代表团，获得运动成绩和精神文明双丰收。

在参加其他全国性比赛中，西安市儿童棒球队获全国亚军，青年棒球队获全国季军，这是历年来西安市在该项比赛中获得的最好名次。在参加全国跳伞比赛中，西安市伞塔跳伞队获3枚金牌。在参加全国重点地区足球赛中名次有所提高，在北区10个队中，“萌芽杯”中由前一年的第五名提高到1986年的第四名，“幼苗杯”中由前一年的第七名提高到1986年的第五名，“希望杯”中由前一年的第九名提高到1986年的第七名。

1987年，在参加全国性竞赛活动中，西安市运动员共获9枚金牌。女子垒球队获全国“金牛杯”比赛亚军，儿童棒球队获全国季军，青年棒球队和少年棒球队均获全国第五名。在参加计划单列城市“七星杯”射击比赛中，获手枪团体冠军。在“七星杯”田径比赛中，获女子跳远冠军。在参加省上的各项比赛中，共获得17块金牌。全年共有29人43次打破省青少年儿童游泳、射击、田径、航空模型最高纪录。有63人93次打破市少年儿童田径游泳射击最高纪录。比赛中，有4人达到一级运动员标准，34人达到二级运动员标准，全年新批准的各项一级裁判员33人，二级裁判员58人，三级裁判员46人。

1988年，在山东济南举行的全国首届城市运动会上，运动员们经过激烈角逐和顽强拼搏，西安市体育代表团共获8枚金牌、5枚银牌、9枚铜牌，在全国40个参赛城市中金牌数名列第8位，奖牌总数22枚，列第6位，总积分263分列第5位，被大会评为“体育道德风尚奖”，实现了中共西安市委、西安市政府提出的“运动成绩和精神文明双丰收”目标，为古城西安争得了荣誉。

在陕西省第三届青少年运动会比赛中，西安市代表团共获得金牌86枚，银牌56枚，铜牌67枚。14个代表队获单项团体总分第一名，6个代表队获团体总分第2名，全团总积分1227分，居10个参赛地市之首，蝉联陕西省第一、二、三届青少年运动会第一名，实现了“三连冠”，金牌总数达到236枚。比赛中，西安市运动员40人次打破田径、游泳、射击等项目的省、市青少年纪录。

在陕西省第九届运动会上，西安市运动员285人，参加了地市组15个项目的全部比赛。在57天的激烈争夺中，全体运动员发扬团结拼搏精神，共获金牌75枚、奖牌197枚，总分2396分，团体奖杯18个，取得金牌、奖牌、总分3个第一名及“体育道德风尚奖”，以513分的成绩，获“陕西省业余训练输送运动员后备人才贡献奖”。在田径、射击、游泳比赛中，有1人平一项亚洲纪录，11人（队）12次破12项省纪录，26人（队）41次破39项省青少年纪录，有7个队获“体育道德风尚奖”。

在第二届全国城市运动会上，西安市体育代表团在10个项目中有112名运动员进入决赛，共有74人进入团体、单项45个奖项的前八名；有7人达健将级运动员标准。共获奖牌10枚，其中银牌6枚、铜牌4枚；团体总分167分，列89个参赛城市第14位。

总体来说，随着竞技体育体制改革的深化和各方面对竞技体育的重视，西安市竞技体育获得了新发展，取得了新成绩。这对于促进西安市体育事业的发展，提升西安市城市形象，形成社会关心体育事业发展的氛围，有着重要的作用和意义。

第五节　积极探索推动体育产业化发展

进入20世纪90年代，随着改革开放的步伐加快和社会主义市场经济的发展，我国体育产业化和市场化的条件日趋成熟。1992年6月16日，中共中央、国务院发布了《关于加快发展第三产业的决定》，明确指出第三产业的发展要“以产业化为方向，建立充满活力的第三产业自我发展机制”。按照第三产业的划分标准，体育事业的产品主要是非物质形态的体育劳务，属于第三产业的范畴。

1992年11月，全国体委主任座谈会在广东中山召开（简称中山会议），明确了以转变运行机制为核心、“面向市场，走向市场，以产业化为方向”的改革发展思路。中山会议的召开为西安市的体育产业化指明了方向，以“拒绝小修小补，实行体育产业的根本变革”为指导思想，西安市的体育事业发生了很大变化。

一、确立体育产业化格局

在1992年年初，西安市就展开了关于体育产业化的讨论、探索工作。1993年，市体委正式提出要大力兴办体育产业，增强体育发展的物质基础。1994年又提出培育和发展体育市场是实现体育产业化的根本途径。在继续兴办经济实体、发展多种经营的基础上，市体委坚持利用自身优势，探索和开发以体育培训、体育健身娱乐、体育竞赛表演和体育技术信息服务为主体的，与经贸、旅游、文化等相融合的经营型或服务型体育产业。本着“谁投资，谁所有，谁受益”的原则，西安市鼓励国家单位、集体、个人投资兴办体育产业。

1995年年初，西安市出台了《西安市体育事业十五年（1995—2010年）发展规划和“九五”计划》，该文件对西安市发展体育产业化的前期工作进行了总结，并提出了进一步发展体育产业的侧重点，要注重培育和开发体育市场，发挥现有体育场馆的作用，开展体育创收，兴办经济实体，招商引资，合作开发，促进体育设施和体育产业的发展。

1995年，西安市体委还在《西安市深化体育改革总结意见》中对下一阶段体育产业化发展的目标和格局做出了部署安排。要求市、区县重视体育产业开发，加快体育产业化进程，力争在本世纪末基本形成门类齐全的体育市场体系和多种所有制并存的社会化体育产业体系。鼓励社会各界团体、个人和外商，以合资、合作、入股等形式进行投资。这些政策的出台，对西安市体育产业化的发展起到了指导性作用。

二、探索体育产业化路径

（一）发行体育彩票

1992年，西安市体委成立经营创收办公室，召开了西安市体委系统体育彩票发行暨经营创收工作会议，确定了通过发行体育彩票拓展创收项目的决议。随后，西安市政府批准成立了市体育彩票发行领导小组，正式在全市范围内推广发行体育彩票。在中共西安市委、西安市政府的领导和市体委及各区县体委的努力下，西安市在1992年完成了初发350万元体育彩票的任务。1993年至1995年，体育彩票的发行工作逐步扩大，实现了拓展财政收入渠道的预定目标。1998年，西安市年内体育彩票的发行额为1300万元，在陕西省内居于领先地位。1999年，西安市体育彩票的发行暂时陷入低谷，销售额仅为560万元，获得收益54万元，此项收益全部用于修建全民健身广场。2000年，西安市体育彩票的销售达到小高峰，新城区和碑林区通过发行即开型体育彩票的方式，创造了销售额4500万元的优异成绩，这一数字也创造了全国纪录。

（二）开设“星期日市场”

1992年，西安市体委与西安市总工会、西安市工商局联合开办了“西安市体育场星期日市场”。同时，在市体委的鼓励和支持下，各区县体委也都在积极筹办经营实体。莲湖区体委将体育彩票和射击有奖销售活动结合起来，拓展了体育彩票的发行渠道。蓝田县体委投资开办了拉链厂，3个月便实现了创收。1993年，西安市钓鱼协会创办经营实体，在半年之内承办4次比赛，为单项协会创办经营实体摸索出了经验。

1993年，西安市体委开始尝试利用现有体育设施开展创收活动，将体育场馆由单纯事业型向经营型转变，利用地段的优势，提高经济效益。同年，西安市体委成立西安市体育开发中心，制定了《西安市1993—2000年体育产业发展纲要》，对体育场地进行了全面规划，加强了对直属单位和区县体委产业开发的指导。直属的5个单位都拓宽了创收门路，取得了较好的社会效益和经济效益。

（三）多途径开发市场

1994年，西安市体委成立了商贸总公司，扩大了创收渠道，在成立半年内便取得了良好的经济收益。直属各单位和各区县体委都积极地利用自身优势，开发体育产业市场，使体育产业创收有了增长，缓解了体育经费严重不足的矛盾。1994年年底，西安市体育场馆的开放工作已初见成效，各市属体育场馆通过门票发售、场地出租、场馆内销售活动拓宽了创收渠道，实现了结构多元化。

1994年，西安市第十届运动会期间，西安市体委举办了“夏之韵”保健饮品展销会，通过自营和委托利奥广告公司经营体育广告业务，并首次采取公开出售开幕式入场券的形式创收。这些尝试性举措，改写了以往单纯依靠财政拨款办体育赛事的历史，开发了体育市场，加强了体育与企业的联系，拓宽了体育发展的路子。

1992年至1994年，西安市体育产业化实践取得了初步进展；1993年，西安市体育产业创收约为70万元，比1992年增长40%。

（四）发展商业广告

1999年，西安市体委发展广告业务取得了巨大进展。西安市体育开发中心先后与30多家企业和20多家广告公司联系广告业务，与其中6家企业签订了第四届城市运动会广告赞助协议。此外，第四届城市运动会期间，西安市体育开发中心和市体育场接待观摩团20多个，接待人数300多人，经济效益明显提高。西安市足球协会举办中小学生暑假足球比赛，通过场地出租和相关的消费，刺激带动体育产业化发展，不仅创造了可观的经济效益，而且探索了“以赛养赛”的新路子。

三、体育俱乐部崭露头角

（一）陕西国力足球俱乐部

陕西国力足球俱乐部是由西安国力实业发展公司和陕西省体委共同建立的在中国足球协会和陕西省足球协会注册的体育产业组织，是在原陕西省足球队基础上建立起来的。此前，陕西省足球队是20世纪五六十年代中国足球的常胜军，曾参加第一届全国运动会，并跻身甲级行列，也曾战胜过所有的全运会冠军和全国甲级联赛冠军。在陕西足球发展的繁荣时期，陕西省足球队以“坚守强攻硬到底”的作风享誉中国足坛。

1995年，西安民营企业家李志民承接了八一队在西安的主场比赛。1996年，李志民筹建了陕西国力足球俱乐部，力邀贾秀全到西安，从当时的西安城市运动队中引进了王川等6位选手，并将王振杰、柳忠长、尚青等挖到国力旗下，成立了陕西国力足球队（简称国力队）。1997年10月，国力队在长沙客场冲甲B成功。至此，中国西北诞生了第一家全国足球甲级俱乐部，陕西国力开创了西北足球的新时代。这是陕西国力足球队发展的第一阶段。

陕西国力足球队在比赛中

1998年和1999年的甲B联赛是国力队的第二阶段。这两个赛季，国力队虽一直处在保级的边缘，但却有着超强的战斗力。在球迷强大的助威声势下，国力队的主场在这两个赛季仅输过一场球。1998年，国力队在“足协杯”主场比赛中以6：1胜当时的甲A劲旅广东松日队，外援鲁迪内还是1998赛季的最佳射手；1999赛季甲B联赛第八轮，国力队8：1重创广州白云山队，创造了国内甲B联赛迄今为止单场比赛进球数最多、比分差距最悬殊两项纪录。

2000年的甲B联赛是国力队实现又一重大突破的第三阶段。巴西籍主教练卡洛斯率领国力队不仅取得开赛阶段不可思议的四连胜，而且从第五轮起，就一直保持着甲B领头羊的位置，直至最后一轮升甲A联赛成功。这一年，西安发生了历史上第一次球迷骚乱“7·15事件”，国力队主场被迫迁往宝鸡。国力队是在宝鸡新的主场实现冲A成功的。2001年，国力队初战甲A赛场，由于在转会中并没有引进真正有实力的球员，因此前景并不被看好，然而卡洛斯再一次创造了奇迹。在甲A联赛首轮比赛中，国力队便在客场1：0击败实力强大的山东鲁能队。在2001年度甲A联赛中，国力队仅输给赛季末排在前两名的大连实德队和上海申花队。其中，3：4负于大连实德队的比赛是那个赛季甲A联赛的经典之战，也是国力队历史上的经典之战。

陕西国力足球队主场沸腾的球迷

2001年的陕西省体育场是一片欢乐的海洋，西安金牌球市也成为中国足坛的一道独特风景。每场5万名的球迷让国力队球员勇气倍增，2001年的陕西省体育场也成为国力队球迷和国力队球员最美好的回忆。卡洛斯把国力队带上了荣誉的巅峰，成为球员心中的神奇教练。西安球迷至今还能记得门将江洪、独狼马科斯。

（二）西安安馨园足球俱乐部

西安安馨园足球俱乐部成立于1998年2月，由西安市体委、市足协、安馨园集团联合组建。1999年，西安安馨园足球队参加全国足球乙级队联赛获A组第6名；2000年参加全国足球乙级队联赛获北区复赛第5名；2000年参加中日韩三国城市邀请赛获冠军；2001年参加全国足球乙级队联赛获南区复赛第6名；2000年参加陕西省第十二届运动会“贝斯特”杯男子足球赛获冠军；2004年升入中国足球协会甲级联赛。

（三）多个单项俱乐部相继成立

西安棋院　西安棋院成立于2006年，隶属于西安市体育总会，是具有独立法人资格的地方性群众体育团体。中国围棋协会认定的段、级位鉴定颁证单位。西安棋院是西安市棋类普及推广、教学培训的专业机构，并且是西安市体育局、教育局指定承办大型围棋活动的专门机构。棋院以“教棋育人”为己任，多年来秉承“通过围棋推广普及，传承和弘扬中华民族优秀文化”的宗旨，以“帮助孩子健康快乐成长”为最高目标。

西安绿茵足球俱乐部　西安财经学院绿茵足球俱乐部系陕西省高校系统首家以青少年足球训练、校园足球教练员培养及足球产业研究为主要运营方向的，民办非盈利的足球专业俱乐部，本着“传播足球科学、理念、文化、艺术”的创世纪目标，全力推动和促进陕西省校园足球、民间足球及本土足球事业的全面改革与发展，以校园足球发展的新模式与新思路，为西安财经学院足球教育和陕西省大学生足球事业做出贡献。

西安市翱翔体育俱乐部　隶属于西安市体育局，具体接受西安市体育总会的业务指导和管理，是以发展青少年体育运动为主导，以开展公益性校园社团公开课、青少年体育运动项目培训、中考体育运动项目培训、高考体育运动项目培训及承办中高考体育考试项目测试赛为一体的专业化社会团体。俱乐部围绕陕西省多所重点中小学进行战略布局，建立合作关系的学校已达到上百所，组建了中考体育特训营和高考体育单招、高考普通四项体育、高考高水平运动训练队。

西安鸿森青少年体育俱乐部　西安鸿森俱乐部是中国柔道协会团体会员单位及西安市举重摔跤柔道运动管理中心训练基地。俱乐部在柔道项目现拥有专职教练6名，一直致力于柔道项目的社会化推广工作。

西安亚特体育俱乐部　成立于2001年，拥有专业羽毛球馆、乒乓球馆、壁球馆和室内篮球馆，是陕西省内一所规模大、项目全、配套完善的专业运动场所。俱乐部的专业优势明显，健身教练的经验也非常丰富，很受会员们的欢迎。

西安博爱、飞人女子足球俱乐部　2004年，西安博爱、飞人女子足球俱乐部成立。2005年，在江苏丹阳举行的全国女足U-18青年联赛决赛中，西安飞人女子足球队获得季军、博爱女足进入前六。2006年，西安博爱女子足球队在全国女足U-18青年联赛复赛阶段获得第四名，在决赛中获得第七名；在全国U-18女足锦标赛中获得第十名。

四、体育媒体发挥助力作用

《西安晚报》　1976年至1981年，《西安晚报》对每年全国省、市的体育竞赛、群众性体育活动，以及每年6月对纪念毛泽东同志“发展体育运动，增强人民体质”的题词进行相关活动的新闻报道。

1982年5月，《西安晚报》社会部成立体育组，先后有宋蔚林、苏夏荣、赵治中负责采编报道，并在二版开辟《体育之窗》栏目。此后，《西安晚报》有关体育方面的报道更加丰富多彩，陆续报道了国内外及省市重大体育竞赛和群众性体育活动开展的情况。集中设立了《金榜英雄》《体坛名将》《奖牌统计》等小栏目，并特设《体育锻炼顾问》栏目，为读者锻炼身体当好参谋。

1987年，《西安晚报》体育组召开部分企业领导座谈会，请社会名流、体育人士参加“大家都来关心田径运动”的专题讨论。1988年5月8日，《西安晚报》社成立《西安晚报》田径促进会，并于7月下旬和市体委、市教委联合举办了以田径为主的西安市田径幼苗夏令营。

1988年是首届全国城市运动会、全国农民运动会和陕西省首届农民运动会举行的一年，又是第二十四届奥运会举行的一年。对此，《西安晚报》都做了详尽报道，其中，对于第二十四届奥运会从1998年初即进行不间断的发稿，比赛期间又开辟《奥运春秋》《奥运瞭望台》《今晨战报》《金榜英雄》《奖牌统计》《谁领奥运风骚》《拾零》等小栏目，作为体育栏目的延伸，发通讯、消息、照片、本报记者的分析文章及奥运会有关资料。

改革开放以来，《西安晚报》有关体育内容的发稿量达1000多万字，其中，1984年特约中国象棋特级大师柳大华和棋评作者、西安市棋手张郁合作撰稿的《弈林飞刀》（共12期），1985年的沈果孙《围棋入门速成讲座》（共34期），1986年的《西部体坛》（共15期）、《简易哑铃健美操》（共27期），1988年的《田径运动纵横谈》（共24期）、《中老年迪斯科健身舞》（共20节）等文章在体育专栏刊登后，颇受读者欢迎。这些栏目还引起了有关出版社的极大兴趣，其中《简易哑铃健美操》一书已于1988年3月出版。

《陕西日报》　党的十一届三中全会以后，《陕西日报》是陕西省体育宣传报道的主力军。1980年至1985年，《陕西日报》先后刊登关于陕西体育活动的文章360多篇（组），这些文章多以专栏形式出现，其中《体育之窗》《陕西体坛》和《体育界》等，每周出一期专栏，约4篇文章，2000多字，主要内容有比赛讯息、人物通讯、知识趣闻、体坛动态、评述、文摘等。

1984年2月9日至4月26日，《陕西日报》开辟专栏开展“陕西体育为何一落千丈”大讨论。为配合讨论，报社记者走访本省运动员冬训情况，增设了《在严寒的训练场上》小栏目。大讨论共发表各界人士献计献策稿件29篇。1985年，《陕西日报》加强对陕西体育的宣传，其中影响较大的有陕西体育记者协会和《体育世界》编辑部举办的1985年陕西体育“十佳”命名颁奖大会，以及在西安举办的全国“十佳”运动员授奖大会。1987年重点报道了3月的“海燕杯”男篮邀请赛、4月的隆重纪念国际垒球运动100周年暨全国女垒冠军赛、11月的第六届全国运动会获得金牌的运动员嘉奖大会。

《陕西工人报》　为推动陕西省及西安市职工体育活动的开展，1956年创刊的《陕西工人报》在经常性体育宣传的基础上，于1986年 1 月开辟了《体育界》专栏，1957年更名为《体育》，每周一期，约3000字，以介绍体育知识、健身方法和体育动态等为主要内容。

西安人民广播电台、陕西人民广播电台　1950年 9 月1日，西安人民广播电台成立，陕西人民广播电台第二套节目也于此前后开播，与陕西人民广播电台第一套节目构成强大的广播宣传阵容。西安人民广播电台充分发挥省会城市特点，重视各种体育消息报道。该台在1986年2月全国“十佳”运动员评选揭晓颁奖大会举行期间，直播了《体坛明星荟萃古城》4集专题录音报道；1986年“黄河杯”国际女排邀请赛期间，播出了各国教练的专题录音；1987年国家足球队与陕西足球队比赛前后，播出了《球迷和观众》系列报道。如球迷、医生与赵达裕的对话，听众很感兴趣。为使更多的人了解体育、参加体育锻炼，西安人民广播电台还举办了垒棒球、击剑、拳击等体育知识专题讲座10期，听众反映良好。

陕西电视台　1986年3月，陕西电视台在正常播出体育消息之外，还开办了《体坛内外》专题节目，初为不定期，1987 年定为两周一次，1988年改为每周一次，每次约30分钟。栏目内容多为世界体育大赛的精彩镜头剪辑、国内和省内重要比赛录像，以及趣味比赛、冒险运动、新奇项目介绍等，受到全省电视观众的喜爱，成为陕西电视台收视率很高的栏目之一。1988年，陕西电视台为加强体育节目播出，成立了体育组，有编辑、记者共4人。陕西电视台在20世纪80年代转播的体育项目有篮球、排球、足球、艺术体操、健美运动、拳击、武术等，总计已逾百场。

陕西电视台拍摄的第一部武术题材电视连续剧是《红娘子》。1989年3月又拍摄了专题片《中国功夫——一个武术家的故事》，主要介绍了赵长军的成长历程。1988年，陕西电视台与全国各级电视台合作，举办了大型文艺晚会《圣火1988》，以示对中国健儿参加汉城奥运会的支持和慰问。1989年，为迎接1990年在北京举行第十一届亚运会，陕西电视台开设了“三秦儿女迎亚运”专题节目。

第六节　推进学科体育科学化研究

进入20世纪80年代，西安体育工作者、学者专家、运动员、教练员都深刻地认识到，必须在训练方式、个人差异、训练条件等各个方面，以先进的体育理论为指导，采用科学的训练方式和针对性的方案，才能有效提升西安市的体育竞争能力。西安市在学科建设上不断加大研究力度，有力推进人才培养、理论研究和设备设施的科学化发展。

一、人才培养的体系化

在人才培训方面，一方面进行体制改革以提高专业化程度，一方面注重培训方式，在经验式教学中加大心理学、运动学的理论实践，从而有力地推进了人才培养的专业水平提升，使体育人才培养进入新的发展阶段。初步形成了三级培养人才的体系，即体育传统项目学校、市及各区县业余体校、省市体工队与中、高等体育院校。

这一时期，培养体育专业人才的机构也相继成立，主要有陕西省体育运动学校（前身为陕西省业余体校）、陕西省职工体育运动技术学院（前身为陕西省体育工作集训大队）、西安市体育工作队（前身为西安市体育工作集训队）、西安市体育运动学校（前身为西安市业余体校）、西安教育学院体育大专班、户县光明中学高中体育班、西电公司高级职业中学体育专业班。陕西师范大学恢复体育系。西安市体委、市教育局、市总工会等部门面向基层，每年开办教练、裁判、学校体育教师、厂矿农村体育干部学习班或短训班。至1990年，西安已形成普、中、高三个层次培养体育人才的格局，逐渐扭转了体育人才短缺的现象。一大批经过培养和训练的体育教师、教练员、科研人员、运动员、裁判员，成为推动西安体育事业发展的骨干力量。

（一）体育传统项目学校

1979年，全国体育工作会议强调抓好体育传统项目学校工作。西安市体委与市教育局根据西安各校师资力量、专项基础以及场地、器材诸条件，确立市体育传统项目学校。1982年，在布点项目时，突出田径、足球、篮球、乒乓球项目，同时向布局学校下拨训练经费。1983年，对体育传统项目学校球类竞赛规程进行改革，增加身体素质与基本技术两项测验，并按比例得分与确定名次。在此时期，全市体育传统项目学校各代表队坚持常年训练。1984年，实行体育传统项目学校田径三级运动员奖学金制度，并且进行检查验收，对先进单位和个人予以表彰。1985年，布局市级体育传统项目学校47所（中学27所，小学20所）、区县级体育传统项目学校191所（中学111所，小学80所），传统项目布局共达470个点，业余教练员527名，训练学生9136名，全年共向优秀运动队输送运动员6人，向各类体育学校输送学生40人。

1986年后突出以业余训练为中心，建立运动员苗子奖学金制度。1988年，布局市级体育传统项目学校增至61所，区县级体育传统项目增至350所，共有业余教练员532名，参加训练的学生过万人，其中164人被输送到各类体育学校。

1990年，西安市的陕西省、西安市级体育传统项目学校发展至294所，设9个运动项目（田径、游泳、射击、航空模型、篮球、足球、排球、乒乓球、棒垒球），区（县）级体育传统项目学校增至956所，增设了摔跤项目。业余体育学校增多，市属、各区县及基层（含个人办）业余体校达22所，教练员共106人，参加训练的学生万余人。其中，市业余体校设8个运动项目、28个训练队，在校常年参加训练的学生300余人，分优秀运动员集训队、重点班与普通班三个层次。市业余军事体育学校突出重点运动项目射击，发挥优势，为国家培养了数十名优秀运动员。

1984年至1990年，西安市体育传统项目学校组队参加省上历年组织的比赛，部分西安市运动员代表陕西省参加全国比赛。1984年，西安市大庆路小学被评为全国体育先进单位，刘元煌（西安市第三十七中学）、魏立功（市大庆路小学）、张康云（市大雁塔小学）被评为全国体育先进个人。1984年，西安市第八十五中学（田径）被评为全国体育先进单位。

（二）区县及基层业余体育学校

20世纪80年代，各区县业余体校的发展由设置多项逐渐转为突出重点单项。1990年，全市共有业余体校24所，分别是西安市业余体育学校，新城区、碑林区、莲湖区、灞桥区、未央区、雁塔区、阎良区、长安县、蓝田县、临潼县、周至县、户县的业余体育学校，西安市青少年宫、西飞公司、西北第一印染厂、西安电子科技大学、西航公司、陕西省建筑总公司、西北工业大学、西安体育学院、铁道部第一工程局、红旗机械厂业余体育学校以及周至县终南镇武术体育学校。全市业余体校有教练100余名，常年参加训练的青少年近万人。

（三）西安市业余军事体育学校

西安市业余军事体育学校（简称市军体校）采取开展活动、培训骨干、举办小型竞赛表演等多种形式，开设了射击、航空模型、无线电、伞塔跳伞、航海模型、摩托车项目，不仅宣传了开展军体活动的意义，也培训了一批运动员和活动骨干。普及人数7000余人，培养骨干2800余人，还为省专业队和国家队输送了10名优秀运动员。

随着参加各项军体活动人数的增多，市军体校也将重点项目训练班射击班改为“三集中”的训练班。至1990年，市军体校培养了大批军事体育后备人才，向国家队输送优秀运动员106名，先后有5人9次破全国纪录，12人13次获世界冠军，5人5次破世界纪录。1990年市军体校有教练18人，其中一级教练9人，初级教练9人，具有大专以上文化程度的占55%。

（四）西安市业余体育学校

1978年后，西安市青少年业余体育学校规模迅速发展，成为市级业余体育训练的重要基地，1982年，更名为西安市业余体育学校（简称市业体校）。至1990年，设8个运动项目（即在原项目上增加棒球）、28个训练队，分优秀运动员集训队、重点班与普通班三个层次，在校学生301人，其中集中食宿训练的有16个队153名学生。市业体校分别在1983年与1987年两次被评为全国业余体育学校先进单位。至2012年，市业体校先后培养出的著名运动员有徐婉吟、陆跃华、安春英、樊铭、章惠芬、黄文彩、楚凤莲、吴蕾、冯敬、秦凯、司雅杰、董振东、杨佩、郑阳、赵巍、范强、苏辉等，向市、省、国家队输送300多名优秀运动员。棒球运动员高利军、刘松波等7人自1987年后，代表中国少年棒球队参加世界少年棒球比赛，共获4个冠军、2个亚军、1个第五名。1988年，体操运动员吴蕾在全国城市运动会上为西安夺得1枚金牌、2枚银牌、1枚铜牌。2009年7月，杨佩在全国体操冠军赛中获得亚军，获得“难度王”之称。2009年9月，杨佩获得第十一届全运会女子跳马金牌。

（五）西安市体育工作队

西安市体育工作队（简称市体工队）成立于1982年，地址在西安市伞塔路6号（今伞塔路89号）。西安市体工队是市体委下属最高层次的体育人才培养机构，最初有男女篮球和男子足球两个项目，运动员50人（均系青年队），并代管陕西省棒球、垒球队。1983年，足球青年队获全国16城市青年足球锦标赛第九名。1984年，男篮获全国青年篮球联赛决赛第九名，1985年，又获得第八名。1986年，市体工队又增加了田径、游泳、射击、航空模型、举重、体操（女）、乒乓球7个运动项目，运动员增至100人，专职教练增至22人，设 9 个运动项目，共11个运动队。

20世纪90年代初期，国家体育工作的重点开始向奥运战略和全民健身方面转移，在举国体制下，西安及时撤销了市体工队非奥运项目和弱势项目，将原来的9个项目100名运动员，调整到2个项目（射击、足球）35名运动员。1992年，西安市体育运动学校成立，市体委决定，市体育运动学校和市体工队合署办公，一套班子两块牌子。1997年，足球青年队以金花前卫足球队名义参加全国乙级队联赛，因未冲上甲级队，宣告解散。至此，市体工队仅剩下射击项目10名运动员。1997年以后，随着西安市体育局下属训练单位项目调整，又招收了摔跤、柔道运动员进队。市体工队有摔跤、柔道、田径、跆拳道、武术、射击等项目，在编运动员15人。

二、理论研究的应用化

西安体育科研队伍主要由省、市体育系统科研力量和高校师资力量构成。党的十一届三中全会以后，各级体育组织都对科研工作给予高度重视，研究层次和水平上了新台阶，取得了可喜的研究成果。1983年至1985年，西安体育学院先后有35项科研成果获陕西省高校科研成果奖，其中二等奖5项、三等奖30项。

（一）课题研究应用

西安体育学院在科研布局上，大力组织开展应用性课题研究和开发性课题研究，同时重视软科学方面的课题研究，其中有代表性的软科学研究课题为“西北地区竞技体育战略研究”。该课题由院长文超教授任课题组组长，西北五省区40多名各级体委领导干部、政策研究人员、体育工作者及体育学院的科研人员一起组成学科门类齐全兼研究力量雄厚的课题研究组。经过一年的努力工作（1988年9月至1989年9月），该课题组基本完成了研究任务，并将研究成果汇编成册，定名为《西北竞技体育的发展与未来》，由《西安体育学院学报》编辑部出版。由于该课题富有学术及应用价值，被定为1989年国家体委软科学研究委管课题，并由西北体育发展战略研究会推荐申报国家体委软科学研究成果奖，西北各省区体委以此为参考依据制定本省区的竞技体育发展战略。

（二）开展国际学术交流

1982年，西安体育学院与日本体育院校开始学术交流。日本立命馆大学名誉教授、日本神户女子大学木村静雄教授，日本大阪体育大学教授、西安体育学院名誉教授金子公肴等学者，先后来西安体育学院讲学。美国、匈牙利等国学者也先后来西安体育学院讲学。至1987年，木村静雄教授共3次来西安体育学院讲学。1986年6月，西安体育学院院长文超访问日本，与日本大阪体育大学签订了两校间的《体育交流协议书》，使两校体育交流活动得到进一步发展。

（三）科研取得丰硕成果

1979年，陕西省高校科研成果评选中，西安体育学院教师金发仑、周成之、狄风岗合著的《田径运动技术原理》获二等奖，郭洁的《中老年人体育与健康》、马贤达的《试论我国武术史上的达摩与少林寺》、陆昕的《柔道起源的考证》分别获得三等奖。1980年至1989年，西安体育学院获选参加省、西北地区和全国体育论文报告会、研讨会以及在各种刊物上正式发表的论文共405篇。由张月芳、翟国俊等编写的教材，经全国体育学院教材委员会审定，部分章节被分别选入《运动解剖学》《体育理论》《运动生物化学》《篮球》《排球》《足球》《艺术体操》《体育统计学》《运动心理学》《田径》《乒乓球》等近16门全国体育学院体育系通用教材，均由人民体育出版社出版，为全国体育学院教材建设做出了贡献。1983年9月，在上海举行的第五届全运会期间，国家体委举办了全国体育科研成果展览会，西安体育学院选送展品成果30项。1985年，在国家体委年度体育科技进步奖评奖中，西安体育学院获三等奖1项，四等奖2项。

三、运动保障的科学化

运动保障的科学化研究，在成果应用方面，主要包括运动营养、运动保健和运动器材等。

（一）运动营养的“称量法”运用

西安对运动营养的研究始于1985年。陕西省职工运动技术学院训练处为使运动员伙食更加合理，采用“称量法”对伙食抽样测量，并根据不同的运动项目和食物的营养成分进行合理调配，取得明显效果。1986年，陕西省体育科学研究所聘请第四军医大学营养专家开始对全省各训练单位运动员伙食进行不定期检查、咨询。1987年，陕西省职工运动技术学院从北京321医院引进中国人食品营养计算机软件，用于省运动队营养研究。该软件内存数百种食品营养成分数据，使用者只需将食品重量输入计算机，便可快速计算出食品的各种营养成分的数量，提高了运动营养研究的效率和直观性。

（二）运动保健饮品的开发

运动保健成果方面，1986年9月，纪庆科、惠天明、董利与西安国药厂阮庆安等人，联合研制了以中草药人参、五味子、麦冬为主要成分的“参力”可乐和以茯苓、白芍、山楂为主要成分的“百思”可乐。经临床和动物实验证明，“参力”可乐具有明显的抗疲劳抗缺氧作用，“百思”可乐除具有抗缺氧作用外，还具有一定的减肥作用。这两种运动保健饮料的研制在陕西省尚属首创，并于1989年被评为陕西省新产品三等奖。同年，西安医科大学谭一飞，医科大学附属二院朱健民、梁颖彬，中医研究院赵一初等，共同研究制订出一套运动训练和赛前使用营养药物的方案，在赛前训练中促进运动员恢复、增强体力，提高运动成绩等方面起到了一定作用。

（三）运动器材的多种类研发

航空模型靶机（Ⅰ型）发动机　1958年，西北工业大学刘明道与有关机组人员共同成功设计和制造出自由飞“卫星-4”发动机。该发动机质量超过国际同类产品。后经过不断改进，在1979年至1982年，刘明道等人试制出F2B（小组竞速）专用2.5毫升压燃发动机。浙江队采用该款发动机后，成绩得到提升并获得全国冠军。

遥控篮圈封闭器　1983年，西安体育学院刘明忠、姜建新、吴钟权研制成功遥控篮圈封闭器，该项成果被评为陕西省高校科研成果三等奖。

SCL－L型运动雷达测速仪（以下简称“测速仪”）　1983年，由西安体育学院科研处运动生物力学研究室主任狄风岗教授任组长、西安体育学院和西安电子科技大学共同研制的SCL-L型运动雷达测速仪，在运动训练实践和科研测试中具有较高的实用价值。1988年12月9日，该装置通过国家体委鉴定。该装置可在受试者不带任何附加物的情况下，测量出受试者每0.1秒的即刻瞬时速度与瞬向对应位置。它既适合于直线助跑项目的比赛训练，也可用于短距离径赛项目的比赛和训练，具有反馈快速、测试花费低廉的特点。该装置在国内属首创，在国际上也未见到同类产品，它对人体直线运动的速度研究有较高的实用价值。该装置的研究与应用被列为1989年国家体委委管课题。

十六功能联合训练器及电动按摩机　1986年，为解决运动训练的需要和节省外汇，由陕西省体育科学研究所周伟民、董利等人与西安飞机发动机制造公司金属板焊厂联合测绘并仿制了国外十六功能联合训练器和电动按摩机。经过省级鉴定，该机工艺、质量、外形均达到国家先进水平。

电震放松床　1986年，由陕西省体育科学研究所纪庆科、周伟民设计，并联合中国人民解放军5702厂，研制出电震放松床。该机根据仿生物学人工按摩的原理，运用机械震动的方式，加速人体血液循环，促进疲劳恢复。经运动员多次试用，证明该机具有加速恢复身体机能的功能。该机通过了省级鉴定。

第七节　不断扩大体育运动国际化空间

随着改革开放的不断深入，中外之间的体育交流也越来越多。中国体育代表团不断地走出国门，加强与世界其他国家和地区的联系，外国的体育代表团也来到中国进行参观、交流、学习，体育对外交流不断扩大。开展体育对外交流活动不仅是体育事业自身发展的需要，而且承载着体育外交、文化交流的功能。西安市体育对外交流既包含与外国体育选手的比赛交流活动，还包括派遣优秀的运动员、教练员到国外进行援助等方式。

一、国际交流空前活跃

20世纪80年代中期，西安的体育对外交流处于最活跃时期，连续举办了3次国际体育盛会。1984年10月的西安国际女子足球赛，邀请印度奥委会副主席一行来西安访问。1985年8月的西安国际武术邀请赛举办期间，西安还成立了把武术推向世界的国际组织，成为陕西武坛一大盛事。

1985年春天，日本静冈市日中友好协会选派一批学员来西安学习太极拳。为了进一步加强指导，西安市武术教练张桐、楚聚才于同年夏天应邀到日本静冈市讲习3个月，先后训练学员600多人，受到当地政府和日中友好协会的热烈欢迎。1985年10月27日，美国男子排球队来西安比赛交流，与西安教练队进行了友谊赛，主队以3：1获胜。1985年8月6日，日本京都府少年足球队同陕棉一厂子校和铁五小联队在西安西北大学足球场进行了友谊比赛，客队以1：0获胜。当晚，双方运动员在陕西省体育场比赛馆欢聚一堂，并观看了日本少年柔道和中国武术表演。1985年8月21

日至26日，第一届国际武术邀请赛在西安举行。前来参赛和参观的有来自日本、美国的友人和东南亚地区的华侨以及国内各地的武术界人士数百人。

1986年，古巴国家女子排球队在西安与陕西女排队进行了友谊表演赛。1987年8月，南斯拉夫俱乐部队访问我国，同陕西男篮队进行了一场友谊赛，客队获胜。与此同时，美国圣约翰大学男子篮球队访问我国，同陕西男篮队进行了两场比赛，双方各胜1场。

西安体育对外交流

1988年4月，西安市派自行车体育代表团和日本运动员一起参加了"用自行车联结丝绸之路之旅"活动。这次骑自行车旅行的路线为中方从西安到洛阳，日方从大阪到奈良，全长630公里。途中，中日双方运动员互相勉励，互相帮助，克服了各种困难，增进了友谊。同年8月，西安市接待了日本少年软式棒球队一行20人的访华团。西安市少年棒球队和客队进行了友谊比赛，以12：4战胜对方；在比赛期间，日本队职业棒球教练李宗源（台胞）对西安市少年棒球队进行了辅导。10月，西安市接待日本船桥市一行35人的围棋代表团来访，西安市围棋队和船桥市围棋队进行了对抗赛和友谊赛，在对抗赛中西安市队以6：4战胜对方，客队表示以后将每年举办一次中日两市的围棋比赛，以促进两市的围棋发展。

1989年8月，西安市先后接待了联邦德国滑翔队和日本小学生软式棒球队访华团。1990年，西安市先后接待了日本刈谷市少年软式棒球队、日本奈良市乒乓球队、日本船桥市体操队访华团。同年，参加中日友好城市乒乓球大联欢的中日友好城市代表队有76个，西安和奈良这对友好城市组队参加了这次比赛，并夺取了小组第一名，在76个参赛队中名列第十九名，获得了“优胜奖”。10月，西安市围棋队一行12人前往日本船桥市进行了友好访问。

1991年，西安市全年共接待来访比赛的外国团（组）8批160多人。其中，在北京举行的中日友好城市乒乓球赛，由西安市分别和日本京都市、奈良市组成友好城市代表队，在103个参赛队中，两队均获得小组第一，获得优胜奖。接待了日本3支少年儿童棒球队（波尼队、船桥市队和小学生队），西安市队和这3支球队分别进行了友好比赛，西安市队3胜1负。此外，西安市还接待了日本奈良市马拉松友好访华团，双方商谈了在西安举办城墙国际马拉松赛事宜。同年，西安市派队参加中国足球协会考察团赴丹麦、荷兰考察；西安市少年硬式棒球队参加在日本东京举行的世界锦标赛，这是西安市队首次代表国家队出访比赛。

1992年，西安市组建友好代表团访日，并与奈良市签订了举办西安城墙国际马拉松比赛的协议。同年，组建体育代表团远赴丹麦和荷兰考察，学习了西方国家开展体育运动的经验。

1993年，市体委进一步扩大体育出访活动。组建体育招商团队赴香港地区和泰国进行体育馆工程的招商；组织围棋代表团和马拉松代表团出访日本。

1994年，西安市组织体育代表团参加了在日本举行的马拉松比赛和在香港举行的风筝赛，并取得了较好成绩。其中，西安风筝团还获得了“创作新颖奖”。

2000年，西安市体委分别组织赴德国、韩国、卡塔尔、澳大利亚、英国等国家进行了体育交流和观摩，共10批114人次。同年，市青少年武术代表团应邀赴英国爱丁堡访问，受到爱丁堡市各界的欢迎。此外，西安市组建80余人的体育代表团赴韩国庆州参加中日韩三城市友好体育交流大会，揭开了西安市体育交流史上的新篇章。

在积极组织体育出访活动的同时，西安市接待国外（地区）体育代表团的工作也取得较大进展。1992年，全市共接待来访比赛的外国团体共8批160多人。其中，西安市和日本京都、奈良市分别组成友好城市代表队参加了在北京举行的中日友好城市乒乓球赛。还接待了日本3支少年儿童棒球队（波尼队、船桥市队和小学生队）。至1993年，西安市接待国际体育代表队的工作持续扩大，全年共接待德国、法国、日本等8个团（组）209人来访和比赛。1994年，接待了日本、比利时等4个团（组）100余人来访和比赛。2000年，全市共接待日本、德国、英国等国家和地区的运动员及官员5批119人次，并进行了体育交流及会谈。在接待各类体育代表团的同时，市体委还以外国体育代表团来访为契机，通过各种渠道，利用优惠政策，吸引国外体育旅游者和客商，招商引资，加强体育和经济合作，为西安市经济建设服务。

二、城墙国际马拉松赛备受关注

西安城墙国际马拉松赛，是西安在20世纪末举办的最大规模的国际体育赛事，对西安体育国际化发展起到了重要作用。

1992年，西安市体育代表团访问日本时，双方约定在1992年10月举办西安城墙国际马拉松赛。随后，西安在接待日本奈良马拉松友好访华团时，经双方商谈，将比赛时间由原定的1992年10月改到1993年10月。1993年10月，西安城墙国际马拉松赛如期举行，来自中外各国的1279名运动员参加了此次比赛。该届赛事的举办规模之大、效果之好、赛会服务质量之高，得到了上上下下、方方面面的好评。1995年，《西安市体育事业十五年（1995—2010年）发展规划和“九五”计划》提出要将西安城墙国际马拉松赛坚持办下去，办成长期、品牌赛事，办成独具特色的、有一定影响的国际性体育比赛。

2000年，西安城墙国际马拉松赛的举办再次取得突破，中国台北奥委会首次派出13人的代表团参赛。

西安城墙马拉松赛

三、体育援外广受欢迎

陕西（西安）派遣教练员出国任教始于20世纪70年代，1977年至1989年，先后派徐婉吟、李信、苏月多、宋一之、李宝健、刘俊英等，赴阿拉伯也门共和国、尼日利亚、埃及等国任体操教练，获得邀请国家的高度赞扬。

20世纪80年代，陕西（西安）承担体操援外的任务增多。1982年，苏月多赴尼日利亚任体操教练后，1988年至1989年，宋一之、李宝健分别赴埃及、阿拉伯也门共和国担任体操教练工作。1988年9月起，宋一之应邀担任埃及体操教练2年2个月。他所带的体操队员在参加阿拉伯地区比赛中获团体冠军；在埃及共和国青少年比赛中，热克里获全部7个冠军中的5个冠军（全能、单杠、双杠、鞍马、自由体操），罗依获体操跳马冠军。

1984年4月，排球教练阎永泉受聘于阿拉伯也门共和国，在其首都萨那市担任也门国家男子排球队主教练。同年10月，也门国家男子排球队参加在巴林举行的四国男子排球赛，获得亚军；11月参加在沙特阿拉伯举行的亚洲青年男子排球锦标赛，获得第11名。也门国内各报纸发表祝贺文章，队员和教练员受到国家领导人的接见。

1981年1月，乒乓球教练李工赴科威特担任教练，1983年4月完成任务回国后，于1986年9月再次受聘于科威特。1987年，在科威特体育部门的支持下，他率领科威特国家队运动员前往匈牙利训练1个月，使科威特乒乓球运动员身体素质和技术得到很大提高。经他训练过的运动员在科威特全国比赛中，曾获7个冠军、8个亚军。一位13岁的运动员在科威特全国比赛中获青年、成年组乒乓球单打冠军，并出国参加海湾国际比赛和亚运会比赛。李工曾受到亚洲奥委会主席、科威特奥委会主席法赫德亲王的接见，并被授予“最佳乒乓球教练员”奖。

1982年，武术教练张桐、楚聚才等组成专家组，赴日本静冈等七市县巡回讲学，开办短训班10期，学员近500人。

1983年开始，精英武术运动员赵长军、武术教练马贤达以及马振邦、高西安、白文祥、徐毓茹、陈立清、乌树堂等一批优秀教练员、运动员，先后赴英国、法国、意大利、瑞典、丹麦、新加坡、日本、尼泊尔等国讲学交流。1983年12月，马振邦随中国武术代表团访问新加坡并讲学。1985年，马振邦受国家体委派遣赴日本讲学，分别在东京、大阪、京都、横滨等地开办武术训练班10期，千余名日本武术爱好者参加了学习。武术班训练内容包括太极拳、太极剑、太极推手、形意五行拳、五行连环拳等，理论课有“形意拳的健身和技击作用”“浑元气功的医疗价值和碰打功的防身作用”等。1986年5月，武术教练徐毓茹应日本京都市政府邀请并担任西安市太极拳讲师团团长，先后在日本京都、城阳、宇治等地讲学，并进行现场教学辅导。两年后，徐毓茹又随中国武术专家小组赴日本，在东京、大阪两地为全日本太极拳裁判员、教练员训练班讲课，还在神户、横滨进行了讲学和辅导。1989年6月，武术教练乌树堂受国际武术联合委员会委托，到澳门第二届国际武术教练员训练班讲学；同年10月，赴尼泊尔王国担任教练工作，严格训练30多位学员，两个月后挑选5名男运动员去香港参加第二届亚洲武术比赛，获得一个太极拳单项第四名，受到了尼泊尔王国的赞扬。

1989年5月，篮球教练黄济贤受聘于泰国，承担泰国国家男子篮球队的训练工作，任期为1年7个月。1989年8月，黄济贤以泰国国家男子篮球队主教练身份带队参加在马来西亚举行的东南亚运动会，比赛中泰国队以4战2胜（新加坡、印度尼西亚）2负的成绩，获季军。随后他又受邀训练泰国国家女子篮球队，为她们取得优异成绩打下了良好的基础。

第八节　大力促进体育赛事社会化发展

大型体育赛事的举办，对推动地方城市体育事业的发展、社会经济发展及公共基础设施的完善，有着积极的促进作用。“文化大革命”结束后，西安市体育竞赛活动的举办进入新的阶段，大型体育赛事不断增多。自1985年以来，随着经济发展水平的提高，西安市承办或自行举办体育赛事愈加频繁，促进了西安体育事业的发展。

一、举办、承办大型体育赛事

1978年，举办西安市第七届运动会和各项竞赛活动。西安市第七届运动会是“文化大革命”后西安市举办的规模最大、参与人数最多的一次运动会，包括田径、球类、游泳、武术、摔跤、举重、棋类、射击、航空模型、无线电、自行车等17个项目，1800余人参加。运动会上，有56名运动员在田径、游泳、举重、射击、自行车等项比赛中打破了43项省市成人和少年最高纪录。通过市第七届运动会，有15个项目的282名运动员得到选拔，他们经过集训，参加了陕西省第七届运动会。在各有关方面的协同下，西安市全年共举办了篮球、排球、足球、乒乓球、羽毛球、田径、游泳、武术、垒球9个项目17次市级比赛，4000余人次参加。此外，还举办了中小学田径运动会、篮排球联赛及小学足球、中学排球、青少年举重、业余体校篮球等比赛，承办了全国垒球分区赛和20城市小学生足球赛，接待了来访的日本奈良市羽毛球队。

1982年5月4日至9日，西安市第八届运动会举办，参加人数2550人，比赛项目涉及田径、篮球、排球、足球、乒乓球、武术、公路自行车、举重、游泳、射击和航模总计11项，参加比赛的有长安县、新城区、碑林区、莲湖区、未央区、灞桥区、雁塔区、阎良区、高校系统9个单位，比赛成绩：此次市运会有44人次破（平）123项省、市最高纪录。名次为：第一名新城9项，碑林4项，莲湖、灞桥各3项，未央、雁塔、高校各1项；第二名碑林7项，莲湖4项，新城、灞桥各3项，雁塔、高校各2项，未央1项；第三名碑林、莲湖各5项，新城、未央各3项，阎良、高校各2项，灞桥、雁塔各1项。

1990年5月16日至8月20日，西安市第九届运动会举办，参加人数4806人（其中行业组2539人，青少年组2267人），比赛项目行业组有篮球、足球、乒乓球、羽毛球、田径、中国象棋、围棋和桥牌共8项，青少年组有篮球、排球、足球、田径、乒乓球、举重、游泳、武术、射击、国际式摔跤、中国式摔跤和柔道总计12项，参加比赛的行业组的有市建设银行、市农垦局、市级机关体协、市税务局、中专体协、市物资局、市邮政局等34个单位，参加青少年组的有新城区、雁塔区、阎良区、莲湖区、未央区、碑林区、灞桥区、周至县、长安县、户县、蓝田县、临潼县和高陵县13个区县，比赛成绩：此次市运会有26人48次破4项省纪录、31项市纪录。行业组成绩为：第一名市教委（149.5分）；第二名西电公司（134分）；第三名公用事业局（63.5分）。青少年组成绩为第一名碑林区（834分）；第二名新城区（749分）；第三名灞桥区（631分）。

1994年2月6日至5月6日，西安市第十届运动会分别在西安市体育场、西安仪表厂俱乐部、松园、东郊市军体校射击场等处举行，获得成功。运动会分行业组与青少年组。行业组设9个比赛项目：篮球、足球、排球、乒乓球、羽毛球、田径、中国象棋、围棋、桥牌。参加比赛的有：黄河厂、银鹰体协、市供电局、市税务局、市卫生局、西电公司、市公安局、市粮食局等22个单位，共138支代表队828名男、女运动员。青少年组设11个比赛项目：田径、游泳、射击、国际式摔跤、柔道、足球、篮球、排球、乒乓球、举重、武术。参加比赛的有13个区（县）177支代表队1408名男、女运动员。比赛结果，行业组团体总分前三名是黄河厂（200.5分）、市机关体协（136分）、市公安局（136分）。获"体育道德风尚奖"的代表团分别是：黄河厂、市房地局、银鹰体协、市物资局、市工商局。青少年组团体总分前三名是碑林区（1041分）、新城区（884分）、雁塔区（849分）。共有74人189人次破63项省、市青少年纪录，186人达国家等级运动员标准（其中1人达一级运动员标准，185人达二级运动员标准）。获"体育道德风尚奖"的代表团是新城区、未央区、长安县。

1997年4月15日至9月21日在市体育场及黄河厂、西铁分局、临潼区、城区工人文化宫、陇海大酒店等处举行。参加人数2710人，其中运动员2245人。比赛分成年与少年2个组别。成年组设15个项目，其中比赛项目14个，包括篮球、排球、足球、乒乓球、羽毛球、田径、游泳、中国象棋、围棋、桥牌、健美操、武术、门球、大众体育，表演项目1个，即保龄球；青少年组比赛项目11个，包括田径、游泳、排球、乒乓球、举重（男、女）、武术等。设甲、乙、丙3个年龄组。获成年组团体总分前三名的分别是市前卫体协、市教委、市地税局代表团；获“体育道德风尚奖”的代表团有西飞公司、市化工医药管理局等5个单位；获“优秀组织奖”代表团有市机关体协、市供电局等9个单位。获青少年组团体总分前三名的分别是碑林区、新城区、未央区代表团，其中9人达国家一级运动员标准，384人达国家二级运动员标准。获“体育道德风尚奖” 的代表团有新城区等3个单位，获“优秀组织奖”的代表团有临潼区、蓝田县等7个单位。

举办市第十二届运动会取得了圆满成功。第十二届运动会是全市新世纪的第一个综合性运动会，设27个比赛项目和1个表演项目，比赛分成年和青少年2个大组，13个区县、10个行业系统、129个单位共3872名运动员、教练员参加了比赛。经过36天的激烈争夺，有1人1次破1项省成年射击比赛纪录；有18人57次破省青少年纪录；有115人302次破182项市青少年纪录；有5人达到国家一级运动员标准，有72人达到国家二级运动员标准。新城区、碑林区、未央区、临潼区、灞桥区、蓝田县、莲湖区和西安市公安局、市地税司、市交通局、市教委、市级机关体协、市老年体协、西航公司、西安三桥车辆厂获体育道德风尚奖；碑林区、雁塔区、户县等7区县和西安市公安局、市交通局等8个行业系统获优秀组织奖；市体育场、市少体校、市军体校等8个单位被评为优秀赛区；灞桥区政府获突出贡献奖；五环集团中学、五环集团小学等6个单位获优秀表演奖。

2005年8月，西安市举行第十三届运动会。本届运动会共设32个项目，其中成年组18个项目，青少年组14个项目，参赛运动员4100人。通过比赛，本届运动会共有133名运动员，103次打破74项市青少年纪录、3项市成人纪录，14人14次超5项陕西省青少年纪录，有2人达到一级运动员等级标准，有81人达到二级运动员等级标准。

2009年5月至8月，西安市举办第十四届运动会。本届运动会共设28个项目，其中行业组14个项目（田径、游泳、乒乓球、羽毛球、中国象棋、围棋、健美操、篮球、足球、网球、台球、门球、太极拳、木球（表演项目）），青少年组14个项目（田径、游泳、射击、国际式摔跤、柔道、足球、跆拳道、篮球、排球、乒乓球、举重、武术套路、射箭、幼儿基本体操），参赛运动员4201人（青少年组2285人，行业组1916人）。

除举办西安市各届运动会外，这一时期西安市还举办或承办了其他大型体育赛事。

1978年，举办新长征火炬接力活动。西安市体委与团市委相互配合，做了充分的宣传工作，组织工厂、机关、学校、部队和农村共360名优秀选手参与接力，在新城广场召开了有3万人参加的迎送大会，中共陕西省委、西安市委等党政军负责人参加了这次大会。活动配备了58把火炬（象征建党58周年）、30辆摩托（象征中华人民共和国成立30周年）、4辆红旗彩车（象征4个现代化）。

1979年，举办了17次单项比赛。在西安市总工会等方面的协同下，西安市全年共举办篮球、排球、足球、乒乓球、羽毛球、田径、游泳、武术、垒球9个项目17次市级比赛，近4000人次参加；还承办了首届西北五城市篮球流动杯赛。竞赛中采取以青少年、儿童为重点，以区（县）参加和基层直接参加相结合的方法。在群众性体育比赛方面，西安市举办了象棋、桥牌、举重等小型比赛以及节假日表演活动，全年体育活动达262场次。市人民体育场游泳池的开放采取了及早准备、提前开放、延长晚场时间等措施，参加游泳的人数达到29万人次。停止活动已是多年的溜冰场，经过翻修于1979年11月1日开放，受到广大青少年的欢迎，仅11、12月两个月参加溜冰的就达10万人次。一年内，市人民体育场承担了第四届全运会女子排球预赛、全国体育学院篮球赛、西北五城市篮球赛、全国篮球乙级队联赛和市上的7项比赛。

1984年，举办西安市第一届青少年运动会，自1984年5月4日开幕，到5月9日结束，历时6天，进行了田径、举重、乒乓球及公路自行车4个项目的比赛（女子足球比赛因有比赛任务提前在2月进行，游泳比赛在7月1日进行）。来自7区6县和中专系统的891名运动员参加，在田径、举重、游泳比赛中有43人84次打破51项省、市青少年组和儿童组的纪录。有205人达到等级运动员标准，其中二级运动员7人，三级运动员147人，少年级运动员51人。大会评选出8个精神文明运动队，有97名运动员和裁判员获得了精神文明奖。

1985年，西安市承办18个项目、37次比赛，参加运动员合计达1.4万多人次。主要有全国“足协杯”比赛、全国业余体校田径赛等。

1986年，举办了西安市第二届青少年运动会。共1190名运动员参加了田径、篮球等8个项目比赛，还安排了田径、游泳、足球、射击等19个项目24项竞赛活动，共有7670名运动员参赛。

1986年，承办了国家体委委托的第三届“足协杯”（西北区）比赛、全国少年击剑比赛、全国伞塔跳伞比赛、全国青年棒球锦标赛，还承办了全国十城市“飞跃杯”田径赛和陕西省第二届青年运动会的射击比赛。

1988年，举办了西安市第三届青少年运动会。来自7区6县的1473名运动员参加了比赛，有59人156次打破89项省、市青少年运动会纪录。

1989年，是西安市承办全国大型比赛历年来最多的一年。从4月下旬到5月下旬，先后承办了全国甲级足球联赛、全国钓鱼赛、市级篮球联赛、中小学生田径运动会、“希望杯”足球赛、“萌芽杯”足球赛，同时还派出职工篮球队参加了全国比赛，都很好地完成了任务。1989年，共安排市级比赛21项41次，参赛运动员1.6万余人次。青少年比赛有田径、游泳、射击共7次。组织举办了国家体委委托的比赛4项：3月的全国青年篮球赛决赛、5月的全国足球乙级队联赛（B

组）、8月的全国青年棒球赛和10月的全国女子足球锦标赛。

1990年北京亚运会是中国举办的第一次综合性的国际体育大赛，全国上下共襄盛举。西安市积极参与，认真落实，搞好亚运会捐赠和奖券发行工作。在全市人民的鼎力支持下，亚运会西安基金会先后举行了10次捐赠仪式，捐赠现金57万余元，捐赠实物和名人字画100多件，全市总计发行奖券280余万元。

1991年，举行西安市第九届运动会，先后进行了行业组8个项目和青少年组12个项目的比赛，共有6个代表团、425支代表队、3221名运动员参赛。这届大会成为历届市运动会参加单位最多的一届。

1992年，全市举办市级各类体育竞赛18个项目43次，共有11786名运动员参加。有5名运动员7人次打破省儿童组游泳纪录，有29名运动员98人次打破28项市少年儿童组游泳纪录，有9名运动员7次2队打破市少年乙组、儿童甲组市田径纪录。西安市体育场、户县体委分别承办了全国青年女子篮球锦标赛、全国足球乙级联赛和全国青年足球联赛决赛。据对足球、象棋、围棋、体操、射击、乒乓球、举重、门球、桥牌、钓鱼、信鸽等12个协会统计，全年举办各种比赛76次，参赛人数7900余人。西安市老年体育协会100多个基层活动站积极组织晨练活动，参加人数达3万多人。举办了老年人迎亚运越野赛以及健美操、门球、棋类、武术等多种比赛20余次，参加人数2900余人；组织文体联欢、纳凉等活动57场，参加人数达18万多人次。

自20世纪80年代中期至20世纪90年代初，市、区县、乡镇三级共举办各类运动会2546次，参赛者达79.1万多人次，极大地丰富了人民群众的体育活动，传播了西安的体育文化，促进了体育产业的繁荣发展。

二、第五届全国大学生运动会

第五届全国大学生运动会于1996年8月28日至9月4日在西安举行，全国30个省、自治区、直辖市组团参加，并首次邀请香港、澳门和台湾地区部分院校派队参加，代表团总数33个，参赛的运动员、教练员和领队共2000余名，规模超过以往历届。共设田径、篮球、排球、艺术体操、健美操、武术6个项目。

在迎接大学生运动会期间，西安市还举行了“革命之火”“文明之火”“科技之火”的火种采集和点燃仪式，10万余名高校师生和各界青年参与了“世纪之光”火炬传递活动。

1996年8月28日，第五届全国大运会开幕式在陕西财经学院田径场举行，中共中央政治局委员、国务院副总理李岚清出席开幕式，4000名大学生表演了大型团体操“奔向新世纪”。9月4

日，第五届全国大学生运动会在陕西省体育馆落下帷幕。本届运动会成果丰硕，9人达到国际级运动健将标准，157人达到国家级运动健将标准，有94人打破全国大学生运动会纪录。陕西代表团获金牌32枚、银牌26枚、铜牌20枚，位居金牌和奖牌榜榜首，并获“道德风尚奖”。

三、成功举办第四届全国城市运动会

1999年9月，第四届全国城市运动会在西安市正式开幕，全国共有57个城市的体育代表团、3878名运动员，参加了16个大项的比赛。西安市承办了6个竞委会的宾馆和赛场，共收到了43份全国各城市代表队送来的感谢信和锦旗，体操、跳水、游泳、田径、击剑等项目还被组委会评为“最佳赛区”。

1978年到2012年的三十四年，是我国经济社会发生重大变革、迅疾进步的时期，西安体育通过解放思想、改革开放、开拓创新、不懈努力，在中国特色社会主义体育道路上勇往直前。《全民健身计划纲要》《奥运争光计划纲要》的全面实施，使体育事业高度凝聚了人民强身健体需求和为国争光的社会主义文化精神。《中华人民共和国体育法》的贯彻落实，牢固树立了依法治体的社会治理现代观念。体育体制的改革创新，推进了学校体育规范化个性化、群众体育普及化经常化、竞技体育职业化专业化、体育经济产业化市场化、学术研究科学化应用化、体育交流国际化特色化，升级创建了全面发展的社会业态崭新格局。在这个过程中，西安体育焕发出蓬勃旺盛的生命力，取得了全民健身热潮频起、重大赛事摘金夺银、传统体育竞放异彩、现代项目屡获佳绩、优秀人才层出不穷的成就，获得了全面的提升。这34年的实践，也证明了一条道理，那就是坚持实事求是，尊重客观规律，解放思想，大胆探索，以人民群众的利益为出发点，才能真正实现体育的本质意义，从而推进体育事业不断前进。

第三章　追赶超越：谱写新时代体育事业新篇章

（2012—2021）

2012至2021年的十年，在习近平新时代中国特色社会主义思想指引下，西安经济社会快速发展，2020年国民生产总值突破万亿级大关，城市品质能级进一步提升，连续九年获评“中国最具幸福感城市”，正在全力建设国家中心城市和国际化大都市。十年间，西安体育事业深入贯彻党的十八大、十九大精神，优化设施布局，培育专业人才，打造精品赛事，广泛开展全民健身运动，推进群众体育和竞技体育协调发展，加快建设西部体育强市。

随着物质生活的极大丰富，体育健身作为精神生活的重要组成部分，越来越受到大众的高度关注和广泛参与，追求健康、健体强身越来越成为潮流时尚。面对大众日益增长的体育健身需求，西安体育坚持以人民为中心，抓重点、疏堵点、破难点、造亮点，加快体育事业的全面现代化进程。通过设施建设，推动全民健身与全民健康深度融合，着力解决区域、城乡发展不平衡问题，促进体育的社会化普及。通过体制改革，创建政府部门、社会组织、人民群众三位一体的体育管理新模式，着力解决体育社会组织发展不充分问题，推进体育的社会化发展。通过机制创新，健全完善依法治体的工作体系，着力解决群众体育、竞技体育、体育产业发展的不平衡问题，强化了体育的科学化布局。通过开放合作，大力弘扬中华体育精神，着力构建体育对外交流合作新格局，提升了体育的国际化水平。在制度建设、组织建设、群众体育、竞技体育、体育设施和体育产业等方面取得了长足进步，呈现出生机勃勃的活跃局面，成功申办第十四届全国运动会（简称“十四运会”）的成功申办，标志着西安体育事业现代化水平跃升到了新的高度。

第一节　践行新发展理念，构建体育事业新格局

以习近平同志为核心的党中央高度重视体育工作，多次阐述体育强国梦与中国梦的内在关系，强调体育是提高人民健康水平的重要手段，也是实现中国梦的重要内容，能为中华民族伟大复兴提供凝心聚气的强大力量。中共西安市委、西安市政府深刻理解促进体育事业发展的战略意义，深化体育改革，更新体育理念，推动群众体育、竞技体育、体育产业协调发展，将全民健身和全民健康作为检验西安城市发展、提升人民群众幸福指数的重要标志。西安市体育局印发了《西安市全民健身实施计划（2016—2020年）》，从体育锻炼人数、体育场地设施、全民健身组织、全民健身活动、国民体质监测、科学指导服务等方面入手，扎实推进全民健康健身运动全面发展，有力地推动了西安体育事业形成了新的格局。

一、群众体育成果丰硕

认真落实《西安市全民健身实施计划（2016—2020年）》，围绕“迎全运、惠民生”主题，举办形式多样的全民健身活动累计超过2300项（次），经常参加体育锻炼人数占总人口的50%以上，群众体育健身经常化、生活化。有体育社会团体183个、体育晨晚练活动点1902个。截至2020年年底，西安市已经形成了27004人的社会体育指导员队伍，全民健身组织网络覆盖全市，建成国民体质监测与科学健身指导站（点）29个，全市监测总量超过20万人次，科学健身指导服务经常、广泛，充分利用各类平台资源，讲述体育故事、普及体育常识，开展争先创优活动。阎良区、长安区、周至县被评为陕西省全民健身示范区（县），涌现出一大批省级、市级优秀社会体育指导员和体育活动站点，营造出了全民全运的良好氛围。

二、竞技体育稳步提高

创新完善竞技体育管理体制。西安市市属运动项目中心由原来的5所扩至8所，同时采取市区联合、体教融合、市队校办等多种形式，提高了竞技体育整体水平。西安市培养输送的运动员在国际、国内比赛中共获得118枚金牌、85枚银牌、89枚铜牌；在第二届全国青运会上获得13枚金牌、24枚银牌、30枚铜牌，创造了历史最好成绩；在第十六届省运会上以金牌521.5枚、奖牌856.5枚、团体总分27246.5分，获得“三项第一”，达到健将级成绩3人、一级44人次，破省运会纪录3人次；成功举办了西安市第十六届运动会，市级青少年体育竞赛200余项次，参赛人数6

万余人次。体育后备人才梯队建设不断加强，3所国家高水平体育后备人才基地通过验收，新增陕西省示范性少年儿童体育学校1所、体育传统项目学校44所（其中国家级2所，省级12所，市级30所）。

三、体育设施功能大幅提升

制定出台了《西安市体育产业中长期发展规划（2017—2025年）》《西安市体育旅游发展规划（2018—2025年）》等十多项产业发展规划。“十三五”期间，全市体育彩票累计销售108.31亿元，为我市体育事业发展积累了宝贵的资金。建成西安奥体中心，全面推进西安国际足球中心、西安市体育训练中心（丝路国际体育文化交流培训基地）等市级体育重点项目建设，完成了西安城市运动公园体育馆、西安秦岭国际高尔夫球场等全运会场馆设施的改造提升工作。实施社区全民健身路径2200个、农民体育健身工程4280个，实现了全市社区、行政村全民健身基础设施“全覆盖”；新建多功能运动场63个、室内健身房20个，社会足球场93个，建设大型全民健身园区、长廊28个。完成了第七次全国体育场地普查工作，我市各类体育场地共计10000余个，人均体育场地面积净增0.68平方米，达到2.0平方米，“15分钟健身圈”建设成效显著。

2020年西安市印发了《“三河一山”绿道建设实施法案》，充分利用渭河、沣河、浐灞河、秦岭山水资源，构建“三河一山”绿道网络。截至2021年4月底，实现205公里绿道全线贯通。

四、赛事名城初见成效

以打造赛事名城，促进经济社会发展为目标，以承办国际级、国家级顶级赛事为抓手，举办了西安马拉松赛、西安城墙国际马拉松赛、长安女子半程马拉松赛、中国跆拳道公开赛、国际篮联三人篮球U23世界杯赛、世界女子国际象棋大师巅峰赛、丝绸之路乒乓球邀请赛、世界名校赛艇冠军赛暨昆明池国际名校赛艇对抗赛、国际电子竞技大会等20余项国际赛事，多项赛事被列为“一带一路”陕西精品体育赛事，成功取得2023年亚足联中国亚洲杯承办权，赛事名城建设进程日益加快。

五、体育社会组织蓬勃发展

加快改革社会组织管理方式，推进社会体育组织与行政部门的分离，组建西安市体育总会，促进各类体育社团发展。截至2020年，全市共有体育社团183个、体育协会39个。体育协会分别是：西安市篮球、足球、排球、乒乓球、羽毛球、网球、台球、棒球、保龄球、田径、武术、轮滑、游泳、射击、体操、举重、健美、航模、汽车摩托车、跳绳、围棋、象棋、桥牌、信鸽、钓鱼、斗鸡、户外、击剑、拳击、体育舞蹈、农民体育协会、老年人体育协会、体育记者协会、社会体育指导员协会、马术、健身瑜伽、电子竞技协会、健美操啦啦操协会、铁人三项运动协会。

全市民办非企业体育社团有36个，分别是：西安龙智围棋俱乐部、西安棋院、西安睿智健身俱乐部、西安安菲力体育俱乐部、西安众源围棋俱乐部、西安通路兵国际象棋俱乐部、西安长乐围棋俱乐部、西安秦岭围棋俱乐部、西安绿茵足球俱乐部、西安朱霞国际象棋俱乐部、西安宝玉林棋牌运动俱乐部、西安市乐之翼体育俱乐部、西安市清流赛艇俱乐部、西安沃一船艇俱乐部、西安市肆海体育俱乐部、西安市沐阳体育俱乐部、西安市淘乐比体操俱乐部、西安市导航体育俱乐部、西安市萨姆体育俱乐部、西安市翱翔体育俱乐部、西安中和围棋俱乐部、西安天元围棋道场俱乐部、西安棋行天下棋艺俱乐部、西安乐树花体操俱乐部、西安飓风越野赛车俱乐部、西安紫牛足球俱乐部、西安奥力达体育俱乐部、西安市秦士拳击健身俱乐部、西安市清茁瑜伽俱乐部、西安市新鸿业乒乓球俱乐部、西安市壹营国际象棋俱乐部、西安市奥优星体育俱乐部、西安市博望艺术体操俱乐部、西安市中天象棋俱乐部、西安市英翔围棋俱乐部、西安市小男孩体育俱乐部。目前，正在筹备成立跆拳道、空手道、国际象棋与国际跳棋、毽球、皮划赛艇等协会。

第二节　发展群众体育，全面推进全民健身

随着经济社会快速发展，广大群众自觉健身需求不断增大，在公园、广场、社区涌现了大量健身人群，成为群众体育发展的坚实基础。西安市体育局紧扣“健康中国”国家战略，围绕“全民健身”这一理念，多措并举开展各项活动推动群众体育健康、可持续发展。从贯彻落实《全民健身条例》入手，提高全民健身意识、构建全民体育服务体系，广泛组织和指导全市各行各业开展全民健身运动，提升群众体育基础设施建设水平，将传统的单一器材配置拓展为包含笼式足球、篮球等多种运动场地的综合性健身工程，不断完善西安市群众体育组织网络建设，促进西安市全民健身事业的全面发展。

一、全民健身组织体系基本完善

大力推进全民健身，需要进一步完善全民健身网格化组织体系。西安市在建立健全市、区县、街办（乡镇）、社区（农村）四级全民健身组织网络方面狠下功夫，加快社会体育组织政社

分开、政企分开、管办分离的改革进程，构建形成体育部门规范引导、社会组织落实服务、广大群众积极参与的全民健身运动体系。

建立健全以体育行政部门为核心，机关工委、教育、工会、团委、妇联、老龄委、残联、民委等职能部门各司其职，体育协会发挥作用、市民群众广泛参与的全民健身组织体系。面向多样化、个性化健身需求，结合性别、年龄、职业特点，组织开展差异化、品牌化的体育健身活动。

大力发展青少年体育　西安市教育局通过举办“三球”（足球、篮球、排球）、三跳（跳绳、跳皮筋、踢毽子）、“三模”（航海模型、航空模型、建筑模型）、轮滑、乒乓球、羽毛球、武术等项目，带动中、小学生开展阳光体育健身活动，为广大学生养成良好的体育锻炼习惯奠定基础。

积极发展职工体育　西安市直机关工委、西安市总工会、共青团西安市委充分发挥保障职工和青少年健身锻炼权益的作用，积极组织机关、企事业单位职工（包括农民工）参加《国家体育锻炼标准》达标活动，广泛开展工间操、健身操、健身知识讲座等体育健身活动，举办符合职业特点、形式多样的趣味竞赛。定期组织职工开展国民体质监测，促进了广大职工身体素质提高。

大力支持老年体育健身　全市各级老龄工作部门积极开展老年人喜闻乐见的健身活动、学习培训班和赛事活动。每年至少举办1次参与广泛的健身展示活动，有力促进了老年人健身运动的开展。

持续推动残疾人体育健身　市区各全民健身公共体育场所，严格执行国家有关无障碍规范标准，充分满足身体障碍人群体育健身需求。各级残联加大适合残疾人健身项目的社会体育指导员和志愿者的培训力度，形成了“走出家门、平等参与、共享残运”的体育人文氛围。

积极开展妇女儿童健身活动　各级妇联和关爱下一代工作委员会利用三八妇女节、六一儿童节等节点，积极组织妇女、儿童开展全民健身活动，营造良好社会氛围，促进妇女、儿童身心健康。

扶持发展少数民族体育　各级民委紧密结合少数民族特点，深入挖掘、整理、传承少数民族体育项目，积极在民族聚居区广泛开展群众体育活动。除办好四年一届的少数民族传统体育运动会外，西安市体育局还大力宣传和推广少数民族传统体育运动项目，不断在繁荣民族文化、促进民族团结方面做出新的贡献。

二、全民健身保障体系日益健全

中共西安市委、西安市政府深入贯彻落实国务院制定的《全民健身条例》，将体育事业发展纳入社会经济发展规划，体育事业所需经费纳入财政预算，体育工作纳入政府工作报告。

制定了市级体育部门对区县体育、行业体育、体育社会组织的评价标准，各级体育行政部门加大了对体育组织建设的指导力度，完善体育组织、体育活动、体育场地、体质监测、体育法规等方面的综合评价，使各级体育总会和体育协会成为全民健身活动的主要力量。

建立健全了符合西安市情的全民健身公共服务评价体系。有力促使体育社会组织向自生力强、行业影响力大的民间组织转变，大幅提高了体育社会组织承接全民健身运动服务的能力和质量。

三、全民健身活动广泛开展

结合群众需求，创新形式、充实内容，围绕“我运动、我健康、我快乐”主题，广泛开展群众身边的健身赛事活动。在全市范围广泛推广普及《国家体育锻炼标准》、第九套广播体操，定期举办科学健身大讲堂、健身技能指导和编制健身指导手册等，为不同人群提供多样化、个性化健身指导服务。西安市参加体育锻炼的人数不断增加，形成了“全民全运、全运惠民”的良好氛围。

（一）校园体育活动生动活泼

加强学校体育教育　西安市各区县和各学校根据学生年龄特点和身心发展规律，积极推动“一校一品”“一校多品”“一球一操”“一区（县）一特色”等体育教学模式创新。各学校因地制宜开展了传统体育教学、训练、竞赛活动，并将跳绳、球操、武术、啦啦操、街舞、围棋等项目纳入体育课教学和大课间活动中。2020年，全市大中小学 “最美大课间”展评活动学生参与率达100%。创建了田径、足球、篮球、击剑、棒球等12个项目的体育传统项目学校149所（国家级6所、省级46所、市级97所），全国青少年校园足球特色学校207所，全国足球特色幼儿园66所，全国青少年校园篮球特色学校52所，全国青少年校园排球特色学校25所、全国青少年校园冰雪运动特色学校32所，命名区县级小学、初中、高中学校青少年校园足球高水平运动员训练基地46个。

完善体育竞赛体系　自2017年起，西安市逐步建立了“班级—校级—区（县）级—市级”四级竞赛体系，鼓励各区、县学校开展不同规模、不同层次的学生体育比赛，搭建阳光体育展示平台，建立起符合学校特点的体育联赛体系。每年西安市教育局会同西安市体育局联合举办足球、乒乓球、击剑、健美操、啦啦操等11个项目比赛30余项次，每两年举办一届市级中学生运动会，参赛运动员过万人。各区县举办年度学生运动会和专项体育比赛，“名校+”教育联合体内、校际间开展多种形式的体育比赛，各中小学召开春季、秋季两次运动会，举行竞技项目选拔性单项比赛和课间操、三跳比赛、拔河比赛等大众性体育比赛，逐步建立健全体育竞赛体制，基本实现

“常赛”的体育教学要求。

大力发展校园足球　西安市加强校园足球师资队伍建设，加大基础设施建设和经费支持力度，大力推进青少年校园足球运动的普及和提高，成功举办了4届青少年校园足球市级决赛，参赛队伍达到150余支，运动员近3000名。2018年，西安市被教育部设立为全国青少年校园足球改革试验区；2019年，西安市教育局被教育部命名为“满天星”训练营。2020年，已创建国家级校园足球特色学校（幼儿园）273所，西安市43名学生运动员入选全国青少年校园足球夏令营总营，5名学生运动员入选总营最佳阵容。经过五年的努力，西安市校园足球运动参与人数持续增加，竞技水平稳步提高，足球文化氛围日益浓厚。

西安首届市青少年校园足球联赛

不断深化教体融合　西安市各学校着力打造优势竞技项目。陕西师范大学附属中学作为陕西省校园足球的标杆学校，2018年获得全国青少年校园足球高中组（西北赛区）亚军，2020年获得全国中学生足球锦标赛第五名。西安市太乙路中学是全国唯一创设在中学的国家级举重项目高水平后备人才基地，多次举办全国举重比赛，2017年5月又成功举办了全国首届中学生举重锦标赛，获得男子团体总分第一名、女子团体总分第二名的优异成绩。西安市第八十五中学羽毛球队，2018年获得陕西省青少年羽毛球锦标赛大满贯，陕西省第十六届运动会摘金夺银，2019年陕西省第十二届中学生运动会勇夺6金，成为省内知名的羽毛球项目特色学校。此外，西北工业大学附属中学、西安市第一中学、长庆第八中学、西安市第七十中学、西安交通大学附属中学、西安高新区第一中学、陕西师范大学附属中学的田径项目，西安交通大学附属中学、西安交通大学附属小学、西安育英小学的游泳项目，西安高级中学、西安育才中学的击剑项目，西安昆仑中学的射击项目，西安远东第一中学、西安市第七十中学的射箭项目，西安市第八十三中学的排球项目均排在全省前列，多次代表市区参加省市运动会，并获得奖牌。目前，西安市招收体育特长生学校已达61所（其中3所学校设立体育特长生班），涵盖田径、篮球、排球、足球、乒乓球、武术、击剑、游泳、健美操等16个大类，每年招收体育特长生700余名，输送了一大批高水平的学生运动员。

完善体育评价机制　西安市积极推进学校体育评价改革，规范体育课程考核，突出过程管理，从学生出勤、课堂表现、健康知识、运动技能、体质健康、课外锻炼、参与活动等方面进行全面评价。建立日常参与、学生体质健康测试和专项运动技能测试相结合的考查机制，并定期向家长进行反馈。2019年，西安市学生体质健康标准测试合格率89.91%。

（二）区县体育活动创建品牌

从2006年开始，西安市各区县充分结合各自资源优势，发挥各自特点，持续开展“一区县一体育品牌”创建活动，经过不断努力，各区县体育品牌赛事活动在举办形式、参与规模及社会影响等方面不断突破，涌现出新城区碑林区社区运动会、莲湖区长安武林大会、未央区千人千场乒羽赛、雁塔区千人门球赛、灞桥区自行车越野赛、长安区攀登翠华山比赛、阎良区航模比赛、鄠邑区农民篮球赛、蓝田县农民趣味运动会、周至县千人广场舞大赛等一批具有鲜明特色的区县体育品牌赛事，为带动和发展基层全民健身运动，发挥了积极作用。

莲湖区长安武林大会

在大力推进区县体育品牌创建活动的同时，西安市体育局还以提高赛事水平为切入点，持续打造西安市翠华山登山比赛、公开水域游泳比赛、公路自行车赛、西安城墙国际马拉松赛、丝绸之路乒乓球赛、围棋赛等品牌体育活动。在此基础上，西安市体育局以提高群众参与度为抓手，多次举办全市联动的春节体育大拜年、全民健身日系列活动，大力推广健身舞、传统武术、门球等体育项目，以深入基层、面向群众为重点，积极开展体育三下乡、体育进社区、健身技能展示等活动，示范带动全民健身活动健康、可持续发展。

（三）全面构建15分钟健身圈

西安市围绕群众身边的健身场地、体育活动、组织网络，扎实推进“15分钟健身圈”建设。2018年年底，在全省率先实现全市有条件的行政村、社区全民健身工程“全覆盖”。截至2021年4月底，经常参加体育锻炼的人数占全市人口的50%以上，基本建成覆盖市、区县（开发区）、街镇的全民健身组织网络。西安市在全市行政村实施农民体育健身工程4280个，在社区实施全民健身路径工程2200个，在大型社区等区域建设多功能运动场63个、室内健身房20个，充分利用渭河沿岸、城市公园、绿地、广场等场地，建成集篮球、足球、乒乓球、健身器材、儿童健身、健身步道等多种项目于一体的全民健身园区28个。

同时，注重全民健身场地设施的维护管理工作，研究制定了《西安市全民健身基础设施管理办法》，解决了器材设施“谁来建、谁来管，怎么建、怎么管”的问题。还充分利用公园、广场、街心花园、楼宇空间、屋顶、废弃厂房、人防应急场所、街头巷尾等城市发展空间，广泛实施篮球、足球、乒乓球、羽毛球、游泳池、健身绿道等全民健身场地设施，不断夯实“15分钟健身圈”建设。

（四）广场健身操舞深受欢迎

2012年，西安市体育局组织专业人员创编了融体操、舞蹈于一体的广场集体健身操舞——《和谐大家园》，面向全市所有晨晚练点推广普及。2013年开始，选派骨干人员参加全国、全省广场体育舞蹈培训，依托西安市社会体育指导员培养一批骨干指导员，全面推动《和谐大家园》进广场、进社区活动。

组织参加健身操舞比赛。依托广场体育操舞群众组织，西安市体育局抽调骨干力量组队参加了陕西省第一届全民健身运动会、陕西省第三届全民健身操舞大赛、全国广场舞比赛等活动。截至2020年年底，“舞动长安”西安市全民健身技能大赛、西安国际骑行大会等群众性体育活动已经发展成为成熟的品牌性活动，对促进全体市民身体素质、宣传西安市民风貌起到了引领性作用。

（五）健身晨晚练点合理布局

建立群众健身网格化管理体系。西安市体育局将晨晚练点管理纳入区县年度群众体育工作目标考评，形成了以区县文体局、街办（乡镇）、社区为一体的网络管理体系。

完善基层建档立制工作。按照属地管理原则实施“站长负责制”管理模式，做好活动站点档案建设工作。严格按照《西安市环境噪声污染防治条例》要求加强站点管理，促进广场操舞健康发展。

规范晨晚练点健身活动。西安市体育局组织力量对全市晨晚练点进行了全面摸底和深入调研，引导广大群众科学健身。西安市共有晨晚练活动点1902个，主要开展广场舞、健身秧歌、健身排舞、太极拳、太极剑、健身气功、柔力球、踢毽子、跳绳等体育健身项目。

（六）健身气功锻炼有序发展

西安市市级、区县体育行政部门主动加强健身气功管理工作，按照“活动与建设并举，重在建设”的工作原则，积极引导广大群众科学健身、有力抵制邪教组织，认真做好健身气功的管理和建设工作。

为促进西安市健身气功站点均衡发展，各区县体育局严格按照国家体育总局《健身气功管理办法》的相关要求严把新增站点审核关，在做好已成立站点的年度审验工作的同时，本着“成熟一个发展一个，发展一个巩固一个”的原则加快新建站点建设。新城、碑林、莲湖、雁塔、灞桥、未央6个区每年新增站点2个，其他区县每年新增站点3个。在此基础上，各区县体育局结合实际每年组织区县级健身气功展示或比赛活动，进一步推动西安市健身气功活动健康稳定发展。

（七）体育社团活动引领潮头

西安市航空模型协会　结合广大青少年的特点，协会先后开展了航空模型活动、航海模型活动、航天模型活动和建筑模型活动，并在学校中开展航空模型技能竞赛等多项活动。2008年，西安市组队参加全国比赛，有8名运动员榜上有名，其中西安建筑科技大学附属小学、西安铁路局第一中学、陕西师范大学附属中学，共获得3金1银的好成绩。陕西师范大学附属小学、西安交通大学附属小学、西安交通大学附属小学南校区、西安后宰门小学、西安市铁路局第一中学、西安市华山中学、西安市西光中学、陕西师范大学附属中学等获得了“先进集体学校”的称号，臧雷等多人获得了“优秀辅导员”称号。西安市航模协会有国家级裁判2人，国家级社会体育指导员1人，全国校外教育先进工作者1人，全国业余优秀教练员1人，全国群众最喜爱的社会体育指导员1人。

西安市武术协会　西安市武术协会成立于1983年，现有单位会员206家，个人会员359名，习武人数约120万。协会常年举办不同形式的武术比赛，各类武术馆校、学会及研究会遍布城乡。近2000人考取中国武术段位。近年来，成功举办了多场武术活动，形成了长安武林大会、陕西太极文化节、西安高校武术文化节等多个品牌赛事。2009年，西安市首届“长安武林大会”在大唐芙蓉园举行，截至目前已连办11届。2018年，由西安太极拳总会发起，首届太极文化节在铜川市举办。2007年，成立西安高校武术联合会。多年来，各高校间的武术文化节已成为大学生文化生活一个重要的内容，其中西安交通大学、西安电子科技大学的武术文化节和西安建筑科技大学的"南山巡礼—武术校园行"比较突出。2020年11月28日至29日，西安高新区文旅健康局、西安外事学院武术系、西安高新区武术协会承办的"2020西安武术公开赛暨《中国武术段位制》初段位通段赛"在西安外事学院体育运动中心成功举办。12月13日上午，"武术进军营暨武术教学启动仪式"在西安空军工程大学信息与导航学院的体育馆举行。

2020年5月至6月，"2020西安武术迎全运网络视频大赛"成功举办，为省内、国内相关网络大型赛事开了先河。

多年来，西安市武术协会班子成员和武术名家身体力行，以国内为重点，积极开展各种武术文化交流活动。2013年，由西安赵堡太极拳研究会李随成等人申报，经陕西省文化厅批准赵堡太极拳被列为陕西省非物质文化遗产项目。

西安跳绳协会　1993年成立，该协会的花样跳绳，在2017年被批准为省级"非遗"项目。自2014年以来，其发起人胡安民先生先后到西周中学、哑柏初级中学等多所中小学，为4000多名学生教跳绳。2015年西安跳绳协会与西安市第二十五中学合作，组建花样跳绳表演队，并于同年8月在内蒙古参加全国第十届民运会，获二等奖。2016年，协会先后为西安市第五中学、西安高新第一中学等多所学校花样跳绳表演队培养500余人。

西安举重健美协会　发起人李根勤。该协会长期致力于西北地区健美健身运动的普及和推广，每年培训运动员达300多人次，已连续13年举办18次西北地区、省、市级健美健身赛事。

（八）社会体育活动影响不断提高

西安市体育总会认真贯彻实施国务院发布的《全民健身计划纲要》，发挥体育社团的作用，注重持续扩大"体育+旅游+文化"特色品牌赛事的社会影响力，开展体育活动年均300多项次，直接参与人数100余万人，每年开展国际、全国性比赛20多项次。先后策划组织了迎奥运系列赛、"天地缘杯"网球赛、公开水域游泳赛、"汉唐杯"象棋赛、城市围棋联赛、羽毛球系列赛、长安武林大会、省会城市乒乓球赛等30余项赛事活动。

2020年排除新冠肺炎疫情影响，西安市体育总会成功组织多场线上赛事活动，主办了"全民全运·健康你我"西安路跑联赛（春季）线上赛、2020年"我要上全运"西安市"希文杯"国际象棋网络公开赛、"全民健身·活力中国"全民健身网络运动会城市PK赛以及"海锋杯"迎全运乒乓云线上对决团体赛等赛事。

西安市体育协会每年举办一届“全民健身展示大会”，积极组织健身秧歌、啦啦操、武术等10多项高水平健身运动表演。各体育社会组织也在每年“全民健身日”期间，集中举办数量丰富、形式多彩的体育赛事与展示活动，形成浓郁的全民健身氛围。以“迎全运　惠民生”为出发点和落脚点，在十四运会西安市执委会竞赛组、西安市体育局的大力支持下，精心策划组织了“相约西安・筑梦全运”我要上全运西安市全民健身系列活动，组织协调有关协会举办了首届全国省会城市（西安）“浙商杯”乒乓球赛、西北五省会第一届乒乓球赛、第三十三届“汉唐杯”中国象棋公开赛、西安市第五届“丝绸之路”拳击争霸赛等200多项次赛事活动。

长安区2016年8月举办了群众健步走活动，2017年8月6日，举办了长安区首届全民运动会。

四、建设全民健身场地设施

2012年以来，西安市加快全民健身场地设施的建设力度，体育场馆和配套设施建设高速发展、形成网络，使市民健身参加体育锻炼、西安竞技体育发展的设备条件和环境氛围得到全面提升，为体育经济的发展打下坚实的基础。

（一）全民健身中心实现全覆盖

在全市行政社区、镇村，加大了全民健身路径和多功能运动设施建设。利用公园、广场等场地，建设笼式足球场、笼式篮球场、乒乓球场及健身器械等设施于一体的综合性全民健身园区。在有条件的街办，建设了示范性室内健身房，配置室内健身器材。全民健身活动中心总建筑面积379100平方米，足球场地设施总建筑面积21000平方米。

西安市体育局于2009年10月开始建设西安市伞塔路综合健身中心。该中心作为西安市创建国家体育消费试点城市的一个重要示范项目。其总建筑面积17691平方米，地上建筑面积12599平方米，地下建筑面积5092平方米。其中，一层主要设置各类场馆设施11间，设置全民体质监测项目、棋类馆、舞蹈厅、乒乓球馆、跆拳道馆、休闲水吧等，还有1个配置10泳道的标准泳池。二层设置有羽毛球场地8块；健身场地1处；健身操房4间，其中瑜伽、普拉提馆3间，团体训练馆1间，配备心率监测系统，与健身馆同步经营。三层设置有会议培

西安市伞塔路综合健身中心

训室1处，另设有少儿体育和运动训练康复养护等项目。楼顶设置3块室外网球项目场地。地下停车位90个、地上停车位若干（位于内部环馆道路周边），以解决群众健身的停车问题。综合健身中心将合理制定开放时段，错时免费或低收费向市民开放，不断提高场馆利用率、降低群众健身成本，让市民真正享受到质优价廉的健身服务，将其建设成一个大家愿意来、来得起、能常来的健身乐园。

西安市各区县也加强了体育基础设施建设的投入力度。长安区全民健身中心位于郭杜教育科技产业园，分为室内、室外两部分。室外设有一个综合体育场和一个环形跑道，综合体育场有3个标准篮球场和18个乒乓球场地。室内活动场地为游泳馆、羽毛球馆（篮球馆）和办公区域，总建筑面积10500平方米。未央区全民健身中心位于凤城三路以南、凤新路以东。两条规划路之间，占地面积约17171平方米。

西安市体育局于2015年5月，开始实施渭河西安段全民健身长廊规划建设。渭河西安段，西起周至县青化乡，东到临潼区油槐街办，流经7个区县和17个乡镇与街办，全长140.6千米。其中，城市段（未央区）全长22.2千米。在西安市水务局的大力支持下，2016年在渭河生态景观区西安湖环湖路修建全长7.5千米、宽6米的自行车道，配套建设沙滩足球场3个、沙滩排球场4个、儿童沙滩健身园1个，建成西安湖户外运动营地。结合渭河沿岸整治工程同步实施全民健身园区建设，在渭河未央段南岸河堤路沿线建设了东水牛、西水牛、雕塑广场3个健身驿站，修建了全长22千米、宽2.5米的自行车专用道。同时，在渭河生态景观区林带内插建健身驿站1个（汉台广场），修建长约6千米的健身步道1条。在户县涝渭湿地公园建设多功能健身园区1个。在渭河灞桥段、高陵段修建健身长廊，在渭河南岸河堤路修建自行车专用道，与未央段自行车专用道相衔接，插建2—3个健身驿站和多功能健身园区，形成以自行车专用道为轴线，健身驿站和园区为活动中心的全民健身长廊，为广大人民群众提供新的健身场所。

（二）体育场地改造提速扩容

2012年以来，西安市对原有的综合性体育场馆进行了新一轮的升级改造，坚持“点面结合，建管并举”的原则，不断加强群众体育基础设施建设，大力实施“体育惠民五大工程”，加快城乡体育基础设施发展。

区县级全民健身综合中心工程　在2010年，西安“十二五”体育事业规划中，做出了加快建设区县级全民健身综合中心工程速度的计划。周至、阎良、长安区、临潼区、莲湖区、户县等区县相继建成全民健身综合中心，西安市体育局加强了资金支持。2013年8月周至县体育场开始改扩建，2014年5月竣工，面貌焕然一新。2017年，西安市体育局启动临潼区人民体育场提升改造工程，建设包括标准足球场、400米塑胶跑道、单侧看台的公共体育场，2018年11月竣工。同时，临潼区配建了一所占地约209333平方米，集文化、体育、会展、商贸为一体的综合文体中心。该文体中心包括可容纳两万人的体育场和可容纳3200人的体育馆、游泳馆，成为开展健身活动、健身培训、田径赛事、国民体质监测等体育活动的重要场所，每年接待各类健身人群30多万人次。

城市社区全民健身路径工程　截至2020年年底，西安全市行政社区建成全民健身路径工程1174个、全民健身器材配送工程349个，完成对全市149个老旧社区全民健身设施的配套安装工程，实现了全市行政社区全民健身器材全覆盖，制定完善了《西安市全民健身路径管理暂行办法》，保证了广大市民的健身体验和运动安全。

乡镇农民体育健身工程　在全市农村乡镇建成体育示范站127 个、乡镇农民体育健身工程79个，全市乡镇（街道办）文体活动站均达到“五有”（有牌子、有人员、有场地、有经费、有活动）目标，实现了全市有条件的乡镇、行政社区、行政村体育器材“全覆盖”。 2017年，灞桥区四季篮城建成健身步道。该步道位于西安市灞桥区狄寨街办“四季篮城健康小镇”规划范围，全长6.8千米、宽5米（其中自行车道3.5米、健身步道1.5米），以白鹿原山地台塬特有地形和沿途景观为特色，配置了休息驿站、全民健身设施、小型运动场馆、商业服务网点、导视系统等配套设施。

村级农民体育健身工程　为西安市3384个行政村配备了篮球架和室外乒乓球台和其他健身器材，建设全民健身示范区（带）工程。西安市先后建成西安环城公园、唐城墙遗址公园、汉长安城遗址全民健身长廊、曲江池遗址公园、大明宫遗址公园、渭河西安段全民健身长廊、沣河生态景观区、未央广场全民健身示范区等一批大型全民健身亮点示范区。其中，2015年建成的“沣河生态景区全民健身园区”，有笼式足球场、笼式篮球场、乒乓球区、儿童健身区、综合器械区、健身广场、健身步道等运动设施，获得了不同年龄段市民的一致好评。

（三）体育场馆场所星罗棋布

截至2020年年底，全市共有公共体育场馆33个。其中，省本级场馆5个，主要有陕西省体育场、陕西奥体中心体育馆、陕西省体育训练中心游泳跳水馆等专业体育场馆。市本级场馆12个，分别位于西安市体育局直属西五路片区和伞塔路片区内。区县、开发区各类体育场馆16个，分别为碑林区1个（碑林区全民健身中心）、长安区1个（长安区文体中心体育馆）、临潼区2个（临潼区人民体育场、体育馆）、阎良区2个（阎良区文体中心体育馆、石川河极限运动中心）、鄠邑区1个（鄠邑区体育场）、高陵区1个（高陵区文体中心体育场）、周至县2个（周至县文体中心室外田径场、综合馆）、蓝田县1个（蓝田县运动场）、经开区2个（经开区城市运动公园体育馆、泾渭新城体育中心体育馆）、国际港务区3个（西安奥体中心体育场、体育馆、游泳跳水馆）。

全市各类体育场地38958个，人均场地面积2平方米。健身步道263.71千米。基础运动场地1714个，其中，田径场地1524个、游泳场地190个；球类运动场地12157个，其中，足球场地1475个、篮球场地3734个、排球场地117个、乒乓球场地5925个、羽毛球场地906个；冰雪运动场地11个，其中滑冰场地3个、滑雪场地8个；体育健身场地5052个，其中，全民健身路径5031个、健身房410个。这些设施，基本满足了广大人民群众多元化健身需求，有力促进了我市全民健身和体育产业的发展。

（四）健康扶贫工作扎实推进

“十三五”期间，是我国全面脱贫的攻坚关键阶段，西安市对涉贫区县给予强烈关注，制定了《西安市脱贫攻坚领导小组关于加强涉贫区县疾病预防控制 推进健康扶贫工作的实施意见》。西安共有贫困村389个（不含西咸新区），其中灞桥区8个、临潼区38个、长安区35个、蓝田县125个、周至县132个、鄠邑区51个，移民搬迁点29个，其中灞桥区2个、临潼区3个、长安区4个、鄠邑区2个、蓝田县15个、周至县3个。截至2020年年底，389个贫困村及新建的29个移民搬迁点，已实现农民体育健身工程、全民健身路径工程全覆盖。

建设全民健身基础设施　2018年，为尚无健身器材的29个移民搬迁点，实施农民体育健身工程或全民健身路径工程，方便群众就近参与体育健身。严格按照《室外健身器材的安全通用要求》规定的健身器材安全使用年限标准，做好涉贫区健身器材的更新工作。2018年为13个贫困村实施器材更新，其中鄠邑区1个、蓝田县3个、临潼区2个、周至县7个。

引导全民健身活动开展　西安市体育局深入涉贫区县，每年举办市级示范性体育三下乡、进社区活动6次以上。各县体育局每年举办区县级体育三下乡、进社区示范活动3次以上。通过开展健身技能展示和指导活动，指导贫困村、移民搬迁点开展小型多样的健身活动，活跃群众业余生活，推进了贫困村镇全民健身活动的开展。

开展体育健身科学指导服务　西安市体育局加大贫困村镇社会体育指导培训力度，全市每年培训社会体育指导员80人次。完善国民体质监测站（点）建设，实现国民体质监测站点全覆盖，监测人数达到54000人。充分发挥西安市国民体质检测车的作用，开展体质监测进贫困村、移民搬迁点活动，更好指导群众科学健身。各区县体育部门相应成立了由街办、社区、乡镇组成的全民健身普及工作领导小组，加强本区域普及工作的指导和检查，严格按照《西安市全民健身基础设施管理办法要求》，建立全民健身基础设施管理档案，确保全民健身场地设施的安全性和公益性。

（五）智慧平台开启体育“云”时代

为深入实施《西安市全运惠民工程实施细则》，积极构建健康陕西和智慧城市，助力国家中心城市建设，西安市体育局统筹推进体育事业发展，面对西安市健身场地覆盖全城、赛事活动经常普遍、体育组织日趋壮大和群众健身需求呈现多元化、便捷化、科学化发展态势，针对各类体育资源、体育信息数量大、门类多、管理难的现实，从2019年开始构建“西安体育大管家”智慧平台，在建党100周年和十四运倒计时100天到来之际，平台正式上线。

“西安体育大管家”智慧平台以“开启西安体育云时代”为主题，通过互联网“云”技术，对全市各类体育资源、体育信息实现精细化分类整合和动态实时管理，为群众提供触手可及、方便快捷的健身服务，解决群众“去哪健身、和谁健身、如何健身”的问题。该平台具有赛事报名、场馆预约、体育资讯、国民体质检测、体育社交圈、健身设备管理等多项功能。主要有以下特点：

管用并重、多端互补　平台包括管理和服务2大模块。管理端建立了市、区、街镇、社区4级管理端口，每个端口都是独立的数据板块，便于各级管理部门随时调取和掌握本地数据；服务端以微信小程序为主，APP、微信公众号为辅助，建立了3个用户端口，各端口数据共享、功能互补，为健身群众提供多样选择。

便民惠民、功能全面　平台整合了体育场馆、健身场地、体育组织、体质监测、体育赛事等资源，可提供场地预约、赛事报名、健身指导、互动交流等多种服务；依托大数据人工智能系统，将个人与体质监测数据、运动数据相关联，实现个性化健身指导；平台特有的运动积分系统，将为用户的每一次运动、每一场比赛配比相应的积分奖励，用以兑换不同产品，让运动带来更多获得感。同时依托积分系统，还可将各类惠民补贴精准投放到每位健身群众，增加运动带来的幸福感。

系统稳定、安全可靠　平台具备云计算、物联网、区块链等强大技术支撑，确保系统稳定、高效运行；采用了多项世界领先的“云”安全防护技术，保障数据安全。

操作方便、上手即用　平台界面采用人性化设计，瀑布流式布局，人机交互友好，操作逻辑简单，界面美观舒适，易于上手使用。

扩展性强、未来可期　平台建设在做实体育惠民的基础上，还将逐步扩展线上培训、穿戴装备、科技训练等延伸功能，不断激活发展潜力，实现体育行业万物互联，使其成为体育工作的客服中心、数据中心、宣传中心，为开辟西安体育新业态、助力“健康西安”和国家中心城市建设发挥积极作用。

五、完善国民体质监测机制

按照《国家体育锻炼标准》和《国民体质测定标准实现办法》的相关要求，完善市、区（县）两级国民体质监测中心、监测站机制建设，实现了机构全覆盖、工作常态化。

建成区县（开发区）国民体质监测站（点）29个，标准为100～150平方米的固定检测场地，配备固定、便携式和幼儿国民体质监测器材各1套，体能测试器材2件和科学健身教练一体机5件。新城区、高陵区、阎良区每年完成监测3000人次。碑林区（陕西省体育局人力中心、西安亚特健身中心）、雁塔区（曲江银座健身中心）、未央区（西航公司体育中心）、经开区（西安城市运动公园）国民体质监测点，每年监测1000人次。

西安市体育局依托国民体质监测车、其他区县利用监测器材，聘请有监测条件的专业机构开展国民体质监测工作，提高工作效率。截至2020年年底，西安市全年监测人数已经突破20万人次。

六、群众体育工作荣获表彰

2013—2016年度全国群众体育先进单位：西安市体育局、西安市未央区人民政府、西安市雁塔区红专南路社区、西安经发城市运动公园管理有限公司、西安市碑林区文艺路街道办事处、西安市象棋协会、西安苏宁云商贸易有限公司、西安印钞有限公司、西北工业大学附属中学。

2017年陕西省群众体育先进单位：西安市体育局群众体育处、西安市未央区文化体育旅游局、西安市阎良区科技文体广电旅游局、西安市蓝田县文化体育广播电视局、西安市周至县文化体育广播电视局、西安教育电视台、西安市第二十五中学、西安市兴庆幼儿园、西安市周至县残疾人联合会、西安市曲江新区管理委员会教育卫生局、西安市老年人体育协会、西安市乒乓球运动协会。

陕西省全民健身示范区（县）：西安市阎良区（2017年评选），西安市长安区（2019年评选），西安市周至县（2020年评选）。

第三节　发展竞技体育，加快建设体育强市

西安市以培养高水平体育人才、取得竞技体育成绩的突破性进展为目标，集中精力发展竞

技体育事业。继续按照“全面推进、重点突破、扶强扶优、效益投入”的原则，以大赛争光为突破，以人才培养为基础，以管理服务为保障，以举办赛事为载体，不断加强体育后备人才培养，提高训练水平，增强西安市竞技体育综合实力。2013年，西安市体育局制定印发了《西安市体育运动队管理办法》，对体育运动队的组成、目标任务、选拔标准、运动规定、待遇、奖惩、具体要求七个方面做出了明确规定。西安市竞技体育成绩取得进一步提高，西安运动健儿在国内外大赛中摘金夺银，取得了优异成绩。

一、竞技体育长足发展

优势项目多点开花　全力抓好田径和游泳两个基础大项，加快发展体操、武术、跳水、国际式摔跤、柔道、射击、射箭等优势项目，促进篮球、足球、排球、乒乓球、棒球、举重、跆拳道等运动项目水平稳步提高，保持并适度扩大发展规模。加强对赛艇、皮划艇、拳击等运动项目队伍的选材和组建，增设羽毛球、网球等运动项目，进一步扩大了各运动项目运动员队伍和从事业余训练的人数。

业余训练形成梯队　创建了省级传统项目学校达到48所，国家级体育传统项目学校6所。办好国家级、市级青少年体育俱乐部，每年吸引60万人次后备体育苗子到青少年俱乐部接受锻炼。建有国家高水平体育后备人才基地3所，常年参加业余训练的青少年人数达到5000人以上。设立了6所“体教结合示范学校”，有效解决学生运动员就近入学问题。

运动员素质不断提升　加强了运动队管理和运动员职业道德教育和基础文化教育，加快了西安市奥体学校九年义务教育阶段建设和发展，使运动员综合素质得到不断提高。西安市每年注册运动员规模保持在1000人左右，西安市培养输送的运动员在高等级大赛上取得了优异成绩。

教练员、裁判员队伍管理规范　加强教练员、裁判员队伍建设，制定注册管理办法，规范任职资格、选拔任用、学习培训、业务培训等基础工作，促进了教练员、裁判员素质的稳步提升。

校园足球广泛普及　以学校为依托，积极开展校园足球和学校足球联赛，强化体教结合的青少年足球人才培养体系，加大足球后备人才培养的投入，形成校园足球文化。以校园足球后备人才储备为基础，组队参加全国、省内青少年足球比赛。

常态化举办体育赛事　认真筹备和精心组织西安市组织承办的各项运动会，承办多项全国、省级单项比赛，每年举办市级青少年体育赛事50项次以上。充分发挥体育赛事的多元社会功能，丰富西安市人民群众精神文化生活。

人才选培不断加强　西安市体育局优化项目布局，组建了8个运动管理中心，规范全市体育后备人才训练网点。鼓励区县（开发区）、俱乐部、体育类传统项目学校和各类社会团体参与竞技体育备战工作，形成多元化后备人才培养格局。向全市29所体育传统项目学校、11所区县少儿体校配发了训练器材，实行了西安市体育局和市教育局在市直属训练单位联合办学的模式。2016年，西安市体育局筹备成立了西安市奥体学校，通过体育锻炼、文化课学习统筹发展的方式，缓解了运动员学训矛盾突出的问题。各区县充分发挥少儿体校的作用，促进了西安市竞技体育可持续发展。

二、竞技培训人才辈出

西安市青少年体校硕果累累　2012年到2020年，该校参加了陕西省年度比赛、陕西省青少年体育锦标赛、陕西省青少年排球锦标赛、陕西省运动会资格赛、西安市第十六届运动会等比赛的跳水、体操、散打、乒乓球、篮球、武术套路、幼儿基本体操、羽毛球、棒垒球9个项目，取得379.5块金牌、261块银牌、226块铜牌，20个团体第一、9个团体第二。2支代表队获得体育道德风尚奖。

参加全国第二届青年运动会成绩优异　西安市代表队参加了7个项目的比赛，夺得了2枚金牌、4枚银牌、2枚铜牌。武术队表现优秀，年仅14岁的李小兰荣获女子乙组长拳、棍术全能冠军；张在悦斩获男子乙组42式太极拳加太极剑、太极全能亚军；景似凤取得了女子甲组剑术季军。张思磊在女子甲组（U15）跳马决赛取得亚军。女子手球U16组参赛队获得冠军，女子垒球U19组、女子曲棍球U18组各获亚军，男子手球U18组获得季军。

培养输送跳水运动员秦凯　秦凯，1986年1月出生于西安。2006年，在第十五届世界杯跳水男子3米板比赛中，获个人冠军；2007年，在第十二届世界游泳锦标赛男子跳水3米板比赛中，获个人和双人3米板两项冠军；2008年，在第十六届世界杯跳水男子3米板比赛中，获个人冠军；2008年，在北京奥运会跳水比赛中，获男子双人3米板冠军、个人3米板季军；2012年，在英国伦敦奥运会跳水比赛中，获男子双人3米板冠军、个人3米板亚军；2013年，获得巴塞罗那世锦赛跳水赛男子双人3米板冠军；2015年，获得俄罗斯喀山世界游泳锦标赛男子跳水双人3米板冠军；2016年，里约热内卢奥运会获得男子双人3米板季军，在跳水世界杯赛获得男子双人3米板亚军。

奥运冠军秦凯

跳水运动员司雅杰

培养输送跳水运动员司雅杰　司雅杰，1998年12月4日出生于西安。2011年，在全国跳水锦标赛暨奥运选拔赛中，以总分438.60分夺得冠军。2013年，连夺跳水系列赛莫斯科站女子单人、双人10米台冠军。同年，在巴塞罗那游泳世锦赛获跳水女子10米台冠军。2014年，在韩国仁川第十七届亚运会上获得跳水女子10米台冠军。2016年，在跳水世界杯赛获女子10米台亚军，在里约热内卢奥运会上获女子10米台亚军。2017年，在国际泳联世界跳水比赛系列赛广州站获得女子10米跳台冠军。2018年，在FINA跳水大奖赛中获女子10米台冠军、女子双人１0米台冠军，在世界跳水系列赛俄罗斯喀山站获得女双10米台冠军，在世界跳水世界杯赛上获得男女混双10米台冠军，在第十八届亚运会上获得女子跳台冠军，国际泳联世界跳水比赛系列赛广州站获得女子10米台冠军。

西安体育运动学校　2017年2月，学校被国家体育总局确定为国家高水平体育后备人才基地。2018年，经市编办批准，学校确定为西安市体育运动学校、西安市奥体学校、西安市体工队、西安市科研管理中心四块牌子，一套班子。训练项目调整为跆拳道、拳击、赛艇、皮划艇。

西安市体工队　有摔跤、柔道、田径、跆拳道、武术、射击等项目，目前在编运动员19名。体工队承担参加全国城市运动会、陕西省运动会、陕西省省级年度比赛等比赛任务。在第七届全国城市运动会、第一届全国青年运动会上，张富岩获柔道66公斤级冠军，张娜获柔道52公斤级冠军，丁小飞获柔道81公斤级冠军，郭伟鹏获国际跤55公斤级冠军，骆萍获国际跤67公斤级冠军，彭飞获国际跤74公斤级冠军，刘睿琦获赛艇2000米冠军。

西安市体育运动学校　成立至今，学校已为社会培养和输送体育人才1500余名。在校训练运动员参加省级和全国比赛共获得500余枚金牌。学校自己培养的古典跤运动员彭飞先后获得全国古典跤锦标赛冠军、全国古典跤冠军赛冠军、全运会冠军、亚运会季军，并参加里约奥运会。学校也涌现出一批优秀的教练员，其中柔道总教练张学峰培养的运动员获国内比赛18次冠军、5次亚军、2次季军，先后被授予全国青少年体育先进工作者、陕西省劳动模范、西安市劳动模范、西安市有突出贡献青年专家等荣誉称号。

西安市奥体学校　该校成立于2016年，属九年一贯制义务教育公办学校，2017年招收第一届学生，生源为西安市体育局各训练单位学龄为义务教育阶段的运动员，行业审批部门为西安市教育局，行业管理归属碑林区教育局，主管上级为西安市体育局。目前有在校生140余名。

西安市科研管理中心　2018年成立，与西安市体育运动学校合署办公。坚持“科学研究与体育实践相结合”的指导思想，为提高竞技体育运动水平提供有效的科研保障和科技支撑。主要工作职责，是对西安市体育局所属运动员进行生理生化检测和身体形态测量，为运动员提供日常医务保障和康复治疗等，加强反兴奋剂宣传教育工作，参与国家后备人才基地评估、省市体育局评估考核，为全市竞技体育发展提供数据保障。

西安市田径运动管理中心　2019年，输送运动员赵卓分别取得了全国竞走大奖赛暨世锦赛50公里选拔赛10公里男子竞走冠军、30公里男子竞走冠军。2019年，在全国第二届青年运动会中，运动员郭运开获男子乙组800米亚军，运动员郭静蕾获女子甲组100米栏亚军。在全国青年（U20）田径锦标赛中，运动员郭静蕾斩获女子甲组100米栏冠军。2019年陕西省青少年田径锦标赛中，西安市获得61枚金牌、33枚银牌、28枚铜牌、五个团体第一及一个团体第二的优异成绩，4人次达国家一级运动员标准，创造了西安市田径项目参加省田径比赛的历史最好成绩。2020年陕西省青少年田径锦标赛中，西安市获得了57金、40银、42铜，荣获金牌、奖牌、团体总分“三个第一”，占总金牌数的50%，其中，4人达国家一级运动员标准，40人达国家二级运动员标准。

西安市射击射箭运动管理中心　该中心是目前国内符合训练竞赛标准的三个现代化射击馆之一，唯一的地下全封闭场地。先后培养出了王玉锦、李杰、刘波、祁美扬子、齐磊、郭文珺等10余名运动健将、世界冠军，多人次进入国家集训队训练，郭文珺夺得北京奥运会女子10米气手枪金牌，成为西安市首位奥运金牌获得者。2008年10月，该中心被中共西安市委、西安市政府记集体二等功。中心还承担冰雪、击剑、轮滑等项目培训和比赛工作。

奥运冠军郭文珺

培养输送射击运动员郭文珺　郭文珺，1984年6月22日出生于西安市，中国女子射击队运动员。2007年，先后夺得世界杯德国站女子25米运动手枪冠军和世界杯总决赛女子25米运动手枪亚军。2008年夺得北京奥运会女子10米气手枪冠军。2012年，伦敦奥运会上成功卫冕女子10米气手枪冠军。2014年9月，由郭文珺及张梦圆、周庆媛组成的中国女队获得仁川亚运会女子10米气手枪团体决赛冠军，帮助中国队实现自2002年釜山亚运会以来的亚运首金“四连冠”。

西安市足球管理中心　在职业足球方面，2014年，参加陕西省第十五届运动会足球比赛，男足获第二名、女甲获得第三名、女乙获得冠军。2018年，参加陕西第十六届运动会足球比赛，男甲乙组获冠军，女甲获季军、女乙获亚军。2018年，西安大型崇德足球俱乐部成立，获得2019年中乙联赛资格。2018年西安易联足球俱乐部参加中国足协资格赛，获得2019年资格。在校园足球方面，获2011—2012年度全国青少年校园足球联赛先进单位一等奖、2011—2012年度全国青少年校园足球优秀培训单位、2011—2012年度全国青少年校园足球运动优秀宣传单位二等奖，多次组队参加全国校园足球协会举办的各项冬夏令营，获得官方网站建设一等奖、最佳文化展示奖、优秀组织奖、最佳管理奖、最佳道德风尚奖。在足球赛事方面，2013年，承办西安市第十五届运动会青少年组及成人组足球比赛，并被评为优秀赛区，2018年。承办中国足协中冠联赛和“我爱足球”等比赛，承办了亚足联中国足协社会责任活动和女足足球节、草根足球等活动，连续举办9届西安市“贺岁杯”足球赛，连续举办13届西安市“三八杯”女足邀请赛，连续举办9届“市长杯”可口可乐足球赛等。2013年、2015年U12代表队赴韩国庆州参加国际少儿足球邀请赛。近3年来，每年举办中国足协C、D级五人制教练员培训班20期，500余教练员获得培训证书；每年举办一、二、三级裁判员培训班10期，600余名裁判员获得证书。

西安市篮球排球网球管理中心　成立于2018年4月。篮球、排球、网球三个运动项目是在西安市青少年体育学校的训练项目中分离出来单独管理的项目。

篮球项目　2014年7月，在上海举办的中国第十二届学生运动会女子篮球预赛中，西安市女篮获得了全国第八名的好成绩。2015年3月，第一届全国青年运动会女子（U16）篮球赛中，西安市女篮取得第六名的成绩。从第十一届陕西省运动会开始，西安市男、女篮连续多年取得第一名的好成绩，先后有近百人获得国家一级运动员称号、百余人获得二级运动员称号，先后向陕西省、各大军区专业队、八一队和清华大学等高校输送了一大批专业人才和体育骨干。近年来女子篮球队和西安交大附属中学合作，在国内中学生和青年组赛场上的表现也尤为出众，并有队员被选派至国家队参与国际级女篮赛事。中国大学生篮球联赛冠军西北大学篮球队有4名主力队员出自西安篮球队。2017年8月，在第十三届全国运动会上，代表陕西省出战的西安市女篮斩获女子三对三篮球比赛的冠军，同年11月，再获中国三对三篮球联赛女子公开组冠军。在“2017年第十届全国运动会”“2017全国三对三篮球联赛”两项比赛事中，勇夺两项全国青年女子三对三篮球冠军，开创了陕西省篮球项目获取全国冠军的先河。2019年在第二届全国青年运动会上，西安市女篮分获U16组、U18组第四名和第五名的好成绩。培养输送的篮球运动员郭向华、宋珂昕、孙嘉雯等一批高水平运动员，在全国大学生联赛中显露锋芒。2017年、2019年先后被国家体育总局授予“全国篮球高水平后备人才基地”称号。

2021年4月19日，习近平总书记在视察清华大学西体育馆时，与清华女篮队长西安姑娘宋珂昕以及孙嘉雯、王思文三位同学亲切交谈。习近平亲切地对宋珂昕说：“我会一直关注你。”随后宋珂昕将清华大学篮球队纪念队服送给了总书记。宋珂昕曾入选国家队集训，2020年她入选了备战东京奥运会的新一届中国女篮名单。

群众体育方面，西安市在陕西省篮球联赛上连续两届取得全省冠军。

排球项目　多年来在陕西省青少年锦标赛上位居榜首，该项目由于训练项目政策调整，中断训练十余年。2017年5月，西安市第十六届运动会重新恢复排球比赛项目，举办了青少年组排球比赛和成人组气排球赛。2018年恢复陕西省青少年锦标赛，训练情况处于复苏阶段。2019年7月15日至7月22日，陕西省青少年排球锦标赛在延安市安塞区举行，共有15支代表队、225名运动员参加，西安市代表队取得团体总分排名第一名。2020年，西安市在陕西省青少年锦标赛上获得男子二队冠军、男子一队亚军、女子一队亚军、女子二队季军，团体总分第一的好成绩。

网球项目　2014年确立的省运会竞赛项目。自2014年以来，西安市的网球运动成绩在每年的陕西省青少年网球锦标赛（省年度赛）中领先。2014年，西安市首次举办青少年网球锦标赛。2017年，西安市首次将网球项目列入西安市运动会竞赛项目，并于同年6月至7月举办了西安市第十六届运动会成人组和青少年组的比赛。2015年，陕西省青少年网球锦标赛在杨凌举行，西安市选手贾佩霖获得男子甲组冠军、仇筱丹获得女子甲组冠军、方歆媛获得女子乙组冠军、方歆媛／洪忻妮获得女子乙组双打冠军，获得团体总分、金牌数第一名。2016年，在陕西省青少年网球锦标赛上西安市团体总分第一。2017年，陕西省网球锦标赛首次在安康举行，西安市代表队获得男子团体、女子团体第一名，陈翼维获得男子单打冠军，王静妍/刘北辰获得女子乙组双打冠军，刘北辰获得女子乙组单打冠军。2018年，陕西省第十六届运动会在咸阳举行，西安市代表团获男子团体第一名，运动员赵子珩获得男子甲组冠军、卢怿琛/王修予获得男子乙组双打冠军、张轩瑜/屈静一获得女子乙组双打冠军。2019年，陕西省青少年网球锦标赛在榆林举行，西安市代表团获得11块金牌中的9块。2020年陕西省青少年锦标赛在杨凌举行，西安市代表团获得9块金牌。2020年，西安市获得陕西省青少年篮球、排球、网球锦标赛金牌总数、奖牌总数、团体总分“三个第一”的好成绩，创造了西安市篮球、排球、网球项目参加全国、全省大赛的历史最好成绩。

举重摔跤柔道运动管理中心　2019年9月22日成立，国际摔跤、柔道是重点。三个发展战略：一是“三会”合作战略，即青运会、全运会、奥运会上合作；二是运用西安现有资源打造精品赛事，在力量性、对抗性、专项性上举办大众赛事；三是大力发展和政策扶持西安市后备人才培养与输送。

游泳运动管理中心　中心常年在训的青少年运动员有150多人，近年来为省、部队及高校培养输送了大批优秀队员。目前，中心有高级教练员2人，中级教练员2人，初级教练员4人。中心每年暑假期间举办游泳选材及培训班，并举办成人游泳培训。常年承接机关、团体、企事业单位的游泳竞赛活动。

三、重大比赛争金夺银

世界重大体育赛事、国际单项体育赛事　在2012年伦敦奥运会、2014年第十七届仁川亚运会、2016年里约热内卢奥运会及残奥会等世界重大赛事中，郭文珺、秦凯、吴春燕、司雅杰多次勇夺金牌、银牌。

2016 年里约热内卢残奥会冠军吴春艳

吴春艳，出生于西安鄠邑区。在2014全国残疾人射箭锦标赛上打破了全国纪录。2014年，首次代表中国参加韩国仁川亚残会，获得个人铜牌。2015年，在全国第九届残运会和世锦赛上三次摘金，并获得国际箭联2015年度最佳残疾人射手称号，是我国唯一获此奖项的运动员。2016年，在里约热内卢残奥会上勇夺冠军。2018年，全国残疾人射箭锦标赛获得个人淘汰赛冠军、反曲弓混合团体组第一名。

全运会、其他全国性体育赛事　2013年8月，第十二届全国运动会在辽宁举办，西安市培养输送的郭文珺、秦凯、吴雅楠等运动员共获得6金6银2铜的喜人成绩。2013年，西安市培养输送的151名运动员在柔道、国际式摔跤、射击、跳水、田径等比赛项目中斩获冠军11个、亚军11个、季军13个。西安市运动员杨佩，在2012年全国体操锦标赛暨奥运会选拔赛上获得女子跳马季军，在2013年全国体操锦标赛上获得女子跳马亚军，在全国第十二届全运会上获得女子跳马季军。西安古典式摔跤运动员彭飞，在2014年全国古典式摔跤锦标赛上获得85公斤级冠军。2015年，西安市培养输送的跳水运动员秦凯在武汉的全国跳水冠军赛中获得男子双人3米板亚军。2016年，西安市运动员在全国古典式摔跤锦标赛、全国青年柔道锦标赛等全国单项比赛中获得冠军8个、亚军5个、季军3个。

2017年，西安市运动员在第十三届全国运动会等国际、全国性体育大赛中斩获冠军29个、亚军25个、季军18个。2018年，西安市运动员李文吉在全国U17女子自由式摔跤锦标赛69公斤级比赛中获得了亚军。2019年，西安市运动员在全国第二届青年运动会中获得金牌14枚、银牌24枚、铜牌30枚的优异成绩。2019年5月，西安市培养的运动员郭静蕾在全国U20田径锦标赛中获得女子100米栏冠军。2020年，西安市运动员李文吉在全国U20国际式摔跤锦标赛中获得女子自由式摔跤68公斤级冠军。

陕西省体育竞赛　2014年8月，在陕西省第十五届运动会中，西安市共获得金牌399枚，团体总分23739.5分，获得了金牌总数第一名、团体总分第二名的好成绩。在该届运动会中，西安市运动员有1人达到国家运动健将标准，游泳、举重、射击和射箭等项目中有12人达到国家一级运动员标准。2016年，西安市运动员参加陕西省年度田径、体操、柔道、游泳、赛艇等22个项目的比赛，共获得170枚金牌，团体总分8952分，分列金牌榜和团体总分榜第一名 。2018年，西安市选派910名运动员参加陕西省第十六届运动会，获得金牌数、奖牌数和团体总分三项第一的好成绩。

举办西安市第十五、十六届运动会

西安市第十五届运动会2013年6—8月在西安举行。本届运动会主题为“人文西安、激情市运”，设成年组和青少年组，各设14个大项，共584个小项。来自14个区（县）和87个单位代表团的7590余名教练员和运动员参加了本届运动会。有137人次破62项市青少年最高纪录，有10人达到国家一级运动员标准，45人达到国家二级运动员标准。

西安市第十六届运动会2017年8月5日在西安城市运动公园开幕。本届运动会以“全民参与、阳光运动、健康生活、品质西安”为主题，于4月17日开始，8月10日全部结束，历时近4个月。来自13个区（县）和西咸新区沣东新城的14个代表团7000余人参赛。本届运动会设成年组、青少年组2个组别，分为36个大项，其中17个项目是在市民群众中普及面广、参与度高的健身项目，项目设置更加突出“全民健身、全民参与”的赛会主题。

第四节　发展体育产业，促进体育健身消费

2014年10月，国务院颁布了《关于加快体育产业促进体育消费的若干意见》，对加快体育产业发展、促进体育健身休闲和健康中国提出了具体要求。西安市体育局以建设“世界赛事名城”

和落实“国家体育消费试点城市”为契机，大力发展西安市体育产业，促进体育消费，充分发挥市场在资源配置中的决定性作用，坚持政府推动与市场调节并重，产业总量扩大与质量提升并举，加快体育产业与相关产业融合发展，将场地建设、体育赛事、健身休闲、生产供给、中介服务等体育产业体系充分连接，逐步建立和完善以赛事聚集产业要素的体育产业发展新格局。

一、廓清体育产业发展路径

西安市坚持把体育产业发展作为加快经济发展方式转型升级的重要途径，编制印发了《西安市体育产业中长期发展规划（2017—2025）》《关于加快发展健身休闲产业的实施意见》《西安市体育旅游发展规划（2018—2025）》《西安市冰雪运动产业发展规划（2018—2025）》《西安市山地户外运动产业发展规划（2019—2025）》《西安市水上运动产业发展规划（2019—2025）》《西安市体育设施空间布局专项规划（2020—2035）》等规划措施，科学谋划体育产业布局，全面推进体育产业带动相关产业融合发展的新路子。西安市政府先后印发了《西安市建设世界赛事名城加快发展体育产业促进体育消费实施意见》《西安市推进国家体育消费试点城市建设实施方案》，构建以赛事经济聚集产业要素的体育产业发展新格局。

建设户外山地运动休闲基地　西安市体育局会同长安区人民政府，依托秦岭北麓户外山地运动休闲资源，建设集登山探险、攀岩蹦极、体育拓展等为一体的户外山地运动休闲基地，以及冰雪项目运动基地，打造具有区域特色的秦岭山地体育产业经济圈和户外体育休闲运动等特色体育产业链。

建设体育用品制造工业园区　依托渭北泾河及蓝田等现代工业园区，打造西北地区最大体育用品研发和制造基地。加大体育科技创新力度。用科技引领体育产业消费的转化升级，推动“互联网+体育”的新模式，加快智能体育平台建设。

发展体育彩票销售业　强化体育彩票基础建设，拓展销售渠道，提升科学管理水平，努力实现由粗放型管理向精细化、专业化管理转变。

发展体育健身服务业　在保证群众享有基本公共体育服务的基础上，多渠道、多层次开发体育健身产品，使体育与文化、教育、养老等产业融合发展。培育健身服务标杆企业，制定并推行健身服务业星级评定标准，加强健身服务企业信誉、质量的技术指导和监督，建立经营管理者和企业员工培训制度，提升企业服务质量。

培育体育竞赛表演市场　采取政府补贴赛事等激励机制，积极申办全国和国际高水平体育赛事落户西安，带动体育产业和相关产业发展。发挥我市文物遗迹众多、文化历史悠久优势，依托

“山水路城”，精心打造精品赛事。制定竞赛表演市场整体开发规划与策略，大力推进竞赛市场向规模化、专业化方向发展。鼓励企业以冠名、特许、专营和合作等方式赞助体育赛事，开发体育无形、有形资产，树立企业品牌形象。

二、强化体育产业重点工作

2014 年，西安市召开全市体育产业研讨会，并邀请相关专家解读国务院《关于加快体育产业促进体育消费的若干意见》，商讨西安市贯彻落实的具体措施和办法，确定了以下几个方面的重点工作。

加快体育标准化建设　西安市体育局以推进依法治体为重点，持续规范体育行政许可行为和体育职业技能鉴定工作，全面推进依法行政和简政放权，搭建体育产业领域公共服务平台，做好体育产业统计工作，推动体育产业标准化建设，为政府主管部门和社会投资提供信息服务和支持。

拓宽体育彩票销售渠道　西安市体育局在认真研究、科学布局的基础上不断扩大销售点，做精做大体彩销售工作，持续提升管理和服务水平。通过各类赛事活动加大体彩宣传力度，为体育彩票发行创造良好环境，力争全年体育彩票销售再创新高，市场占有率持续增长，长期保持西安市体育彩票销售在全省的领先地位。

加强依法行政　不断完善体育健身市场的管理，引导体育市场和体育产业健康有序发展。落实简政放权，促进全市体育经营活动发展，积极落实《市人民政府关于取消和下放一批行政审批事项的通知》精神，进一步简化审批、放权基层，方便企业和群众办事。

推动体育产业多元发展　西安市体育局通过市场化运作、政府购买服务等激励机制，不断引导、鼓励和扶持社会力量共同拓展体育竞赛表演与体育健身服务等新业态。对标体育健身先进城市，着力打造“健康西安、运动西安、赛事西安”。

围绕“山水路城”这一主题，加快特色体育小镇建设　不断扩大体育产业的规模效益，推动体育产业与其他行业融合发展。持续抓好“一区县一体育品牌”组织实施活动和推进农村科学健身指导活动。

三、深化体育文化旅游融合

十八大以来，随着西安市体育事业对传统文化因素的深入发掘，着力打造“文化+旅游+体育”的赛事形象，大型体育赛事对体育产业发展的带动作用明显提升。

西安城墙国际马拉松赛，是目前世界上唯一将赛道设置在古城墙上的马拉松赛事，连续多次获评“全国体育旅游十佳精品赛事”和中国田协A1类马拉松赛事。西安国际马拉松赛是真正意义上的全程马拉松赛事。2016年，西安市首次通过合作运营模式推出以“穿越时空、又遇城墙”为主题的“线上线下”马拉松赛，尝试以市场运作方式策划系列活动，城墙马拉松和公路马拉松彼此联动，城上与城下遥相呼应，两场赛事、两种风格的珠联璧合创造了国际金标赛事，发挥了马拉松赛对体育产业的带动作用。

四、创新体育彩票营销机制

西安市体育局在认真研究、科学布局的基础上不断扩大销售点，做精做大体彩销售工作，持续提升管理和服务水平。通过各类赛事活动加大体彩宣传力度，为体育彩票发行创造良好环境，长期保持西安市体育彩票销售在全省的领先地位。

2013年，西安市继续推进体育彩票区县分级管理模式，加强网站建设，注重宣传，强化监督，积极创新，开拓体育彩票发售渠道，使体育彩票发售额年增长率突破10%。

2014年，西安市体育彩票发售额超过9亿元。2015年，通过扩点增容，西安市体育彩票销售网点达到1467个，占陕西省销售网点总数的33%。2011年至2015年，西安市体育彩票销售总额高达45亿元，累计筹集公益基金3.02亿元。2016年，西安市体育彩票销售总额达到21亿元；2017年，该数字达到26.7亿元，同比增长26%。2018年，西安市体育彩票的年销售总额首次超过30亿元，达到了32.72亿元，同比增长22.5%。“十三五”期间，体育彩票累计销售108.31亿元。

五、推动体育市场规范发展

西安市不断完善对体育市场的监管，引导体育产业健康有序发展。2016年，西安市召开体育产业专项调查工作培训会，并组织开展对全市体育产业的专项调查，对西安市统计局提供的31559个与体育产业相关的企业进行电话筛选排查，完成875个体育相关法人单位的名录库建设工作。2017年，西安市建立了体育产业数据库和动态检测体系，制定印发了《西安市体育产业中长期发展规划》和《西安市休闲健身体育产业专项规划》。同时，西安市加强对高危险性体育经营场馆安全生产和技术质量监督管理，组织全市体育执法培训、体育服务管理专项检查和体育健身场所联合执法检查，确保了体育市场的安全生产和正常秩序。截至2017年10月底，全市体育产业规模以上企业营业收入增长26.8%。

为简化体育经营活动手续，充分激发体育市场活力， 2014年，西安市体育局在市政府网站发布了全市关于下放高危险性体育经营活动行政许可审批事项工作的有关政策、审批条件和程序。

西安市体育产业活动主要集中在体育竞赛表演活动、体育健身休闲活动和体育商品及相关产品销售、贸易代理与出租类。2018年，体育产业营业收入达到173.29亿元。

六、拓展体育产业发展空间

随着社会经济的发展和市民生活水平的提高，西安市适时地制定健身、冰雪体育项目、水上体育娱乐活动等相关产业的发展规划，仅在2019年就吸引了30万国内外游客，发展体育休闲、表演、会展、培训等业态，新增体育产业单位和个体经营户206家。自2017年开始，由西安市政府主办、曲江新区协办的西安电竞产业峰会已连续成功举办4届，该活动已成为西安文化新经济产业发展的一张新名片。自2020年开始，由人民体育社主办的“电竞·中国”年度盛典已举办两届，西安连续两年获得“年度电竞城市奖”。

截至2020年，西安从事体育产业的法人单位共11个门类，2937个实体，其中包括体育管理活动类399个，体育竞赛表演活动类725个，体育健身休闲活动类622个，体育场地和设施管理类51个，体育经济与代理、广告与会展、表演与设计服务类6个，体育教育与培训类80个，体育传媒与信息服务类103个，其他体育活动相关服务类56个，体育用品及相关产品制造类30个，体育用品及相关产品销售、贸易代理与出租类811个，体育场地设施建设类54个。

第五节　面向“一带一路”，建设国际赛事名城

西安经济发展水平不断攀升，举办、承办大型国际、全国性体育赛事的能力不断提高，体育基础设施、体育文化传播都达到了新的高度。在此基础上，西安市以打造赛事名城为目标，积极引进和承办国际、国家级高水平体育赛事，精心培育打造自主IP赛事品牌，除每年定期举办西安国际马拉松赛、西安城墙国际马拉松赛、西安国际女子半程马拉松赛等精品赛事外，还先后举办了多届“一带一路”系列精品赛事。积极探索体育旅游新模式，策划推出9条夜跑线路，展示特色西安文化风光。打造体育旅游精品线路，西安马拉松赛线路被评为2020年中国体育旅游十佳精品线路，西安城市立方文化体育综合体成功入选国家体育服务综合体典型案例。

一、创办古城特色马拉松赛事

西安城墙国际马拉松赛　该赛事始于1993年，至今举办了26届，已经成为展示西安城市风貌的特色体育赛事。2020年10月24日，“一带一路”陕西西安·2020年城墙马拉松赛以“相约西

安，筑梦全运”为主题，吸引了上千名马拉松爱好者参加。在防疫工作的要求下，本届赛事严格控制参赛人数和规模，并且采取了分组出发的方式。除了西安市城墙主赛场外，本次马拉松赛通过直播方式，与全国拥有城墙的城市进行了连线互动。这样的创新不仅符合防疫工作的要求，而且增添了西安城墙马拉松赛的趣味性。

西安国际马拉松赛　在成功举办多届西安城墙国际马拉松赛的基础上，西安市又推出了真正意义上的全程赛事——穿越西安城市街道的国际马拉松赛。2017年，西安市举办了首届西安国际马拉松赛，比赛设全程马拉松、半程马拉松和迷你马拉松三个项目，共吸引了来自26个国家和地区的2万名运动员参加。2018年10月21日，第二届西安国际马拉松赛如期举行。比赛分设全程马拉松、半程马拉松、5公里家庭跑3个项目，参赛人数超过3万。为更加凸显“文化马拉松、群众马拉松”的办赛定位，主办方以“跳出城墙看城墙”的思维模式，将赛事打造成了一项高规格、高标准、高品质并深受参与者和观众喜爱的国内顶级赛事。2020年11月8日，“一带一路”陕西西安·2020年国际马拉松赛鸣枪开跑，赛事设置全程马拉松、半程马拉松和全长7公里的全民全运欢乐跑三个项目，以线上、线下双端互补的方式，打造出一场“全民全运，跑动中国”的体育盛会。2021年4月17日，来自全国各地的28000名选手参加了西安国际马拉松赛，组委会为所有选手定制了具有特别纪念意义的“一路相随五周年纪念徽章”。

2020 西安国际马拉松赛比赛

2018西安女子半程马拉松暨全国女子半程马拉松锦标赛　2018年5月20日，赛事中由十三朝美女跑团演绎中国朝代变迁，展现盛世中国景象，在赛道上进行氛围布置，利用微缩文物古迹景点，让跑者及观众拍照留念。赛事与台北女子马拉松缔结为姐妹赛事，并建立针对赛事前五名非专业选手直通名额的合作，同时开展相互宣传和交流互动。

2018 西安女子半程马拉松暨全国女子半程马拉松锦标赛

2019长安国际女子半程马拉松暨全国女子半程马拉松锦标赛　2019年10月27日，由中国田径协会、陕西省体育局、西安市人民政府主办，西安市体育局、西安市妇女联合会、西安市长安区人民政府承办，比赛分设女子半程马拉松和健康跑（约5公里）两个项目，7000余名专业运动员和跑步爱好者参与，共有来自全国9个专业代表队伍的12名女子专业运动员参与赛事。该赛事获2019年中国田协银牌赛事和最美赛道特色赛事。

2020长安女子半程马拉松　受新冠肺炎疫情影响，2020年11月15日，该项赛事发挥“体育+科技”的力量，线上、线下联动开创新型办赛模式。通过线上赛事的同步举办，呼吁全国跑者随时随地共跑长安女子马拉松，同时在“客厅马拉松平台”进行赛事专题直播，串联线上线下跑者互动。在赛事品牌打造上，延续往年“甜蜜跑长安”的品牌形象，引进国内唯一的女子路跑系列赛事品牌“KISSRUN甜蜜跑”，打造了独具城市特色的甜蜜跑系列赛。

二、举办“一带一路”重大体育赛事

“一带一路”2020世界女子国际象棋大师巅峰赛　该赛事由中国国际象棋协会发起，是世界上最高水平的女子国际象棋赛事之一。比赛不仅吸引了中国的侯逸凡、沈阳、谭中怡，俄罗斯的科斯坚纽克，乌克兰的乌什尼娜等8位国际象棋“棋后”，而且吸引了来自国内8个省市的103名选手和来自多所高校的112名学生参加青少年男女组挑战赛。比赛在西安铁路局第一中学隆重开幕。鉴于防疫，在线上、线下同时开赛，来自中国、乌克兰、格鲁吉亚、保加利亚、伊朗、哈萨克斯坦和土耳其的10位著名棋手展开了精彩的对决。最终，上届赛事冠军得主、四度加冕“世界棋后”的中国选手侯逸凡力克群雄，成功卫冕。

“一带一路”中国跆拳道国际公开赛　这是我国最重要的跆拳道赛事之一，同时也是跆拳道奥运会积分赛事之一。截至2020年，该赛事已经连续四年在陕西省举办。在以往的比赛中，来自全国各地的跆拳道选手为观众们展现了激动人心的对决，特别是在2019年的比赛中，吴静钰、赵帅、郑姝因三位奥运冠军选手的精彩对决，受到广大观众的欢迎。2020年11月13日，赛事在西安城市运动公园体育馆正式举行，比赛设成年组和青年组，其中成年组男女各分8个级别的比赛，青年组男女各分10个级别的比赛，共计36个级别的比赛。来自北京、广东、陕西等地27支代表队近450名运动员展开了激烈的角逐。参赛选手有87%是2000年以后出生的青年，赛事的举办为后备人才的选拔提供了舞台。

“一带一路”陕西·2020中国台协杯全国斯诺克团体锦标赛　这项比赛是我国斯诺克项目重要的团体赛事，也是因疫情在当年国内举办的唯一的斯诺克团体赛事。11月21日，比赛在陕西省网球中心开幕，来自全国32支顶尖球队展开对决。赛事采取世界职业比利与斯诺克协会斯诺克竞赛规则，分两个阶段进行。经过5天激烈的对决，32支球队96名运动员经过300余回合的激烈角逐，最终广东队在决赛中以4∶1获得冠军之位，新疆队获得亚军，陕西队和兰州队并列季军。

“一带一路”长安剑客国际击剑精英赛 该赛事是由中国击剑协会、陕西省体育局、陕西省高尔夫击剑运动管理中心共同举办的首个陕西国际击剑赛事。赛事设有男子花剑和女子佩剑两个基本组别。2019年，“一带一路”长安剑客国际击剑精英赛规模盛大，吸引了包括男子花剑、女子佩剑在2018—2019赛季的16位国际顶尖运动员参赛。2020年，比赛分为个人单项赛和团体对抗赛两个大项，江苏队的孙伟力挫群雄，夺得男子佩剑个人赛冠军；东道主陕西队选手黄阿丽摘得女子花剑个人冠军，江苏队和福建队分别获得男子佩剑团体冠军和女子花剑团体冠军。

2020年，西安市还成功承办“一带一路”陕西·2020中国秦岭黄河自行车赛、KOD世界街舞冠军赛等体育赛事，进一步加快了世界赛事名城建设的步伐。

三、承办高规格大型体育赛事

环中国国际公路自行车赛 该赛是由国家体育总局自行车击剑运动管理中心、中国自行车运动协会主办的重要自行车赛事。2012年9月9日，第三届环中国国际公路自行车赛在西安市蓝田新城进行了发车仪式，来自中国、美国、俄罗斯、荷兰等国的22家俱乐部的160多名运动员参加了比赛，中央电视台和国内外400多家媒体对赛事进行了报道。

2013年9月13日，第四届环中国国际公路自行车赛正式开赛，历时18天，赛程约1800千米。西安段赛事，由西安市体育局承办。赛事共有22支职业队参赛，其中16支为国外职业队，分别为丹麦、土耳其、法国、卢森堡、比利时、捷克、奥地利、西班牙、拉脱维亚、阿塞拜疆、伊朗、马来西亚、美国、巴西各一队，意大利参赛两队。国内共有6支职业队参赛，分别是中国国家队、中国香港队、中国万胜队、中国恒祥队、中国洲际队和中国台北队，运动员和教练员共220名。9月13日至14日在西安市举行两天赛事，中央电视台对14日西安城市绕圈赛进行直播，国内外400多家新闻媒体对西安

2013 年环中国自行车赛西安站

赛事进行报道。为推动全国自行车运动的开展，国家组委会在西安浐灞生态区世博园举行全国自行车业余锦标赛和嘉年华群众自行车活动，共有全国14支业余自行车队参加比赛，千名群众参加嘉年华群众自行车活动。

2012“灞桥·中国杯”多人赛艇公开赛　2012“灞桥·中国杯”多人赛艇公开赛于国庆长假期间（10月2日至3日）在西安市灞桥区长安码头举行。本届比赛由国家体育总局水上运动管理中心主办，陕西省体育局、西安市体育局、西安市灞桥区人民政府、中国赛艇协会共同承办。作为国家体育总局水上运动管理中心着力打造的顶级赛事，也是首次走进中国西北地区。比赛分为专业项目和高校项目两大类，共设男子2000米八人单桨有舵全能、女子500米四人双桨全能等10个小项。来自北京、辽宁、上海、陕西、河南、湖北、广东等地的多支代表队，以及上海交通大学、西安交通大学、郑州大学、中国人民解放军第四军医大学等高校的24支赛艇队450余名运动员参加了角逐。男子四人双桨项目由戴军、刘荡、肖锋和陈征组成的湖北队获得总成绩冠军，女子四人双桨冠军则被山东队摘得；而男子八人单桨有舵手级别，山东队在11支参赛队伍中名列前茅，女子项目的金牌被福建队揽走。

全国青年柔道锦标赛　2016年4月25日，由国家体育总局主办，陕西省体育局、西安市体育局承办的“全国青年柔道锦标赛”在西安市拉开帷幕，共有来自86支代表队的618名运动员参赛。比赛场地设在西安培华学院体育馆。

“我爱足球”中国民间争霸赛（西安赛区）　该赛事是由国家体育总局和中国足球协会主办的全国性群众足球赛事，于2016年9月12日至17日在西安市举行。分为海选赛（市、州海选赛和全省总决赛）、大区赛、总决赛三个阶段。经过多轮紧张角逐，最终陕西长安竞技足球俱乐部、安康假日青年足球俱乐部、神木神东足球俱乐部、西安聚晟装饰足球俱乐部、咸阳新义策（原咸阳远航教育）、渭南上上集团老伙计足球俱乐部、商洛足协分获第一至第七名，进入全省总决赛。

第三届丝绸之路中国·西安国际乒乓球公开赛　该赛事由国家体育总局乒乓球羽毛球运动管理中心、西安市人民政府主办，西安市体育局承办，2017年9月9日至10日在西安举行。比赛地点位于西安城市运动公园体育馆，来自丝路沿线国家和地区的32支球队参加比赛，运动员200人。因关注度高、社会影响大而得到丝路沿线参赛城市的高度赞扬和普遍认可。

2017中国田径街头巡回赛　中国田径街头巡回赛2015年7月首次在国内亮相，比赛内容主要包括撑竿跳高、跳高、跳远、三级跳远及短跑等观赏性较强的田径项目。该赛事由中国田径协会、陕西省体育局主办，陕西省田径协会、西安市体育局承办，西安城墙管理委员会、西安曲江城墙旅游发展有限公司协办，在西安举办了三次。2017年9月10日晚，在西安城墙西门瓮城举办中国首个男女撑竿跳高比赛。比赛分为男女两组，国内顶级的撑竿跳高选手悉数参加。其中男子运动员有薛长锐（山东）、杨雁盛（山东）、姚捷（安徽）、丁邦超（山东）。女子运动员则有李玲（浙江）和吴作城（浙江）。2018年 5月20日，中国田径巡回赛第一站在西安城墙西门瓮城举办三级跳远比赛，亚运会冠军曹硕、跳远和三级跳远“双栖高手”张耀广、全运会冠军王乌品等名将均在比赛中亮相。2020年9月28日，中国田径街头巡回赛西安站男子撑竿跳高比赛在西安大唐不夜城开元广场举行。

中国跆拳道公开赛　2017年11月17日至20日，由中国跆拳道协会、陕西省体育局、西安市人民政府主办，西安市体育局和西安体育学院跆拳道中心承办的中国跆拳道公开赛在西安城市运动公园体育馆举行，共有来自世界各地的600多名运动员参加。

2019年亚洲摔跤锦标赛　该赛事于2019年4月23日在西安电子科技大学远望谷体育馆开赛，有来自亚洲的30多个国家和地区的500余名专业摔跤运动员参赛。该项赛事是国际A级体育赛事，也是奥运会积分赛事，由国际摔跤联合会主办，中国摔跤协会、陕西省体育局、西安市人民政府承办，陕西省举重摔跤柔道运动管理中心、西安市体育局、高新区管委会、长安区人民政府协办。经过六天的比赛，中国队最终取得5枚金牌、5枚银牌、6枚铜牌的好成绩。

2020年“丝绸之路”拳击争霸赛　作为西安市最具国际影响力和知名度的“金牌赛事”之一，“丝绸之路”拳击争霸赛至2020年已成功举办了5届，第五届“丝绸之路”拳击争霸赛是由西安市体育局、西安市文化旅游局、西安市广播电视台、西安经济技术开发区管委会主办，西安市体育总会办公室、西安市经济技术开发区社会事务局、西安城市运动公园、西安市拳击协会承办，西安市四联绿色能源中心、西安市击剑协会、西安秦士拳击健身俱乐部协办。该赛事是世界拳击协会中国认证的高水平拳击赛事。

2020年“一带一路”陕西轮滑邀请赛暨2020年全国少年速度轮滑锦标赛　12月19日，“一带一路”陕西轮滑邀请赛暨2020年全国少年速度轮滑锦标赛在西安阎良石川河极限运动中心开赛，共有来自全国15个省市区27支代表队的178名选手参

“一带一路”陕西轮滑邀请赛暨 2020 年全国少年速度轮滑锦标赛

加。本次比赛由中国轮滑协会、陕西省体育局主办，陕西省社会体育运动发展中心、西安市体育局、西安市文化和旅游局、西安市阎良区人民政府承办，比赛为期2天，设300米计时赛、500米争先赛、1000米计时赛、10000米积分淘汰赛、3000米接力赛5个大项。

2020年全国蹦床冠军赛　蹦床运动被誉为“空中芭蕾”，在2000年悉尼奥运会上被列为正式比赛项目。这次比赛由国家体育总局体操运动管理中心、中国体操协会主办，陕西省体育局、西安市人民政府承办，陕西省体操运动管理中心、西安市体育局、西安经开区管委会协办。比赛于11月5日在西安城市运动公园体育馆举行，共有湖南、上海、山东、山西、浙江、江苏、陕西、广东、海南、福建、天津、广西12支代表队参加，参赛选手中包括奥运冠军董栋、世界冠军高磊等名将。比赛共设男女团体、男女双人同步和男女个人共6个项目。

2020年“中国体育彩票杯”全国男子水球冠军赛暨U17锦标赛　本次赛事由中国橄榄球协会、陕西省体育局主办，陕西省手球曲棍球棒球垒球运动管理中心、西安市体育局、西安国际港务区管委会承办。比赛于10月24日在西安奥体中心游泳跳水馆举行，共有广东、广西、湖南、陕西、上海5支队伍参加全国男子水球冠军赛，广州、广西、湖南、陕西、上海、深圳、顺德、珠海8支队伍参加U17锦标赛。

2020年全国青年体操U系列冠军赛　2020年10月21日，作为第十四届全运会主场馆之一的西安城市运动公园体育馆接受了提升改造后的首次综合测试。根据国家体育总局赛事安排，这是2020年度唯一的全国青年体操比赛，共有来自21个省区市的350多名体操选手在古城一展身手。通过比赛对场馆场地、器材、功能房、灯光照明、安全保障、赛事直播等方面进行综合检验，有力提升了竞赛组织和场馆综合保障能力。

四、举办网络时代新型电竞赛事

西安曲江电竞产业园电竞馆

西安曲江新区作为国家级文化产业示范区，以电竞产业为突破口，支持从事电竞、游戏、“文化+互联网”产业相关业务的企业，进行包括原创游戏开发、区块链技术应用、电竞俱乐部、赛事运营、游戏平台、电竞媒体、电竞大数据、游戏硬件生产销售、电竞教育、培训和服务等业务，引进了香蕉游戏公司、英雄体育

VSPN、华竞文化、WE电子竞技俱乐部、邦达公司、星播客等一大批知名电竞企业，涵盖游戏研发、游戏发行、赛事执行、电竞游戏直播等电竞产业上下游多个领域。截至2020年12月，全年线上线下举办顶级职业联赛300余场。西安曲江新区全力推进“曲江电竞产业园”和“西安量子晨数字娱乐双创产业园”两大电竞产业园建设，并加速推进曲江电竞产业园区和三个综合性场馆建设，打造电竞顶级赛事活动和产业发展核心聚集区，全力办好系列顶级电竞赛事和活动，打造西部电竞赛事制作中心。

五、申办亚洲足球联合会2023第十八届亚洲杯足球比赛

亚洲杯足球比赛是由亚洲足球联合会举办的国际性专业足球赛事，是亚洲最高级别的国际级赛事。从1956年开始，每4年举办1届，是美洲杯以外，历史最悠久的洲际足球比赛（比欧洲杯早4年）。中国国家队自1976年以来，已连续参加12届亚洲杯赛，先后6次冲入四强，取得2次亚军和2次季军的成绩。2021年6月4日，亚足联宣布2023年第十八届亚洲杯由中国承办。西安市是承办城市之一。

为扎实做好此次亚洲杯承办工作，按照《2023年亚洲杯承办城市遴选承诺指标》要求，西安市决定在西咸新区沣东新城、高新区等开发区选址建设1座至少可容纳3万至3.5万观众（不含媒体和工作人员座席）、总建筑面积约4.5万到5万平方米、占地15公顷的符合国际足联标准的专业足球场，命名为西安国际足球中心，同步规划建设2～4块符合亚足联标准的天然草训练场地。同时，加强与国际足联、亚足联、中国足协以及尤文图斯、曼联以及万达体育等国际足球组织和职业俱乐部的协作，着力引进和打造具有国际水准、“西安符号”的精品足球赛事，并主动融入国家“一带一路”发展战略，持续加强与“一带一路”沿线友好城市以及其他国际国内城市间的合作交往，不断扩大西安的国际“朋友圈”。

西安国际足球中心

按照国家《中国足球改革发展总体方案》，广泛实施足球惠民工程，在全市规划建设一批大众普及型足球场地，到2020年新增足球场80块，全市总数达到214块，基本实现《全国足球场地设施建设规划（2016—2020年）》所规定的，每万人拥有0.5块足球场的标准；全面推动青训发展，依托西安市现有的各类青训资源，紧密联合教育、体育、协会、俱乐部等培养主体，形成多渠道、多层次的竞赛和人才培养体系；抓好足球队伍建设，以打造高水平足球教练员、裁判员团队为核心，以等级培训和继续培训为载体，每年定期举办足球项目培训班。研究出台足球发展相关激励政策，推进西安市职业足球俱乐部向更多数量、更高水平发展。由体育、教育和相关行业管理部门携手，研究建立学校足球、行业足球、社会足球、半职业足球改革发展规划，逐步建立多元化的联赛体系，带动全市足球运动和相关产业的健康、可持续发展。

第六节　举全市之力，办好十四运盛会

第十四届全国运动会、第十一届残运会暨第八届特奥会落地西安，这是历史上首次在我国中西部地区举办的全运会，作为陕西省省会，西安市将承办开幕式、闭幕式和60%的比赛项目，这是西安体育史上的一件盛事。中共西安市委、西安市政府高度重视，认真落实习近平总书记办一届“精彩圆满”体育盛会的要求，积极部署十四运会的各项准备工作，在体育场馆建设、配套基础设施保障、体育文化氛围营造等诸多方面做了精心的安排，力争为十四运会增光添彩，为中国体育事业做出西安贡献。

一、高标准筹办全运赛事

十八大以来，西安对标先进城市，追赶超越，向着现代化国际大都市快步前进，取得了明显的进步，西安体育事业也同步快速发展，承办全国运动会、促进体育事业的现代化水平得到全面提升，为中国体育事业做出更大的贡献，一直是陕西及西安人民心底的强烈愿望。陕西及西安申办全运会，也经历了颇为曲折的历程。2001年年初，全运会承办权面向全国省市“开放”后，陕西便积极响应申请承办十运会。此后，陕西蛰伏两届，加强体育事业的硬件、软件建设，全面提升实力。于2011年再次申办十三运会，但在最后一轮投票中，以微弱劣势惜败于天津。2015年，陕西第三次申办，终于申办成功，圆梦“十四运”。

（一）科学规划，精心筹备各项工作

第十四届全国运动会共设置了35个大项、409个小项。群众赛事项目分为比赛类和展演类，

其中比赛类15个大项、142个小项，展演类4个大项、43个小项，共19个大项，185个小项。分布在陕西的13个市区举行，预估参赛运动员1.4万人、技术官员5500人、竞赛专业志愿者5750人、参赛代表团38个。残运会设置了17个大项18个分项，预估参赛4300人、技术官员1550人，参赛代表团35个。按照国家体育总局对承办全运会的要求，第十四届全国运动会同时联办第十一届残运会暨第八届特奥会，承办省区的省会城市应承担60%以上的比赛项目，西安市义不容辞地承担起第十四届全运会、第十一届残运会暨第八届特奥会的主要项目。

2015年12月8日，西安市体育局出台《关于承接第十四届全国运动会比赛项目的报告》，基于西安市现有体育场馆情况，做出承接十四运会竞赛项目的申请说明。最终西安市承办本届全运会田径、游泳（游泳、花样游泳、跳水、水球）、篮球、足球、射击、射箭、羽毛球、网球、体操、乒乓球、铁人三项11个大项（共设置34个项目）的比赛。承接群众比赛地掷球项目；承接4个展演项目：广场舞、广播体操、健身气功、太极拳。并且，从现有场馆、改建场馆和拟新建场馆三个方面设计了提升相应功能和品质的方案。明确提出，将西安城市运动公园体育馆、经开区泾渭体育运动中心体育馆、阎良区文体中心综合馆、临潼区田径场、西安地区的高等院校体育场馆均为比赛场馆。在此基础上，再新建一批综合性体育场馆。其中包括西安奥体中心（包含标准田径场、跳水游泳馆、综合比赛场馆、射击射箭场馆），户县体育中心（体育馆和田径场），蓝田县综合体育馆。该文件对上述体育场馆的建设经费来源做出了详细规划。

（二）周密部署，确保项目高效推进

2016年以来，中共西安市委、西安市政府坚持科学部署、合理规划，按照高标准、高质量的要求开展了第十四届全国运动会的筹备工作。2016年年初，西安市体育局先后派出考察团赴举办过全运会、亚运会和青奥会的广州、南京、济南、福州、杭州5个城市，实地考察体育场馆建设情况，组织专家研讨会12次，完成了对西安市新建体育中心项目的选址工作。7月，中共西安市委、西安市政府成立了西安体育中心筹建和十四运会筹备工作小组，先后组织各类专家评审会、研讨会5次，对《西安体育中心项目规划任务书》进行修改完善，前后修改文字量总计100余万字。此外，西安市体育局制定了西安市体育中心和西安市体育训练基地的建设方案，起草了《西安市承接第十四届全国运动会工作方案》。

2017年，第十四届全国运动会的场馆建设、改建和基础设施保障工作全面展开。西安市对第十四届全运会筹备组织机构进行完善，成立了第十四届全国运动会西安市执行委员会，并先期组建了办公室、场地建设部、竞赛训练处和新闻宣传部。随后，十四运会执委会制定了《西安市承办十四届全国运动会工作方案》和《第十四届全国运动会西安执委会组织行动计划》，建立了工作运行“五项机制”。在西安奥体中心项目加速建设的同时，全运村、全运湖、灞河岸线（全运段）项目建设也全面启动。西安市体育训练基地取得立项批复，建设方案、融资方案等前期工作初步完成。同时，对改造场馆的调研论证工作，篮球、高尔夫球、击剑比赛场馆改造方案也都有序推进。

2018年，为了促进十四运会各项工作高效推进，西安市继续健全十四运会执委会组织机构，坚持每周召开指挥部专题会议、每月召开秘书长例会，及时研究解决十四运会筹备工作中的重大问题。2018年度是场馆建设密度最大的年份，西安市奥体中心“一场两馆”主体结构全部封顶，西安奥体中心体育工艺方案、西安城市运动公园体育馆、秦岭国际高尔夫球俱乐部场地改造体育工艺方案也制定完成。对全运会马术比赛场馆项目落地、赛事申办及项目选址进行了充分的研究论证。

2019年，西安市十四运会筹备工作继续扎实推进。十四运会执委会召开十四运会筹备工作会议20余次，对各项筹备工作的进度和质量进行严格把关。市体育局分别赴国家体育总局、陕西省筹委会和各区县汇报、对接、调研十四运会筹备工作。西安奥体中心体育场、体育馆和跳水馆主体建设基本完成，全运村项目全面开工，西安市体育训练中心建设全面启动，西安城市运动公园体育馆改造和西安秦岭国际高尔夫球场改造工作按计划有序展开。

（三）加快建设，确保办成精彩盛会

2019年10月22日，西安市召开迎全运加快国家中心城市建设工作大会。中共陕西省委常委、西安市委书记王浩出席并讲话。他强调，要深入学习贯彻习近平总书记在中央城市工作会议上的重要讲话精神，全面落实追赶超越定位和“五个扎实”要求，抓住承办第十四届全运会的重大机遇，坚持世界眼光、国际标准、西安特色，全面提升城市规划建设管理水平，加快国家中心城市建设步伐。同时指出，承办全运会是重大历史机遇，也是严峻考验，加快国家中心城市建设是重大政治责任，也是全市人民期盼。要把筹办全运会、加快国家中心城市建设作为当前和今后一个时期十分重要的工作，确保办成一届体育盛会、民生盛会、文化盛会。西安市市长李明远要求，要把迎全运加快国家中心城市建设作为大事要事，打好场馆建设、基础配套、内联外通、环境整治、城市治理等“组合拳”，确保各项任务按期保质完成。

2020年初，突如其来的新冠肺炎疫情严重影响了十四运会筹备工作，西安市有关部门克服困难，积极复工复产，恢复体育场馆的建设工作。中共西安市委、西安市政府积极协调市级相关部门，开辟了“绿色通道”，对场馆建设单位复工期间的物资运输、供气供电供暖供水等保障工作以及跨区作业等事项提供服务保障。西安市对承担场馆建设的各单位采取包车接送、报销返途车票和隔离期间发放误工补助等方法，积极组织场馆建设项目复工复产。为了在安全防疫的前提下开展十四运会筹备工作，西安市做了充分的预案准备，对工人生活区进行了翻新改造，将原有的1500个床位扩建到3300个，并划分出能容纳2000人的隔离居住区，实施封闭式管理，并加强对工人生活区的消毒卫生管理，确保复工人员“零感染”。在市委市政府各项政策的保障下，十四运会的筹备工作得以在疫情期间有序开展，随着9月20日阎良区户外极限运动比赛场地的建成，西安市负责建设的8个十四运会比赛场馆提前竣工。

2020年12月，西安市的全运会场馆准备工作基本完成。体育场馆和全运村主体工程全部完工；比赛场馆、全运村周边的基础设施建设也已进入调试、收尾阶段；对全运会的各项宣传工作也依次展开，开启了“迎十四运倒计时”宣传活动，网络媒体开设了十四运会官网以及“讲述——我与十四运的故事”短视频征集活动。

二、高品质建设智慧场馆

西安地区共新建、改造比赛场馆25个，配套设施2个，马拉松比赛线路1条。比赛场馆所在地，分别为：国际港务区3个（西安奥体中心体育场、体育馆、游泳跳水馆），经开区3个（城市运动公园体育馆、室外三人制篮球场地、西安中学体育馆），长安区4个（西安电子科技大学长安校区体育馆、西北大学长安校区体育馆、常宁新区体育训练比赛基地、西北工业大学长安校区体育馆），鄠邑区5个（西安体育学院鄠邑校区手球馆、棒球场、垒球场、橄榄球场、曲棍球场），高新区3个（省奥体中心体育馆、省丈八体育训练中心现代五项场地、西安秦岭国际高尔夫球场），临潼区1个（西安工程大学临潼校区体育馆），阎良区2个（阎良石川河户外极限运动中心攀岩和滑板比赛场地），碑林区2个（省体育场、省体育场副场），西咸新区2个（秦汉新城马术场地、小轮车场地）。另外，有2个配套设施，分别为国际港务区的全运村、高新区的十四运会新闻和赛事指挥中心；1条比赛线路，为十四运会马拉松比赛线路。

为做好2023年亚足联中国亚洲杯筹备工作，西安市体育训练中心、西安国际足球中心两个大型体育设施正在加快建设。这些设施的建设，有力推动了西安城市体育基础设施建设全面提升，加快西安城市体育事业的发展。

（一）匠心独运的奥体中心

西安奥体中心是第十四届全国运动会的主会场，主体工程包括“一场两馆”，总建筑面积52万平方米，包括一座拥有6万个座位的体育场、一个拥有1.8万座位的体育馆和一座拥有4000个座位的游泳跳水馆。

西安奥体中心全景

西安奥体中心按照以人为本、产业聚集、西安特色的目标，建设世界一流智慧体育场馆，赋能丝路体育盛事，助力国家中心城市建设。关注赛事VIP贵宾、观众、运动员、裁判员等用户的人文诉求；助力西安泛体育产业集聚，打造城市新IP；体现西安历史文化与当代风采。以体育服务为主，与相关产业跨界融合，形成体育+经济，促进智慧城市生活智慧化技术与场馆服务全面融合。奥体中心是全国首个实现5G网络全面覆盖的智慧体育场馆，安装了6大智能化系统、63个子系统，建立综合智慧指挥平台，集体育竞技、观赛体验、媒体转播、全程服务、智慧安保多位于一体，全方位打造“智慧奥体”。该系统具有以下多个方面的特点：

提升赛事体验及安全。通过VR/AR、5G、视频智能分析等新技术，包含AR全景观赛，AR安防眼镜，5G无人机巡防，AI摄像头等终端设备，提升整体安防级别。

建设赛事信息化系统。通过5G全覆盖，Wi-Fi等信息实时传输，实现升旗系统，计时计分等系统联动，并为赛事媒体直播提供服务。

搭建赛事保障平台　针对场馆EHS（环境、健康、安全）、设备机房、人员管理方面，提高赛事场馆安全生产信息化系统相关工作的管理水平与执行力，实现物业管理的标准化、系统运行的智慧化、数据展示的形象化、辅助决策支撑的专业化。

开设智慧奥体APP　作为西安奥体中心对外统一服务的门户，为用户提供信息查询、交通指引、室内外导航、场地预约、票务预订、特色电商等综合服务，实现信息公开化、服务多元化、操作智能化、体验一体化。

设置触摸信息查询系统　在奥体中心主要出入口、电梯厅、休息处、人流交汇处设置了触摸信息查询系统，实现对整个体育馆各个内容进行查询和了解。电子屏系统首页展示3D沙盘，整体展现奥体中心的建筑分布、服务设施位置、周边交通、实时客流。

实现消防设备的联网化　结合消防水系统监控设备及独立式烟感设备、电气火灾监控设备实现对建筑运行情况的全面监控，并依托消防管理平台巡检维保规划等功能实现对日常巡检、维保工作的全方位支撑。

建设疫情防控系统　结合国内外疫情的现状，打通从硬件终端、后台、云平台到数据展示层等一系列系统，进行多点测温、人脸识别以及验票支持，减少安保、防疫的难度，提供疫情防控快速通行方案。

配置节能环保系统　通过大数据分析技术和智慧能耗系统，对场馆人流、环境及天气情况等多方面条件应用算法模型，对场馆能耗进行能耗诊断和预测，根据已有经验库建议对制冷等能耗设备进行调控。

建立赛事协同办公会议系统，对场馆内会议室和新闻发布厅等空间进行管理，提供预约、通知、使用情况智能探测等功能，提升场馆内办公资源利用率。这些5G时代信息技术的运用，使全运会的现代化水平有了质的飞跃。

1. 奥体中心主体育场

西安奥体中心主体育场是十四运会开幕式主会场，也是本届全运会田径项目的主要赛场，占地面积10.6万平方米，总建筑面积15.6万平方米。场馆外观设计灵感源自西安市市花——石榴花，28片“花瓣”对应28根V形柱，寓意“丝路起航，盛世之花”，完美展现出丝绸舞动的韵律。主体建筑钢结构采用空间悬挑钢桁架结构，由28根V形柱支撑72片钢结构管桁架，整体东西

西安奥体中心主体育场

高、南北低，呈马鞍形，设计耐久性年限100年，耐火等级为一级，抗震设防烈度8级。比赛场地按照标准400米综合田径场设计，共设9条环形跑道、10条直跑道，内含一块105米×68米国际标准足球场。主体育场可承担重大体育比赛、各类常规赛事以及非竞赛文艺项目，并可提供运动、休闲健身和商业等综合性服务。

2. 奥体中心体育馆

西安西安奥体中心体育馆将承担第十四届全运会闭幕式，并具备16项专业赛事举办及会展、演艺功能。2019年9月30日，奥体中心体育馆完成主体建设，2020年5月30日，体育馆顺利通过竣工验收。

奥体中心体育馆的设计灵感来自于“盛世之花”，从空中俯瞰，整座场馆好似盛开的鲜花，16瓣花瓣由中心舒展开来。造型硬朗、棱角分明的体育馆，与端庄优雅的主体育场形成动静之趣。进入场馆内部，500多平方米国内最先进的4K斗屏悬在场地中央，天蓝色的座椅与红色的环形电子屏呼应。奥体中心体育馆内还铺设有冰槽设备，可以使场馆在48小时之内造冰1800平方米，转化为一座现代化冰场。十四运会后，奥体中心体育馆还将承担冰球、篮球、羽毛球等国际专业赛事，同时具有演艺和会展功能。

西安奥体中心体育馆

3. 奥体中心游泳馆

奥体中心游泳馆总建筑面积10.4万平方米，主体建筑高29.05米，长170米，宽122米，属于国家甲级体育建筑、国标二星级绿色建筑。

场馆在建设中始终立足于科技前沿，游泳馆泳池采用独立的水循环系统，并且采用了硅藻土新材料进行过滤，可除异味，自动吸收和分解人体过敏物质，经过处理的池水能够达到饮用标准，达到国内领先水平。此外，水循环系统采取恒温处理，游泳馆地下一层的能源中心为游泳馆提供有效热能供应，在保持室温恒定的同时，奥体中心还采取余热回收的方式给池水加热，水循环系统的恒温处理保证了运动员的舒适性。整个游泳馆屋面采用太阳能光伏发电，如果比赛期间突然停电，太阳能光伏发电可以基本满足比赛的正常用电。

西安奥体中心游泳馆

（二）风格别致的运动场馆

除了西安奥体中心之外，由西安市承担建设的阎良石川河极限运动中心攀岩、滑板场地和秦岭国际高尔夫球比赛场地等场馆的建设也按预定计划完成。

1. 阎良石川河极限运动中心攀岩、滑板场地

2020年9月18日，石川河极限运动中心攀岩场地和滑板场地全部竣工。阎良区石川河极限运动中心在十四运会中将承担攀岩、滑板项目的比赛。该中心位于阎良区石川河大桥以东，石川河南侧，攀岩场地的设施均按照国际标准严格配备，在设备质量和安全性问题上做到精益求精。滑板场地项目总建筑面积约4325平方米，包括滑板碗池1350平方米、滑板街式1375平方米、配套用房1500平方米，还建设有与场馆配套的信息化系统以及地上停车场、场地内管网、绿化、广场及道路等设施。

2. 西安城市运动公园体育馆及室外三人制篮球比赛场地

西安城市运动公园位于未央区凤城八路市政府东侧，占地约533333平方米，是一个以球类运动为主，兼具休闲、游憩等功能的生态型主题公园。公园内的体育馆是1996年西安市为迎接第四届全国城市运动会所建的场馆。体育馆由两个场馆组成，其中体育馆地上一层，局部四层，训练馆是体育馆的附属热身场馆和生活保障馆，地上三层，地下一层。除两个场馆之外，公园还有室外园林及多类运动场地，植被覆盖率高达80%，营造和倡导了“在绿色中运动，在森林中呼吸”的现代生活理念。

3. 陕西奥体中心体育馆

陕西奥体中心体育馆将承担十四运会体操、击剑比赛项目，同时也是闭幕式的备用场馆。陕西奥体中心体育馆位于西安高新区奥林匹克运动公园内，造型新颖，外观独特，犹如大唐乐舞中回环飘舞的丝带，给人以灵动、飘逸之感。体育馆总建筑面积72450平方米，分为比赛馆和训练馆，比赛馆可容纳观众7000余名。该项目的下沉式广场与地铁6号线的陕西省体育馆站无缝对接。

4. 西安秦岭国际高尔夫球比赛场地

秦岭国际高尔夫球比赛场地位于高新区草堂旅游度假区内，占地约80万平方米，球道总长7240码，18洞72杆，果岭面积1.16万平方米，水域面积约3.73万平方米，沙坑108个约1.21万平方米，场内乔、灌木数量31万余株，景观花卉面积8.1万平方米。练习场有打位28个，练习果岭2个，可以满足选手赛前热身使用。

5. 陕西省体育场

陕西省体育场将承担本届全运会足球比赛项目，并且是开幕式备用场地。该场坐落在南二环长安立交西北部，紧邻南二环、长安南路两条交通枢纽，同时地铁2号线设有陕西省体育场站。陕西省体育场于1999年落成投入使用，建筑面积9.7万平方米，占地面积4.9万平方米，为椭圆型钢筋混凝土框架结构。因建设年代较早、整体设施陈旧落后而进行了改造，改造的主要项目有：场地、看台座椅、屋顶翻新、功能用房装修、建筑智能化、建筑外立面6大项。改造完成后将成为拥有座位数43000个、能满足国际田联和国际足联比赛要求的甲级体育场。

6. 长安常宁生态体育训练比赛基地

长安常宁生态体育训练比赛基地将承担射击、射箭比赛项目。长安常宁生态体育训练比赛基地位于长安区常宁新区，东西横跨350余米的综合射击馆是基地最核心的建筑，分25米靶场、决赛射击馆、50米靶场、10米靶场和体能训练用房5个部分，从东往西一字排开，拥有10米靶位100个、50米靶位80个、25米靶位16组，靶位规模超过国内现有的所有射击馆。长安常宁生态体育训练比赛基地不仅可以承接国家及陕西省射击射箭各级运动队集训，为国家及陕西省培养更多射击射箭体育竞技的相关专业人才，而且有足够能力承办国际和全国射击射箭单项体育赛事。

7. 陕西省体育训练中心

陕西省体育训练中心将承担现代五项比赛项目。陕西省体育训练中心位于高新区，占地面积约百万平方米，硬件设施有：水域面积5万平方米，场馆建筑面积约9万平方米，共16个室内馆，包括游泳馆、跳水馆、田径馆、网球馆、举重馆、摔跤馆、柔道馆、拳击馆、武术馆、体操馆、艺术体操馆、跆拳道馆、篮排球综合馆、全民健身馆等。配有卫生间的公寓约5万平方米，2个大型餐厅，室外场地有32个，包括田径场、足球场、篮球场、排球场、网球场、羽毛球场、高尔夫球场等，绿地面积约30万平方米。

8. 西北大学长安校区体育馆

西北大学长安校区体育馆将承担第十四届全运会蹦床、艺术体操比赛项目。该馆位于西北大学长安校区内，是校园门户和形象的展示地，建筑规模等级为甲级（举办全国性和单项国际比赛）。可满足学校体育教学、高水平运动队训练及举办国家单项体育比赛的需求。

9. 西安体育学院“一场四馆”

西安体育学院“一场四馆”将承担第十四届全运会手球、曲棍球、棒球、垒球、橄榄球等项目的比赛。该馆位于西安体育学院鄠邑校区内，用地面积约674847平方米，其中净用地面积约481527平方米。包括手球馆1座、曲棒垒橄竞赛场地10块及附属看台等设施，配套的还有配电中心、污水处理、道路、景观绿化、信息化网络、运动员住宿、食堂等。

10. 西安中学体育馆

西安中学体育馆将承担第十四届全运会排球（男子20岁以下组）比赛项目。西安中学体育馆分为主馆和副馆，总建筑面积为20713平方米。主馆地下一层，地上一层，局部三层，层高5米，建筑高度22.75米。副馆层数为地上二层。体育馆设计座位2135个，地下车库设停车位179个，是全运会历史上首个承担竞赛项目的中学体育馆。

11. 广播电视和赛事指挥中心

广播电视和赛事指挥中心（陕西国际体育之窗）位于唐延路与科技八路十字向南100米路东，整体布局为3栋塔楼，底部四层为围合式裙楼，包含十四运会新闻媒体转播中心、赛事指挥中心等功能区，全运会结束后，该中心将作为体育综合体、体育产业发展使用。

12. 西北工业大学翱翔体育馆

西北工业大学翱翔体育馆将承担排球（女子成年组）比赛项目。该馆位于西北工业大学长安校区东北角，于2008年3月建成，占地面积2万多平方米，分为主馆和副馆。主馆由篮球赛场及办公区域组成，比赛场地能容纳4500多名观众，可承办大型篮球、排球、羽毛球等体育赛事活动，副馆场地面积约为2000多平方米，可作为篮球、排球、羽毛球运动队训练使用，同时可以满足体育教学及群众体育活动使用。

13. 西安工程大学临潼校区文体楼

西安工程大学临潼校区文体楼将承担第十四届全运会空手道项目比赛。西安工程大学临潼校区文体楼位于西安工程大学临潼校区内，为乙级综合场馆，占地面积约9100平方米，框架结构，总座位数3498个，建筑物地上两层、局部三层。

14. 西安电子科技大学远望谷体育馆

西安电子科技大学远望谷体育馆将承担第十四届全运会羽毛球比赛项目。该馆位于西沣路兴隆段的西安电子科技大学南校区内，包括主馆和训练馆，总建筑面积23509平方米，由地上主馆、训练馆和地下人防、设备用房构成，设置坐席5682个，可承办地区性和全国性的单项比赛。主馆以具有西安电子科技大学学科特色的“雷达天线”为设计原型，与长条状的训练馆呼应形成“一圆一方”，更寓意计算机语言“0和1”的二进制代码。

15. 西咸新区小轮车场地

西咸新区小轮车场地包括小轮车比赛场地、运动员公寓等，位于西咸新区秦汉新城茶马大道以东、旅游路以北、芋子沟水域以南、秦汉新城东边界以西区域，与十四运会马术比赛场地相邻。

16. 西咸新区秦汉新城马术比赛场地

西咸新区秦汉新城马术比赛场地位于西咸新区秦汉新城茶马大道以东、旅游路以北、芋子沟水域以南、秦汉新城东边界以西区域，包括满足盛装舞步、场地障碍、越野赛要求的马术比赛场地以及运动员公寓、马厩、马医院、赛前活动场地、场馆运行区、观众活动区、新闻媒体区、场馆和礼宾区等相关配套设施。

（三）温馨便捷的全运村

全运村是保障全运会期间全体教练员、裁判员、运动员和记者生活居住的重要设施，位于西安港务区，距离西安奥体中心约1.5千米。总用地666667余平方米，全运村“三村”（运动员村、技术官员村、媒体村）总建筑面积近90万平方米，可满足13000余人同时入住，超过历届全运村规模。相关生活配套服务设施近10万平方米，保障赛事期间运动员、技术官员、媒体记者及相关人员日常生活服务，让参与全运会的各界人士无“后顾之忧”。全运村设有餐饮中心、兴奋剂检测中心、媒体中心、会议中心、医疗救助中心、赛事指挥中心、接待服务中心、健身中心、文化活动中心等。餐厅每天18个小时连续运转，为参赛人员提供服务，还有陕西特产店、便利店、美发店、志愿者服务站、菜鸟驿站等配套设施。此外，整个全运村区域将达到5G信号无死角覆盖，方便入住人员和媒体记者使用。

防疫工作是办好全运会的重中之重，对十四运会的建设和准备都带来了不小的挑战。中共西安市委、西安市政府成立了专项医疗卫生部，形成前方调度指挥、后方统筹落实部署、项目竞委会医疗保障处组织落实的工作模式，全力做好各赛事活动的疫情防控工作。坚持依法有序，科学防控，精准施策，强化工作职责，落实常态化防控任务，做好应急处置工作，将防控措施落实到每一个环节，切实增强疫情防控水平。5G的全场地覆盖配合健康码大数据，人脸识别的科技广泛运用，也让此次十四运会的防疫、安检以及大流量的人员通过能力有了非常大的提升，从而解决了在运动赛事期间人员进场离场滞留、聚集、分散所用时间过长的传统问题。

以西安体育中心为例，核心服务范围半径5千米，服务45万居民；直接服务范围10千米，服务周边150万居民；辐射服务半径25千米，服务350万居民。由此可见全运会场馆建设对周边经济发展有着巨大的带动力及服务力。从全运会场馆建设的时间节点来看，全运会场馆建设持续促进大西安都市圈的形成，通过体育赛事、体育文化汇演、体育文化传播将西安历史文化、自然景观、民俗风貌、科技力量、经济发展各个环节紧密相连，在提升西安城市影响力的同时，促进经济发展，提高对外交流效率的全面发展。

十四运会全运村

（四）西安市体育训练中心（丝路国际体育文化交流培训基地）

为进一步加强西安市体育训练场馆设施建设，拓展丝路城市之间体育文化交流，为国家和省市培养更多的优秀体育后备人才，西安市借助承办第十四届全运会重要历史契机，于2020年启动了丝路国际体育文化交流培训基地项目建设。

西安市体育训练中心（丝路国际体育文化交流培训基地）项目位于国际港务区港务西路以东、地铁3号线车辆段以南，距西安奥体中心约4千米。该项目总用地面积约219333平方米（净用地约173333平方米），总建筑面积20.01万平方米，主要建筑包括室内田径馆、游泳训练馆、射击击剑馆、综合训练馆（可同时开展16项专业竞技训练）以及办公、教学、科研、运动员公寓和室外标准田径、足球、棒垒球等训练场地等。建成后可满足1500名运动员同时集中训练和食宿保障。该项目于2020年4月开工建设，计划2021年内完工并投入使用。

西安市体育训练中心

西安市体育训练中心规划的“五大宗旨”：训练中心建设要“高品质”。西安市体育训练中心的建设，要在体育建筑的风格上、体育建筑的标准上、体育建筑的质量上、体育建筑的功能上、体育建筑的景观环境上以及体育建筑的节能环保上，展现其“高品质”。训练中心的规划设计要“精内涵”。西安市体育训练中心的规划设计，要体现出先进的体育理念，要充分体现出奥林匹克的体育精神、中华民族的体育精神和西安深厚的体育文化底蕴。体育场馆规划设计要“强功能”。西安市体育训练中心的规划设计，要展示出国内顶尖的运动训练功能，领先的体育竞赛功能，先进的综合性功能以及体育服务功能。体育设施工艺设计要“突特色”。西安市体育训练中心的体育设施工艺的设计，要体现出体育设施工艺领域中的新成果、新技术、新材料、新方法，使体育训练设施、体育竞赛设施、体育运动设施、体育辅助设施，技术领先、特色鲜明。训练中心的规划设计要“最经济”。西安市体育训练中心的规划设计，不求“高大上”，要从经济、实用的角度出发，以节约能源为前提，达到高效、经济。

西安市体育训练中心项目定位的“五大功能”：运动训练中心功能。西安市体育训练中心项目，应突出体育运动训练功能，即能够满足西安市青少年运动队进行专业训练的需求，并能为国内外运动队训练与交流提供良好的环境与需求。体育竞赛中心功能。西安市体育训练中心项目，应具有“体育竞赛中心”的功能，即训练中心建成后，部分场馆应达到举办国内单项体育赛事的功能与标准要求。体育文化中心功能。西安市体育训练中心项目，应具有“体育文化中心”的功能。训练中心是一个特殊的体育文化载体，着重体现体育精神和奥林匹克文化。体教结合功能。西安市体育训练中心项目，应具有“体教结合”的功能。为兼顾地区性教育需求，辐射惠及周边适龄学生，训练中心内入驻运动学校（中专），并建设西安国际港务区体育学校。公共救灾（避难）中心功能。西安市体育训练中心项目，应具有“公共应急救灾（避难）中心”的功能。训练中心的建成，将拥有大规模的建筑面积和开敞的空间，具备现代大都市重大突发公共事件的安全避难场所的功能。

西安市体育训练中心项目是中华人民共和国成立以来西安市投资规模最大、设施水平最高、配套功能最全的综合性体育训练基地，不仅能够提升西安市竞技体育基础设施水平，促进丝路沿线国家体育文化交流，为国家、陕西省开展竞技体育训练提供有力支撑和重要保障，还将是西安市承办2023年足球亚洲杯，开展足球青训工作的重要依托。

三、广泛开展群众体育系列活动

（一）“迎全运　惠民生　我要上全运”全民健身系列活动

十四运会西安市执委会竞赛组群体部策划组织以“迎全运 惠民生 我要上全运”为主题的西安市全民健身系列活动，自2020年6月开始，先后组织开展了各具特色的活动。系列活动共吸引25.1万群众参与，辐射带动人群超过300万。国家、省市等60余家媒体对各项活动发布300余篇新闻报道，在西安市营造出喜迎十四运会的良好社会氛围。

2020年9月29日，“迎全运　惠民生　我要上全运”西安市全民健身系列活动启动仪式在城市运动公园综合馆举行，十四运会西安市执委会竞赛组组长、副市长徐明非宣布活动正式启动，并现场为三人制篮球比赛开球，西安市全民健身系列活动正式开启。

西安市首届全民健身大会　该活动以“迎全运　惠民生　我要上全运”为主题，由市政府主办，市体育局和相关区县政府、开发区管委会承办，共设置广播体操、游泳、五人制足球、3对3篮球、乒乓球、羽毛球、围棋、象棋、武术、啦啦操、跳绳、柔力球、广场舞13个竞赛项目。健身大会历时111天，来自全市各区县、开发区的6023名健身爱好者报名参赛（其中年龄最小的仅4岁，最大83岁），辐射带动人群超过100万，网络视频和图片直播平台累计观看量超过1000万人次，是西安市近年来规模最大、影响最广的一次全民健身运动会。

2020年6月西安市首届全民健身大会开幕式

精心组织夜跑活动，打造“夜长安”夜游品牌，组织开展了大明宫、曲江池、汉城湖等夜跑线路活动。活动围绕“迎全运盛会　展西安风采”“千年古都　常来长安”主题，分夜跑线路集中推广宣传、线上跑和评选活动3个阶段，为期约9周。集中推广宣传线路为期约3周，每2天推广1条夜跑线路；线上跑活动为期5周，采取线上统一组织，线下自主参与、跑团及网络达人现场互动等形式，同时在大明宫、曲江池、汉城湖等9条精心遴选的夜跑线路举行；评选活动为期1周，评选出西安市最美夜跑线路、最佳跑团等，进一步扩大活动影响力。

西安市线上全民健身大会　该活动于2020年9月30至10月18日在线上微信小程序平台举办，包括足球线上技巧挑战赛、家庭（亲子）达人挑战线上赛、羽毛球线上技巧挑战赛、跳绳线上技巧挑战赛、武术套路（个人）网络赛、乒乓球线上技巧挑战赛、篮球线上技巧挑战赛、广场舞（个人）网络赛、气排球线上技巧挑战赛9个项目，共收到参赛作品2503个，1.8万人次关注、参与互动。

“我要上全运，运动达人秀”抖音大赛　该活动于2020年7月15日至10月26日在抖音平台上举办。通过前期准备、宣传动员、作品征集、投票评审4个阶段，历时3个多月，收到参赛作品196个，抖音话题浏览量151.4万人次。

“我为全运添动力·绿色骑行看西安”骑行活动　该活动于2020年11月14日举行。骑行爱好者400余人从4条不同路线出发，包含了永宁门、书院门、小雁塔、碑林博物馆等历史名胜古迹，以及太白印象城、万达广场、立丰国际等商业地标，感受沿途城市风貌，传递绿色出行和全民健身的生活理念。

“我为全运添动力·速度激情看西安”卡丁车大赛　该活动于2020年10月在临潼开赛。300多名群众车手驰骋赛道，感受赛车运动的魅力，传递健康生活理念，带动更多群众参与全民健身。

“我和冠军连连看　全运明星到我家”活动　该活动于2020年11月29日在碑林区环南路社区

启动。武术世界冠军、陕西省武术队高级教练、第十四届全运会形象大使吴雅楠和国家级武术裁判、第十三届全运会太极拳群众项目冠军冯燕等明星冠军走进街道社区、走进专业场馆，宣讲全运知识，与200余名社区群众零距离交流互动，引领大家观赏群众体育表演，体验专业竞技魅力。

“我和冠军连连看 全运明星到我家”活动启动仪式

社区羽毛球赛、社区乒乓球赛、3×3社区篮球赛 该赛事于2020年10月举办，64支代表队近300名运动员参加了社区羽毛球赛，80支代表队的近600名运动员参加了社区乒乓球赛，64支代表队的近300名运动员参加了3×3社区篮球赛，群众运动员们用精湛的球技、精彩的比拼为十四运会加油助威。

“青春迎全运 文明我先行”西安青年企业家群众体育系列活动 活动于2020年10月陆续举办，西安青年企业家协会组织20多家会员企业的850多名企业员工参与工间操大比拼、企业趣味运动会、篮球和乒乓球友谊赛等各类活动，引导大家树立健康理念、参与健身活动，展示了青年企业家群体及企业员工喜迎十四运会的青春正能量。

2020高新区“喜迎十四运 全民健身季”系列活动 活动于2020年11月陆续开展。活动在高新区的社区、广场和办公写字楼中展开，进行了健康宣讲、十四运会互动问答、踢毽子、跳绳、平板支撑小游戏等活动，以礼品赠送、赛事参与等方式激发办公楼内的企业员工和社区群众参与热情，培养运动习惯，引导大家加入全民健身行动。

“舞动长安”2020西安市全民健身技能大赛 这是西安市认真贯彻落实“健康中国”国家战略、《全民健身计划（2016—2020年）》和陕西体育“1155”发展战略，唱响“全民全运 全运惠民 我要上全运”主题，着力打造的一项群众广泛参与的全民健身品牌赛事。赛事由街镇选拔赛、区县分区赛两部分组成，历时3个月，总参与人数超过20万。

（二）开展群众体育推广“运动达人”评选活动

为配合做好“双先”代表观摩活动，展示西安市群众体育发展成果，大力弘扬“全民全运、全运惠民”理念，2021年4月至8月，十四运会市执委会竞赛组、文化宣传组、市体育局、共青团团市委共同开展了西安市百名群众体育推广“运动达人”评选活动。以群众体育“五进”为形式，通过广泛开展社区运动会、线上运动会，积极搭建全民健身大舞台，让“运动达人”“草根明星”脱颖而出，展示技艺，展现风采，辐射和带动群众体育和全民健身活动火热开展。

制定了《西安市百名群众体育推广“运动达人”评选活动实施方案》，2020年4月5日评选活动正式启动。按照“有贡献、有影响、有特色、有绝活”的原则，通过层层推荐、综合评审、公开公示、背景审查等环节，从全市推荐的216人中共评选出西安市群众体育推广“运动达人”100名，涉及56个群众体育活动项目。年龄最大的是84岁的李树发，还有第十三届全运会群众比赛羽毛球金牌获得者欧阳南军、杨力骁，太极拳金牌获得者冯燕，三人制篮球金牌获得者宋珂昕，有1分钟速踢毽子134个、8个小时踢毽子行走23.6公里的毽球“运动达人”郭洪声，有参加第十三届全运会笼式足球比赛、拥有24万粉丝的网红花样足球“运动达人”王莎莎，有成功挑战央视三套《黄金100秒》的花样跳绳“运动达人”王阿朝，有中线后超远距离投篮、九投九中的篮球“运动达人”徐长清。评选活动为广大群众体育爱好者提供了锻炼和展示的舞台，充分展现了西安市群众体育事业的发展成果。市执委会办公室（竞赛组）印发了《关于西安市百名群众体育推广“运动达人”评选活动表彰通报》，对全市群众体育推广“运动达人”100人和10个活动先进组织单位进行了通报表彰。

在大明宫国家遗址公园成功举办了西安市百名群众体育推广“运动达人”展演活动。现场安排了舞狮、武术、健身球、柔力球、毽球、跳绳、瑜伽、霹雳舞等13项展演项目，参与单位15个，展演人员180余人。评选和展演活动进一步引领广大市民群众积极做全民健身的实践者、健康生活的倡导者、体育强国的推动者，为办一届精彩圆满的体育盛会助力加油，为推进体育强市建设做出积极贡献。

（三）开展“我要上全运”百场马拉松活动

根据十四运会和残特奥会组委会下发的《关于组织开展“我要上全运”百场马拉松赛事的通知》精神，2020年9月30日执委会办公室下发了《关于组织开展“我要上全运”百场马拉松西安赛事活动的通知》，成立组织机构，明确活动名称、活动主题、活动形式、任务分工、赛事组织、奖励办法和工作要求，并结合新冠疫情防控常态化实际，高标准筹划，高质量推进，全面营造喜迎十四运会的良好氛围，全面展示西安历史与现代、厚重与时尚、绿色与文明相互交融的国际大都市形象。

西安市共举办14场马拉松赛事（全马3场、半马5场、迷你马6场），吸引7.39万人参加，线上参与者36万人次。活动点燃了古城的激情与活力，唱响了“全民全运、全运惠民”主旋律，带动了更多群众支持全运、参与全运、共享全运，营造全运良好氛围。

各区县、开发区及承办单位注重融合，突出特色，充分挖掘禀赋，发挥区域特色，注重与当地经济发展、历史文化、休闲旅游、群众体育等深度融合，努力增强广大群众的获得感、幸福感。灞桥区彩虹跑线路设置为途经麦草人有机农业园、润禾生态教育园、葡萄主题公园、刘家坡村、金星村等地，沿途赛道空气清新，将区域内文化产业、旅游景点、美丽乡村、历史遗存、农业园区串点成线，全力打造“走进绿色生态，领略灞桥文化”全域旅游品牌。鄠邑区在马拉松沿线设置了农民画展示、精彩鄠邑摄影展示及“非遗”展示，充分展示鄠邑区的文化旅游融合发展新成果，沿线的音乐加油点表演、歌舞、旗袍秀等活动，皆在为运动员加油呐喊。

各区县开发区大力宣传，全力推广，努力使“我要上全运”百场马拉松赛事成为群众了解中华文明、共享西安发展的重要平台。西安城墙马拉松在延续十三朝古都主题的同时，利用现场LED大屏和视频直播平台，插播西安旅游景区宣传片，宣传推介西安旅游资源。在赛事直播环节，邀请体育、文化、文物界专家进行话题互动，讲述城墙故事，倡导保护古城墙和历史遗迹，向全国乃至世界各地发出“千年古都·常来长安”的邀请。

2021西安马拉松赛以建党100周年、实现第一个百年奋斗目标以及十四运会“相约西安筑梦全运”“西马五年奔向全运”等为主题，在央视体育频道（CCTV5）全程现场直播过程中，穿插播放西安城市宣传片、城市著名景点、专题人物介绍以及城市红色主题展示等，充分展现“红色西马、全运西马、城市西马、情感西马”的赛事内涵。

四、全力做好疫情防控工作

坚持“两个严防”（外防输入、内防反弹）策略，聚焦“四个防控”（人、物、馆、赛事流程）重点，实施“六个全面”（全员疫苗接种、全员核酸检测、全程闭环管理、全部查验准入、全面环境洗消、全链条可追溯）措施，牢筑十四运会西安赛区疫情防线。

全员疫苗接种。统筹安排并优先保障西安赛区所有涉赛人员进行疫苗接种，确保6月底前工作人员及运营保障人员全部完成全程接种，其他人员在参赛前完成全程接种。

全员核酸检测。全市建立核酸检测机构97个、第三方核酸检测实验室18个，城市核酸检测基地6个，所有涉及赛事活动人员均落实赛前7天2次核酸检测。

全程闭环管理。运动员、技术官员等参赛人员入住全运村后分别实行封闭式管理，入住人员落实“住地—专车—场馆”闭环管理，按指定流线定点集结，团进团出。减少与其他不同类别人员交叉和聚集。

全面环境洗消。积极开展各赛事场馆及周边地区爱国卫生运动及病媒生物防治，对赛事所有涉及场馆和周边环境、接待酒店、交通工具等进行专业消杀，层层落实疫情防控措施。

十四运会西安赛区医疗救治体系是由现场医疗保障、院前急救转运、后方医院收治和全运村医疗中心四部分组成，通过十四运会总体医疗救治方案和救治流程理顺各环节衔接。

西安市执委会在全市范围内确定47家定点医疗机构，负责西安赛区29个赛事项目及各类大型活动医疗保障，指定23家省、市三级医疗机构分别负责29个赛事项目现场医疗保障。通过在比赛场馆设置医务室、赛场医疗点位、观众医疗点位等方式，部署医疗保障人员、医疗设备及急救药品等，制定详细的医疗保障方案和应急预案，合理设置救治转运流线，并对医疗保障人员进行系统培训和实战演练。西安急救中心统一调派指挥23辆专用救护车，并与各区县急救站点的119个急救车组，共同负责十四运会院前急救转运。定点医疗机构作为十四运会保障医疗机构，根据赛事特点分类组建专业医疗保障团队和多学科专家团队，开通院内绿色通道、设置十四运会专用诊室、制定院内接诊流程、预留专用床位。

全运村建立“1+2+1”的医疗保障模式，即1个运动员医疗中心、2个医疗站（媒体村和技术官员）和1个村委会医务室。指定西安市第三医院、西安市第五医院、西安市中心医院、西安市第九医院和西安急救中心进行现场保障。

五、高科技赋能十四运直播

第十四届全国运动会具有通信密度高、用户人数多、流动性强、漫游需求高的特点，无线网络既要满足全覆盖，又要满足4K视频、VR体验、AR导航、5G直播等大带宽业务应用。截至2020年年底，分布全省的53个赛事场馆全部实现中国电信5G网络覆盖，为十四运会打造了移动+光网+Wi-Fi+卫星+应急为一体的多功能、全方位、立体化精品网络。

（一）5G+VR实现沉浸式观赛

除了多视角赛事直播，在5G和VR应用的支撑下，观众还可以实现全运会的沉浸式观赛体验。全运会在体育场馆内，安装了多台5K 高清摄像机，从不同角度进行拍摄，用于提供360度全景以及球员视角等画面。观众戴上VR眼镜和一种六个自由度的头部跟踪设备，可以将观察者的视点位置实时反馈到计算机系统，观众会有一种身临其境的感觉。

（二）高清画面直播

全运会赛事直播，4K甚至8K直播将成为直播观赛的主流。观看高清直播有两个途径，首先观众可以在全运会主体育场或体育馆外，通过专业的8K大屏幕收看体育赛事的现场直播，实际观看效果不亚于在现场观看比赛。同时，借助中国电信的千兆光网，观众在家里也可以通过电视收看4K或8K赛事直播。

（三）“智慧场馆”提供信息化服务

立足于服务竞赛、服务指挥、服务新闻、服务大众，综合运用电信三千兆、人工智能、云计算、大数据等信息化最新技术，赋能十四运会。十四运会赛事将实现移动通信、固网通信、物联网通信、卫星通信、应急保障等16类综合化通信服务，以及广播电视赛事公用信号通信云网项目服务、5G+MEC组网边缘计算服务、云资源服务、大数据服务、人工智能服务等47大类综合信息化服务，把信息技术创新应用广泛应用于场馆管理、赛事体验、媒体传播、日常训练等各场景，打造一个全新的充满科技含量的智慧全运。同时，“智慧场馆”提供智慧赛事、智慧运营、智慧安防、智慧停车、智慧物业等综合信息化服务，寻求应用新兴技术全面提升运营和用户体验，打造“未来场馆”。场馆不仅仅作为赛事的物理载体，更通过智能技术为赛事提供训练、裁判、后勤的全方位保障。

（四）建设广播电视信号传输专网

广电传输专网是十四运会和残特奥会全媒体转播的核心工程，该工程承担53个场馆设施与广播电视中心以及省广播电视台之间的广播电视信号传输任务。由于十四运会和残特奥会场馆分布在全省13个赛区，转播公用信号将首次大规模采用4K标准制作，所以广电传输专网具有站点分散、容量巨大和技术标准高的特点，最长传输距离接近700千米，一半以上场地传输距离大于70千米，工程需要调用主备传输通道达225路以上，将采用干线光缆、卫星通信、5G传输等多种方式综合组网，努力为观众提供创新便捷的视听体验。

（五）建立“媒体资源”云管理平台

根据组委会各部室信息化项目建设需求，结合新闻宣传及媒体运行工作实际需要，建立了一套“媒体资源”云管理平台，供组委会新闻宣传部和新闻媒体工作者使用，确保新闻媒体宣传工作高效进行。该平台是基于国家安全保障体系和数据与技术标准体系两大体系搭建而成的，采用云主机、云存储的方式定制化开发，部署在中国电信“天翼云”上，支持上千用户并发，可实现资源管理、系统管理、云非编等功能。平台将提供安全、充足的网络公共存储空间，高速、稳定的网络宽带，支持三大运营商5G网络应用；可进行资源管理和在线编辑音视频，支持多角色不同权限操作功能，并能够满足2500人并发使用。资源库可实现与IBC资源库的无缝对接，实时同步数据传输应用，同时可上传赛事资料并进行三级审核，新闻媒体记者可根据不同维度检索预览下载资源。

六、全方位提升服务水平

加快国家中心城市建设、提升西安市整体服务水平，是西安市迎接十四运会的重大部署。从优化城市规划设计做起，加快基础设施建设，综合整治提升77条线路的127条道路、“三中心”片区、全运会场馆及配套设施、重要区域和星级酒店周边环境，从八大方面强力提升城市现代化建设。

（一）国际标准场馆片区建设工程

以“世界眼光、国际标准、西安特色”为原则规划建设城市，合理确定全运会主场馆片区、灞河以东区域和白鹿原片区，进行提升建设。加强沿街、沿路和公园绿地周边建设规划管控，统筹解决全运会建设与城乡综合环境整治项目在土地保障、环境容量等方面存在的问题。围绕灞、浐、渭、泾四条主要河流及两个功能区、一条绿带，统一进行规划设计。做好东部片区概念规划和城市设计，把东部片区建成西安走向世界的窗口。做好灞河沿线景观提升建设，做好灞河水景观及两岸沿线景观规划，把灞河两岸打造成一条绿色生态文化廊道。全面加快“三中心”片区、全运会场馆建设及配套设施提升，做好水电气暖等保障，完成“三中心”片区330KV供电线路迁改，确保全运会的顺利举办。

（二）无障碍安全设施提升工程

进一步完善无障碍设施建设和交通安全岛设置。为了保障特殊人群顺利观赛、舒心游玩，西安全面提升改造了市区、站点、景区的无障碍设施。

（三）城市市容“五化”提升工程

以城市市容市貌整治为抓手，持续推进停车有序化、流摊入市化、店前五包化、立面清表化、楼顶净空化（简称“五化”）。

规范人行道机动车、非机动车停放秩序，加强人行道共享单车停放监管，维护良好停放秩序。规范公共厕所管理，提升改造环卫设施，达到“四净三无两通一明”。

改造符合条件的屋顶，实施绿化或粉刷油饰坡屋面。

持续开展城乡环境卫生“大整治、大清理、大扫除”活动，城市道路全面实施巡回清扫、吸尘作业，确保道路干净整洁。对现有数字化城管平台进行升级，促进城市管理效率和智能化水平的提高。

打造提升灞河两侧灯光景观带、奥体中心片区、城市主要道路两侧的夜景照明，美化城市夜景。

开展城市绿化专项整治，实现管理上水平、精细出成效、环境大改观，全市园林绿化整体品质进一步提升。围绕奥体中心，做好风貌整合、景观优化、服务设施更新完善等工作，突出“一路一景、一街一景”的特色。重点对16条一级路线、36条二级路线所涉及的道路绿化，10处城市重要节点绿化和全运会比赛场馆周边绿化进行提升改造。围绕“两山、八水、五环、十廊”，大力开展区域级、市级、区级、社区级四级绿道建设。加快实施城墙绿道、古都绿道和八水绿道等市级绿道和社区绿道建设，推进全运会比赛场馆周边具备条件建筑屋顶绿化，鼓励居民实施窗台、露台绿化美化，打造绿色生态的城市立体空间。

（四）城市功能维护修补工程

围绕全运会场馆和重点线路，加快迎宾大道、主干道及重要节点次干道的架空线缆落地工作。

以小雁塔及其历史文化遗存为核心，全面整合片区历史、文化和旅游资源。建设历史文化遗址公园区、里坊生活文化艺术区、城市客厅商业区三大区域。打造大西安重要的唐文化展示区和丝路文化交流基地。

加快推进碑林历史文化街区项目建设。全面完善西安碑林博物馆、三学街、关中书院三大区域城市旅游及相关设施配套，建设大碑林文化圈和博物馆群落。以卧龙寺为中心，建设禅文化展示区。以关中书院为中心，建设三街两巷的国学文化展示区，打造古都风貌聚集区和文旅融合新地标。

积极配合陕西省政府“三馆”提升改造建设领导小组办公室的工作，加快推进陕西历史博物馆建设。扩建西安碑林博物馆，力争三年完成秦始皇兵马俑博物馆、秦始皇帝陵博物院周边环境改造提升。

（五）交通设施建设完善工程

大力实施城市交通基础设施补短板工程。改造昆明路及西延路、新兴南路、体育中心道路、会展中心外围道路，建设幸福林带。

朱宏路主线桥、北辰大道—凤城五路、凤八立交及（北二环—凤城八路）主线桥、西延路与西影路立交、昆明路高架桥及西南二环立交等重要节点工程建成通车，市民驾车从机场高速收费站沿朱宏路到北二环、西南二环立交沿昆明路到西三环的时间分别缩短至4分钟和5分钟。

北辰大道（北二环—秦汉大道）提升改造项目。北辰大道是西安城区通往奥体中心的主要道路，项目包括北辰大道（北二环—秦汉大道）快速化改造工程以及凤城五路与北辰大道立交工程，于2020年9月29日放行通车，比计划提前3个月。

香槐六路跨灞河桥工程。该桥位于西安浐灞生态区右岸片区，是服务十四运会的重要交通干线，也是重要景观桥梁。桥梁采用双层桥面，上层为机动车道，下层为非机动车及人行通道。该桥还是陕西首座双层变截面钢桁梁桥，国内跨度最大的连续钢桁梁桥。2021年2月全线通车。

建材北路（北辰大道—迎宾大道）工程。建材北路的跨灞河桥是世界最宽整体桥面空间索面双塔自锚式悬索桥，是西安奥体中心对外的交通快速通道、西安市北部片区东西向交通联系的重要交通干道，2021年6月底建成通车，届时，从高铁新城可以直线到达会展中心区域、奥体中心区域。

锦堤六路（欧亚四路）灞河隧道工程。作为十四运会重点配套项目之一，是目前西安首条明挖下穿灞河隧道，隧道总长约1.46千米，工程完成后将连通主城区与西安国际会展中心、西安奥体中心。

构成方便快捷的立体交通网路。西安精心规划了多条地铁线路的建设，并且加快了建设速度，确保交通便捷通畅，也为全运会后体育小镇和场馆产业经营打下了坚实基础。

2020年12月，西安地铁5号线、6号线一期、9号线完成建设。投入运行后，使西安市轨道交通线网运营里程达到215千米，线网日均客运量达到350万人次，轨道交通的城市公共交通分担率超过50%。

地铁三期规划项目共150千米线路已全部开工建设，包括1号线三期、2号线二期、8号线、10号线、14号线、15号线、16号线一期7个项目，创造了西安地铁从规划获批到全面落地的最快历史纪录，西安轨道交通全面进入高强度建设阶段。其中，14号线奥体中心站位于迎宾大道东侧，与西安奥体中心南广场衔接，距离西安奥体中心体育场这朵“石榴花”仅有数百米的距离。作为十四运会的交通配套工程，西安地铁14号线建成后将与机场线贯通运营，串联西安咸阳国际机场、西安北客站（北广场）两大综合交通枢纽及西安奥体中心，从机场、西安北客站（北广场）乘坐14号线，到达西安奥体中心的时间分别为46分钟与10分钟，将为十四运会参赛人员以及前来观赛的八方来客提供一个绿色、便捷的出行方式。

提升高铁新城片区建设及配套设施。实施北客站北广场、综合交通枢纽和元凤二路高架桥、机场高速连接北客站匝道及收费站、元朔路改造等项目。实施高铁新城中央公园、南广场改造、公交及社会停车场站改造、南北广场环境提升改造工程，加快建设高铁新城绿地之心等项目，实现区域形象快速提升。加快推进西安火车站改扩建工程，“三路一广场”项目如期投用。

（六）生态环境综合治理工程

加强秦岭生态环境保护整治。实施环山路“绿化、美化、亮化”工程，全面提升环山路的生态环境品位。做好秦岭北麓主要峪口峪道生态环境全方位综合治理和有效管控，全面提升生态环境品位，实现“山青、水净、坡绿”的目标。

加大水环境治理。落实“河湖长制”，强化公共水域综合整治，开展河流、池塘、沟渠等水域清洁，打捞水面杂物，保持水面清洁。采用绿化或景观建筑对河堤部位进行改造，打造滨水景观带。持续开展黑臭水体排查，保护城市水系。防控与治理大气污染，落实“蓝天保卫战”各项任务。建立标准化扬尘监管体系，实现全时段监测、监控。对灞河城市段沿线生态治理项目进行研究，将灞河治理做成黄河流域生态治理最佳和全国一流。

（七）应急安全综合保障工程

加强食品安全综合治理和食用农产品生产环节的安全监管，强化检验监测，确保食用农产品质量安全。加强食品生产加工小作坊和食品摊贩治理，严防严控食品安全事故发生。加强水电气热和消防安全保障。全面检查市政供水管网，消除安全隐患，强化管网监控和抢修维护，营造安全稳定的用水服务环境。深入查改供电安全隐患，完善分级分类现场保电方案，确保全运会用电安全和电力供应。严格执行服务标准和规范，加强用气入户安全检查。围绕全运会场馆和重点保障单位，提前排查整治，确保供热安全。加强消防安全检查和演练，排查整改消防安全隐患。

（八）城市文明综合提升工程

全面提升城市品质形象。以创建文明城市为引领，广泛组织开展“西安就是我的家，文明创建靠大家”主题实践活动。着力打造廉洁高效的政务环境、公平正义的法制环境、诚信守法的市场环境、健康向上的人文环境、促进青少年健康成长的社会环境、和谐宜居的生活环境、安全稳定的社会环境、有利于可持续发展的生态环境，让广大市民在共建共享中有更多的获得感、幸福感。

广泛开展“迎全运盛会，展文明风采”主题实践活动，厚植培育文明之花，大力弘扬文明新风，塑造西安良好形象，扩大西安美誉影响。着力提升户外公益广告宣传载体品质，让公益广告与城市文化底蕴相融合、与周边环境相协调。

全力开展提升市民文明素质实践行动。大力组织开展“讲文明树新风”活动和“崇德向善迎盛会、文明有礼待宾朋”主题实践活动，推进《西安市文明行为促进条例》《西安市控制吸烟管理办法》等相关法规的贯彻落实。

广泛组织开展“我文明、我行动，我为全运添光彩”主题实践活动，着力推动文明行为、文明礼仪、文明旅游、文明餐桌等文明实践行动进机关、进企业、进社区、进农村、进校园、进家庭活动。巩固提升“车让人·人守规”文明交通实践行动。组织开展“健康快乐迎全运”群众性健身体育系列活动，提高市民身体素质。

大力弘扬“奉献、有爱、互助、进步”的志愿精神，广泛组织开展志愿服务实践活动，让西安志愿者成为全运会上一道靓丽的风景线。强化行业监督、社会监督、舆论监督，开展群众满意度测评，全面提高全市各行业公共管理水平，大力营造“精彩全运扑面而来，文明风尚无处不在”的良好社会氛围。

七、全区域营造全运文化氛围

西安借全运会东风，采用系列活动方式，塑造西安国际化大都市城市IP，讲好西安故事，向全国全世界宣传推广新西安城市形象和品牌，推动大西安文化和旅游产业发展，促进区域经济发展，精心策划了形式新颖、意义深远的全运会文旅融合宣传推广系列活动。整体活动以“相约西安·筑梦全运”为系列活动的核心主题，贯穿弘扬延安精神和西迁精神主旋律，以体现“历史，活力，时尚，科技，绿色，生态”六大理念，作为系列宣传活动的行动纲领，营造“月月有主题，周周有活动，日日都精彩”文化氛围，达到“全民参与，全球关注”。

2019年，制定完成十四运会西安市执委会《新闻发布制度》《新闻采访制度》《十四运会西安市执委会文化宣传组工作方案》，印发了《“相约西安·筑梦全运”十四运会西安市执委会宣传工作方案》《“相约西安·筑梦全运”西安市社会氛围营造方案》《“相约西安·筑梦全运”西安市迎十四运会文化旅游活动方案》等，结合组委会《深入学习贯彻习近平总书记来陕考察重要讲话办一届精彩圆满体育盛会的具体措施》，根据10月19日省委专题会议精神，参照组委会《重点筹备工作计划》，制定了《文化宣传组重点筹备工作计划》，进一步细化任务、倒排工期、夯实责任，实行挂图作战、台账管理，加强督办、狠抓落实，以实绩衡量工作成效。

（一）建立多媒体传播平台

全运融媒体频道以陕西广电融媒体集团的融媒体矩阵为依托，已为广播、电视和新媒体全渠道覆盖，省、市、县三级全方位贯通，以体育休闲频道为龙头，经过系统化改版，集合《陕西头条》《起点新闻》《闪视频》等客户端，开设网段全运专业频道，建成整合资源，统一标志，分层传播的全媒体运行机制，形成全运会信息发布平台。根据十四运会和残特奥会筹备工作进展，全运融媒体频道推出《全运直播间》《赛场风云》《全运百科》等音频产品，以及《全民爱体育》《全运时刻》《全运会客厅》《我要上全运》《全运赛场》《全运纪实》《全运MV》等视频产品，为广大体育爱好者和其他受众奉献一场“视音频共振，大小屏互动”的全运视听盛宴。

在2019年年初，十四运会主办方已筹备建立了自己的主题网站，通过互联网向大众推广，介绍十四运会的内容，吉祥物和运动场馆建设进度，而运动馆内外，AR、VR的技术运用，亚洲最大漏斗屏的运用，都从各个角度体现了十四运会利用全新科学技术，完善应用媒体，多媒体、多角度、多形式的传播渠道。

（二）开展多形式主题宣传

主题宣传。2018年5月18日至8月1日，开展征集评选全运会会徽、口号、吉祥物。最终品选出秦岭四宝金丝猴、朱鹮、熊猫、羚牛为十四运吉祥物。2018年5月26日，十四运会筹委会征集会歌，征集至2019年6月1日止。主题会歌征集口号——“唱响健康中国，宣传文化陕西”。按照要求，应征的会歌必须体现出奥林匹克精神、中华文化内涵和陕西地域特色。在作品征集阶段结束后，筹委会将组成专家评委会，展开初评、复评、终评，已有14首歌曲入围，按程序在报送十四运会筹委会和国家体育总局审定后对外发布。

节庆宣传。在中秋、国庆黄金周期间，围绕“相约西安·筑梦全运”主题，开展8次系列宣传活动，中央及省市40多家媒体发布460多篇重点图文和短视频作品，推出H5、动漫、海报等形式丰富的新媒体产品90多件，组织网络直播8场，多平台分发，大密度推送，全媒体传播。其中《西安市全民健身系列活动精彩启动》《迎十四运系列活动之首场——白鹿仓热气球嘉年华》等多篇重点稿件点击量到10万以上。央视《新闻联播》以《陕西西安：流光溢彩 盛世华章》为题两次报道西安。

活动宣传。西安广播电视台全程融媒体直播2020西安城墙国际马拉松赛事，并在央视新闻客户端、今日头条等多平台分发，中国环球电视网对活动进行海外传播，Facebook及推特等直播平台观看点击人数超1000万。其他中央及省市媒体推出200多篇图文及视频报道和新媒体产品。在网媒推出了文化西安、时尚西安、科技西安、全运西安等讯息宣传西安马拉松赛。“西马”刚开赛就登上新浪微博的搜索热点，央视中文国际频道、体育频道以《2020西安马拉松赛鸣枪开跑》为题作了报道，网络直播覆盖全国3405.2万人，网上浏览量突破1亿人次。

节点宣传。围绕倒计时一周年系列活动，邀约中央和省级主流媒体及商业、网络媒体参与宣传报道，在央视《新闻联播》节目播出消息《全运会倒计时一周年》，在新华网、人民网、央广网等播发转发相关消息，《陕西日报》、陕西广播电视台重要版面（时段）进行报道；西安广播电视台开设《相约西安·筑梦全运》专栏，总点击量66万，网络直播观看量超过100万；西安发布推出123条新媒体产品，总阅读量133万。围绕倒计时300天，组织以“喜迎十四运 开启新征程 这里是西安”为主题的媒体集中采访活动，中央及省市媒体推出180多篇稿件，新华客户端《高标准打造场馆及配套设施西安备战十四运倒计时300天》报道点击量已超过32万，《人民日报》

以《全民办大赛 古城焕新姿》为题、《陕西日报》以《把体育盛会的福利送到百姓家门口》为题进行报道。300天倒计时系列报道点击量超过1100万。

新闻发布。组织西安市十四运会执委会每月新闻发布会，先后对接执委会城建组、雁塔区、临潼区、阎良区、经开区、国际港务区和市委文明办、团市委等相关部门，分别以“第十四届全运会西安市比赛场馆建设情况”“第十四届全运会西安市志愿者服务工作情况”为主题召开两场新闻发布会，介绍主要场馆建设情况和志愿者服务工作情况。中央及省市30余家媒体和新媒体平台推送了相关信息，央视《新闻联播》以《第十四届全运会竞赛场馆全部建成》为题，重点报道了奥体中心“一场两馆”等建设情况。组织策划宣传20多次，发布推送稿件1万余篇（条），点击量3亿多人次，央视5次进行了报道。

全媒体采访。30余家中省市主流媒体和网络媒体，于2021年3月28日走进长安区、高新区、浐灞生态区、国际港务区、西咸新区开展为期2天的“三河一山”“绿满长安”西安城市增绿大型媒体主题采访活动，走进绿道建设重要节点及城市绿化重点项目进行全媒体采访。

（三）“相约西安·筑梦全运”全民系列活动

2020年9月10日晚，由西安市十四运会执委会主办，中共西安市委宣传部、市文化和旅游局、市体育局、市国际港务区管委会承办的西安“迎十四运”全民活动在奥体中心正式启动，由此拉开了“相约西安·筑梦全运”全民系列活动的帷幕。西安作为陕西的省会城市，将举办第十四届全国运动会的开闭幕式和部分重要赛事，西安向世界发出诚挚的邀约。

启动仪式上发布了“相约西安·筑梦全运”五大主题全民系列活动，还有100余项文旅体活动，以及“西安全运游”六大主题40条线路、176个打卡点。“相约西安·筑梦全运”五大主题全民系列活动，分别为“悦动全运·展风采”“礼迎全运·新活力”“喜颂全运·享文化”“喝彩全运·乐相聚”“畅享全运·欢乐游”。100余项文旅体活动包括“畅享新全运”文化嘉年华、“相约西安·筑梦全运”全民广场舞展演、“迎全运盛会·展古都风采”夏日广场群众文化活动等8项重点活动，锣鼓展演、优秀合唱、健身操表演等20余项主题活动，西安文旅新场景、新地标发布等5项重点活动，音乐会、旅游节、电音节等10余项主题活动，“非遗传承健康生活”传统体育类项目大赛等5项重点活动，博物馆日系列活动、诗歌朗诵会、阅读文化节、歌舞大赛、音乐演出季等20余项主题活动，以及“全民全运”西安国际马拉松、“唱响全运活力西安”全民欢唱季、“喜迎全运”西安网吧电竞联赛嘉年华等4项重点活动，露营帐篷节、国际风筝节等10余项主题活动。

为给广大市民游客带来不同的体验，西安市首次推出“西安全运游”的旅游概念，推出盛世长安体验游、最美乡村休闲游、户外登山探险游、红色经典研学游、竞技大赛会展游、舌尖之旅美食游六大主题40条线路和176个打卡点，让全国游客来西安品味千年古都的魅力，体验十四运会的精彩。继全民活动启动仪式之后，西安市还将举办“迎十四运‘相约西安·筑梦全运’全民广场舞展演活动”，通过群众性广场舞展演，展现广大人民群众迎全运的喜悦之情。

十八大以来，西安体育进一步全面推进群众体育社会化、体育赛事国际化、体育训练设施科学化建设，取得了明显的进步，尤其通过全运会和残特奥会的举办，全面提升了全民健康意识，改善了城市健身环境，使西安体育迈上了新的台阶。

这一时期，随着西安城市品质的大幅提升，体育事业走上了快速发展的道路，不仅使西安体育发生了质的飞跃，也彰显出西安城市新的魅力。从整体来看，西安以建设国家中心城市为目标，以建设“一带一路”文化高地为支点，体育事业形成了以“健康西安”为主题的全民健身实施体系，形成以功能齐全、配套合理的场馆设施为基础的物质保障，促进了文化消费和体育消费的不断增加，已经呈现出普及化的现代化体育面貌。从体育经济来看，西安将城市的历史文化与体育文化高度融合，坚持市场规律，持续开拓体育产业，积极开展“体育+”，凸显体育旅游文化特色，夯实城市文化软实力，以全运会场馆为核心打造体育商业圈，构建了西安体育产业新格局。从体育文化来看，西安将体育元素融入了城市生活，群众性体育活动广泛开展，居民“健康生活”意识和习惯普遍养成，提升了西安的生态环境和人文环境。举办承办各种国际品牌体育赛事产生了名城效应，加快了西安体育社会化科学化国际化发展步伐。这些变化与发展，标志着西安体育进入了现代化发展的新时代，正在阔步走向新的辉煌。

参考文献

[1] 崔乐泉，杨向东 . 中国体育思想史（古代卷）[M] . 北京：首都师范大学出版社，2008 .

[2] 郑振坤 . 中国古代体育思想史纲要[M] . 北京：人民体育出版社，1989 .

[3] 李雪 . 先秦时期长安体育文化特征与影响因素研究[D / OL] . 西安：陕西师范大学 .

[4] 王晓东，苏学良 . 讲武之礼：中国传统摔跤发展与嬗变的历史逻辑[N] . 石家庄学院学报，2021（7）.

[5] 庞志娟，李学敏 . 中国舞蹈史[M] . 成都：电子科技大学出版社，2015 .

[6] 董仲舒 . 春秋繁露[M] . 北京：中华书局，2011 .

[7] 刘安 . 淮南子[M] . 郑州：中州古籍出版社，2010 .

[8] 刘向撰，向宗鲁校证 . 说苑校证[M] . 北京：中华书局，1987 .

[9] 扬雄撰，刘韶军校注 . 太玄校注[M] . 武汉：华中师范大学出版社，1996 .

[10] 桓谭 . 新论[M] . 上海：上海人民出版社，1977 .

[11] 王充 . 论衡[M] . 上海：上海人民出版社，1974 .

[12] 班固 . 汉书[M] . 北京：中华书局，1974 .

[13] 范晔 . 后汉书[M] . 北京：中华书局，1973 .

[14] 刘秉果，赵明奇 . 汉代体育[M] . 济南：齐鲁书社，2009.

[15] 巢元方 . 诸病源候论[M] . 黄作阵，点校 . 沈阳：辽宁科学技术出版社，1997 .

[16] 韩愈著，马其旭校注 . 韩昌黎文集校注[M] . 上海：上海古籍出版社，2018 .

[17] 李翱 . 李文公集[M] . 上海：上海古籍出版社，1993 .

[18] 魏徵 . 隋书[M] . 北京：中华书局，1973 .

[19] 杜佑 . 通典[M] . 北京：中华书局，1988 .

[20] 孙思邈 . 备急千金要方[M] . 太原：山西科学技术出版社，2010 .

[21] 刘昫 . 旧唐书[M] . 北京：中华书局，1975 .

[22] 欧阳修，等 . 新唐书[M] . 北京：中华书局，1975 .

[23] 马端临 . 文献通考[M] . 北京：中华书局，1986 .

[24] 郑振坤 . 中国古代体育思想史纲要[M] . 北京：人民体育出版社，1989 .

[25] 翁士勋主编，国家体委文史工作委员会编 . 二十五史体育史料汇编[M] . 北京：北京体育大学出版社，1997 .

[26] 耿占军，杨文秀 . 汉唐长安的乐舞与百戏[M] . 西安：西安出版社，2007 .

[27] 李金梅 . 中国马球史研究[M] . 兰州：甘肃人民出版社，2002 .

[28] 陕西省地方志编纂委员会编 . 陕西省志 . 体育志[M] . 西安：陕西人民出版社 . 1995 . 5 .

[30] 史进，刘晓莉 . 中国红色体育[M] . 北京：人民日报出版社，2016 . 4 .

[31] 穆秉琦，阎延年，邢奎江，苏克勤 . 西安回族名拳师穆志杰[M] // 中国人民政治协商会议西安市委员会文史资料研究委员会 . 西安文史资料：第12辑，1987：95–100 .

[32] 夏成 . 回族大力士丁全福[M] // 中国人民政治协商会议西安市委员会文史资料研究委员会 . 西安文史资料：第12辑，1987：92–94 .

[33] 杨琦 . 陕西青年的导师杨明轩[M] // 西安市政协文史委 . 西安近代中等教育 . 西安：陕西人民出版社，1998：288 .

[34] 崔乐泉 . 中国近代体育史话[M] . 北京：中华书局，1998 .

[35] 富平县地方志编纂委员会 . 富平县志[M] . 西安：三秦出版社，1994 .

[36] 李因信 . 西安市基督教会历史简编[Z] . 西安基督教三自爱国运动委员会 . 1988：205 .

后 记

在中华人民共和国第十四届运动会于西安开幕之际，《西安体育发展史》付梓了。经过一年多的努力，取得这样的结果，我们感到非常欣慰。

西安在中国体育发展史上，是一座具有特殊意义的城市，其内涵之丰富、传承之久远、成就之显著，在中国历史上，都是颇有代表性的。而以往的体育活动记载都是零散式、碎片化的，整理编写一部以思想文化为视角，以西安建城为起点，类似通史的西安体育文化史书，在中国省会城市中尚属首次，其挑战性也不言而喻。值得欣慰的是，经过不懈努力，克服了疫情影响和很多没有预料到的困难，还是如愿成书了。

《西安体育发展史》内容上自西周建城始，下至2021年4月止。本书的出版，是社会各界人士关心支持的结果。在此，我们由衷地表示感谢。感谢于再清、杨桦、徐达、孙大光、崔乐泉等专家，他们在编写过程中都提出了宝贵意见，并给予了专业的指导。感谢钟明善老师为本书题写书名。感谢王改民、朱元利、商子秦、王增明、韩养民、郝小奇、史兵、史进、王立彬等同志，他们给我们的编写工作做指导、提建议、创造条件，给予了很大的帮助。

呈现在大家面前的《西安体育发展史》，虽然克服了种种不利因素，但还是有很多不如人意之处，尤其是本书内容的时间跨度很大，头绪繁多，文献杂、散，这给编写工作带来了很多困惑。对于书中存在的问题，还请方家不吝指教，以便修订改正。